# Informatik-Fachberichte 137

Herausgegeben von W. Brauer
im Auftrag der Gesellschaft für Informatik (GI)

Dieter Lienert

# Die Konfigurierung modular aufgebauter Datenbanksysteme

Springer-Verlag
Berlin Heidelberg New York
London Paris Tokyo

**Autor**

Dieter Lienert
Hasenbergstr. 25, 7016 Gerlingen

CR Subject Classifications (1987): D.2.2, H.2.2, H.2.4, K.6.3

ISBN-13: 978-3-540-17908-5     e-ISBN-13: 978-3-642-72747-4
DOI: 10.1007/ 978-3-642-72747-4

CIP-Kurztitelaufnahme der Deutschen Bibliothek. Lienert, Dieter: Die Konfigurierung
modular aufgebauter Datenbanksysteme / Dieter Lienert. – Berlin; Heidelberg;
New York; London; Paris; Tokyo: Springer, 1987.
(Informatik-Fachberichte; 137)

NE: GT



Repro– u. Druckarbeiten: Weihert-Druck GmbH, Darmstadt
Bindearbeiten: Druckhaus Beltz, Hemsbach/Bergstraße
2145/3140–543210

# Vorwort

Die vorliegende Arbeit entstand aus meiner Tätigkeit als wissenschaftlicher Mitarbeiter am Institut für Informatik II der Universität Karlsruhe.

Die ersten Anregungen zu ihrer Problemstellung erhielt ich im Rahmen des Projekts OSKAR, als ich mit der Konzeption von verschiedenen Systemkomponenten für Datenverwaltungsaufgaben betraut war. Damals erkannte ich, daß es bei separaten Aufgabenstellungen gemeinsame Teilprobleme gab: Es stellte sich die Frage nach der Wiederverwendbarkeit einzelner Funktionen in verschiedenem Kontext.

Eine genauere Betrachtung ergab, daß es darüberhinaus verschiedene Verfahren für die gleichen Teilaufgaben gab. Sie erwiesen sich je nach Anwendungsgebiet als mehr oder weniger *geeignet* , d.h. führten zu einem mehr oder weniger guten Gesamtverhalten des Systems. Darauf basiert nun die zentrale Idee, für bestimmte Teilaufgaben verschiedene Realisierungen anzubieten, die, je nach den Erfordernissen einer Anwendung, aus einem festen Vorrat ausgewählt werden können.

Der Inhalt der Arbeit besteht aus einer präzisen Untersuchung, welche Probleme zu bewältigen sind, um die genannte Idee auf dem Gebiet der Datenbanksysteme in die Tat umzusetzen. Es wird gezeigt, daß die Konzeption flexibler Programmsysteme eine sehr anspruchsvolle Aufgabe ist, die eine genaue Analyse der beteiligten Verfahren erfordert. Ein sorgfältiger Entwurf wird andererseits aber dadurch belohnt, daß man sich davon zugeschnittene Programme für ein großes Anwendungsspektrum versprechen kann.

Grundlagen der vorliegenden Arbeit entstanden während meiner Tätigkeit im Projekt "Datenbankmodularisierung", das von der DFG gefördert wurde. Es handelt sich um meine gleichnamige Dissertation, die in dieser Fassung vom Prüfungsausschuß der Fakultät für Informatik der Universität Karlsruhe genehmigt wurde.

Bei Herrn Prof. Dr. P.C. Lockemann bedanke ich mich dafür, daß er die Arbeit betreute und an den entscheidenden Stellen mit konstruktiven Vorschlägen zu deren Fortschritt beitrug. Herrn Prof. Dr. A. Schmitt danke ich für die Übernahme des Zweitgutachtens.

Für die kritische Durchsicht des Manuskripts bedanke ich mich bei den Herren Dr. K. Dittrich und Prof. Dr. A. Reuter (Universität Stuttgart), der mir darüberhinaus wertvolle Hinweise auf weitergehende Probleme gab.

Ich danke meinen ehemaligen Kollegen des Instituts, insbesondere denen aus dem OSKAR-Projekt und den übrigen Mitarbeitern aus meiner unmittelbaren Umgebung, weil sie für eine angenehme Arbeitsatmosphäre sorgten und mich in meinen eigenen Forschungen inspirierten.

Meiner Familie gilt ein besonderer Dank für das Verständnis, das sie meiner Arbeit entgegenbrachte, und die Geduld, mit der sie die zusätzlichen Belastungen ertrug.

# Inhaltsverzeichnis

# 1. Einleitung

Bei vielseitig einsetzbaren Programmen besteht der Wunsch, sie an die besonderen Anforderungen einer Anwendung anpassen zu können, etwa um ihre Effizienz zu verbessern oder die vorhandenen Betriebsmittel optimal zu nutzen. Konfigurierung ist eine Möglichkeit, solche Probleme zu lösen, die auch deswegen interessant ist, weil moderne Programmiersprachen und Softwareentwicklungssysteme zunehmend die getrennte Übersetzung von Programmteilen und die Einrichtung von Bibliotheken mit einem Vorrat wiederverwendbarer Bausteine unterstützen.

Unter Konfigurierung versteht man ganz allgemein die Zusammenstellung von Programmen aus zueinander passenden Bausteinen (= Moduln). Rekonfigurierung bezeichnet entsprechend den Austausch einzelner Komponenten zur Gewinnung eines ähnlichen Programms. Ähnlich bedeutet, daß die Gesamtfunktion die gleiche bleibt, während die Art und Weise, wie diese Funktion zustande kommt, im Detail verändert ist. Der Vorteil einer Anpassung durch Konfigurierung besteht darin, daß eine große Zahl von Möglichkeiten bereitgehalten werden kann, jede einzelne Variante aber praktisch nur die unbedingt notwendige Funktionalität enthält und keinen überflüssigen Ballast, der nur in anderen Anwendungen gefragt ist.

Die Schwierigkeiten, die zu bewältigen sind, bevor man das Mittel Konfigurierung einsetzen kann, bestehen in der Bereitstellung von "zueinander passenden" Bausteinen. Das bedeutet zunächst, daß eine unabdingbare Voraussetzung ein modularer Aufbau des Programms ist. Diejenigen Teile, die separat auswählbar sein sollen, müssen von ihrer Umgebung technisch und inhaltlich isoliert sein. Wenn man den Ideen von Parnas folgt ( [Parnas 1972] ), dann hat ein modulares Programm die Eigenschaft, daß wegen seiner klaren, problembezogenen Struktur nachträglich geforderte Änderungen relativ leicht vorgenommen werden können (man erhält leicht einzelne neue **Versionen**). An eine bestimmte Art von Weiterentwicklung ist nicht gedacht, vielmehr werden die Chancen für beliebige, noch nicht vorausgesehene Änderungen allgemein als gut betrachtet. Bei einem konfigurierbaren System ist darüberhinaus bereits beim Entwurf zu beachten, daß die Wahlfreiheit bzw. Änderbarkeit für alle vorgesehenen Alternativen gewährleistet ist, damit die verschiedenen Kombinationen aus Moduln später auch zusammen passen (man hat gleichzeitig mehrere bereits fertig konzipierte **Varianten**). Es ist damit ein allgemeineres und härteres Problem als die Modularisierung zu lösen, weil Änderungen in ihrer Gesamtheit vorgeplant werden müssen.

Offensichtlich läßt sich eine solche Fragestellung nicht allgemeingültig behandeln, sondern stets nur für einen fest umrissenen Anwendungsbereich mit einer überschaubaren Menge von berücksichtigten Varianten für Programmmoduln. Datenbanksysteme eignen sich gut dafür, denn es handelt sich bei ihnen um einen relativ begrenzten Aufgabenbereich, insbesondere wenn man sich auf den Kernbereich beschränkt, der die interne Datenverwaltung und die Organisation von Zugriffen gemäß den Forderungen des Transaktionskonzepts enthält.

Bei Datenbanksystemen besteht auch ein besonderer Bedarf an Anpassungsfähigkeit. Er drückt sich z.B. darin aus, daß in heutzutage angebotenen Systemen zum Teil Speicherstruktursprachen enthalten sind, mit deren Hilfe der Datenbankadministrator die internen Datenstrukturen beeinflussen kann. Darüberhinaus ist in der Zukunft noch eine Steigerung dieses Bedarfs zu erwarten, weil es eine Vermehrung der Anwendungsgebiete geben wird, die eine entsprechende Vielfalt unterschiedlicher Anforderungen hervorrufen werden, die von Einzelsystemen nicht mehr abzudecken sind.

Wie bereits festgestellt wurde, ist die Art der Modularisierung des Programms der kritische Punkt. Dazu muß in einem ersten Schritt festgelegt werden, welche **Aufgaben** durch verschiedene Verfahren bewältigt werden sollen und welches die relevanten **Verfahren** sind, die es zu berücksichtigen gilt. Ein Austausch setzt voraus, daß alle Bestandteile eines Verfahrens in einem einzigen Modul konzentriert sind, oder sich nur auf einige wenige Moduln verteilen. Die Komponenten eines Kerndatenbanksystems[1] bei aufgabenorientierter Zerlegung bestehen beispielsweise aus Datenorganisation ("Zugriffsfunktionen"), und sogenannten Verwaltungsfunktionen wie Synchronisation, Protokollierung und Speicherverwaltung ("Segmentverwaltung") mit Datenbasiszugriff.

Im Idealfall besitzen verschiedene Verfahren die gleichen Schnittstellen, und zwar im strengen Sinne der Theorie abstrakter Datentypen einschließlich der Spezifikation der Semantik der Operationen. D.h. ihre Unterschiede reduzieren sich auf interne Realisierungsdetails ("Geheimnisprinzip"). Damit ist das Problem der Isolation gelöst und die verschiedenen Realisierungen können freizügig mit ihrer Umgebung kombiniert werden. Diese Situation ist jedoch die Ausnahme, wie man bereits aus ersten, groben Untersuchungen erkannt hat. In der Praxis stellen sich nämlich gravierende Probleme: das Schnittstellenproblem und im Anschluß daran das Abhängigkeitsproblem.

Das **Schnittstellenproblem** beruht darauf, daß verschiedene Verfahren in der Regel auch unterschiedliche Schnittstellen besitzen. Ein prägnantes Beispiel hierfür ist, daß das Problem der Synchronisation durch Sperren oder optimistische Verfahren gelöst werden kann, bei denen die Prüfungen auf Konfliktfreiheit zu ganz unterschiedlichen Zeitpunkten stattfinden.

Es ist also die folgende **Konstruktionsaufgabe** zu lösen: zu verschiedenartigen Verfahren für eine Aufgabe im Kerndatenbanksystem sind jeweils gemeinsame Schnittstellen derart zu finden, daß man ihnen mehrere dieser Verfahren als Realisierungsvarianten zuordnen kann. Solche Schnittstellen können nicht alle Aspekte festlegen, die ein Verfahren charakterisieren. Vielmehr wird man zufrieden sein, wenn es gelingt, einen wesentlichen Teil des sichtbaren Verhaltens zu erfassen, so daß nur noch wenige individuelle Eigenschaften eines Verfahrens übrigbleiben. Das bedeutet, daß die volle Semantik jedes Verfahrens aufgespalten wird in einen gemeinsamen, durch die Schnittstelle charakterisierten Teil und einen individuellen, verfahrensspezifischen. Zu beachten ist, daß die Benutzung eines bestimmten, austauschbaren Verfahrens innerhalb eines konfigurierbaren Systems sich allein auf die Spezifikation der gemeinsamen Schnittstelle beziehen kann, so daß darin genügend für alle Varianten verbindliche Eigenschaften festgeschrieben werden müssen.

Das **Abhängigkeitsproblem** bezeichnet die Tatsache, daß die verschiedenen Verfahren nicht isoliert ausgetauscht, d.h. nicht beliebig kombiniert werden können. Es sind nur gewisse Konstellationen möglich, die zusammen die volle Funktionalität eines Kerndatenbanksystems gewährleisten. Bei genauerer Betrachtung stellt sich dieses Problem auf zwei Ebenen. Einmal im Zusammenhang mit der Kombinierbarkeit von Verfahren für verschiedene Aufgaben. Das ist der einfachere Fall, wenn jede Aufgabe im System durch ein einheitliches Verfahren bewältigt wird. Zusätzlich interessiert aber auch die Verträglichkeit von Verfahren für die gleiche Aufgabe, wenn untersucht wird, wie sie sich zusammen in ein System integrieren lassen, so daß sie nebeneinander ohne gegenseitige Beeinträchtigung arbeiten.

Die Abhängigkeiten in der Kombinierbarkeit, die die Wahlmöglichkeiten einschränken, leiten sich gerade aus den verfahrensspezifischen Teilen ab, die nicht in die gemeinsame Schnittstelle passen. Ihre Rolle in der Konfigurierung besteht also darin, daß sich daraus die Bedingungen ableiten lassen müssen, die die Zulässigkeit einer Konfiguration festlegen. Das Ziel ist dabei, aus allen Bedingungen möglichst allgemeine **Regeln** zu erhalten, damit einerseits nicht jede Kombination einzeln zu untersuchen ist und andererseits die Chance besteht, in ein bestehendes,

---

1 Dies ist der "zentrale" Teil eines Datenbanksystems, dessen Aufgaben noch präzisiert werden; siehe z.B. [Lockemann, Dittrich 1986].

konfigurierbares System auch später noch Varianten einbringen zu können, ohne erneut auf alle Realisierungsdetails eingehen zu müssen.

Die genannte Vorgehensweise beschränkt sich auf das Problem, legale Konfigurationen zu finden, und läßt die Qualität der Zusammenarbeit in Form von Speicherverbrauch, organisatorischem Aufwand etc. außer acht. Dies kann man deswegen tun, weil mit der Rekonfigurierung ein hervorragendes Mittel existiert, auf einmal erkannte Schwächen einer Systemvariante in einer bestimmten Betriebsumgebung schnell und einfach zu reagieren.

Daß man gerade den Bereich der Datenverwaltung betrachtet, hat noch einen weiteren wichtigen Grund: die Art und Größe der Datenbestände und die Bedingungen, unter denen sie bearbeitet werden, sind ganz unterschiedlich; und zwischen den herkömmlichen Lösungswegen, Datenverwaltung auf Dateien einerseits, Datenbanksystem andererseits, gibt es keinen reibungslosen Übergang, obwohl in allen Fällen die gleichen Prinzipien angewandt werden. Daher eröffnet ein konfigurierbares System vielleicht auch die Chance, ein **homogenes** Angebot von Funktionen zur Datenverwaltung anbieten zu können, aus dem das gewünschte Maß an Datenstrukturierung und organisatorischer Unterstützung frei ausgewählt werden kann, das einen stufenlosen Übergang erlaubt, wenn Anforderungen hinzukommen oder wegfallen.

Da das Problem der Konfigurierbarkeit von Natur aus schon außerordentlich komplex ist, bietet sich an, erst einmal einen überschaubaren Bereich zu untersuchen, um dann später die Erkenntnisse auf größere Systeme auszudehnen. Die Einschränkung auf den sogenannten Kernbereich von Datenbanksystemen wurde bereits genannt. Eine weitere Unterteilung führt zu nebeneinanderstehenden Elementen in Form einzelner Dateiorganisationsformen. Ausgehend davon werden anschließend mehrere "Dateien" zu einem größeren Kern-"Datenbanksystem" vereinigt.

Die Arbeit ist so aufgebaut, daß ein Entwurf für ein Kerndatenbanksystem vorgestellt wird. Nachdem die Aufgaben, die darin zu bearbeiten sind, genau erfaßt wurden, wird ein Grobentwurf mit einer Verteilung von Aufgaben auf Moduln entwickelt. Der Hauptgesichtspunkt dabei ist, Standardverfahren für Verwaltungsaufgaben in einer Form anzubieten, die sie für beliebige Datenstrukturen im Kerndatenbanksystem verwendbar macht.

Einen breiten Raum beansprucht die Untersuchung der Verwaltungsverfahren; ihr Ziel ist, für jede Aufgabe eine geeignete Teilmenge auszuwählen, der man eine gemeinsame Schnittstelle zuordnen kann. Nach diesem aufgabenspezifischen Teil schließt sich die Analyse von Abhängigkeiten zwischen Verfahren für verschiedene Aufgaben an. Deren Ergebnisse haben Konsequenzen zweierlei Art: eine Verfeinerung der Architektur bzw. eine Konkretisierung darin enthaltener Funktionen und eine Menge von Regeln, nach denen zulässige Konfigurationen ausgewählt werden können.

Es wird vorgestellt, nach welchen allgemeinen Prinzipien eine Datei mit einer Speicherungsstruktur für ein Kerndatenbanksystem zu entwerfen ist; gleichzeitig wird an einem Beispiel demonstriert, wie man sich so etwas in der Praxis vorzustellen hat und welche Detailprobleme dabei entstehen. Daran schließt sich die Vorstellung eines formalen Verfahrens an, mit dessen Hilfe zu einer gegebenen Realisierung von Zugriffsfunktionen die Eigenschaften darauf basierender Konfigurationen berechnet werden können, insbesondere, ob sie die aufgestellten Anforderungen erfüllt.

In der Zusammenfassung wird auch das Problem angesprochen, wie man sich die Realisierung eines konfigurierbaren Systems vorstellen kann, um so eine Grundlage für eine Bewertung der vorliegenden Methode zu erhalten.

# 2. Erkenntnisse aus der Forschung

In diesem Kapitel wird zunächst einmal der Frage nachgegangen, welche Erkenntnisse die Forschung bereits geliefert hat und wie sie sich auf die vorliegende Aufgabenstellung auswirken. Wo gibt es Probleme, die für eine Anpassung durch Konfigurierung sprechen, die also auf jene Weise besser gelöst werden können? Auf welche Vorarbeiten kann man zurückgreifen, weil sie Teilprobleme lösen, oder welche Anregungen kann man aus verwandten Arbeiten übernehmen?

Das Ziel der Untersuchung ist, die Fragestellung zu präzisieren und Anhaltspunkte für eine Vorgehensweise beim Entwurf zu finden. Zwei Gebiete sind zu betrachten, die hier zusammengeführt werden: der erste Teil ist anwendungsspezifisch und betrifft die Forschung über Datenbanksysteme, vor allem deren Architektur und die darin enthaltenen Verfahren; der andere Teil betrifft allgemeine Fragen der Softwarekonstruktion im Hinblick auf die Konzepte Modularisierung und Konfigurierung größerer Programmsysteme.

## 2.1 Datenbanksysteme

Es ist zu unterscheiden zwischen der Situation, wie sie heutzutage auf dem Sektor kommerziell vertriebener, einsatzbereiter Systeme anzutreffen ist, und den aktuellen Trends, die auf zukünftige Entwicklungen schließen lassen, und die, soweit das möglich ist, natürlich auch berücksichtigt werden sollen; denn die Grundsätze der Lösung sollten so flexibel sein, daß sie auch bei sich wandelnden Einsatzbereichen gültig bleiben.

Es wird unterschieden zwischen den Ansätzen zur Strukturierung von Datenbanksystemsoftware und den einzelnen Konzepten und Verfahren, die darin realisiert werden.

### 2.1.1 Architektur von Datenbanksystemen

Zunächst einmal ist zu untersuchen, welche Aufgaben von einem Datenbanksystem überhaupt erfüllt werden sollen. Antworten auf diese Frage findet man, wenn man das Angebot an verfügbarer Datenbanksystemsoftware betrachtet und die (allerdings spärlichen) wissenschaftlichen Behandlungen dieses Themas. Besonders wichtig ist, welche Hinweise auf eine Modularisierung man in Architekturen oder Architekturvorschlägen vorfindet. Allgemein gilt, daß zuverlässige und informative Angaben über kommerzielle Produkte fast gar nicht veröffentlicht werden, so daß man leider weitgehend auf reine Forschungsarbeiten angewiesen ist, obwohl wünschenswert wäre, wenn man etwas über die vorherrschende Struktur kommerziell vertriebener Datenbanksysteme und die damit verbundenen Anpassungs- und Wartungsprobleme wüßte.

Die generelle Vermutung ist, daß die verfügbaren Datenbanksysteme aufgrund der vielfältigen Verflechtungen interner Aufgaben eine relativ unübersichtliche Struktur aufweisen, die eine Veränderung kritischer Teile erschwert. Ein Indiz hierfür ist, daß zwar eine Vielzahl von Möglichkeiten zur internen Organisation der Benutzerdaten angeboten wird, aber die Strategien für Pufferverwaltung, Fehlerbehandlung o.ä. unverrückbar vorgegeben sind.

Zu beachten sind die folgenden Forschungsarbeiten, die sowohl reine Architekturvorschläge, als auch Erkenntnisse über ein existierendes Datenbanksystem umfassen:[1]

---

1 Einen Überblick bietet [Lockemann, Dittrich 1986].
   Unberücksichtigt bleibt hier z.B. der Vorschlag von ANSI/SPARC, der in [Jardine 77] beschrieben ist

- **Schichtenarchitektur**

Motivation für diese Architektur ( [Reuter 1981], [Härder 1986] ) ist in erster Linie eine Gliederung aus didaktischen Gründen, an der die Probleme beim Entwurf eines Datenbanksystems studiert werden können, und weniger ein konkreter Entwurf selbst. Das hauptsächliche Verdienst der Schichtenarchitektur ist, daß die verschiedenen Abbildungsschritte der Datenobjekte in einem Datenbanksystem von der konzeptuellen Ebene bis hinunter zur physischen Repräsentation auf den Speichermedien deutlich gemacht werden. Damit werden die Vorteile eines konsequenten Einsatzes der Konzepte der Datenabstraktion und -implementierung nach Hoare ( [Hoare 1972] ) demonstriert. Aber während die in einem Datenbanksystem enthaltenen und verarbeiteten Datenobjekte den einzelnen Ebenen exakt zugeordnet werden können, sind die anderen Aufgabenbereiche nur sehr grob angefügt. Das deutet darauf hin, daß es keine eindeutige, auf der Hand liegende Lösung gibt.

Insgesamt kann man an der Schichtenarchitektur lernen, daß der Hierarchie der Datenobjekte eine dominante Rolle zukommt, und zwar unabhängig von den konkreten Datenstrukturen, die ein System enthält; die Anbindung der übrigen Funktionen ist aber entweder noch nicht befriedigend gelöst oder läßt mehrere Lösungen zu, eventuell abhängig von den Verfahren, die für die Verwaltungsaufgaben eingesetzt werden sollen.

- **Strawman-Architektur**

Hier handelt es sich um Vorarbeiten zu einem Normungsvorschlag für eine modulare Architektur, die auf der Grundlage einer umfassenden Analyse existierender Systeme und ihrer Dienstleistungen beruhen ( [CCA 1982] ). Der letztere Gesichtspunkt trifft die Bedeutung dieses Vorschlags: er enthält eine übersichtliche und vollständige Aufzählung der Aufgaben von Datenbanksystemen, die dazu geeignet ist, die Aufgaben eines **Kern**datenbanksystems festzulegen, von den übrigen Aufgaben eines Datenbanksystems abzugrenzen und die vorgenommene Verteilung aus den erkennbaren Beziehungen zwischen den Teilaufgaben zu begründen.

Darüberhinaus liefert die Studie auch einen Vorschlag zur Modularisierung, der aber keine konkreten Anhaltspunkte zur Lösung des vorliegenden Problems liefert. Denn es wurde sozusagen ein falsches Granulat gewählt: es war daran gedacht, möglichst autonome Bausteine verschiedener Hersteller zusammenzusetzen, so daß ein großes Granulat angesetzt wurde und der sich abzeichnende Kommunikationsaufwand durch botschaftenorientierte Schnittstellen mit komplexen "Sammel"-Aufträgen klein gehalten werden soll. Der Bereich, den das Kerndatenbanksystem abdeckt, wird durch wenige (nämlich drei) Bausteine abgedeckt, die eine nicht besonders konkret gefaßte Schichtung in "logische" und "physische" Aspekte verkörpern. Die Schichtenarchitektur ist an dieser Stelle viel präziser.

Die Zerlegung ist hier weniger interessant, weil von einer Trennung der Verfahren eher die feinere Programmstruktur betroffen sein wird und keine Prämissen über die Größe der Bausteine und den Kommunikationsaufwand aufgestellt werden sollen.

- **System R[1]**

Das System R ist ein relationales Datenbanksystem. Seine Architektur weist nur eine grobe Zerlegung auf: eine hierarchische Aufteilung in ein Datensystem (RDS = Relational Data System) und ein Speichersystem (RSS = Relational Storage System). Mit der klaren

---

und unter dem Stichwort "Drei-Schema-Ansatz" bekannt wurde, weil er in erster Linie die Datenintegration auf den höheren Ebenen betrifft und die Struktur des Kernbereichs etwas vernachlässigt.

1 Siehe z.B. [Astrahan et al. 1976]. Aus dem ehemaligen Forschungsprojekt System R ist inzwischen das kommerziell vertriebene Produkt SQL/DS hervorgegangen, wodurch die zahlreichen Veröffentlichungen in ihrer Bedeutung aufgewertet werden.

Trennung in diese beiden Teile wird erreicht, daß das Portieren des Gesamtsystems durch Anpassung des RSS möglich ist. Darüberhinaus könnte man sich aber sicher auch vorstellen, daß das RSS im Sinne eines Kerndatenbanksystems als Basis für mehrere Erweiterungen zu verschiedenartigen Datenbanksystemen dient, obwohl dieser Aspekt weniger betont wurde als der erste.

Betrachtet man die Funktionen des RSS, kann man durchaus von einer internen Satzschnittstelle im Sinne der Schichtenarchitektur sprechen: es gibt höhere Dateiorganisationsformen zum direkten und sortiert sequentiellen Zugriff auf Tupel einer Relation.

Das System R weist eine Besonderheit auf, die eine teilweise Auflösung einer starren, monolithischen Programmstruktur bewirkt: die sogenannten "Access Modules". Das sind vorübersetzte Transaktionsprogramme, die mehrfach ausgeführt werden können. Sie sind allerdings nur in einer festen Umgebung, in diesem Falle heißt das: bei festem Schema, gültig. Dieses Konzept verdeutlicht, wie Schemainformation zur Übersetzung herangezogen werden kann und anschließend in impliziter Form als Bestandteil der erzeugten Funktionen auftritt.

Man erkennt, daß es zwei grundsätzliche Möglichkeiten der Ausführung von Operationen eines Datenbanksystems gibt: übersetzt bzw. teilübersetzt, wie im System R, oder, wie am weitesten verbreitet, interpretierend mit allgemeinen Operationen, die durch Schemadaten gesteuert werden. In diesem Zusammenhang ergibt sich die Frage, was eine geeignete Vorgehensweise beim Entwurf eines konfigurierbaren Systems ist. Die Verwaltung von Access Modules stellt in gewisser Hinsicht eine Art von Konfigurierung dar; im System R ist der Kernbereich davon aber nicht betroffen, so daß sich die gewählte Funktionsaufteilung nicht übertragen läßt. Die Realisierung verwendet auch keine herausgehobenen Strukturierungskonzepte, die ein Vorbild sein könnten.

Es scheint vernünftig zu sein, nach einer Lösung des Modularisierungs- und Konfigurierungsproblems zu suchen, die unabhängig von der Realisierung des Kerndatenbanksystems ist, seien dies interpretierende, allgemeinverwendbare oder übersetzte, maßgeschneiderte Funktionen. Der Einsatz einer Technik zur Vorübersetzung von Transaktionsprogrammen in Aufrufe des Kerndatenbanksystems bleibt von dieser Frage unberührt und kann auf höheren Ebenen realisiert werden, ohne Rückwirkungen auf das Kerndatenbanksystem zu zeigen.

### 2.1.2 Verfahren für Aufgaben von Datenbanksystemen

Ausschlaggebend für den Entwurf eines Kerndatenbanksystems ist insbesondere, welche Verfahren darin enthalten sein sollen, sowie welche Wechselwirkungen zwischen ihnen bestehen. In der Literatur wird eine große Zahl von Verfahren beschrieben, die dafür in Frage kommen. Man kann feststellen, daß die Zahl von grundsätzlich verschiedenen Konzepte von Verfahren für Verwaltungsaufgaben relativ klein ist, während auf dem Gebiet der Datenstrukturierung eine große Vielfalt von Organisationsformen existiert, und laufend neue Vorschläge hinzukommen.[1]

Aus dieser Situation folgt, daß eine allgemeine Lösung, die möglichst verschiedenartige Verfahren berücksichtigt, aus der überschaubaren Zahl von Verwaltungsverfahren für die jeweiligen Aufgaben eine verträgliche Menge auswählt, und darauf abzielt, diese Verfahren auf eine möglichst große, erweiterbare Menge von Speicherungsstrukturen anwenden zu können.

Die Literatur konzentriert sich in der Regel auf die Beschreibung einzelner Verfahren. Die

---

1 Eine gute Übersicht der Standardorganisationsformen bietet [Wiederhold 1983].

Zusammenarbeit von Verfahren wird dagegen in der Regel nicht untersucht. Ein Ansatz in dieser Richtung ist [Härder, Reuter 1980], wo versucht wird, einen Überblick von Abhängigkeiten von Verwaltungsverfahren für verschiedene Aufgaben zu geben. Die Ergebnisse sind in mehrerlei Hinsicht interessant: erstens zeigt die Aufstellung, daß ein Großteil der Konflikte in den tieferen Schichten, also im Kerndatenbanksystem, auftritt, und rechtfertigt damit, daß gerade dieser Teil als der kritische hier ausgewählt wurde; und dann wird deutlich, daß es verschiedene Arten von Abhängigkeiten gibt, die sich in der Zulässigkeit von Kombinationen einerseits und der Effizienz ihrer Zusammenarbeit andererseits auswirken. In einem konfigurierbaren System muß zuerst das Problem angepackt werden, zulässige Kombinationen aufzuspüren. Die Frage der Effizienz spielt im Entwurf nur insofern eine Rolle, daß durch seine Struktur nicht so viel verschenkt werden darf, daß die zugehörigen Realisierungen allesamt uninteressant wären.

Erst in letzter Zeit werden vermehrt auch Kombinationen von Verfahren betrachtet, z.B. die Effizienz von Kombinationen von Synchronisations- und Recoveryverfahren in [Agrawal, DeWitt 1985]. Eine systematische Erfassung und Klassifikation von mehreren Verfahren für die gleichen Aufgaben bieten aber nur die Arbeiten von Härder und Reuter[1] über die Prinzipien der Recovery. Die dortigen Kriterien bieten einen guten Anhaltspunkt für eine Klassifikation von Verfahren, auch wenn die Einteilung der Verfahren in erster Linie nach internen Eigenschaften der Realisierung (und deren Auswirkungen z.B. auf die Effizienz) erfolgt und keine unmittelbaren Hinweise für die Aufteilung in sichtbare und verdeckte Eigenschaften als Grundlage einer Modularisierung gibt.

Vereinzelt findet man auch Hinweise, daß in Datenbanksystemen eine gemischte Strategie für einzelne Verwaltungsaufgaben wünschenswert ist; dies betrifft vor allem Arbeiten, die auf konkreten Implementierungen basieren. Zwei Beispiele:

- In IMS/VS Fast Path ( [Gawlick, Kinkade 1985] ) gibt es eine unterschiedliche Art der Bereitstellung von Daten aus der Datenbasis: besonders relevante Teile werden für schnellen Zugriff hauptspeicherresident gehalten. Es stellte sich heraus, daß eine gemischte Synchronisationsstrategie angemessen ist, die die Art der betroffenen Daten und die anzuwendenden Operationen berücksichtigt.

- Das relationale Datenbanksystem INGRES wurde auf ein Betriebssystem übertragen, das ein Recoverykonzept auf Seitenbasis bereitstellt ( [Stonebraker et al. 1985] ). Man beobachtete einen geringen Durchsatz wegen einer hohen Konfliktrate beim Zugriff auf Verwaltungsdaten, die in normalen Relationen gespeichert sind. Offensichtlich ist ein Seitengranulat für diesen speziellen Teil der Datenbasis unangemessen, wohingegen es für die übrigen Daten geeignet sein mag.

## 2.1.3  Trends für den Einsatz von Datenbanksystemen

Die Einsatzbereiche für Datenbanksysteme werden vielfältiger; denn für viele Aufgaben, bei denen man bisher nicht daran dachte, Datenbanksysteme zu verwenden, wurden die Vorzüge zentraler Datenhaltung entdeckt. Das hat schwerwiegende Konsequenzen auf ihre Entwicklung und Wartung, denn, wurden bisher hauptsächlich Einzelprogramme mit großem Aufwand hergestellt, die erst durch vielseitige Verwendbarkeit und eine dadurch erreichbare große Zahl von Installationen rentabel waren, lassen sich auf die gleiche Weise eine größere Zahl dedizierter Systeme kaum in den Griff bekommen. Dies sind zwingende Gründe, um nach einer Wiederverwendbarkeit von Standardkomponenten von Datenbanksystemen zu suchen, die unter verschiedenen

---

1 Als Zusammenfassung von Verfahren zur Fehlerbehandlung eignet sich [Härder, Reuter 1983].

Randbedingungen eingesetzt werden können.

Es ist in diesem Zusammenhang wichtig, zu erkennen, in welcher Hinsicht sich eine Änderung der Anforderungen abzeichnet, um in einem Entwurf an diesen Stellen entsprechende Freiheitsgrade einzuplanen. Folgende Trends sind erkennbar:[1]

- Unterschiedliche Rechnerausstattungen

  Nachdem ursprünglich wegen der Komplexität der Programme und der Größe der Datenmengen nur Großrechner in Frage kamen, werden Datenbanksysteme in zunehmendem Maße auch auf kleineren Rechnern eingesetzt, etwa in der Größenordnung von Ein- oder Mehrplatzsystemen, auf denen Betriebssysteme wie Unix™ installiert sind.[2] Während dies zum einen durch die wachsende Rechnerleistung und Speicherkapazität unterstützt wird, ist man andererseits bereit, Kompromisse hinsichtlich des Leistungsumfangs einzugehen. Ein Arbeitsplatzsystem erfordert beispielsweise weniger Verwaltungsaufwand als zentrale Buchungssysteme, oder man kann in solch einem Fall geringere Datensicherungseigenschaften akzeptieren.

  In dieser Situation wäre es vorteilhaft, wenn man Systeme nach gleichartigen Prinzipien strukturiert hätte, damit man sie je nach vorhandener Ausstattung mit verschieden leistungsfähigen Verfahren versehen könnte, und so insbesondere einen Übergang von kleineren Konfigurationen mit bescheideneren Zusatzleistungen zu komfortableren vollziehen könnte, oder verschieden große Systeme kooperieren lassen kann (Arbeitsplatz- und Zentralrechner). Der Aspekt verteilter Systeme steht allerdings nicht im Vordergrund, da erst einmal das Problem für ein zentrales System zu lösen ist.

- Neuere Datenmodelle

  Die traditionellen Datenmodelle haben sich in betriebswirtschaftlichen Anwendungen bewährt. Auf neu hinzukommenden Gebieten favorisiert man dagegen maßgeschneiderte "semantische" Datenmodelle, die einen möglichst großen Teil der in der Umwelt vorhandenen Datenstrukturen und Konsistenzbedingungen durch ihre Konzepte auszudrücken erlauben. Man kann zwar beliebige Datenmodelle durch eine kleine Menge von allgemein verwendbaren Dateitypen an der internen Satzschnittstelle realisieren, wünscht sich aber spezielle Organisationsformen, die sich durch Parametrisierung zuschneiden lassen oder als Spezialanfertigungen integrierbar sind.

  Es fällt auf, daß in traditionellen Anwendungen der Satz ("Record") die relevante Informationseinheit ist, für deren Bearbeitung ein bestimmter Aufwand des Datenbanksystems gerechtfertigt werden kann, weil typische Transaktionen nur wenige Sätze berühren. In neueren Anwendungen wie CAD-Datenbanken, Softwareproduktionssystemen, etc. sollen viel komplexere Datenstrukturen ("Complex Objects") gespeichert werden, die in größeren Einheiten verarbeitet werden (sogenannte "Long Fields", deren Struktur das Datenbanksystem nicht zur Kenntnis nimmt).

  Diese Erkenntnisse stützen die Forderung, daß der Entwurf offen sein soll für später hinzukommende Datenorganisationsformen. Und da sich abzeichnet, daß Verwaltungsverfahren auf verschiedenartige Objekte in Datenbanksystemen anzuwenden sind, entsteht der Wunsch, dafür eine möglichst flexible Zuordnung vorzusehen.

---

1 Einen ausführlichen Überblick von drei neuen Anwendungsgebieten und den damit verbundenen Problemen liefert [Lockemann et al. 1985].

2 Von der Betrachtung von Software für Personal Computer oder Home Computer sei einmal abgesehen, obwohl dieser Bereich sicher auch irgenwann einmal in Betracht kommt.

- Varianten des Transaktionskonzepts

  Die Transaktion ist das zentrale Konzept in Datenbanksystemen, das die Bedingungen für
  den Zugriff auf gemeinsam benutzte Daten durch seine Forderungen nach Atomarität, Konsistenz, Isolation und Dauerhaftigkeit regelt. Die strenge Durchsetzung dieser Forderungen
  bedeutet die Sequentialisierbarkeit aller parallel ausgeführten Aktionen und ist damit verantwortlich für den größten Teil des Verwaltungsaufwands, der neben dem Aufwand für die
  Zugriffsfunktionen anfällt. Eine neue Situation ergibt sich, wenn Transaktionen ein gegenüber dem "Normalfall" betriebswirtschaftlicher Anwendungen geändertes Zugriffsverhalten haben (z.B. "lange" Transaktionen im Konstruktionsbereich) und die von ihnen geforderten Eigenschaften modifiziert werden.

  Das Datenbanksystem sollte mit den jeweils passenden Verwaltungsfunktionen ausgestattet
  werden können, damit geeignete Strategien zur Realisierung verschiedener Konzepte einsetzbar sind. Diese Forderung wird jedoch in den Hintergrund gestellt, weil die bekannten
  Verfahren, die in das Kerndatenbanksystem integriert werden sollen, an dem "klassischen"
  Transaktionskonzept ausgerichtet sind, so daß zunächst einmal daran nicht gerüttelt werden
  soll, sondern abgewartet, welche Auswirkungen neue Konzepte auf die bekannten Verfahren
  haben.

## 2.2 Konstruktion modularer, konfigurierbarer Programme

Angesichts der Problemstellung, eine Anpassung von Softwaresystemen an unterschiedliche Anforderungen vornehmen zu wollen, ist zu klären, welche Methoden dazu bereits zur Verfügung
stehen und welche brauchbaren Wege die Forschung anbietet. Dazu ist zu unterscheiden zwischen den Konzepten für einen Entwurf, den vorhandenen Hilfsmitteln für eine Realisierung und
Methoden zur Beschreibung des Konfigurierungsproblems.

Zu allererst ist aber zu prüfen, worin der praktische Nutzen einer solchen Vorgehensweise besteht.

### 2.2.1 Probleme der Softwarekonstruktion

In den ersten Jahren der Produktion von Software wurden vor allem sogenannte "Insellösungen"
hergestellt, d.h. einzelne Programme, die nicht im Kontext mit anderen entworfen wurden und
die mit diesen deshalb nur schwer zusammen eingesetzt werden konnten. Inzwischen hat man gelernt, daß daraus spezielle Probleme entstehen, die eine bessere Technik der Softwarekonstruktion erfordern:

- Da ist zunächst einmal das **Wartungsproblem**. Der Aufwand für die Pflege eingesetzter Programme steigt ungefähr linear mit der Größe ihres Codes, insbesondere
  vervielfacht er sich, wenn von einem Programm mehrere prinzipiell gleiche Versionen (z.B. für verschiedene Betriebsumgebungen) gebildet werden. Diese Situation ist
  auf Dauer nicht tragbar, so daß eine effizientere Form der Wartung gefunden werden muß. In [Held, Wolters 1979] wird eine kohärente Softwaretechnologie gefordert, die in ihrem Kern auf eine Konfiguration von Programmen aus einer Bausteinbibliothek hinausläuft.

- Das **Schnittstellenproblem** beinhaltet den lästigen Zwang eines Benutzers von Rechnern und Anwendungsprogrammen, viele unterschiedliche Bedienungsarten erlernen zu müssen. Das ist nicht nur ein persönliches Ärgernis; es verursacht auch einen volkswirtschaftlich bedeutsamen Personalaufwand. So gelangt man unmittelbar zu der Forderung einer Vereinheitlichung von Schnittstellen, zumindest, wenn es sich um gleiche Aufgaben handelt. Ein Beispiel, wo diese Forderung berücksichtigt wurde, ist die Betriebssystemschnittstelle von SIEMENS-Rechnern: das BS2000 wird für eine Palette verschiedenartige Rechner mit einem Verhältnis der Leistungen von 1:200 angeboten ( [COM 1985] ). Eine konsequente Fortführung dieser Philosophie ist, die Datenverwaltung auf die gleiche Weise zu behandeln und eine homogene Lösung für alle Leistungsklassen anzubieten, anstatt auf größeren Rechnern mächtige und komfortable Datenbanksysteme zu installieren und die Besitzer kleinerer Anlagen mit einem dazu nicht kompatiblen einfachen Dateikonzept abzuspeisen.

## 2.2.2  Konzepte für den Entwurf modularer, konfigurierbarer Systeme

Eine spezielle Lösung zur Anpassung von Programmen, dargestellt am Beispiel von Datenbanksystemsoftware, stammt von Polster ( [Polster 1983] ). Das gewählte Verfahren beschränkt sich allerdings auf die Vereinfachung eines fertigen Programms durch Entfernen nicht benötigter Teile. Als Technik wird die Manipulation des Programmtextes vorgeschlagen, was auf ein systematisches Streichen von Programmelementen bzw. -zeilen oder ihr Ersetzen durch Platzhalter mit rudimentären Aufgaben (Fehlermeldung etc.) hinausläuft.

In Anbetracht zunehmender Verbreitung höherer Programmiersprachen mit Modulkonzepten scheint eine solche Vorgehensweise nicht mehr vertretbar zu sein, zumal als implizite Voraussetzung gilt, daß alle Varianten in einem System zusammenfaßbar sein müssen, eine Erweiterung somit sehr schwierig wird. Eine Anwendung dieser Technik ist, analog zur "bedingten Übersetzung", bei der Implementierung ähnlicher Modulvarianten aber denkbar.

Als eine minimale Voraussetzung zur Konfigurierung ist die Zerlegung des Softwaresystems in Moduln anzusehen. Die ersten Arbeiten in dieser Richtung stammen von Parnas. Aus ihnen geht zunächst die Bedeutung einer Modularisierung im Hinblick auf eine spätere Änderbarkeit von Programmen hervor ( [Parnas 1972] ). Diese Ideen setzen sich fort in der Einführung von Programmfamilien ( [Parnas 1976] ) als Mengen ähnlicher Programme, die durch kleine Änderungen in isolierten Teilen auseinander hervorgehen.

Für einen modularen Entwurf wurden Hilfsmittel entwickelt: HDM/Special ( [Robinson 1979], [Silverberg et al. 1979] ) zerlegt ein System in Schichten abstrakter Maschinen und jede Schicht wiederum in Moduln mit versteckten Daten. Damit kommt diese Methode den Konzepten von Parnas zum Entwurf modularer Programme sehr nahe. Zur Beschreibung von Programm**familien**, und damit von Konfigurationen von Moduln, gibt es leider keine ähnlich konkreten Vorbilder, wenn man die Spezifikation der Semantik von Moduln einbeziehen möchte.

Für ein wichtiges Teilproblem der Verwaltung von Systemfamilien wurden bereits Konzepte entwickelt, die die Beschreibung und Prüfung der sichtbaren Beziehungen zwischen Moduln bzw. Modulvarianten erlauben. Ein Beispiel, das sprachübergreifend ist und ebenfalls an die Parnas'schen Ideen anknüpft, bietet die Arbeit von Tichy ( [Tichy 1979] ): es wird eine Beschreibungssprache für Modul- und Systemfamilien eingeführt, womit auch die Zusammenhänge zwischen Moduln (Export und Import) erfaßt werden und Regeln über den Aufbau größerer Einheiten definiert werden können.

Eine wichtige Anwendung ist, Komponenten verschiedener Herkunft, z.B. bei nicht zueinander passenden Implementierungssprachen, auf kontrollierte Weise zusammenfügen zu können; dies ist also eine Lösung des technischen Konfigurierungsproblems. Offen bleibt dagegen die Frage, nach welchen Kriterien Systeme zu modularisieren sind. Die genannten Beispiele sind von einer relativ einfachen Art, etwa die Bildung von Versionen von Anwendungsprogrammen für verschiedene Betriebssysteme.

Für die Zusammensetzung von Moduln und die Eigenschaften des entstehenden Programms sind die formalen Beschreibungen seiner Operationen, beispielsweise mit Hilfe eines prädikatenlogischen Kalküls, ausschlaggebend. Ein Beispiel, das auf die algebraische Spezifikation zurückgeht und eine Zerlegung spezifizierter Objekte vorsieht, stellen die hierarchischen abstrakten Datentypen dar ( [Wirsing et al. 1983] ). In der Praxis sind solche Methoden für die Spezifikation von Datenbanksystemen nicht einsetzbar, denn selbst wenn man von der Komplexität einmal absieht, treten Probleme auf, die von der Theorie abstrakter Datentypen (noch) nicht ausreichend gelöst werden. Dafür seien hier stellvertretend die folgenden genannt:

1.  Das Synchronisationsproblem erfordert die Spezifikation der Wirkung der parallelen Ausführung mehrerer Operationen.

2.  Das Recoveryproblem beinhaltet, daß über das normale Verhalten hinaus die Reparatur von bestimmten Fehlern eingeplant und vorbereitet wird.

Da diese Eigenschaften algebraisch zur Zeit nicht vollständig erfaßt werden können, muß hier nach pragmatischen Lösungen gesucht werden muß, die soweit wie möglich eine Zurückführung auf den einfachen Fall ermöglichen.

Es gibt eine Reihe von Beispielen, die Teilaspekte lösen und als Anregungen dienen können:

- Zur Spezifikation der Synchronisation gibt es die Konzepte der "Atomic Data Types" ( [Weihl 1985] ) und der "Shared Abstract Types" ( [Schwarz, Spector 1984] ). In beiden Fällen kann man Bedingungen über die gemeinsame, überlappende Ausführung von Operationen eines Datentyps formulieren. Entscheidend ist die Idee, daß die Synchronisationsbedingungen separat von den Operatorspezifikationen festgelegt werden, was einer Trennung von Zugriff und Verwaltung entspricht.

  Im Prototyp TABS für ein transaktionsorientiertes Rechensystem ( [Spector et al. 1985] ) wird die Implementierung von Datenobjekten für Mehrbenutzerbetrieb in verteilten Systemen unterstützt. Das beinhaltet lokale Synchronisation nach dem genannten Konzept der Shared Abstract Types und Systemunterstützung für Fehlerbehandlung. Die Verwaltungsverfahren sind in dieser Realisierung allerdings weitgehend festgelegt.

- Zur Spezifikation des Verhaltens im Fehlerfall gibt es den Ansatz der "Recoverable Types" von Verhofstad ( [Verhofstad 1979] ). Das sind Datentypen, deren Schnittstellen um solche Operatoren ergänzt wurden, die ein Rücksetzen auf einen definierten Zustand bewirken. In der Implementierung sind die dazu notwendigen Vorkehrungen zu treffen und so lange aufrechtzuerhalten, wie eine bestimmte Rücksetzoperation in Anspruch genommen werden kann.

  Hervorzuheben ist die explizite Fehlerbehandlung durch eigens dafür vorgesehene Operatoren. Und besonders wichtig ist daneben, daß auch hierarchische Systeme betrachtet werden und erkennbar wird, wie die Schichten in der Realisierung der Rücksetzbarkeit zusammenarbeiten: spezielle Vorsorge innerhalb einer Schicht selbst oder Einbeziehung der Dienste niedrigerer Schichten.

- Sowohl für Synchronisation, als auch zur Fehlerbehandlung in einer hierarchischen Architektur wurde das Konzept der "Nested Transactions" ( [Weikum, Schek 1984], [Weikum 1986] ), das in [Moss 1982] für verteilte Systeme vorgestellt wurde, speziell auf Schichtenarchitekturen zugeschnitten. Die Verwaltungsaufgaben werden auf verschiedenen, kooperierenden Ebenen wahrgenommen, so daß eine Operation im System auf niedrigerer Ebene als eine Art von Transaktion behandelt wird. Bei der Fehlerbehandlung führt dies zu geschachteltem Rücksetzen.

An dieser Lösung interessiert vor allem, daß in einer Hierarchie die einzelnen Ebenen, auf denen die Verwaltungsaufgaben realisiert werden, prinzipiell frei ausgewählt werden können. Das ist ja genau das Ziel der Konfigurierbarkeit.

Bei der Verwendung von geschachtelten Transaktionen muß differenziert werden. Bei der Synchronisation ist diese Technik bekannt: verwendet man höhere Sperren, z.B. Satzsperren, ist für die Dauer einer Operation beim Zugriff auf die Datenbasis zusätzlich bezüglich der bearbeiteten Seiten zu synchronisieren. Ansonsten stellt das Konzept eine Erweiterung des üblichen Transaktionsbegriffs dar, und es erscheint ratsam, zunächst den einfacheren Fall zu betrachten, vor allem, weil im Kerndatenbanksystem nur wenige Schichten vorkommen und sich kaum Ansatzpunkte für eine sinnvolle Schachtelung von Transaktionen bieten.

## 2.2.3 Realisierungstechniken für konfigurierbare Systeme

Grundsätzlich kann man zwischen statischer und dynamischer Konfigurierung unterscheiden. Im ersten Fall werden die Moduln nach Auswahl aus einer Bibliothek und passender Zusammenstellung zu einem festen Programm zusammengebunden. Dies ist eine übliche Vorgehensweise bei Programmen, die in Sprachen implementiert sind, die eine getrennte Übersetzung von Moduln vorsehen. Im anderen Fall werden die Moduln zur Laufzeit zusammengestellt und können (jedenfalls prinzipiell) auch während des Betriebs wieder entfernt oder ausgetauscht werden. Ein Beispiel für eine solche Vorgehensweise bietet das Betriebssystem OSKAR.[1]

### 2.2.3.1 Konzepte von Programmiersprachen

In moderneren Programmiersprachen findet man zunehmend Konzepte, die den Entwurf modularer Programme unterstützen und die Bildung von Varianten zulassen. Hier sind zu nennen: Pakete in Ada ( [Ada 1983] ) und Moduln in Modula-2 ( [Wirth 1983] ), generische Einheiten als Realisierung parametrisierter abstrakter Datentypen, getrennte Übersetzung mit Trennung von sichtbarer Spezifikation und verdeckten Rümpfen, und Modulbibliotheken, aus deren Bausteinen später fertige Programme gebunden werden können.

Es muß aber festgestellt werden, daß das Problem der Konfigurierung (und damit auch das der Beschreibung möglicher Konfigurationen) damit nicht gelöst wird. Zu jeder Paket- oder Modulspezifikation gehört stets genau ein Rumpf als Realisierung, so daß die Einführung mehrerer alternativer Rümpfe zur gleichen Spezifikation nicht möglich ist. Ansätze, dies Problem im Rahmen von Programmierumgebungen zu lösen, wurden in letzter Zeit erarbeitet ( z.B. [Dausmann, Persch 1986] ), so daß hier langfristig eine Lösung zu erwarten ist.

---

1 Nur erwähnt werden soll, daß die Sprache NIL, vorgestellt in [Strom et al. 1985], die zur Implementierung verteilter Systeme entwickelt wurde, eine Verbindung von Eigenschaften beider Ansätze bietet.

Als programmtechnische Behandlung des Synchronisationsproblems bietet Ada das Task-Konzept an, wodurch vielfältige Strategien realisiert werden können. Hervorzuheben ist, daß in einer einfachen und klaren Weise durch einen Task anstelle eines Pakets der gegenseitige Ausschluß bewirkt wird; Monitore lassen sich leicht realisieren, wie in [Dausmann et al. 1981] gezeigt wurde.

### 2.2.3.2 OSKAR-Konzeption

Aus dem OSKAR-Projekt ( [OSKAR 1985] ) stammen Konzepte für modular aufgebaute Programmsysteme, für deren Anwendung auch praktische Erfahrungen vorliegen. Insbesondere wurde das Problem der Konfigurierung untersucht ( [OSKAR 1985], Abschnitt 2.5 ). Durch die Möglichkeit, die sogenannten "Subsysteme" als Moduln eines Anwendungsprogramms während des Betriebs zu erzeugen und in das System zu integrieren wurde auch praktisch die Möglichkeit zur Konfigurierung und Rekonfigurierung geschaffen.

Dennoch bleiben eine Reihe von Problemen bestehen. Aus Subsystemtypen entstehen stets Exemplare des gleichen Typs. Varianten mit gleicher Schnittstelle sind nicht vorgesehen; streng genommen wird vom System nur wenig syntaktische und überhaupt keine semantische Information über die Schnittstellen verwaltet. Die Konfigurationsverwaltung findet in den beteiligten Subsystemen selbst statt; es gibt keine übergeordnete Kontrollinstanz. Es fehlt also praktisch genau der Teil, der von Konfigurationsbeschreibungssprachen (das Beispiel von Tichy wurde genannt) und den dazugehörigen Übersetzern übernommen wird.

Der anfallende Kommunikationsaufwand, der über Subsystemgrenzen hinweg relativ groß ist im Gegensatz zu einem internen Prozeduraufruf, verbietet eine allzu feine Modularisierung. Die Synchronisation muß in den Moduln des Anwendungsprogramms selbst vorgenommen werden; es gibt keine Beschränkungen hinsichtlich des Parallelitätsgrades, die vorgegeben werden. OSKAR stellt Mechanismen bereit, die sich insbesondere zur Realisierung des Monitorkonzept eignen, das als angemessen für das zugrundeliegende prozedurorientierte Modell angesehen werden kann.

### 2.2.4 Expertensysteme als Hilfsmittel zur Konfigurierung

Als Hilfsmittel zur Bestimmung von Konfigurationen mit vorgegebenen Eigenschaften wurden in den letzten Jahren Verfahren auf der Basis von Expertensystemen verfolgt. Zwei Beispiele, die sich auf Anwendungsgebiete beziehen, die dem vorliegenden ähnlich sind:

- Das System R1 ( [McDermott 1982] ) dient zur Hardwarekonfigurierung von VAX-Rechnern. Es sorgt für die Auswahl von Komponenten, eine günstige räumliche Anordnung und entwirft eine korrekte Verkabelung. Eine Besonderheit, die nicht typisch ist für alle Expertensysteme, bildet die enthaltene Strategie zur Konstruktion einer Konfiguration: das zugrundeliegende Expertenwissen läßt eine zielstrebige Vorgehensweise zu, die ohne Rücksetzen auskommt.

- Das System SICONFEX ( [Lehmann et al. 1985] ) dient zur Konfigurierung von Betriebssystemen für SIEMENS-Prozeßrechner. Es wählt anhand einer Liste von Aufgaben die notwendigen Programme und die dazu unbedingt erforderlichen Hilfsprogramme aus. Nach Möglichkeit werden solche Komponenten hinzugefügt, deren Vorhandensein zwar nicht notwendig ist, aber wünschenswert, etwa zur Verbesserung der Effizienz. Ferner wird die statische Einordnung von Programmen in den Adreßraum vorgenommen, einschließlich einer eventuell erforderlichen Überlappung.

Das auffälligste Merkmal von SICONFEX ist eine komfortable graphische Benutzer-schnittstelle, die die Formulierung einer Aufgabe wesentlich erleichtert.

An diesen beiden Beispielen wird deutlich, was in einem Expertensystem an Wissen zusammen-gefaßt ist:

- notwendige Bedingungen, die stets zu beachten sind,
- wünschenswerte Bedingungen, die gute Lösungen kennzeichnen,
- eine Strategie zum Auffinden von Lösungen.

Das vorliegende Problem betrifft vorwiegend den ersten Punkt: zulässige Konfigurationen. Trotz dieser Einschränkung bietet die Formulierung einer Lösung in Form von Wissen, wie es in Expertensystemen verarbeitet wird, den Vorteil, daß die Ergebnisse später ergänzt werden können, wenn das Problem der Kennzeichnung des zielstrebigen Auffindens guter Konfigurationen gelöst wird.

## 2.3  Fazit

Aus der Fülle von Erkenntnissen verschiedener Art ergibt sich, daß die Realisierung konfigurier-barer Systeme, auch wenn noch nicht alle Probleme gelöst sein sollten, anscheinend weniger Schwierigkeiten bereitet als der Entwurf: kritisch ist die Zerlegung von Aufgaben und ihre An-ordnung in einer Systemarchitektur.

Als bester Ansatz erscheint die Annahme einer klaren, hierarchischen Strukturierung der Daten-objekte und Zugriffsfunktionen, wie dies in der Schichtenarchitektur demonstriert wird; dazu ist eine geeignete Zuordnung von Verwaltungsfunktionen zu finden. Es ist zu vermuten, daß jeder Entwurf nur eine bestimmte Anzahl von Konzepten oder Verfahren aufzunehmen verkraftet. Es wird daher von bekannten Verfahren für zentrale Datenbanksysteme und dem üblichen Transak-tionskonzept ausgegangen; eine kritische Auswahl kompatibler Verfahren wird vorgenommen werden müssen.

Im Hinblick auf weitergehende Forschungen ist die Darstellung der Lösung in Form von Exper-tenwissen wünschenswert, weil sie dann eine wiederverwendbare und erweiterbare Grundlage bildet.

# 3. Aufgaben eines Kerndatenbanksystems

In diesem Kapitel werden die Rahmenbedingungen festgelegt, die für den folgenden Entwurf eines konfigurierbaren Kerndatenbanksystems zugrundegelegt werden. In erster Linie muß dazu das Verhältnis zu seiner Umgebung festgelegt werden: die Schnittstelle eines Rechners, die durch sein Betriebssystem repräsentiert wird, deren Funktionen aber auch wesentlich von der Art der eingesetzten Hardware abhängt. Das Ziel dieses Teils ist, zu zeigen, welche Probleme durch die Eigenschaften der Basismaschine entstehen, die beim Entwurf zu berücksichtigen sind, und welche Dienste andererseits erwartet werden, auf denen der Entwurf aufgebaut werden soll. Dabei wird auf Allgemeinheit Wert gelegt, denn ein realisiertes System soll auf möglichst vielen, unterschiedlich ausgestatteten Rechnern installierbar bzw. dorthin übertragbar sein.

Einen Schwerpunkt bildet die Konkretisierung der Aufgaben, die von einem Kerndatenbanksystem übernommen werden sollen. Dazu gehört eine Bestandsaufnahme aller von einem Datenbanksystem auszuführenden Aufgaben und ihre Einteilung in solche, die dem Kerndatenbanksystem zugerechnet werden, und andere, die in höheren Systemkomponenten zu bearbeiten sind.

## 3.1 Wesentliche Eigenschaften der Hardware

Es wird vorausgesetzt, daß die eingesetzte Hardware eine "konventionelle" Architektur besitzt, wie sie die meisten im Gebrauch befindlichen Universalrechner aufweisen, auf denen Datenbanksysteme eingesetzt werden. Spezialanfertigungen mit besonderen Eigenschaften werden also nicht betrachtet. Die Grundelemente sind ein Prozessor als Rechen- und Steuereinheit mit einem mehr oder weniger großen Hauptspeicher, der in den meisten Fällen gerade ausreicht, um die auszuführenden Programme und ihre Daten aufzunehmen.[1] Dazu kommt ein größerer Hintergrundspeicher mit Direktzugriff, für den typischerweise Magnetplattengeräte verwendet werden. Für größerer Datenmengen, die nicht ständig verfügbar zu sein brauchen, sind billige Archivspeicher in Form von Magnetbändern o.ä. üblich.

Der Hauptspeicher ist flüchtig; d.h. sein Inhalt geht bei einer Störung des normalen Rechenbetriebs durch einen technischen Fehler oder durch Programmabsturz irgendeines Teils der Software verloren. Aus diesem Risoko erwächst eine der Hauptaufgaben von Datenbanksystemen, nämlich einen dadurch entstehenden Schaden mit Verlust von Daten zu vermeiden. Die Gefahr eines solchen Verlustes ist relativ groß, wenngleich sie nicht exakt quantifiziert werden kann,[2] weil sie von der Qualität der verwendeten Programme, insbesondere auch des Datenbanksystems, abhängt.

Im Gegensatz zum Hauptspeicher werden die Daten auf Hintergrundspeichern permanent aufbewahrt, d.h. sie bleiben selbst beim Abschalten des Rechners erhalten und sind später wieder verwendbar. Solche Speichermedien besitzen auch eine große Kapazität. Dies zusammengenommen sind die Gründe, warum die gesamte Datenbasis auf Hintergrundspeichern untergebracht ist. Hinter das Attribut "permanent" muß allerdings ein kleines Fragezeichen gesetzt werden, denn

---

1 Durch den Preisverfall der Hardware und die fortschreitende Miniaturisierung kann sich die Situation zwar langfristig ändern, aber für den größten Teil der eingesetzten Rechner trifft dies heutzutage zu.

2 Als Faustregel für die Größenordnung der Fehlerwahrscheinlichkeit kann man sagen, daß ein Systemfehler in Intervallen von mehreren Stunden oder einigen Tagen auftritt.

ihre Ausfallsicherheit ist zwar sehr groß, aber dennoch nicht 100%. D.h. Fehler sind sehr unwahrscheinlich,[1] treten aber dennoch auf, z.B. durch Materialfehler oder Zerstörung durch äußere Einflüsse. Dieses wenn auch geringe Risiko zwingt das Datenbanksystem zu weiteren Vorsorgemaßnahmen, weil die Folgen eines Fehlers nicht tragbar sind.

Der Zugriff auf den Inhalt eines Magnetspeichers erfolgt über sogenannte Kanäle; das sind spezielle Prozessoren, die für den Transport von Daten zwischen Haupt- und Hintergrundspeicher sorgen. Der Zugriff von Programmen auf die Daten der Datenbasis ist nur im Hauptspeicher möglich. Es muß also vorher eine Kopie des ausgewählten Anteils dort bereitgestellt werden. Man erhält auf diese Weise eine neue Version, weil die Daten auf dem Hintergrundspeicher unverändert dort stehen bleiben. Änderungen werden zunächst an der Version im Hauptspeicher vorgenommen, so daß sich die beiden Versionen unterscheiden, und anschließend zurück auf den Hintergrundspeicher übertragen.

Die sichere Aufbewahrung der Datenbasis auf zuverlässigen Speichern erkauft man sich durch eine relativ große Zugriffszeit. Man spricht hier von der sogenannten "Zugriffslücke" von $10^4$ bis $10^5$ als Verhältnis der beiden Zugriffszeiten zu Hauptspeicher und Hintergrundspeicher. Daraus entstehen die charakteristischen Probleme der Systempufferverwaltung: die Auswahl geeigneter Blockgrößen als Einheit des Hintergrundspeicherzugriffs und Datentransfers, sowie die Minimierung der Zahl der Übertragungen bei beschränktem Hauptspeicherplatz für eingelagerte Versionen. Die genauen Werte für Speicherkapazitäten, Zugriffszeiten und Übertragungseinheiten sind letztendlich wichtige Parameter, die die Anpassung eines Datenbanksystems an seine Hardwareumgebung bestimmen.[2] Beim Entwurf brauchen dagegen nur die allgemeinen Eigenschaften berücksichtigt zu werden, denn, obwohl die Werte von Rechner zu Rechner variieren, bleiben die grundsätzlichen Probleme und ihre Konsequenzen auf die Aufgabenstruktur gleich.

Neben der Speicherung von Daten übernimmt der Rechner die Ausführung von Operationen in Form von Maschinenprogrammen. In der Regel gibt es dazu genau einen Prozessor, der die Programme sequentiell ausführt. Seine Leistung wird durch Betriebssysteme zur pseudoparallelen Bearbeitung verschiedener Benutzerprogramme eingesetzt.. Wenn mehrere Prozessoren vorhanden sind, wird unterstellt, daß sie gleichberechtigt und unabhängig voneinander auf demselben Hauptspeicher arbeiten, so daß die Zahl der realen Prozessoren durch das Konzept der Pseudoprozessoren verdeckt ist und sich lediglich mittelbar in der Rechenleistung äußert.

## 3.2 Dienstleistungen des Betriebssystems

Durch das Betriebssystem werden eine Reihe von Diensten angeboten, die das Kerndatenbanksystem in Anspruch nimmt und deshalb nicht mehr selbst zu realisieren braucht. Durch die Operationen eines Betriebssystems werden einige der im vorigen Abschnitt geschilderten Eigenschaften der Hardware sichtbar.

Es gibt grundsätzlich keine besonderen Anforderungen, die nur in Spezialfällen bereitstehen, denn es gilt ja das Prinzip, für den Entwurf eine möglichst große Allgemeinheit einzuhalten, was die Realisierbarkeit in verschiedenen Umgebungen betrifft. Dennoch soll nicht a priori ausgeschlossen werden, daß nützliche Zusatzeigenschaften in einigen Varianten ausgenutzt werden,[3] sondern die "einfachen" Realisierungsvarianten sollen sich an allgemeinverfügbaren Operationen

---

1 Zum Vergleich: hier kalkuliert man mit Intervallen von Monaten oder gar Jahren.
2 Siehe dazu z.B. Kapitel 2 in [Wiederhold 1983].
3 Als Beispiel betrachte man die Voraussetzungen zur Realisierung des Twin-Slot-Segmentverwaltungsverfahrens in Abschnitt 5.1.1.7.

orientieren. Neben dem Funktionsangebot gibt es bekanntermaßen noch ein anderes Kriterium für die Eignung verschiedener Betriebssysteme als Grundlage von Datenbanksystemen: den Aufwand, der aus der Zusammenarbeit beider Systeme entsteht ( [Härder 1979] ). Er kann durch eine ungeschickte Verteilung der Kompetenzen für Verwaltungsaufgaben, die von manchem Betriebssystem erzwungen wird, stark anwachsen.[1]

Eine Behandlung dieser Problematik und ein Vorschlag für eine geeignetere Betriebssystemschnittstelle ist in [OSKAR 1985] enthalten. Die genannten Schwierigkeiten haben aber keinen entscheidenden Einfluß auf den Entwurf eines konfigurierbaren Kerndatenbanksystems, auch wenn durch die Umgebung verschiedene Techniken der Einbettung erforderlich sind. Jedes System muß mit Unzulänglichkeiten in der Unterstützung durch das Betriebssystem auskommen. Es ist sogar fraglich, ob sich daraus überhaupt ein Einfluß auf die Bewertung verschiedener Konfigurationen für ihre Eignung in einer Anwendung ergäbe. Jedenfalls wird hier keine Annahme über die Randbedingungen gemacht, unter denen das Betriebssystem die folgenden Dienste ausführt.

### 3.2.1 Verwaltung des Hintergrundspeichers

Das Betriebssystem bietet eine einheitliche Sicht auf den Hintergrundspeicher in Form von gleichförmigen Behältern mit logischen Adressen. Die physische Organisation auf den Hintergrundspeichern und die Details der Adreßzuordnung werden grundsätzlich verborgen, wenn nicht eine explizite Einflußnahme vorgesehen ist.[2] Es gibt Operationen für die Ausführung eines Datentransports zwischen dem Datenbereich eines Programms im Hauptspeicher und den Behältern auf dem Hintergrundspeicher; insbesondere läßt sich feststellen, wann die aus Sicht des Programms sehr lang dauernde Aktion abgeschlossen ist.

Das Betriebssystem verwaltet die Datenträger und sorgt für die korrekte Ein- und Ausgliederung, wenn sie nicht ein fester Bestandteil der Hardwarekonfiguration sind, wie z.B. Festplattenspeicher. Für die Datenbasis wird ein genügend großer Bereich auf einem Direktzugriffsspeichermedium bereitgestellt; üblicherweise sind das Magnetplatten. Das Betriebssystem sorgt ferner für die korrekte Zuordnung von Behältern zu den Benutzern des Rechensystems und gewährleistet den notwendigen Schutz vor unerlaubten Zugriffen. Das betrifft hier in erster Linie den Schutz der Datenbasis gegen unerlaubte Zugriffe durch irgendwelche anderen Benutzer des Systems.

Eine einfache Verwaltung des Hintergrundspeichers ohne Einflußmöglichkeiten durch das Datenbanksystem als Anwendungssoftware ist funktional bereits ausreichend. Besser ist es jedoch, wenn für die speziellen Anforderungen zusätzliche Eigenschaften vorgesehen werden. In diesem Zusammenhang sind die folgenden Erweiterungen interessant:

- Mehrere physische Speichermedien mit verschiedenem Zugriffsverhalten (Leistungsparametern) werden angeboten. Die Zuordnung von Behältern ist steuerbar.

- Eine Einflußnahme auf die Abbildung der logischen Behälter auf den physischen Speicherplatz wird angeboten. Damit kann etwa schnellerer sequentieller Zugriff durch Minimierung der Positionierzeit auf Magnetplatten realisiert werden.

---

1 Als Musterbeispiel für diese Situation eignet sich stets das Phänomen des ''Double Paging'', das in [Sherman, Brice 1976] ausführlich beschrieben ist.
2 Eine solche Einflußnahme ist interessant, weil sich dadurch ein Clustering logischer Behälter auf zusammenhängenden Speicherbereichen durchsetzen läßt.

- Eine Vielfalt von Übertragungoperationen bietet sowohl synchronen, als auch asynchronen Datentransfer und gestattet die Anforderung des Transports größerer Mengen durch Sammelaufträge.

- Die Behälterabbildung läßt sich durch Verringerung der Fragmentierung optimieren. Für wichtige Ausschnitte hätte man gerne hauptspeicherresidente Tabellen oder Funktionen.

- Integrierte Sicherungsmaßnahmen gegen Verlust oder Zerstörung (doppelte Datenhaltung) entlasten das Datenbanksystem, beinhalten aber u.U. auch eine Festlegung auf eine Strategie, die dann nicht mehr in seinem Einflußbereich ist.

- Ein billiger Massenspeicher läßt sich durch die Bildung von Hierarchien unterschiedlich schneller Hintergrundspeicher effizienter nutzen.

### 3.2.2 Dateien

Der Hintergrundspeicherplatz wird vom Betriebssystem nicht direkt angeboten, sondern in Form von Dateien.[1] Hinter dem Dateikonzept steckt die Verwaltung des Speicherplatzes und die Vorgabe einer Strukturierung der Daten. Der erste Punkt wird von Datenbanksystemen gerne in Anspruch genommen, weil dadurch ein Teil seiner Aufgaben durch Operationen des Betriebssystems erledigt werden:

- die Realisierung mehrerer separater Speicherbereiche durch Anlegen und Löschen von Dateien,

- die dynamische Anpassung der Größe des Speicherplatzes durch Anfordern und Freigabe von Behältern,

- die Definition von zusätzlichen Eigenschaften, meist beim Anlegen, je nachdem, was das Betriebssystem anbietet.

Die Hintergrundspeicherverwaltung eines Datenbanksystems beschränkt sich also auf den Aufruf und die passende Parametrisierung von Betriebssystemoperationen.

Anders ist die Situation bei den verfügbaren Datenstrukturen: der Hauptkritikpunkt seitens der Datenbanksystementwerfer an den von Betriebssystemen angebotenen höheren Dateiorganisationsformen ist eine fehlende Flexibilität, die die Anpassung an ihre speziellen Belange nicht zuläßt, denn Datenbanksysteme benötigen maßgeschneiderte Dateitypen mit besonderen Eigenschaften hinsichtlich der Mehrfachbenutzbarkeit und Datensicherheit.

Diese Problem wird in der Regel so gelöst, daß die von jedem Betriebssystem bereitgestellten einfachen Direktzugriffsdateien[2] verwendet werden, um darauf aufbauend alle speziellen Organisationsformen durch Software des Datenbanksystems zu realisieren. Dies hat den Vorteil, daß eine große Freiheit besteht, vielfältige höhere Dateitypen zu implementieren. Eine gute Unterstützung des Betriebssystems besteht in solch einem Fall darin, daß möglichst flexible Mechanismen zur Dateitypimplementierung dem nichtprivilegierten Benutzer angeboten werden.[3]

Die Dateien, von deren Bereitstellung hier ausgegangen wird, sind alle von der folgenden einfachen Art: sie bestehen aus einer Folge von gleichförmigen Behältern mit aufeinanderfolgenden

---

1 "Datei" wird hier im Sinne der Betriebssystem-Terminologie gebraucht und bezeichnet ein im Betriebssystem verwaltetes Objekt, im Gegensatz zu den später eingeführten Dateien in einem Kerndatenbanksystem.

2 Im SIEMENS BS2000 heißt diese Organisationsform "PAM".

3 Diese Strategie wurde bei der Entwicklung von OSKAR verfolgt; siehe [OSKAR 1985].

Adressen. Die Größe der Datei, d.h. die Zahl der Behälter kann dynamisch wachsen und schrumpfen. Jeder Benutzer, also auch das Datenbanksystem, kann eine prinzipiell beliebige Anzahl solcher Dateien einrichten. Grundlegende Eigenschaften können beim Einrichten einer neuen Datei festgelegt werden.

### 3.2.3  Synchronisationsmechanismen

Die Zentralisierung der Datenhaltung bewirkt, daß in einem Datenbanksystem verschiedene Benutzeraufträge möglichst unabhängig voneinander gleichzeitig bearbeitet werden. Dazu sind mehrere Prozesse nötig, deren Aktivitäten koordiniert werden müssen, falls Konflikte entstehen. Vom Betriebssystem wird daher erwartet, daß es Grundmechanismen zur Synchronisation von Prozessen anbietet, damit vom Datenbanksystem die Zusammenarbeit der verschiedenen darin tätigen Prozesse organisiert werden kann. Konkret muß gewährleistet sein, daß Warteschlangen realisierbar sind, in die Prozesse, für die eine Wartebedingung erkannt wird, eingereiht werden können, bis sie von anderen Prozessen, die die Auflösung des Konflikts erkennen, wieder deblockiert werden.

Die Grundmechanismen sollten die Möglichkeit bieten, innerhalb vernünftiger Grenzen die einzusetzende Synchronisationsstrategie so auszuwählen, daß typische Anomalien vermieden werden können. Hier ist z.B. an das Konvoiphänomen gedacht ( [Blasgen et al. 1979] ), das vermeidbar ist, wenn man im Monitorkonzept auf das (in diesem Zusammenhang fragwürdige) Fairnessprinzip verzichtet, die Prozesse in der Reihenfolge ihrer Ankunft zu bedienen.

### 3.2.4  Datensicherung

Unter Datensicherung wird in diesem Kontext nicht die Vorsorge gegen Zerstörung von an sich permanenten Datenträgern gemeint, sondern die explizite Sicherung von Daten aus dem flüchtigen Hauptspeicher. Betriebssysteme treffen normalerweise keine Vorkehrungen. Die einfachste Maßnahme ist der Transport auf den dauerhaften Hintergrundspeicher, wo die Daten einen Systemausfall überstehen. Und nur dadurch kann das Datenbanksystem die Sicherheit der Daten beeinflussen und kontrollieren, um die Forderung nach der Dauerhaftigkeit der Wirkung von Transaktionen zu erfüllen.

In der Praxis benötigt man, daß die erfolgreiche Beendigung eines Datentransports zum Hintergrundspeicher feststellbar ist. Diese Eigenschaft ist bei synchroner Ausgabe per definitionem erfüllt, während im asynchronen Fall eine Auskunft hierüber eingeholt werden muß.

Bedeutsam für den Implementierer eines Datenbanksystems ist das Verhalten bei einem Systemfehler, der während einer Übertragungsoperation zur Ausgabe stattfindet, und zwar, ob in einem solchen Fall der Inhalt eines Behälters verloren gehen kann, d.h. anschließend weder den alten noch den neuen, also einen undefinierten Wert enthält. Hier scheinen an der Betriebssystemschnittstelle in der Regel direkt die Eigenschaften der Hardware durch.

### 3.2.5  Parallelität

Zur Realisierung von mehreren gleichzeitig tätigen Transaktionen werden eine entsprechende Zahl gleichberechtigter Prozesse benötigt, die vom Datenbanksystem hierfür angefordert werden können. Dadurch ist das gewünschte Maß an paralleler oder verzahnter Ausführung erreichbar, so daß jeder Prozeß maximal einen Benutzerauftrag, also eine Transaktion, ausführt und das

Datenbanksystem nicht gezwungen ist, mit einer zu kleinen Zahl von Betriebssystem-Prozessen eine größere interne Parallelität durch die Einführung von Datenbanksystem-Pseudoprozessen zu realisieren.

Es wird weiterhin davon ausgegangen, daß dem Datenbanksystem bei Bedarf Prozesse für seine internen Aufgaben permanent bis zum Ende der Betriebsphase zugeteilt werden. Dadurch könnte beispielsweise ein eigener Prozeß angefordert werden, der asynchron unbenutzte Seiten aus dem Systempuffer in die Datenbasis zurückschreibt.

## 3.3  Aufgaben eines Kerndatenbanksystems

Das Ziel dieses Abschnittes ist, innerhalb von Datenbanksystemen einen Kernbereich zu identifizieren, seine Aufgaben präzise zu beschreiben und von den anderen Teilen, sowohl höher als auch tiefer liegenden, abzugrenzen. Als Kriterien für die Auswahl der in einem Kerndatenbanksystem enthaltenen Funktionen dienen die folgenden vier Gesichtspunkte:

- Sie bilden eine untere Schicht des Datenbanksystems, auf die die übrigen Komponenten aufsetzen, die das Betriebssystem und die Hardware verdeckt.

- Sie sind möglichst unabhängig von Datenmodellen und anderen logischen Aspekten, aber funktional so mächtig, daß Systeme mit unterschiedlichen Benutzerschnittstellen darauf aufgebaut werden können.

- Sie spielen eine so zentrale Rolle, daß sie für alle Betriebsabläufe des Systems, also in allen seinen Konfigurationen, notwendig sind.

- Sie bilden den harten Kern des Modularisierungsproblems, denn sie sind stark miteinander verflochten, so daß sie üblicherweise in einem großen, monolithischen Baustein realisiert werden, während die übrigen Funktionen eigenständiger sind und sich von Natur aus besser zu einer Isolierung eignen.

Alle Aufgabenbereiche eines Datenbanksystems werden möglichst vollständig erfaßt und auf einen Kern und höhere Komponenten verteilt. Als Grundlage dazu dient die sogenannte Strawman-Architektur ( [CCA 1982] ).  Sie ist deshalb gut dazu geeignet, weil eines ihrer Ziele eine umfassende Bestandsaufnahme von Funktionen in Datenbanksystemen war.  Auf diese Weise kann man sicher sein, keine wesentlichen Aspekte außer acht zu lassen.  Die weitere Vorgehensweise besteht daher aus der Untersuchung aller dort aufgeführten Moduln und ihrer Wechselbeziehungen und der Entscheidung, ob ihre Aufgabe ganz oder teilweise in das hier zu umreißende Kerndatenbanksystem fällt.

In der genannten Architektur ist schon ein Systemkern, genannt "Core Database Handling Processor", hervorgehoben, so daß es naheläge, seine Aufgaben direkt zu übernehmen. Dies ist jedoch nicht so ohne weiteres möglich, weil die dort zugrundegelegten Kriterien "Schnittstellenstandardisierung" und "Effizienzbetrachtungen" zu einer für unser Problem ungünstigen Unterteilung führen. So wurden, offensichtlich wegen der leichteren Standardisierbarkeit, Sprachschnittstellen auch innerhalb des Systems bevorzugt.  Und aus Effizienzgründen sollen über die Kernschnittstelle große Pakete, genannt "Envelopes", mit Programmen und Daten geschickt werden.

Andererseits ist festzustellen, daß wichtige Aufgaben in so einem an der sichtbaren Funktionalität der Moduln orientierten Entwurf nur implizit genannt werden, deren Eigenständigkeit hier aber hervorgehoben werden muß.

Die grobe Struktur des Core Database Handling Processors besteht aus drei übereinander angeordneten Moduln: logischer und physischer Datenbankzugriff, sowie Dateizugriff. An deren

Seite werden einige Spezialfunktionen gestellt, die am Schluß behandelt werden. In den verschiedenen Zugriffsschichten treten einander entsprechende Aufgaben mehrfach auf, bezogen auf die Datenobjekte der jeweiligen Abstraktionsebene. Sie werden daher im folgenden einzeln und vertikal zu den Schichten betrachtet, wobei dann zu entscheiden ist, welche Anteile innerhalb bzw. oberhalb des Kerndatenbanksystems zu erledigen sind.

### 3.3.1 Zugriff und Sichten

In diesem Aufgabenbereich werden die Datenstrukturen der auf den verschiedenen Schichten angesiedelten Datenmodelle sowie die verbindenden Abbildungen zusammengefaßt. Dieser Punkt steht an erster Stelle, weil die Entscheidung über die Zuordnung dieses Teils eine Reihe der folgenden Entscheidungen beeinflußt.

Als geeignete Schnittstelle des Kerndatenbanksystems hinsichtlich der dort realisierten Datenstrukturen wird, in der Terminologie der Schichtenarchitektur, eine interne Satzschnittstelle betrachtet. Sie realisiert die Speicherungsstrukturen wie beispielsweise B$^*$-Bäume, gestreute Strukturen, TID-Organisationen[1] oder Direktzugriff auf Datensätze nach der UDS-Technik der Satzadressierung.[2] Auf dieser Ebene können sowohl Primär- als auch Sekundärdaten separat oder miteinander physisch verknüpft aufbewahrt werden. Die Datenstrukturen, um die es hier geht, sind, genau genommen, als Typen definiert, von denen eine beliebige Anzahl von Objekten erzeugt werden kann.

**Das Kerndatenbanksystem hat die Aufgabe, eine reichhaltige Auswahl an Speicherungsstrukturen als höhere Dateitypen anzubieten, so daß verschiedene Datenmodelle darauf abbildbar sind. Für unterschiedliche Arten der Benutzung sind geeignet effiziente Realisierungen für die einzelnen Teile der Datenbasis vorzusehen.**

Die logischen und externen Datenstrukturen im Sinne des Drei-Schema-Ansatzes nach ANSI/SPARC ( [Jardine 1977] ) werden außerhalb des Kerndatenbanksystems realisiert. Das hat den entscheidenden Vorteil, daß die datenmodellspezifischen Probleme herausgehalten werden, so daß etwaige Aussagen über die Modularisierung und Konfigurierung des Kerndatenbanksystems die angestrebte Unabhängigkeit von der Datenmodellierung erhalten.

Die Abtrennung der logischen Ebene muß natürlich durchführbar sein. Dafür spricht die Architektur des Systems R, wo durch die Technik der Vorübersetzung von "Access Modules" gezeigt wurde, daß man ein Programm aus Operationen der konzeptuellen Ebene in ein äquivalentes Programm der internen Ebene übersetzen kann. Dabei sind alle logischen Zusammenhänge zwischen Daten, die im Kerndatenbanksystem separat aufbewahrt werden, zu berücksichtigen, d.h. redundate Daten sind korrekt fortzuschreiben, denn das Kerndatenbanksystem kennt ihre Zusammengehörigkeit nicht.

Eine Voraussetzung dafür, höhere Operationen in eine Folge von Operationen der internen Ebene abbilden zu können, ist ein Transaktionskonzept, daß die Atomarität der Wirkung der übersetzten Programme sicherstellt. Dies ist sicher nicht der wichtigste Grund zur Einführung von Transaktionen, denn es handelt sich dabei um eine zentrale Aufgabe aus Benutzersicht, wo ein solches Konzept auch für höhere Operationen erwartet wird. In der Strawman-Architektur werden die Eigenschaften eines Transaktionskonzepts jedoch nur implizit genannt, vorwiegend in

---

1 Entwickelt für das System R; siehe z.B. [Härder 1978].
2 Ebenfalls dort beschrieben.

Verbindung mit Protokollierung, so daß die folgende Forderung an dieser Stelle aufgestellt wird.

**Das Kerndatenbanksystem hat die Aufgabe, ein Transaktionskonzept mit der Eigenschaft der Atomarität bereitzustellen, damit Operationen auf höherer Ebene, einschließlich der sogenannten Benutzertransaktionen, als zusammenhängende Folgen von Operationen des Kerndatenbanksystems dargestellt werden können.**

Die Speicherung von Daten ist, wie im Schichtenmodell zugrundegelegt, die dominierende Aufgabe des Kerndatenbanksystems, und als Kriterium für die Einordnung anderer Aufgaben tritt im folgenden deren Verknüpfung mit Datenorganisation und Zugriffen hervor.

### 3.3.2 Integritäts- und Zugriffskontrolle

Diese Aufgaben treten im Zusammenhang mit logischem Zugriff auf. Das hat seinen natürlichen Grund darin, daß die Bedingungen über zulässige Zustände der Datenbasis und Operationsfolgen auf den konzeptuellen Objekten formuliert werden; und es ist daher leicht einzusehen, daß sich die damit verbundenen Prüfungen aus dem Kerndatenbanksystem ausklammern lassen, wenngleich eine Unterstützung bei diesen Aufgaben durchaus denkbar ist.

Die **Zugriffskontrolle** prüft Regeln, nach denen verschiedenen Benutzern oder Programmen bestimmte Zugriffe erlaubt resp. verboten sind. Die Aufgabe der Authentisierung des Auftraggebers fällt an das Datenkommunikationssystem, das die Beziehung des Datenbanksystems zu seiner Umgebung verwaltet und konzeptuell unabhängig ist vom Speichern der Daten. Die meisten Bedingungen der Zugriffskontrolle lassen sich durch Analyse der Operationen auf konzeptueller Ebene durchsetzen, nämlich dann, wenn sie anhand der aufgerufenen oder auszuführenden Operationen überprüft werden können.

Von den übrigen Bedingungen, die nicht bei Beginn der Ausführung einer Operation geprüft werden können, weil sie von Daten abhängig sind, die erst im Verlaufe der Berechnung anfallen, wird unterstellt, daß sie in den Abbildungsvorgang zwischen konzeptueller und interner Ebene einbezogen werden, d.h. die ausgeführten Folgen von Operationen des Kerndatenbanksystems enthalten Prüfungen, die ein Übersetzer oder Interpreter einfügt und die dann auch inhaltsabhängige Bedingungen untersuchen können. Guter Schutz läßt sich z.B. durch gezielte Definition von Sichten erreichen. Durch inhaltsabhängige Restriktion einer Menge von Objekten läßt sich diejenige Teilmenge bilden, auf die ein bestimmter Benutzer Zugriff hat, und die eigentliche Prüfung wird einfacher.[1]

Für die **Integritätskontrolle** gelten ähnliche Überlegungen. Das Einfügen von Prüfungen während der Ausführung höherer Operationen, also zwischen den einzelnen Aufrufen des Kerndatenbanksystems, ist hier die wichtigste Methode, da die Bedingungen überwiegend inhaltsabhängig sind. Hier kommt aber noch ein weiteres gewichtiges Argument hinzu, das Kerndatenbanksystem von der Kontrolle unberührt zu lassen: bei der Vielzahl von Bedingungen, die üblicherweise einzuhalten sind, ist es oft nicht möglich, jede von ihnen sofort nach einer sie eventuell beeinträchtigenden Änderungsoperation zu prüfen, so daß eine Strategie erforderlich ist, wonach einige Bedingungen nur periodisch und vielleicht unabhängig von Benutzeroperationen durch einen eigenen Prozeß zu überprüfen sind. Solche Aufgaben fallen an eine höher anzusiedelnde Systemsteuerung.

---

1 Eine Untersuchung über den Einsatz einer solchen Vorgehensweise in einer OSKAR-Architektur beschreibt [Kotz 1983].

Das Kerndatenbanksystem trägt also nicht explizit zur Zugriffs- und Integritätskontrolle bei. Dennoch ist anzumerken, daß durch den Entwurf der enthaltenen Dateitypen, d.h. der angebotenen Zugriffsoperationen, eine Durchsetzung von manchen Integritätsbedingungen und eine Unterstützung der Zugriffskontrolle erreichbar ist, und zwar immer dann, wenn es gelingt, Prüfungen in die Operationen der Datenstrukturen des Kerndatenbanksystems zu integrieren, also für eine Anwendung maßgeschneiderte Datentypen bereitzustellen.

### 3.3.3  Leistungsüberwachung

Unter diesem Stichwort wird das Sammeln und Auswerten von verschiedenartigen statistischen Daten zusammengefaßt, z.B. die Anzahl einer bestimmten Art von Objekten in der Datenbasis oder die Häufigkeit der Ausführung von Operationen. Zuverlässige und aussagekräftige Daten sind erfahrungsgemäß nur dort zu sammeln, wo sie anfallen. So muß dem Kerndatenbanksystem die Aufgabe zugeteilt werden, Auskünfte über die von ihm verwalteten Objekte und ihre Bearbeitung zu geben.

Die gesammelten Daten sind an vereinbarter Stelle zu hinterlegen oder auf Anfrage auszugeben, so daß sie von einem externen Programmteil gelesen und ausgewertet werden können. Dies wird als eine Aufgabe von höher angesiedelten Komponenten zur Systemüberwachung angesehen.

Da das Sammeln und Speichern von Daten sehr aufwendig sein kann und der Systembetrieb dadurch so wenig wie möglich beeinflußt werden soll, müssen die jeweils interessierenden Daten inhaltlich und zeitlich gezielt ausgewählt werden können.

**Das Kerndatenbanksystem hat die Aufgabe, statistische Daten über interne Strukturen und Abläufe auf Anforderung zu sammeln und der Systemsteuerung zugänglich zu machen.**

### 3.3.4  Synchronisation

Das Ziel der Synchronisation ist die Koordination der Aktivitäten mehrerer gleichzeitig arbeitender Benutzer, so daß jeder von ihnen so gestellt ist, als ob er exklusiv auf die Datenbank zuzugreift. Als allgemein akzeptiertes Kriterium gilt, daß mehrere Aktionen immer dann gleichzeitig oder überlappend ausgeführt werden dürfen, wenn es irgendeine sequentielle Anordnung von ihnen gibt, die zu den gleichen Ergebnissen führt.

Maßnahmen zur Koordination können auf verschiedenen Ebenen getroffen werden. So hat die Systemsteuerung einen groben, mittelbaren Einfluß durch das langfristige Scheduling von Transaktionen, indem sie die Startzeitpunkte festlegt und damit den Parallelitätsgrad beeinflußt. Ein gewichtiger Teil der Aufgabe der Synchronisation, auch wenn man einmal logische Sperrverfahren einbezieht, liegt jedoch stets beim tatsächlichen Zugriff auf die physischen Daten,[1] also zwangsläufig im Kerndatenbanksystem, denn manche Konflikte sind eben überhaupt nur dort erkennbar. Als Beispiel stelle man sich vor, daß zwei logisch voneinander unabhängige Objekte gleichzeitig auf einer Seite eingefügt, verändert oder verschoben werden sollen.

Als Einheit der Synchronisation gemäß der oben angeführten Definition wird die Transaktion bestimmt, so daß an der Schnittstelle des Kerndatenbanksystems keine zusätzlichen Operationen

---

1 Die logischen Satzsperren des System R erfordern trotzdem noch kurze physische Seitensperren.

zur Spezifikation der zu synchronisierenden Aktionen eingeführt zu werden brauchen.

**Das Kerndatenbanksystem hat die Aufgabe, eine korrekte Ausführung aller ihm gleichzeitig anvertrauten Transaktionen durch Isolation im Sinne der Sequentialisierbarkeit zu gewährleisten.**

**Die notwendigen Synchronisationsmaßnahmen sind an der Schnittstelle zu verbergen, d.h. sie sind intern ohne explizite Aufforderung auszuführen.**

### 3.3.5 Restrukturierung und Reorganisation

Unter **Restrukturierung** wird die Anpassung von Datenbankinhalten an eine neue konzeptuelle Datenstruktur verstanden. Drastisch ausgedrückt steckt dahinter eine Schemaänderung mit der explizit oder implizit definierten Überführung der davon betroffenen Exemplare in einen neuen Typ.

Da alle Aspekte von Datenmodellen und ihrer Abbildung auf interne Sätze außerhalb des Kerndatenbanksystems angesiedelt sind, muß auch eine Restrukturierung dort initiiert und kontrolliert werden. Dem Kerndatenbanksystem werden nur Teilaufgaben anvertraut. Die Restrukturierung zerfällt in folgende Schritte:

1. Entnahme der Exemplare, die zu den zu verändernden Datenstrukturen gehören ("Entladen")
2. Entfernen der geleerten Datenstrukturen
3. Konvertierung der entnommenen Daten zu Exemplaren der neuen Typen
4. Anlegen neuer Datenstrukturen
5. Eingabe der konvertierten Exemplare in die neue Datenstruktur ("Laden")

Unter Datenstrukturen sind solche zu verstehen, die das Kerndatenbanksystem verwaltet und deren Operationen es an seiner Schnittstelle anbietet. Damit verbleiben dem Kerndatenbanksystem folgende Aufgaben, die im Rahmen von Restrukturierung benötigt werden:

**Vom Kerndatenbanksystem werden für die bereitgestellten Datenstrukturen zugeschnittene Operationen zum Laden und Entladen, d.h. zur Massenein- und -ausgabe verlangt.**

**Im Verlaufe einer Datenbankanwendung müssen einzelne Datenstrukturen des Kerndatenbanksystems gezielt entfernt oder hinzugefügt werden können.**

Unter **Reorganisation** versteht man die Änderung der internen Darstellung einer Struktur, ohne ihren sichtbaren Wert, also den logischen Datenbankzustand, zu ändern. Voraussetzung dafür ist die Mehrdeutigkeit der internen Repräsentation, so wie verschieden strukturierte $B^*$-Bäume den gleichen Index als eine nach Schlüsseln geordnete Menge von Sätzen darstellen können. Reorganisation bewirkt dann den gezielten Übergang zu einer anderen Repräsentation, wobei zwar das funktionale Verhalten beibehalten wird, aber die Randbedingungen, etwa der benötigte Speicherplatz oder der Rechenaufwand für Zugriffsoperationen, verbessert werden. Im Beispiel des $B^*$-Baums kommt dafür ein Ausgleich oder eine Erhöhung der Knotenbelegung in Frage.

Die genannten Modifikationen können natürlich nur dort stattfinden, wo die Speicherungsstrukturen definiert und realisiert werden:

**Das Kerndatenbanksystem hat die Aufgabe, für die angebotenen Datenstrukturen eine Reorganisation zur gezielten Verbesserung des Laufzeitverhaltens und der Speicherplatzausnutzung anzubieten.**

## 3.3.6  Protokollierung

Unter dem Stichwort Protokollierung wird der gesamte Problemkreis der Fehlerbehandlung ("Recovery") verstanden: Vorsorgemaßnahmen für das Wiederherstellen eines logisch konsistenten Zustands der Datenbasis gemäß der Wirkung aller abgeschlossenen Transaktionen. Das kann sowohl die Aufhebung der Wirkung angefangener Transaktionen sein ("Undo") als auch die Wiedergewinnung eines durch Fehler verlorengegangenen Datenbasiszustands ("Redo"). Darüberhinaus ist Protokollierung eine Methode der Sammlung von Statistikdaten. Da diese Aufgabe aber bereits separat behandelt wurde, wird auf diesen Aspekt hier nicht mehr eingegangen.

Die Aufgabe der Wiederherstellung von Zuständen der Datenbasis ergibt sich unmittelbar aus dem Transaktionskonzept. Dort wird gefordert, daß unbeendete Transaktionen wirkungslos bleiben (Atomarität) und erfolgreich abgeschlossene Transaktionen eine bleibende, durch äußere Einflüsse unzerstörbare Wirkung haben (Dauerhaftigkeit).

Dazu muß festgelegt werden, gegen welche Arten von Fehlern der Datenbasiszustand geschützt werden soll, denn eine hundertprozentige Sicherheit ist rein theoretisch nicht möglich. Die wichtigsten Fehlerquellen sind

- der Fehler einer Transaktion in Form einer Konsistenzverletzung, eines Zugriffskonflikts (Verklemmung) oder einer eigenen Vorgabe, der sie zu einem Abbruch während des normalen Betriebs zwingt;
- ein Softwarefehler mit Verlust des Inhalts des flüchtigen Hauptspeichers, insbesondere auch des Systempuffers, so daß Teile der Datenbasis verloren gehen;
- die Zerstörung von Daten auf an sich permanenten Hintergrundspeichermedien.

Im Kerndatenbanksystem werden Transaktionen ausgeführt, und so ist es konsequenterweise auch für die Realisierung ihrer fundamentalen Eigenschaften zuständig. Da die Feststellung von Ausnahmebedingungen aber außerhalb des Kerndatenbanksystems erfolgen kann, z.B. bei Systemfehlern durch den Operateur oder bei Transaktionsfehlern durch das Anwendungsprogramm, ist auch ein explizites Rücksetzen durch eine dafür vorgesehene Operation erforderlich.

**Eine Aufgabe des Kerndatenbanksystem ist die Sicherstellung der Rücksetzbarkeit und Dauerhaftigkeit der Wirkung von Transaktionen unter Kenntnis der einzukalkulierenden Fehlerquellen Transaktionsfehler, Systemfehler und Speicherfehler.**

In höheren Komponenten kann ebenfalls ein Bedarf an Protokollierung bestehen, wenn man beispielsweise an logische Protokollierungsverfahren denkt. Daher ist außerdem eine geeignete Schnittstelle dafür anzubieten, denn das Kerndatenbanksystem ist vereinbarungsgemäß als unterste Schicht für alle Aspekte der physischen Speicherung von Daten zuständig.

**Eine Aufgabe des Kerndatenbanksystem ist die Bereitstellung einer Schnittstelle zur logischen Protokollierung.**

### 3.3.7 Optimierung

Das Schlagwort Optimierung repräsentiert viele Aspekte, aus denen diejenigen auszuwählen sind, die das Kerndatenbanksystem betreffen. Das Hauptproblem, das beim Entwurf eines konfigurierbaren Systems verfolgt wird, ist, eine optimale Systemvariante zusammenstellen zu können, die erstens alle Randbedingungen der Betriebsumgebung erfüllt und weiterhin im verbleibenden Rahmen die optimalen Verfahren einsetzt. Damit ist die Situation klar: zu optimieren sind prinzipiell alle Verfahren im Kerndatenbanksystem. Zur Illustration sei derjenige Teil angeführt, der in existierenden Systemen im allgemeinen als einziger eine Optimierung zuläßt: die Wahl der physischen Datenstrukturen.

Nicht in ein Kerndatenbanksystem gehört die Auswahl geeigneter Zugriffspfade und Auswertungsreihenfolgen, denn das kann nur außerhalb erfolgen, weil sich dort alle Informationen befinden, die zur Ausführung eines Programms über der internen Satzschnittstelle ausgenutzt werden können.

Zu berücksichten ist dagegen die Optimierung der physischen Zugriffe, und zwar sowohl durch den Einsatz effizienter Pufferersetzungsstrategien, als auch durch die Bereitstellung geeigneter physischer Datenstrukturen, die die interne Organisation am Zugriffsverhalten der Anwendungsprogramme orientiert.

**Eine Aufgabe des Kerndatenbanksystems ist, die Zugriffe zu seinen Datenstrukturen e f f i z i e n t im Sinne des Verbrauchs interner Betriebsmittel auszuführen.**


### 3.3.8 Spezielle Aufgaben

Es folgen einige Aufgaben, die nicht im Mittelpunkt der Tätigkeiten eines Datenbanksystems stehen, aber dennoch in einem praktisch einsetzbaren System erledigt werden müssen. Sie sind bei einem Entwurf daher rechtzeitig einzuplanen.

1.  Das **Laden, Entladen** und **Konvertieren** von Daten fällt in den Rahmen der Restrukturierung und wurde bereits in Abschnitt 3.3.5 als Aufgabe des Kerndatenbanksystems formuliert.

2.  Die Erzeugung von **Testdaten** stützt sich zwangsläufig auf das konzeptuelle Datenmodell, dessen Objekte in höheren Schichten des Datenbanksystems verwaltet werden. Außerdem handelt es sich hier um eine Aufgabe, die unabhängig vom Normalbetrieb ist und es auch deswegen sein soll, weil mit ihrer Hilfe die Funktionsweise und Leistungsfähigkeit eines Systems geprüft wird.

3.  Die **Konsistenzprüfung** der physischen Daten kann nur im Kerndatenbanksystem erfolgen, weil dort die Speicherungsstrukturen definiert und verwaltet werden. Entsprechende Funktionen sind also rechtzeitig mit den eigentlichen Zugriffsoperationen zu spezifizieren und in das Kerndatenbanksystem zu integrieren.

**Das Kerndatenbanksystem hat die Aufgabe, eine Konsistenzprüfung der physischen Datenbasis zu unterstützen.**

4. Die **Datenträgerformatierung** steht stellvertretend für den gesamten Aufgabenbereich der Verwaltung der Hintergrundspeichermedien. Dies ist eine Aufgabe, die durch das Betriebssystem vorgenommen wird, wie in Abschnitt 3.2 dargelegt wurde. Das Datenbanksystem benutzt die angebotenen Speichermedien mittelbar durch das Dateikonzept des Betriebssystems.

5. Die **Dateibehandlung** ist eine mit der vorigen verwandte Aufgabe, die ebenfalls dem Betriebssystem zukommt. Das Kerndatenbanksystem fordert Hintergrundspeicherplatz in Form von Dateien an und trifft dabei eventuell eine Auswahl hinsichtlich der physischen Zuordnung, immer im Rahmen der Einflußmöglichkeiten, die das Betriebssystem gestattet.

**Das Kerndatenbanksystem hat die Aufgabe der Auswahl passender Realisierungen von Dateien auf den Hintergrundspeichermedien im Rahmen des Angebots des Betriebssystems.**

### 3.3.9 Aufgaben höherer Komponenten

Die folgenden Komponenten sind in der Strawman-Architektur als Teile aufgeführt, die auf das Kerndatenbanksystem aufsetzen. Ihre Aufgaben sind daher weitgehend unabhängig vom Kerndatenbanksystem. Sie werden hier nur kurz angesprochen, um die Art ihrer Zusammenarbeit mit dem Kerndatenbanksystem darzustellen.

### 3.3.9.1 Steuerdatenverarbeitung

Mit dem Begriff Steuerdaten bezeichnet man die Parameter, durch die ein allgemein verwendbares Datenbanksystem auf eine Anwendung zugeschnitten werden kann. Typisches Beispiel dafür ist ein Schema, in dem die logischen Datenstrukturen eines Unternehmens definiert werden. Es wird in der Strawman-Architektur vorausgesetzt, daß die Realisierung der Parametersteuerung durch Speicherung einer komplexen Schemadatenstruktur und Interpretation durch die Funktionen des Systems erfolgt. Dazu ist anzumerken, daß bei einer übersetzenden Vorgehensweise nach Art der Access Modules des Systems R, die sich für eine Konfigurierung gut eignet, ein Teil der Informationen in die Auswahl von Moduln einfließt und nicht mehr aufbewahrt zu werden braucht.

Steuerdaten sind allgemein:

- Schemata, Subschemata, Speicherschemata,
- Zugriffsrechte, Konsistenzbedingungen,
- Gerätezuordnungen,
- Statistiken.

Die Operationen mit Steuerdaten sind einerseits die Aufbewahrung und Fortschreibung, andererseits ihre Interpretation, d.h. ihr Einsatz zur eigentlichen Steuerung. Für die Aufbewahrung kann das Kerndatenbanksystem herangezogen werden, vorausgesetzt, daß es geeignete Speicherungsstrukturen anbietet. Für die Realisierung gibt es im Prinzip keine zusätzlichen Anforderungen als für Benutzerdaten,[1] das Kerndatenbanksystem kennt in der Regel keinen Unterschied, denn interpretieren muß es nur solche Daten, die seine eigene Funktion beeinflussen, z.B. Speicherschemata.

Eine eigenständige Aufgabe ist in der Steuerdatenverarbeitung nicht zu sehen, denn es geht dabei um die Art der Parametrisierung der Funktionen des Kerndatenbanksystems, nämlich ob eine interpretierende Lösung mit explizit vorhandenen Daten oder eine übersetzende Lösung mit Funktionen gewählt wird, in denen die Steuerdaten nur noch implizit stehen.

### 3.3.9.2  Endbenutzerschnittstellen

Wie der Name bereits andeutet, haben diese Dienste nichts mit dem Kerndatenbanksystem zu tun, dessen Hauptaufgabe die Speicherung der gemeinsamen Daten ist. Hier geht es, allgemein ausgedrückt, um die Organisation des Zugangs und um eine komfortable Benutzung des Systems.

Als typische Beispiele für solche Funktionen seien angeführt:

- Editoren für Texte und Daten zur Vorbereitung der Benutzeraufträge,
- Sprachprozessoren zu deren Analyse,
- Berichtsgeneratoren zur Aufbereitung ausgegebener Daten,
- Programmbibliotheken für vorbereitete Standardanwendungen,
- Ein- und Ausgabeschnittstellen zur Datenkommunikation.

### 3.3.9.3  Datenadministrationshilfsmittel

Dies sind vor allem das Datenwörterbuch und Entwurfshilfsmittel. Das Datenwörterbuch kann man als eine logische Sicht auf Teile der Steuerdaten betrachten; es bildet damit eine spezielle Benutzerschnittstelle in einer Zugriffshierarchie für Metadaten.

Entwurfshilfsmittel sind kein notwendiger Bestandteil des Systems. Ihre Aufgabe ist es, die Definition der Datenstrukturen zu unterstützen oder Prognosen über das Verhalten des Systems aufzustellen. Angewandt auf die Problematik des Konfigurierens eines Kerndatenbanksystems tragen sie im letzteren Fall dazu bei, zu entscheiden, wie konfiguriert wird, erledigen aber keine Aufgabe des Systems selbst.

### 3.3.10  Zusammenfassung

Die Gesamtaufgabe eines Kerndatenbanksystems, die sich aus den einzelnen Punkten der vorangehenden Abschnitte ergibt, wird abschließend geordnet und neu zusammengestellt.

Die Aufzählung ist so zu verstehen, daß, wenn eine der genannten Aufgaben von einem Datenbanksystem erfüllt werden soll, sie in dessen Kern zu realisieren ist. Es handelt sich um eine Maximalforderung: in einer konkreten Installation wird vielleicht nur ein Teil davon tatsächlich benötigt, oder einige Anforderungen beziehen sich nur auf einen Teil der Datenbasis.

---

1 INGRES, ein relationales Datenbanksystem, speichert z.B. seine Verwaltungsdaten in ganz normalen Relationen.

1. Angebot an Speicherungsstrukturen

Das Angebot soll so beschaffen sein, daß die Datenstrukturen der konzeptuellen Ebene darauf abgebildet und gezielt effiziente Realisierungen (bezüglich der Zugriffspfade) für die einzelnen Teile der Datenbasis ausgewählt werden können.

Die Zugriffsfunktionen sollen insgesamt effizient (im Sinne des Betriebsmittelverbrauchs) ausgeführt werden, so daß der Gesamtaufwand möglichst klein und der Systemdurchsatz möglichst groß wird.

Bereitzustellen sind spezielle Operationen zum Laden und Entladen von Teilen der Datenbasis, Reorganisationsoperationen zur gezielten Verbesserung der Leistung und Prüfoperationen, die die Konsistenz der Speicherungsstrukturen untersuchen.

Die Datenbasis muß an veränderte Anforderungen anpaßbar sein, indem neue Datenstrukturen (Relationen o.ä.) hinzugefügt oder bestehende entfernt werden können.

Als Spezialfall ist eine logische Protokollschnittstelle anzubieten.

2. Transaktionskonzept

Es ist ein Transaktionskonzept bereitzustellen, das die Atomarität und Dauerhaftigkeit einer Folge von Operationen gewährleistet. Dafür sind Vorsorgemaßnahmen zu treffen und selbsterkannte Fehler intern zu korrigieren. Es muß die Möglichkeit geben, auf Anforderung von außen einen wohldefinierten Zustand wiederherzustellen. Die Qualität der Sicherung ist an vorgegebenen Fehlerarten zu orientieren; das sind Transaktionsfehler, Systemfehler und Speicherfehler.

3. Mehrbenutzerbetrieb

Es ist ein Mehrbenutzerbetrieb im Sinne der Sequentialisierungsbedingung zu realisieren. Die Einheit der Synchronisation ist die Transaktionen (Eigenschaft der Isolation). Die Koordination ist effizient auszuführen, mit möglichst wenig Zusatzaufwand für Vorsorge und Beseitigung von Konflikten.

4. Leistungsüberwachung

Die Arbeitsweise des Kerndatenbanksystem muß dadurch beobachtet werden können, daß auf Anforderung genau spezifizierbare statistische Daten über interne Strukturen und Abläufe gesammelt und auf eine vereinbarte Weise der Systemsteuerung zugänglich gemacht werden.

5. Hintergrundspeicherverwaltung

Das Kerndatenbanksystem muß die Hintergrundspeicherkonfiguration im Rahmen der vorhandenen Einflußmöglichkeiten für eine effiziente und sichere Speicherung der Benutzer- und Verwaltungsdaten einsetzen.

# 4. Grobentwurf eines Kerndatenbanksystems

Der erste Schritt zum Entwurf eines modularen Systems, das eine Anpassung durch Konfigurierung zuläßt, ist die Einführung einer groben Architektur. Dabei tritt zunächst die Frage nach den Entwurfskonzepten auf: zuerst wird also konkretisiert, wie man sich die Modularisierung und Konfigurierung vorstellen kann. Anschließend geht es um den inhaltlichen Teil: eine grobe Verteilung der Aufgaben in einem Kerndatenbanksystem auf Moduln und wie diese zusammenarbeiten.

Der Grobentwurf legt einen Rahmen fest, der später durch die Auswahl von Verfahren für die verschiedenen Aufgaben auszufüllen ist; dazu gehört dann auch noch die Konkretisierung der Schnittstellen.

## 4.1 Entwurfskonzepte

Für den Entwurf eines modularen, konfigurierbaren Programms werden hier Konzepte festgelegt. Sie geben die Struktur des Systems vor, lassen aber noch verschiedene Realisierungen zu, von denen einige Möglichkeiten genannt werden. Die Frage der Implementierung wird in Kapitel 9 kurz angesprochen.

Für die Objekte des Entwurfs wird eine graphische Darstellung eingeführt, womit die Beispiele in den folgenden Kapiteln illustriert werden können. Zur Formulierung von Programmbeispielen wird eine Notation in Ada ( [Ada 1983] ) gewählt, weil diese Sprache allgemein bekannt ist, eine konkrete Semantik hat und ihre Konzepte zur Strukturierung von Programmen für diese Anwendung geeignet sind.

### 4.1.1 Moduln

Die Programmbausteine des Systems werden Moduln genannt. Ihre Eigenschaften leiten sich aus den Ideen von Parnas ab ( [Parnas 1972] ), die in der Spezifikationsmethode HDM/Special konkretisiert wurden ( [Rosenberg 1979] ): es gibt eine funktionale Schnittstelle, die den sichtbaren und benutzbaren Teil in Form von Operationen spezifiziert, und versteckte Daten, die nur indirekt über die Operationen zugänglich sind.

Jedes entworfene Programm besteht nur aus solchen Moduln; andere Bausteine sind nicht erlaubt. Der Grad der Modularisierung, d.h. die Zahl und Größe der Moduln, ist frei wählbar. Im Extremfall kann das System aus einem einzigen Modul bestehen, auch wenn das nicht im Sinne dieser Arbeit ist.

Die Darstellung eines Moduls zeigt Bild 4.1, wobei die Trennlinie die Aufteilung in sichtbare Schnittstelle und verdeckte Realisierung andeutet.

Ein Modul wird in Ada als Paket formuliert. Der sichtbare Teil ist die Paketspezifikation. Sie enthält im wesentlichen die Operationen des Moduls als Unterprogramme (= Prozeduren oder Funktionen). Dazu kommen die Definitionen der Typen der Parameter der Operationen und gegebenenfalls von Konstanten aus deren Wertebereichen. Der verdeckte Teil entspricht dem Paketrumpf.

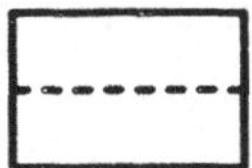

Bild 4.1:  Darstellung eines Moduls

**Beispiel**: Spezifikation eines Moduls für einen Direktzugriffsspeicher von Datensätzen
mit eindeutigen Schlüsseln

```
package DIRECT_ACCESS_FILE is
  type KEY_TP is ...;
  type REC_TP is ...;

  procedure INSERT (K : KEY_TP;  R : REC_TP);
  procedure DELETE (K : KEY_TP);
  procedure READ (K : KEY_TP;  R : out REC_TP);
end;
```

### 4.1.2  Schablonen und Parametrisierung:  generische Moduln

In einem System, das Bausteine für Standardaufgaben einsetzt, tritt oft der Wunsch auf, mehrere zum Teil identische Bausteine für ähnliche Teilaufgaben einsetzen zu können. Das bedeutet
die Reproduktion von Moduln im Sinne der Objekterzeugung aus Datentypen und die Einführung von Schablonen, die durch Parametrisierung auf verschiedene Weise konkretisiert werden
können.

Überträgt man die Beschränkung über die Art der in Modulschnittstellen spezifizierten Vereinbarungen, kommen als generische Parameter Typ- und Konstantendefinitionen in Frage.

Bild 4.2:  Darstellung eines generischen Moduls

Bild 4.2 zeigt, wie man die so erhaltenen generischen Moduln darstellt.  Ein generischer Modul
wird, das ist naheliegend, als generisches Paket formuliert. Das genannte Beispiel einer Direktzugriffsdatei kann leicht so modifiziert werden, daß Schlüssel und Sätze Parameter werden:

```
generic
   type KEY_TP is private;
   type REC_TP is private;
package GENERIC_DIRECT_ACCESS_FILE is
   procedure INSERT (K : KEY_TP;  R : REC_TP);
   procedure DELETE (K : KEY_TP);
   procedure READ (K : KEY_TP;  R : out REC_TP);
end;
```

Ein Modul entsteht durch Parametrisierung (oder Instantiierung in der Ada-Terminologie); die

Objekterzeugung ist in diesem Schritt also bereits enthalten. Die Darstellung der Parametrisierung zeigt Bild 4.3.

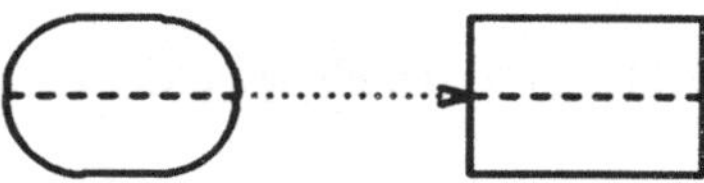

Bild 4.3:  Darstellung der Modulerzeugung durch Parametrisierung

### 4.1.3  Anwendungsbeispiele

Die Konzepte Modul und Schablone kann man auf verschiedene Weisen einsetzen, um Aufgaben der Datenverwaltung zu realisieren. Sie sind alle gleichwertig in dem Sinne, daß die jeweilige Art der Verwendung der Konzepte im Entwurf zulässig ist. In den nächsten Kapiteln werden keine Annahmen gemacht, die eine bestimmte Lösung voraussetzen.

Die erste Alternative ergibt sich aus dem vorgestellten Beispiel:

- Es wird ein fester Datentyp für KEY_TP und REC_TP vereinbart, so daß sich ein parameterloser, nicht generischer Modul ergibt. Damit in solch einem Fall verschiedene Satztypen bearbeitet werden können, arbeitet man üblicherweise mit unstrukturierten, primitiven Objekten (Zeichenreihen variablen Länge), auf die höhere Satztypen durch Konvertierung[1] abgebildet werden.

- KEY_TP und REC_TP sind generische Parameter. Für jede Anwendung wird ein maßgeschneidertes Exemplar erzeugt, das die passenden Satztypen in seiner Schnittstelle aufweist.

Weiterhin gibt es verschiedene Möglichkeiten, die Objekterzeugung zu realisieren:

- Jede Datenstruktur wird durch einen eigenen Modul repräsentiert. Eine neue Datenstruktur wird durch Einrichtung eines weiteren Moduls angelegt.

- Ein Modul ist für mehrere Datenstrukturen des gleichen Typs zuständig. Er enthält Operatoren, mit denen intern neue Exemplare angelegt werden können oder alte entfernt. Die Zugriffsoperatoren sind für alle Exemplare die gleichen; bei jedem Aufruf ist das betroffene anzugeben.

Für die Konfigurierung entstehen Konsequenzen, die aber organisatorischer Art sind und nicht das Ziel des Entwurfs berühren, aus einer Menge von Konfigurationen die zulässigen zu bestimmen:

- Die Parametrisierung muß bei Zerlegung des generischen Moduls korrekt vererbt werden. Beispiel: wenn die Datenstruktur GENERIC_DIRECT_ACCESS_FILE als Datei durch Datenstrukturen implementiert wird, die Sätze auf einer bestimmten Seite der

---

1  "Type Conversion" ( [Ada 1983], Abschnitt 4.6 ) und insbesondere
"Unchecked Type Conversion" ( ebenda, Abschnitt 13.10.2 ).

Datenbasis verwalten, muß dafür gesorgt werden, daß bei Zusammenstellung des Systems an beiden Stellen der gleiche Parameter (Satztyp) substituiert wird.

- Wie die Objekte realisiert werden, durch eigene Moduln oder einen gemeinsamen, wirkt zurück auf die Aufrufer, die ihre Operationen richtig "adressieren" müssen. Dies ist besonders zu beachten, wenn an einer Stelle eines Systems beide Alternativen vorgesehen sind.

### 4.1.4 Prozesse und Kommunikation

Die Zusammenarbeit zwischen Moduln erfolgt über Aufrufe. Das bedeutet, daß aus dem Rumpf der Operation eines Moduls eine Operation aus der Schnittstelle des anderen Moduls aufgerufen und als Unterprogramm ausgeführt wird. Es gibt grundsätzlich keine Einschränkungen über solche Aufrufbeziehungen: jeder Modul darf jeden anderen aufrufen. Wenn allerdings eine bestimmte Systemarchitektur beabsichtigt ist, z.B. eine Hierarchie, kann man das durch Beschränkung der Aufrufbeziehungen erreichen.

Die Parameterübergabe bei Aufrufen erfolgt durch Wert- und Resultatübergabe, also durch Kopieren bzw. Zuweisen der Datenobjekte.[1] Referenzen sind durch das Geheimnisprinzip ausgeschlossen. Diese Regel wird jedoch an der Stelle durchbrochen, wo es um die Darstellung eines Systempuffers geht, auf dessen Elemente über eine Referenz zugegriffen wird. Das ist aus Sicht einer einheitlichen Systemarchitektur ein bedeutsamer Punkt, stellt aber in der Praxis kein Problem dar.

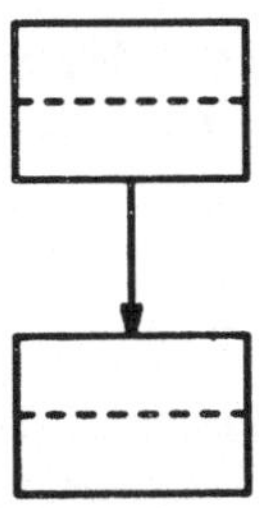

Bild 4.4: Darstellung eines Modulaufrufs

Bild 4.4 zeigt die Darstellung der Kommunikation zweier Moduln durch Aufruf. Durch den Ausgangspunkt des Aufrufs wird ausgedrückt, daß der Aufruf Teil der Realisierung ist, der als Anweisung im Rumpf der Operation steht. Er richtet sich, wie sein Endpunkt zeigt, an einen in einer Schnittstelle definierten Operator.

Aufrufe werden von den aktiven Einheiten des Systems vorgenommen, d.h. es stellt sich die Frage nach dem Prozeßkonzept. Es gibt eine beliebige Zahl von gleichberechtigten Prozessen, die gleichzeitig aktiv sein können. Jeder Prozeß besteht aus der Ausführung einer Operation eines Modul mit allen darin enthaltenen Aufrufen. Als Spezialfall kann eine solche Operation endlos

---

1 Dies ist auch die konzeptuelle Parameterbehandlung in Ada, selbst wenn aus Effizienzgründen eine Implementierung als Referenzparameter vorbehalten wird.

sein, so daß der Prozeß bis zum Betriebsende im System verbleibt.

Die Zahl der in einem Modul gleichzeitig aktiven Prozesse ist grundsätzlich nicht beschränkt. Die Synchronisationsbedingungen, die die Zusammenarbeit regeln, müssen explizit aufgestellt und durchgesetzt werden. Dazu gibt es in der Umgebung des Systems Grundmechanismen, die dies unterstützen und die als externe Operationen aufgerufen werden können.

Die Grundmechanismen gestatten die Realisierung eines Monitorkonzepts. Seine Verwendung wird zwar nicht zwingend vorgeschrieben, ist aber für die vorliegende Architektur geeignet, wie die Erfahrungen des OSKAR-Projekts gezeigt haben ( [OSKAR 1985] ). Deshalb wird der Einfachheit halber davon ausgegangen, daß die Monitorgrundoperationen wie SIGNAL und WAIT als Operationen verfügbar sind.

Monitore bieten als einfachsten Mechanismus den gegenseitigen Ausschiuß beim Zugriff auf gemeinsam benutzte Daten. Für die Auflösung von Konflikten können darüberhinaus Prozesse in Warteschlangen eingereiht und so lange blockiert werden, bis sich die Bedingung, die für ihre Fortsetzung notwendig ist, eingestellt hat.

Eine explizite Darstellung von Prozessen in der Modularchitektur ist nicht vorgesehen. In Ada können Monitore durch das Task-Konzept realisiert werden ( [Dausmann et al. 1981] ). Wie dies genau aussieht, ist hier jedoch unerheblich. Man stelle sich vor, die Synchronisationsmechanismen werden durch Operationen eines Bibliothekspaketes bereitgestellt:

```
package MONITOR_OPS is
   type CONDITION_RNG is ...;
   prodedure ENTER_MONITOR;
   procedure LEAVE_MONITOR;
   procedure SIGNAL (C : CONDITION_RNG);
   procedure WAIT (C : CONDITION_RNG);
end MONITOR_OPS;
```

Mit CONDITION_RNG als Parameter läßt sich hieraus ein generisches Paket herstellen, das für jeden Monitor als passendes Exemplar instantiiert werden kann.


### 4.1.5  Modulvarianten

Voraussetzung für jede Art von Konfigurierung ist der Austausch einzelner Moduln innerhalb eines Systems, bzw. einer Systemvariante. Dazu dient die Isolation, die die Realisierung in Form der versteckten Daten und der Operationsrümpfe von der sichtbaren Schnittstelle trennt. Ein Austausch ersetzt einen Modul durch einen anderen mit gleicher Schnittstelle, so daß ein Aufrufer die Veränderung nicht erkennt.

Zu einer Schnittstelle gibt es mehrere Rümpfe. Wie bei einer Paketspezifikation in Ada ist dabei unterstellt, daß zur Schnittstelle keine Aussagen über die Semantik der Operationen gehören, sondern rein "syntaktische" Eigenschaften definiert werden.

Die Darstellung in Bild 4.5 drückt aus, daß B und C passende Rümpfe zur Spezifikation A sind. Es gibt demnach eine Relation "ist Realisierung von" mit

B  ist Realisierung von  A,
C  ist Realisierung von  A.

Eine andere Sichtweise ist, daß die Menge aller Moduln in Klassen mit gleicher Schnittstelle eingeteilt ist, wie das Bild 4.6 ausdrückt.

Die Moduln jeder Klasse sind sind gegeneinander austauschbar.

Die Übertragung der Variantenbildung auf generische Moduln erfolgt analog: zu einer

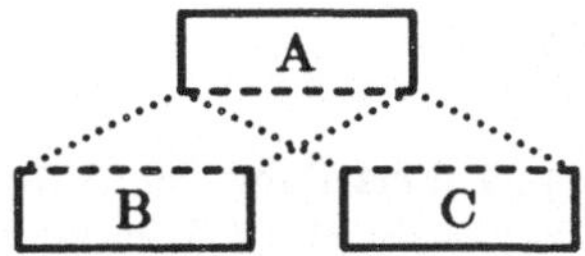

Bild 4.5: Darstellung alternativer Realisierungen

Bild 4.6: Kennzeichnung von Modulklassen

generischen Paketspezifikation kann es mehrere passende Rümpfe geben.

## 4.1.6  Modulbibliothek und Konfigurierung

Eine Modulbibliothek enthält die Gesamtheit aller Moduln, aus denen Konfigurationen gebildet werden können.  Die Menge ist strukturiert, und zwar durch die genannte Klasseneinteilung der zusammengehörigen Modulvarianten und durch die bestehenden Aufrufbeziehungen.

Eine Systemvariante (= Konfiguration) entsteht durch Zusammenstellung einer Menge von Moduln, die im Sinne der eingeführten Konzepte zueinander passen, wobei "passen" hier bedeutet, daß die externen Schnittstellen korrekt aufgerufen werden, und ein abgeschlossenes System bilden, in dem alle Aufrufe einen wohldefinierten Adressaten haben.

Alle solchen Konfigurationen kann man nach folgendem Verfahren erhalten:

1.  Es wird eine Schnittstelle ausgewählt, deren Funktionen die Konfiguration den externen Benutzern anbieten soll; sie ist eventuell mehrteilig.

2.  Zu jeder ausgewählten Modulschnittstelle wird eine Realisierung, also ein Modul der entsprechenden Klasse, ausgewählt.

3.  Zu jedem Modul werden die von ihm benutzten Schnittstellen hinzugenommen, d.h. die dadurch repräsentierte Modulklasse ist durch einen Modul in der Konfiguration vertreten.  Für die hinzukommenden Schnittstellen wird bei Schritt 2. fortgefahren.

Die Konfigurationen, die auf die eben genannte Weise entstehen, sind gewissermaßen alle "syntaktisch" möglich. Das bedeutet, daß die formalen Bedingungen der Zusammensetzung erfüllt sind: für jeden Aufruf gibt es einen Modul, der die Operation bereitstellt. Es ist damit aber noch nichts über das "semantische" Zusammenpassen der Moduln gesagt, ob die Varianten korrekt zusammenarbeiten und insgesamt die angestrebte Funktion realisieren.  In den folgenden Teilen dieser Arbeit wird sich herausstellen, daß diese Probleme hauptsächlich in dem Schritt entstehen, bei dem es um die Zuordnung von Verwaltungsverfahren geht; ansonsten ist die Konfigurierung unkritisch.

## 4.2 Aufgabenorientierte Zerlegung

Die Grobarchitektur entsteht aus einer Verteilung der Aufgaben auf Moduln, wenn erkennbar ist, daß eine Trennung wünschenswert ist, weil sie Kombinationsmöglichkeiten für verschiedene Verfahren schafft, und wenn ferner eine Trennung auch praktikabel erscheint und zu klaren Schnittstellen führt. Neben der allgemeinen Anordnung von Moduln und der Zuweisung von Funktionen enthält die Architektur die Prinzipien ihres Zusammenwirkens, d.h. der Aufrufbeziehungen.

Auf dieser Stufe des Entwurfs werden noch keine konkreten Verfahren betrachtet. Das hat zur Folge, daß nicht auf solche Details eingegangen werden kann, die erst im Verlauf der Spezifikation konkreter Schnittstellen anfallen. Dies kann erst nach einer genauen Analyse der Verfahren in den nächsten Kapiteln erfolgen. Hier geht es nur darum, aus der allgemeinen Art des Zusammenwirkens verschiedener Aufgabenbereiche eine plausible Zerlegung abzuleiten.

Ein Bestandteil der Architektur des Kerndatenbanksystems ist seine Abgrenzung nach oben, seine "Benutzer"schnittstelle innerhalb eines vollständigen Datenbanksystems, und nach unten, durch Einführung einer Basismaschine, die durch das Betriebssystem des verwendeten Rechners zu realisieren ist. Diese inhaltliche Abgrenzung ist bereits vorgenommen worden, so daß hier nur noch eine interne Aufteilung behandelt werden muß. Als Grundlage des Entwurfs dient die Aufgabenliste, die in Abschnitt 3.3 für ein Kerndatenbanksystem aufgestellt wurde.

### 4.2.1 Trennung von Zugriffs- und Verwaltungsfunktionen

Die erste grundlegende Entwurfsentscheidung ist, daß Zugriffs- und Verwaltungsfunktionen auf verschiedene Moduln verteilt werden. Mit diesen beiden Begriffen werden die folgenden Aufgabenbereiche bezeichnet:

Die **Zugriffsfunktionen** (oder **Datenorganisationsfunktionen**) realisieren die sogenannten Speicherungsstrukturen, d.h. sie bestimmen das Format, in dem Sätze als Objekte an der Schnittstelle des Kerndatenbanksystems auf den Seiten der Datenbasis abgelegt werden, und die Operationen zum Zugriff darauf. Dabei sind neben den primären Operationen zum Einfügen, Lesen, Ändern und Löschen von Objekten auch solche Operationen zu berücksichtigen, die die Aufgaben Laden, Entladen und Reorganisation als spezielle Zugriffe übernehmen. Die Randbedingung der Darstellung ist für jede Organisationsform gleich: die Daten sind auf die verschiedenen Seiten zu verteilen und die Beziehungen zwischen den Seiten sind festzulegen.[1] Diesen Bereich kann man als die **eigentliche** Aufgabe eines Datenverwaltungssystems bezeichnen, nämlich die Daten zur Aufbewahrung zu strukturieren und sie zu verarbeiten.

Die **Verwaltungsfunktionen** übernehmen die darüberhinaus anfallenden **zusätzlichen** Aufgaben, die aus den Randbedingungen entstehen, unter denen ein Programm seine Dienstleistungen zur Datenverwaltung anbietet. Sie sorgen unter anderem für die langfristige Ablage der Daten auf Hintergrundspeichern, die Koordination gleichzeitiger Zugriffe durch mehrere Benutzer und die Sicherung der Daten gegen Verlust durch System- oder Speicherfehler. An dieser Aufzählung erkennt man bereits, daß dieser Aufgabenbereich in sich viel weniger geschlossen ist als die Zugriffsfunktionen, sondern aus einer Reihe von selbständigen Aufgaben mit eigenen Problemen und Lösungswegen besteht. Das bedeutet jedoch nicht, daß diese Teilaufgaben a priori

---

1 Es wird unterstellt, daß es keine seitenübergreifenden Sätze ("Spanning Records") gibt, sondern daß in solch einem Fall bereits durch die Art der Abbildung auf Seiten eine Aufspaltung in kleinere Abschnitte vorgenommen wird.

voneinander unabhängig wären.

Das folgende Beispiel verdeutlicht die Trennung von Zugriffs- und Verwaltungsfunktionen innerhalb der Hierarchie der Datenrepräsentation:

In den Zugriffsfunktionen wird festgelegt, wie die Daten auf den Seiten angeordnet werden. Dies ist eine **individuelle**, von der Datenorganisationsform abhängige Aufgabe. Die Bereitstellung der Seiten und die notwendigen Hintergrundspeicherzugriffe zum Datentransport, sowie die Vergabe des Betriebsmittels Puffer sind dagegen **Standard**aufgaben, die den Verwaltungsfunktionen zugerechnet werden. Die Schnittstelle sieht vereinfacht so aus:

```
type PG_NBR_RNG is ...;      - - Seitennummern
type BUF_REF_TP is ...;      - - Pufferreferenzen

procedure GET_FIX (PN : PG_NBR_RNG;  BF : out BUF_REF_TP);
procedure UNFIX ( PN : PG_NBR_RNG );
```

Durch GET_FIX wird die angeforderte Seite bereitgestellt und so lange in einem Puffer zum direkten Zugriff festgehalten ("fixiert"), bis die Bearbeitungsphase durch UNFIX explizit beendet wird. Der Rücktransport geänderter Seiten zum Hintergrundspeicher ist ebenfalls Bestandteil der Verwaltungsaufgaben, für den innerhalb der Zugriffsfunktionen keine Vorkehrungen getroffen zu werden brauchen.

Die Aufteilung in Zugriffs- und Verwaltungsfunktionen ist durch die Verschiedenartigkeit der Aufgaben naheliegend.  Ihre Bedeutung ergibt sich daraus, daß die anwendungsspezifischen Eigenschaften von den eher technisch-organisatorischen getrennt werden, wie dies im obigen Beispiel gezeigt wurde.  Unter Beibehaltung der Datenstrukturen wird so die Kombination mit verschiedenen Verwaltungsverfahren möglich; dies erlaubt für eine feste Anwendung die Auswahl von passenden Verfahren abhängig von der Rechnerausstattung und dem Zugriffsverhalten der Dialogbenutzer und Anwendungsprogramme.

Die Verfahrensmengen für die beiden Aufgabenbereiche weisen einen charakteristischen Unterschied auf: aus einer groben Analyse der einzelnen Verwaltungsaufgaben gewinnt man die Erkenntnis, daß nur wenige wesentlich verschiedene Verfahren existieren.  Dies wird in Kapitel 5 deutlich werden.  Dagegen ist die Menge der vorgeschlagenen und realisierten Datenorganisationsformen im Grunde genommen unübersehbar.  Es gibt zwar eine Reihe von Standardschnittstellen und -realisierungen, wie sie beispielsweise in [Wiederhold 1983] aufgeführt sind. Daneben ist aber ein Trend zur Spezialisierung zu beobachten. Man kann das an der Entwicklung immer ausgefeilterer Hash-Techniken für einen effizienten Direktzugriff[1] oder an den vielfältigen Vorschlägen zur Organisation mehrdimensionaler Daten[2] beobachten.

So ist es naheliegend, anzustreben, Verwaltungsfunktionen in Form einer überschaubaren Bibliothek von wiederverwendbaren Standardmoduln anzubieten, was einen bedeutenden Schritt in Richtung auf die Konfigurierbarkeit von Datenverwaltungssytemen bedeutet: die Wiederbenutzbarkeit von Moduln für Verwaltungsaufgaben in beliebigem Kontext, d.h. für eine beliebige Menge von Datenorganisationsformen.  Eine allgemeine Beschränkung auf bestimmte Speicherungsstrukturen soll nicht getroffen werden, so daß die Freiheit besteht, je nach Anwendungsbereich eine geeignete Menge von Strukturen anzubieten. Eine Neuentwicklung zusätzlicher Organisationsformen betrifft dann nur den wirklich neuen Anteil der hinzukommenden Zugriffsart, wenn man die Regeln über die Verwendung der Verwaltungsmoduln beachtet, die in den

---

1 Siehe z.B. [Larson 1983] und die dort zitierte Literatur.
2 Als Beispiele seien genannt: "k-d-Bäume" in [Bentley 1979], "Multidimensional B-Trees" in [Scheuermann, Ouksel 1982], "KB-Bäume" in [Kriegel, Güting 1980] und "Grid Files" in [Nievergelt et al. 1982].

folgenden Kapiteln herausgearbeitet werden.

Aus der dargestellten Trennung von Zugriffs- und Verwaltungsfunktionen ergibt sich eine hierarchische Anordnung: die Zugriffsfunktionen benutzen Verwaltungsfunktionen, sind also logisch auf einer höheren Schicht angesiedelt, wogegen der umgekehrte Weg zu vermeiden ist.[1] Ausgedrückt durch die Entwurfskonzepte ergibt sich eine allgemeine Konstellation nach Bild 4.7.

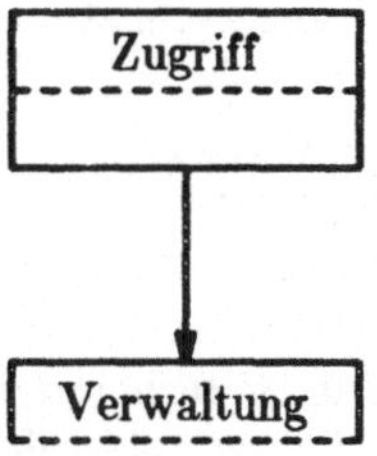


Bild  4.7:  Hierarchie von Zugriffs- und Verwaltungsfunktionen

Das heißt: zur Einbettung einer Verwaltungsaufgabe werden in die Rümpfe der Zugriffsoperationen Aufrufe einer dazu neu definierten Schnittstelle aufgenommen. Bei späterer Konfigurierung wird der Verwaltungsschnittstelle ein Rumpf aus einer Bibliothek zugeordnet, womit eine

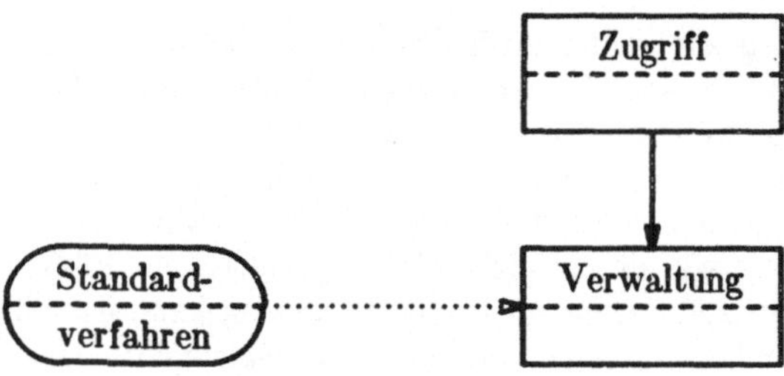


Bild  4.8:  Zuordnung von Verwaltungsverfahren

Parametrisierung verbunden sein kann, wie Bild 4.8 ausdrückt.

Die Bedeutung der Parameter kann sich sowohl aus der Art der Anwendung des Verfahrens ergeben: die Menge der Objekte für ein Synchronisationsverfahren, als auch eine Verfahrensauswahl beinhalten: die Spezifikation der Verträglichkeit von Operationen. Logisch sind diese beiden Fälle natürlich zu trennen.

---

1 Daß dies nicht vollständig durchgesetzt werden kann, wird deutlich am Beispiel der Fehlerbehandlung:
   im Rahmen der Verwaltungsaufgabe Rücksetzen bzw. Wiederholen werden die protokollierten Zugriffsoperationen aufgerufen.

## 4.2.2 Feinere Strukturierung der Zugriffsfunktionen

Bei einer Zerlegung der Zugriffsfunktionen ist zu beachten, daß die grundsätzlich vorhandene Allgemeinheit zur Anwendung auf unterschiedliche Organisationsformen nicht unnötig eingeschränkt wird. Dennoch ist eine feinere Strukturierung notwendig, um das Zusammenwirken mit den Verwaltungsmoduln und die Regeln über das Zusammensetzen zu einem Kerndatenbanksystem untersuchen zu können.

Hier wird der folgende Weg eingeschlagen: die Schnittstelle des Kerndatenbanksystems wird in mehrere unabhängige Dateien bzw. Dateitypen zerlegt, und anschließend werden die Realisierungen der einzelnen Dateitypen weiter gegliedert durch die Einführung einer hierarchischen Datenrepräsentation.

### 4.2.2.1 Dateien im Kerndatenbanksystem

Eine wichtige Entscheidung ist, das Kerndatenbanksystem in eine Menge von unabhängigen Dateien zu zerlegen. Durch die Verwendung des Begriffs "Datei" soll ausgedrückt werden, daß die Schnittstelle eines solchen Bestandteils im allgemeinen einer höheren, satzorientierten Dateischnittstelle entspricht. Dies ist keine exakte Vorschrift; der Grad der Zerlegung kann im Prinzip beliebig gewählt werden. Aber die obengenannte Richtschnur scheint eine brauchbare Modularisierung zu erlauben.

"Unabhängig" bedeutet, daß die Operationen verschiedener Dateien sich logisch nicht gegenseitig beeinflussen und damit in beliebiger zeitlicher Verzahnung ausgeführt werden können. Aus der Sicht der Architektur eines Kerndatenbanksystems bedeutet das die Realisierung verschiedener Dateitypen durch eigene Moduln.

Trotz der logischen Unabhängigkeit kann es natürlich zu Konflikten bei der Ausführung von Operationen kommen, wenn es um die Anforderung gemeinsam benutzter Betriebsmittel geht, d.h. die separaten Dateien können ohne weiteres gemeinsame Verwaltungsfunktionen benutzen.

Die Zerlegung des Kerndatenbanksystems in Dateien hat eine Reihe von Vorteilen. Der wichtigste ist, daß dadurch das Problem der Zuordnung von Verwaltungsfunktionen in unabhängige Teile gespalten wird, die jeder für sich überschaubare Datenstrukturen enthalten. Es ergibt sich die Möglichkeit, Lösungen für einzelne Dateien zu entwickeln, denn es stellt sich heraus, daß die meisten Probleme bereits im kleineren Rahmen auftreten und eine Übertragung der Ergebnisse auf zusammengesetzte Strukturen leicht möglich ist. In den folgenden Kapiteln wird deshalb hauptsächlich von Dateien die Rede sein.

Aus Sicht des Systementwicklers ergibt sich als Vorteil die Wiederverwendbarkeit allgemeiner Dateitypen in verschiedenen Anwendungen und in verschiedenen Installationen, die sich dadurch erhöhen läßt, daß eine Parametrisierung vorgesehen wird, durch die ein Modul auf die Anwendung zugeschnitten werden kann. Und für den Datenbankadministrator bietet die Unabhängigkeit der Realisierungen verschiedener Dateien die Wahlmöglichkeit geeigneter Speicherungsstrukturen ohne gegenseitige Beeinflussung, wie es auch in kommerziellen Systemen durch eine Speicherstruktursprache[1] angeboten wird, wenn man die möglichen Definitionen als Parameter zur Festlegung des internen Formats von Datenstrukturen im Kerndatenbanksystem auffaßt.

Eine wichtige Konsequenz der genannten Modularisierung der Zugriffsfunktionen ist, daß sich die Betrachtung konfigurierbarer Datenverwaltungssysteme auf Systeme unterschiedlicher Komplexität erstreckt. Sie erfaßt sowohl einzelne Dateien als den einfachsten Anwendungsfall und

---

1 SSL = "Storage Structure Language".

erlaubt einen stufenweisen Ausbau bis hin zu den Datenbankstrukturen, die heutzutage von einem Datenbanksystem verwaltet werden. Diese Sichtweise erlaubt also ein Wachsen des Datenverwaltungssystems mit den steigenden Anforderungen einer Anwendung. Damit soll die eigentlich künstliche Unterscheidung zwischen Dateiverarbeitung einerseits und Datenbanksystemen andererseits aufgehoben werden.

### 4.2.2.2  Interne Struktur von Dateitypen

Bei der weiteren Zerlegung der Zugriffsfunktionen von Dateitypen muß berücksichtigt werden, daß die angestrebte Allgemeinheit des Ansatzes nicht beeinträchtigt wird, indem einige Organisationsformen offensichtlich nicht so zerlegbar sind. Dennoch sind die folgenden Vereinbarungen notwendig, um die Anknüpfungspunkte für die Zusammenarbeit mit Verwaltungsmoduln, d.h. die Stellen, an denen die Aufrufe ihrer Operationen stehen, zu identifizieren. Eine weitere Zerlegung kann sich nur an den Gemeinsamkeiten aller Realisierungen orientieren, und das ist die Abbildung von Sätzen der Dateien auf die Seiten der Datenbasis. Diese Abbildung zerfällt in natürlicher Weise in zwei Teile ( [Härder 1986] ):

- die **externe Struktur zwischen den Seiten** legt fest, wie die Inhalte der Seiten miteinander verknüpft sind;

- die **interne Seitenstruktur** definiert, in welchem Format die Daten auf einer einzelnen Seite angeordnet werden.

Dies läßt sich am besten an Beispielen verdeutlichen:

**Beispiel**: B$^*$-Baum-Realsierung einer indexsequentiellen Schnittstelle
( [Bayer, McCreight 1972], [Comer 1979] )

Es gibt zwei Seitentypen: Index- und Datenseiten. Jede Datenseite enthält eine geordnete Menge von Sätzen mit Schlüsseln. Jede Indexseite enthält Zugriffspfadinformation in Form von Schlüsseln und Referenzen auf Seiten. Die interne Seitenstruktur legt z.B. fest, ob die Listen statisch oder dynamisch verkettet sind. Die externe Struktur zwischen den Seiten besteht aus der Information über die Baumstruktur, die die Seiten der Datei bilden, insbesondere welches die Wurzelseite ist. Verschiedene Realisierungen mit zusätzlichen Referenzen auf Vater- oder Nachbarknoten sind denkbar. Im einfachsten Fall gibt es nur Navigation in Richtung auf die Blattebene.

**Beispiel**: UDS-Realisierung einer Direktzugriffsschnittstelle mit internen Schlüsseln
("Database Keys", z.B. [Härder 1978] )

Es gibt zwei Seitentypen: DBTT-Seiten ("Database Key Translation Table") und Datenseiten. Auf den Datenseiten steht eine nicht weiter strukturierte Menge von Sätzen. Auf den DBTT-Seiten befindet sich eine elementweise Abbildung von Schlüsseln auf diejenigen Seiten, auf denen der Satz mit diesem Schlüssel untergebracht ist. Die interne Seitenstruktur ist hier so festgelegt: auf Datenseiten befindet sich eine Tabelle mit den auf der Seite enthaltenen Schlüsseln und deren Anfang als lokaler Byteadresse. Die Abbildung auf den DBTT-Seiten ist als Reihung realisiert, wobei der Index in eindeutiger Weise aus dem Schlüssel berechnet wird. Die externe Struktur zwischen den Seiten besteht zum einen aus der Funktion, die zu jedem Schlüssel berechnet, auf welcher DBTT-Seite sich das zugehörige Tabellenelement befindet, und den in den DBTT-Seiten gespeicherten Referenzen.

Aus der Verteilung der Funktionalität wird die in Bild 4.9 dargestellte Strukturierung von Dateitypen aus Moduln abgeleitet. Die Zugriffsfunktionen werden, analog zur Datenabstraktion in der Schichtenarchitektur, hierarchisch angeordnet, wobei der dabei betrachtete Bereich

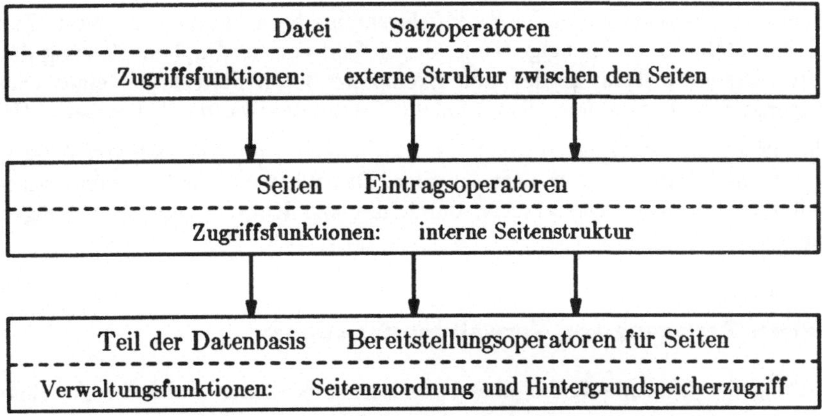

Bild 4.9: Hierarchie in den Zugriffsfunktionen

allerdings auf das Kerndatenbanksystem unterhalb von Dateischnittstellen beschränkt ist. Jede Schicht enthält die genannten charakteristischen Objekte und Operatoren.

Eine solche Strukturierung läßt sich für alle Organisationsformen gleichermaßen unterstellen. Darüberhinaus bietet sich eine weitere Zerlegung an: wenn man die Realisierungen höherer Dateitypen betrachtet, stellt man fest, daß sie im allgemeinen mehrere Arten von Seiten mit eige-

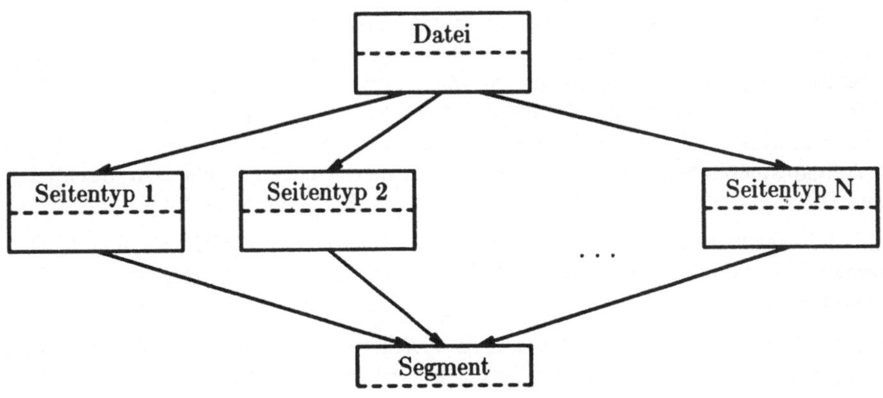

Bild 4.10: Disjunkte Zerlegung der Datenbasis nach Seitentypen

nen Verarbeitungsoperationen benutzen.[1] Das bedeutet, daß es mehrere Seitentypen gibt, von denen in einer Datei jeweils mehrere Exemplare vorhanden sind. Der Inhalt einer Seite und die Verarbeitungsfunktionen darauf sind durch einen Abstrakten Datentyp beschreibbar.

---

1 Siehe etwa die obengenannten Beispiele $B^*$-Baum-Datei oder UDS-Organisation

Die Einführung von Seitentypen in der Zugriffshierarchie bewirkt eine horizontale Zerlegung der mittleren Schnittstelle in unabhängige Teile, deren Zahl von der Implementierung des Dateityps abhängt. Im Gegensatz dazu werden alle Exemplare der n Seitentypen einer Datei auf der nächstniedrigeren Schicht von demselben Modul ("Segmentverwaltung") bearbeitet (Bild 4.10).

Die Einführung von Seitentypen eröffnet die Möglichkeit zum Angebot von Alternativen, die sich in der internen Seitenstruktur unterscheiden. Das führt zu leicht austauschbaren Realisierungen, weil ihre internen Eigenschaften durch das ADT-Konzept von ihrer Umgebung abgeschirmt sind.

### 4.2.3  Weitere Zerlegung von Verwaltungsfunktionen

Bei Betrachtung der Gesamtaufgabe eines Kerndatenbanksystems wurde im Abschnitt 3.3 eine Liste von Verwaltungsaufgaben aufgestellt, die bei weiterer Strukturierung zugrundezulegen ist. Die folgende Einteilung ergibt sich, indem die Aufgaben zur Datenstrukturierung entfernt werden und die Anforderungen der Atomarität und Dauerhaftigkeit aus dem Transaktionskonzept aufgeteilt werden in Vorsorge und Reparatur.

1.  Segmentverwaltung mit Hintergrundspeicherzugriff als Teil des Transaktionskonzepts, der für die atomaren, dauerhaften Übergänge der Datenbasis sorgen soll

2.  Protokollierung als Teil des Transaktionskonzepts, der die Fehler repariert, die durch das Übergangsverhalten der Segmentverwaltung in Kauf genommen werden

3.  Synchronisation zur Kontrolle des Mehrbenutzerbetriebs

4.  Meßdatenerfassung und -bereitstellung zur Leistungsüberwachung

5.  Hintergrundspeicherverwaltung

Das oberste Ziel ist eine möglichst feine Zerlegung, damit vielfältige Kombinationsmöglichkeiten entstehen, die eine größtmögliche Anpassung erlauben, auch wenn in der Praxis dann ein gröberer Modularisierungsgrad gewählt wird. Die obige Aufstellung bietet bereits eine Klassifikation der Aufgaben in Bereiche, die als Kandidaten für eine Aufteilung dienen. So ist also vor allem zu untersuchen, ob sie sich inhaltlich vernünftig voneinander abgrenzen lassen. Wenn sich die genannten Aufgabenbereiche in getrennten Moduln realisieren lassen, läßt sich anschließend eventuell eine feinere Zerlegung innerhalb der getrennten Aufgabenbereiche finden.

Hinter allen Verwaltungsaufgaben steht ein fester Transaktionsbegriff, der hier klar herausgestellt werden soll. Alle Aktionen, die im Auftrag eines Benutzers stattfinden, sind als Transaktionen auszuführen, für die die spezifizierten Eigenschaften gelten.

Verschiedene Transaktionen sind unabhängig voneinander; sie werden als sequentielles Programm ausgeführt, das durch die folgenden Punkte gekennzeichnet ist:

- der **Startzeitpunkt** (BOT = "Begin of Transaction") definiert den Anfang der Transaktion;

- die **Zugriffs-** oder **Arbeitsphase** enthält die Operationen auf den Daten der Datenbasis; dies ist das eigentliche "Programm" der Transaktion;

- die **Endebehandlung** (EOT-Behandlung, EOT = "End of Transaction") enthält alle Operationen, die auszuführen sind, wenn geprüft wurde, daß die Transaktion erfolgreich abgeschlossen werden kann; da dazu ein verhältnismäßig großer Verwaltungsaufwand notwendig ist, wird dies als Zeitraum betrachtet, währenddessen ein extern verursachter Fehler auftreten kann; in der Beendigungsphase gibt es einen wohldefinierten **Zeitpunkt** (EOT), der für das Ende der Transaktion maßgeblich ist:

ab dann ist ihre Wirkung dauerhaft;

- das **Rücksetzen** beginnt nach Erkennen eines Transaktionsfehlers, entweder freiwillig oder erzwungen durch Verwaltungsfunktionen, z.B. um eine Verklemmung aufzulösen;[1] es enthält die Operationen, die sicherstellen, daß gemäß der Anforderung der Atomarität ("alles oder nichts") keine Auswirkungen der angefangenen Transaktion zurückbleiben.

Außer Transaktionen gibt es im Datenbanksystem nur noch Systemprozesse, die gemeinsame Aufgaben ausführen, z.B. Sicherung, oder eine Reparatur nach Systemfehlern ("Wiederanlauf"), bis der Benutzerbetrieb wieder beginnen kann.

### 4.2.3.1 Segmentverwaltung mit Hintergrundspeicherzugriff

Dieser Aufgabenbereich umfaßt die Bereitstellung von Seiten, d.h. genauer: von Seitenversionen, der Datenbasis zur Bearbeitung durch die Zugriffsfunktionen und die Nachführung des Zustands der Datenbasis auf dem Hintergrundspeicher durch Rückschreiben der vorgenommenen Änderungen. Er umfaßt ebenfalls die Verwaltung des Betriebsmittels Pufferrahmen durch eine Ersetzungsstrategie und die Übertragung von Änderungen zurück in die Datenbasis, und unterstützt insbesondere die Datensicherung durch gezielte Auswahl von Schreibzeitpunkten.

Prinzipiell könnte die Bereitstellung jeder einzelnen Seite separat angeboten und unabhängig von anderen Seiten ausgeführt werden; eine solch feine Zerlegung ist aber aus mehreren Gründen ungünstig: die sparsame Verwendung des Betriebsmittels Pufferrahmen legt eine gemeinsame, koordinierte Benutzung nahe; und bei Zugriff auf mehrere Seiten der Datenbasis kann das Wissen über die Zusammengehörigkeit mehrerer Änderungen ausgenutzt werden. So wird eine maßvolle, aber frei wählbare Zerlegung vorgesehen.

Der Aufgabenbereich kann horizontal in mehrere Moduln aufgespalten werden, die für disjunkte Seitenmengen zuständig sind. Für die so entstehenden Teile der Datenbasis wird der Begriff **Segment** eingeführt,[2] in Anlehnung an die Terminologie aus dem System R ( [Astrahan 1976] ), wo unter einem Segment eine Seitenmenge mit gemeinsamen Eigenschaften verstanden wird. Die Seiten eines Segments werden durch einen Modul gemeinsam verwaltet, wobei auf sie die gleichen Verfahren (z.B. Pufferersetzungsstrategie) angewendet werden. Und die Zustände von Seiten verschiedener Segmente sind als Konsequenz der Modularisierung unabhängig voneinander.

### 4.2.3.2 Synchronisation

Durch Synchronisation werden die Aktivitäten mehrerer Transaktionen koordiniert, so daß ein Mehrbenutzerbetrieb stattfinden kann, ohne daß Zugriffskonflikte zu unzulässigen Ergebnissen führen oder die Integrität der Datenbasis infragestellen. Hinter jeder Synchronisation verbergen sich Entscheidungen der Art, ob zwei Operatoraufrufe verschiedener Transaktionen gleichzeitig ausgeführt bzw. begonnen werden dürfen. Dies ist eine semantische Entscheidung, abhängig von der Spezifikation und Realisierung der Dateitypen, die eine genaue Kenntnis der Zugriffsfunktionen erfordert.

Weil die Festlegung, welche Operationen zur Synchronisation herangezogen werden und welche

---

1 Siehe Abschnitt 5.2.
2 Alle Seiten einer Datei befinden sich nach Vereinbarung stets in einem Segment.

Verträglichkeit zugrundegelegt wird, abhängig von der Art der Zugriffsfunktionen ist, muß jede weitere Untergliederung in selbständige Teile sich an deren Struktur orientieren. Es gibt die folgenden Möglichkeiten:

- Zwei Synchronisationsmoduln verwalten Operationen auf disjunkten Teilen der Datenbasis und es können durch die Trennung der bearbeiteten Objekte keine Konflikte auftreten. In diesem Fall ist die Serialisierbarkeit auf triviale Weise erfüllt.

- Die Synchronisationsmoduln sind verschiedenen Mengen von Operationen zugeordnet, die sich auf überlappende oder gleiche Teile der Datenbasis beziehen, nämlich in verschiedenen Schichten der Hierarchie von Zugriffsfunktionen, und

  □ die Synchronisation kann alternativ durch einen der Moduln vollständig gewährleistet werden (dann bedeutet Konfigurieren die Ebene auszuwählen, auf deren Operationen sich die Synchronisation bezieht), oder

  □ die Moduln arbeiten zusammen, indem sie ein hierarchisches Verfahren realisieren.[1]

Neben den lokal zu treffenden Entscheidungen über die Zulässigkeit der Ausführung einer Operation bleibt das Problem bestehen, die aus den Abhängigkeiten entstehenden Wartebeziehungen zu verwalten und auf Verklemmungen zu untersuchen. Sie lassen sich bekanntermaßen nicht lokal erfassen, sondern entstehen aus beliebig verteilten Abhängigkeiten, wobei noch solche aus der (keine Objekte der Datenbasis betreffenden) Betriebsmittelanforderung hinzukommen. Die Synchronisation besitzt also, ungeachtet der möglichen Verteilung, einen zentralen Modul, der für die Verklemmungsbehandlung zuständig ist.


### 4.2.3.3  Protokollierung und Fehlerbehandlung

Der Zweck der Protokollierung ist die Wiederherstellung eines logisch konsistenten Zustands der Datenbasis nach dem Auftreten von Fehlern. Dazu werden Operationen aus dem Kerndatenbanksystem, und zwar aus der Hierarchie der Zugriffsfunktionen, mit ihren Parametern aufgezeichnet. Im Fehlerfall werden dann diese Einträge gelesen und die bezeichneten Operationen zur Reparatur ausgeführt.

Generell kann man davon ausgehen, daß es ein gemeinsames Systemprotokoll gibt, wodurch sich der Aufwand für das Ausschreiben (= Sichern) der Einträge insgesamt minimieren läßt. Darüberhinaus hat ein solches gemeinsames **physisches** Protokoll den Vorteil, daß eine Reihenfolge von Ereignissen im System festgehalten wird, die für einige Verwaltungsaufgaben benötigt wird. Dennoch wird, am Protokollinhalt orientiert, eine **logische** Trennung in kleinere Einheiten vorschlagen. Man kann sich aber vorstellen, daß diese Moduln ihre Daten letztendlich auf ein gemeinsames physisches Protokoll schreiben.

Die erste feinere Unterteilung betrifft den Zweck der Protokollierung: für Rücksetzen und Wiederholen werden verschiedene logische Protokolle eingeführt, weil in diesen beiden Fällen unterschiedliche Operationen aufzuzeichnen sind. Für das Wiederholen ist die Operation selbst maßgeblich, zum Rücksetzen ist die Umkehrfunktion zu protokollieren.[2] Durch diese Trennung kann,

---

1 Beispiel: Lange Satzsperren bis zum Transaktionsende und kurze Seitensperren bis zum Ende der Dateioperation.

2 Das Bestimmen der Umkehrfunktion ist im allgemeinen keine triviale Aufgabe, zumal wenn es sich um höhere Operationen handelt, die implizite Wirkungen haben: als Beispiel diene der Löschoperator im Netzwerkmodell, bei dem abhängige Objekte mitgelöscht werden.

Die genannte Trennung ignoriert das Seitenübergangsprotokoll mit der bitweisen **xor**-Verknüpfung, das gleichzeitig die Original- und Umkehroperation ausdrückt. Im Vergleich zu den gewonnenen Frei-

abhängig von den zu erwartenden Fehlern, separat ausgewählt werden, ob in einer Konfiguration die eine oder andere Art von Protokollierung verwendet wird.

Eine weitere Aufteilung betrifft die Art der Protokollinformation: welche Objekte werden ausgewählt und welches sind die protokollierten Operationen? Diese Zerlegung ist offensichtlich abhängig von dem Entwurf der Zugriffsfunktionen, welche Objekte und Operationen sich nämlich überhaupt zur Protokollierung eignen. Daher ist die Art und Anzahl der möglichen logischen Protokolle von der Realisierung des Dateityps abhängig. Sie unterscheiden sich inhaltlich im Typ ihrer Einträge, während die Art der Speicherung und der Lesezugriffe gleich ist.

Das Kennzeichen der letzteren Zerlegung ist, daß zwar mehrere Schnittstellen entstehen, die unterschiedlichen Objekten und Ebenen zugeordnet sind, von denen aber in der Regel nur eine zur tatsächlichen Protokollierung eingesetzt wird. Die übrigen werden in einer Konfiguration nicht benötigt. Es handelt sich also eher um eine Auswahl als um eine separate Zuordnung unabhängiger Verfahren.


#### 4.2.3.4 Meßdatenerfassung und -bereitstellung

Dieser Aufgabenbereich hebt sich von den bisher behandelten dadurch ab, daß er sozusagen Verwaltungsaufgaben zweiten Grades beinhaltet: Für die Erfüllung der Aufgaben eines Datenbanksystems ist die Meßdatenerfassung nicht unmittelbar notwendig, sondern sie dient als Hilfsmittel zur Leistungsverbesserung. Der Gegenstand der Überwachung besteht nicht nur aus den Zugriffsfunktionen, sondern auch aus den bisher genannten Verwaltungsfunktionen.

Die Erfahrung lehrt, daß die Überwachung eines Systems rechtzeitig eingeplant werden muß, d.h. bereits bei dessen Entwurf, weil ein nachträgliches Hinzufügen zum Eingriff in den bereits vorhandenen (d.h. ausgelieferten) Code zwingt und neue Fehlerquellen einführt, abgesehen davon, daß Änderungen auf technische Schwierigkeiten stoßen können, weil eine Rahmenbedingung von der geänderten Version vielleicht nicht mehr einzuhalten ist.

Die Meßmethode und ihre Integration muß sich an der Struktur des Systems orientieren, im vorliegenden Fall also an einer modularen, hierarchischen. Ein Konzept, das auf solche Architekturen zugeschnitten ist, bilden die "beobachteten Typen" ( [Svobodova 1981] ) auf der Basis des ADT-Konzepts. Daraus wurde für das modulare Betriebssystem OSKAR ein Leistungsmonitorkonzept ( [Weber 1983] ) entwickelt, das sich wegen der vergleichbaren Struktur auch für ein konfigurierbares System eignet.

Ein Prinzip der Leistungsmessung ist, daß das instrumentierte System sich genau so verhält wie das Original. Dies ist unabdingbar für das Ein-/Ausgabeverhalten: ein Benutzer kann anhand seiner Ergebnisse nicht unterscheiden, ob innerhalb des Systems Messungen vorgenommen werden. Es ist ebenso erforderlich, wenn auch nie ganz erreichbar, daß sich das übrige Verhalten (Ausführungszeiten, Zusammenspiel paralleler Aktivitäten) nicht verändert, um die Ergebnisse auf das Original beziehen zu können.

Eine grundlegende Idee zur Integration von Meßfunktionen ist, dazu die Anpassung durch Konfigurierung einzusetzen. Wenn für einen Modul die Erfassung von Meßdaten erwünscht ist, wird eine weitere, instrumentierte Variante hergestellt, die alternativ in die Konfiguration aufgenommen wird, je nachdem, wann eine Messung erfolgen soll. Der Einsatz von Leistungsüberwachung kann also statt durch fest eingebaute Funktionen ebenfalls durch Konfigurierung behandelt werden. Alternativ kann man sich vorstellen, daß ein und derselbe Modul beide Rollen übernimmt, indem er an-/abschaltbare Meßfunktionen enthält. Dies ist der Fall, der in [Weber

---

heitsgraden scheint das aber keine unvernünftige Restriktion zu sein.

1983] zugrundegelegt wird. Diese Vorgehensweise setzt natürlich voraus, daß der betreffende Modul in beiden Operationsmodi in der gleichen Konfiguration einsetzbar ist, also die gleichen zur Zusammenstellung ausschlaggebenden Eigenschaften hat. Dies ist wiederum der bereits erwähnte Aspekt, daß die Hinzunahme von Meßfunktionen neutral sein muß im Hinblick auf die Ursprungsfunktion.

Die notwendigen Modifikationen sind lokal in den jeweiligen Moduln vorzunehmen. Dabei wird unterstellt, daß die Erfassung sich stets auf die an einer bestimmten Stelle im System anfallenden Daten bezieht, während das Erkennen von Zusammenhängen zwischen verschiedenen Systemteilen als Aufgabe der externen Auswertung angesehen wird, die dazu mit den notwendigen Informationen über Zeitpunkte oder Reihenfolgen von Ereignissen zu versorgen ist.

Da die Modifikationen keinen Einfluß auf die Zusammenarbeit der übrigen Verfahren haben, werfen sie keine Probleme bei der Konfigurierung auf. Deshalb kann darauf verzichtet werden, sie in die Untersuchungen über die Abhängigkeiten von Verfahren einzubeziehen. Wenn beim Entwurf bereits eingeplant ist, welche Daten erfaßt werden sollen, kann im Anschluß an die Entwicklung des Systems eine Vervielfältigung der interessanten Moduln durch Integration verschiedener Meßfunktionen vorgenommen werden.

### 4.2.3.5  Hintergrundspeicherverwaltung

Die Hintergrundspeicherverwaltung ist eine Aufgabe, die sich inhaltlich von solchen wie der Synchronisation, Protokollierung und Segmentverwaltung unterscheidet: Sie erfordert keine ausgefeilten Algorithmen innerhalb des Kerndatenbanksystems, sondern besteht im wesentlichen aus einer geeigneten Parametrisierung der Operationen des Betriebssystems beim Anlegen von (Betriebssystem-)Dateien.

Die Dienste, die von einem Betriebssystem erwartet werden, wurden in Abschnitt 3.2 aufgezählt. Sie werden als Bestandteil der Basismaschine aufgefaßt, auf die das Kerndatenbanksystem aufgesetzt wird. Dabei wird, auch aus Gründen der Portabilität, nur ein minimaler Funktionsumfang unterstellt, hinter dem sich aber mehr oder weniger gut geeignete Realisierungen verbergen, wie dies das Konzept der logischen Geräte in OSKAR ([OSKAR 1985]) ausdrückt. Das Problem der Hintergrundspeicherverwaltung hat also zwei Aspekte: im Falle eines dürftigen Angebots an Funktionalität mit diesen Beschränkungen auszukommen, in anderen Fall eine geschickte Auswahl aus einem vielfältigen Angebot zu treffen.

Das bedeutet: von ihrem Wesen her stellt die Hintergrundspeicherverwaltung eine Aufgabe dar, die durch Konfigurierung zu lösen ist, nämlich die Zuordnung "passender" Dateien aus dem Angebot des Betriebssystems, um darauf Seiten der Segmente abzulegen. Eine weitgehend statische Zuordnung von Hintergrundspeicherplatz für Segmente wird dabei unterstellt. Das ist eine weit verbreitete Technik, die die Probleme einer Fehlerbehandlung für Operationen zum Anlegen oder Freigeben von Hintergrundspeicherplatz vermeidet.

Aus diesen Gründen wird die Hintergrundspeicherverwaltung nicht als Teil des Entwurfs des Kerndatenbanksystems betrachtet. Es wird unterstellt, daß bei Installation einer Konfiguration für die Zuordnung von angemessenem Dateispeicherplatz gesorgt wird; und Änderungen dieser Zuordnung können im Rahmen einer Reorganisation vorgenommen werden.

# 5. Standardtechniken für Verwaltungsaufgaben

Für den Entwurf eines konfigurierbaren Kerndatenbanksystems spielen drei Bereiche von Verwaltungsaufgaben eine besondere Rolle, wie im vorangehenden Kapitel beim Entwurf der Grobarchitektur herausgearbeitet wurde: die Segmentverwaltung, die Synchronisation und die Protokollierung. Sie bilden den größten Teil dieses Kapitels. Da die Grundidee des Entwurfs eine Trennung der verschiedenen Aufgaben ist, mit dem Ziel, sie durch eigene Moduln zu realisieren, werden die Aufgaben zunächst unabhängig voneinander behandelt. Unberücksichtigt bleiben solche Vorschläge, die keine getrennte Zuordnung zu Aufgabenbereichen zulassen, sondern aufgabenübergreifende Verfahren darstellen; ein typisches Beispiel ist das Multiversionskonzept von [Chan et al. 1982], dessen effiziente Realisierung starke Abhängigkeiten zwischen Synchronisation, Segmentverwaltung und Protokollierung erfordert.

Die Frage ist, inwiefern sich verschiedenartige Verfahren für die gleiche Aufgabe durch eine gemeinsame Schnittstelle in ein konfigurierbares System integrieren lassen, so daß jedes von ihnen in einigen der Konfigurationen eingesetzt werden kann. Die Wechselwirkungen zwischen Verfahren für verschiedene Aufgaben und die Voraussetzungen für ihre Kooperation werden hier noch nicht betrachtet.

Zunächst werden in allen Bereichen bekannte Verfahren erfaßt und in ihrer Wirkungsweise analysiert. Dabei war das Ziel, alle wichtigen Verfahren einzubeziehen, auch wenn nicht alle ihre Varianten berücksichtigt werden können. Diese Beschreibung soll typische Eigenschaften herausstellen, wozu eine einheitliche Terminologie eingeführt wird, die später auch als Basis zur Formulierung derjenigen Eigenschaften dient, die für die Zusammensetzung mit anderen Verfahren ausschlaggebend sind.

Für jeden Aufgabenbereich wird eine Teilmenge von Verfahren ausgewählt, die sich in einem konfigurierbaren Kerndatenbanksystem verwenden lassen. Die Auswahl richtet sich danach, ob sich ein Verfahren realisieren läßt, ohne daß die klare Struktur des Entwurfs beeinträchtigt wird: eine teilweise subjektive Entscheidung, damit ein ausgewogenes Verhältnis zwischen Vielfalt an Verfahren und Klarheit des Entwurfs erreicht wird. Für die ausgewählten Verfahren für jede der Aufgaben wird eine gemeinsame Schnittstelle entworfen, so daß man deren Operationen die Teilaufgaben der Verfahren zuordnen kann.

Der gemeinsamen Schnittstelle wird eine Semantik zugeordnet, die für die aufrufenden Moduln maßgeblich ist, die also von allen berücksichtigten Verfahren gewährleistet sein muß und somit ihre Gemeinsamkeiten ausdrückt. Zur Unterstützung der Verwaltungsverfahren enthält jede Schnittstelle Operationen, durch die eine Transaktion oder die Systemsteuerung als Aufrufer mitteilt, daß bestimmte Ereignisse im Systemablauf eingetreten sind, so daß die damit verbundenen Maßnahmen ergriffen werden können. Insgesamt ergeben sich daraus Regeln, die der Entwickler von Zugriffsfunktionen kennen und beachten muß, um die Aufrufe von Verwaltungsmoduln korrekt in seine Operationen zu integrieren.

Es zeigt sich, daß man eine interessante, also vielfältige Menge von Verfahren einbeziehen kann. Dies drückt sich in den individuellen Eigenschaften aus, die ihnen abschließend zugeordnet werden. Sie bestimmen das Verhalten in den Punkten, die nicht durch die gemeinsame Schnittstelle festgelegt sind, aber für die Integration in Konfigurationen ausschlaggebend sind.

Die sogenannte Systemsicherung nimmt eine Sonderstellung ein. Sie ist eng mit der Segmentverwaltung verknüpft, wird aber inhaltlich nicht darin festgelegt, sondern von einem externen Modul des Datenbanksystems mit Steuerungsaufgaben. Hier werden von außen Strategien in eine Konfiguration des Kerndatenbanksystems eingebracht, die im Prinzip getrennt behandelt werden können. Da sich eine Systemsicherung durch die Systemsteuerung aber ähnlich auswirkt wie die

Übergänge der Datenbasis durch die Operationen der Segmentverwaltung, und da sie sich auf deren Operationen stützt, wird sie in Verbindung mit der Segmentverwaltung behandelt.

Die Zusammenfassung dieses Kapitels enthält die Ergebnisse, die allein entscheidend sind für den Aufbau von Kerndatenbanksystemen aus Moduln, die die ausgewählten Verfahren realisieren; auf diesen Ergebnissen wird in den folgenden Kapiteln aufgebaut.

## 5.1 Segmentverwaltung mit Hintergrundspeicherzugriff

Die Aufgabe der Segmentverwaltung umfaßt die Verwaltung der Seiten des Segments[1] auf dem Hintergrundspeicher und ihre Bereitstellung in einem Systempuffer für den Zugriff durch Transaktionen. Ferner sind als wichtige Aufgabe die Übergänge der Datenbasis vorzunehmen. Das bedeutet, daß die Veränderungen an der Datenbasis, die zunächst im flüchtigen Puffer stattfinden, auf den permanenten Hintergrundspeicher geschrieben werden.

Es gibt zu jedem Zeitpunkt mehrere Ansichten der Datenbasis, die je nach Art der Segmentverwaltung mehr oder weniger übereinstimmen. Die **aktuelle Datenbasis** besteht aus den neuesten Versionen jeder Seite, die die letzten Änderungen enthalten. Wenn Seiten der aktuellen Datenbasis im flüchtigen Systempuffer stehen, gehen sie bei einem Systemfehler verloren. Die **permanente Datenbasis** ist diejenige, die nach einem Verlust des Systempuffers erhalten bleibt, bzw. durch Interpretation von Verwaltungsdaten rekonstruiert werden kann.[2] Unter der **logisch konsistenten Datenbasis** versteht man denjenigen Zustand, der sich aus dem Transaktionskonzept ergibt: er enthält genau die Ergebnisse der Operationen beendeter Transaktionen und ist unabhängig von aktiven, noch nicht beendeten Transaktionen.

Der Ausschnitt einer Datenbasis, den eine Transaktion zu sehen bekommt, indem sie Zugriff zu seinen Seiten besitzt, wird als ihre **Sicht** auf die Datenbasis bezeichnet. Die Eigenschaften einer solchen Sicht ergeben sich daraus, zu welchem Zustand der gesamten Datenbasis sich dieser Ausschnitt ergänzen läßt.

Die Zustandsübergänge werden danach unterschieden, welche Datenbasis sie betreffen. Mit **Ändern** wird die Modifikation der aktuellen Datenbasis bezeichnet.[3] Gelangt eine Änderung in die permanente Datenbasis, so nennt man dies **Einbringen**. Die Änderung ist dann **wirksam**, weil sie auch nach einem Systemfehler erhalten bleibt.

Für die nacheinander auftretenden Zustände der permanenten Datenbasis ist ausschlaggebend, in welchen Einheiten die Übergänge stattfinden. Der Normalfall besteht aus einem seitenweisen, **unterbrechbaren** Einbringen, worunter zu verstehen ist, daß zwischen je zwei Schreibvorgängen ein Systemfehler auftreten kann, so daß jeder Zwischenzustand möglicherweise Anfangspunkt für die Fehlerbehandlung wird. Wenn andererseits mehrere Seiten in einem Schritt eingebracht werden, spricht man von einem **atomaren** Übergang. Seine Realisierung erfordert besondere Vorkehrungen: Voraussetzung für atomares Einbringen sind indirekte **Seitenzuordnungsstrukturen**. Mit Seitenzuordnungsstrukturen bezeichnet man die Abbildung der Elemente des Segments auf die eines Hintergrundspeicherbereichs. Die Einheiten eines Segments

---

1 D.h. eines separaten Teils der physischen Datenbasis mit eigener Verwaltung; siehe Abschnitt 4.3.1.

2 In [Härder, Reuter 1983] wird das die materialisierte Datenbasis genannt, während die permanente Datenbasis den uninterpretierten Zustand bezeichnet. Eine Unterscheidung ist hier aber nicht erforderlich, so daß der prägnanter erscheinende Begriff gewählt wurde.

3 Leider ist es fast unmöglich, die Verwendung eines vielbenötigten und vielbenutzten Begriffes wie "Ändern" auf die aktuelle Datenbasis zu beschränken. Daraus ergeben sich in der Praxis jedoch keine Probleme; diese Definition dient hier im wesentlichen zur Abgrenzung von "Einbringen".

werden, wie bereits praktiziert, **Seiten** genannt; die Einheiten des Hintergrundspeicherbereichs[1], die vernünftigerweise gleich groß sind wie Seiten,[2] werden **Blöcke** ("Slots") genannt. Unter **direkten** Seitenzuordnungsstrukturen versteht man eine konstante, fortlaufende Zuordnung, Seiten auf die Blöcke, unter einer **indirekten** dagegen eine variable, zeitlich veränderliche Abbildung.

Wie man leicht erkennt, hat die Existenz verschiedener Ansichten der Datenbasis zur Folge, daß von jeder Seite mehrere **Versionen** existieren können. Dies sind zunächst einmal die **aktuelle** und **permanente** Version als Teil der gleichnamigen Datenbasiszustände. Die Seiten der logisch konsistenten Datenbasis werden als **gültige** Versionen, und ihr vorangehender Wert vor der letzten Änderung durch eine Transaktion als **alte gültige** Version bezeichnet. Er ist Teil eines in der Vergangenheit liegenden logisch konsistenten Zustands.

Zur Aufgabe der Segmentverwaltung gehört die Verwaltung des üblicherweise knappen Betriebsmittels Pufferrahmen, von denen jedes Exemplar eine Seitenversion aufnehmen kann, durch eine **Pufferersetzungsstrategie**, wobei jede Seite für den Zeitraum der Bearbeitung festgehalten werden muß: sie darf nicht verdrängt werden (**Fixing**).


## 5.1.1  Verfahren

Die folgenden Verfahren wurden aus der Literatur ausgewählt. Sie werden in ihren wesentlichen Merkmalen kurz vorgestellt, damit anschließend begründet werden kann, wie sie beim Entwurf des modularen, konfigurierbaren Kerndatenbanksystems berücksichtigt werden. Teilweise gibt es wichtige Varianten von ansonsten ähnlichen Verfahren, insbesondere bei der "herkömmlichen" Vorgehensweise mit unterbrechbarem Einbringen in den Abschnitten 5.1.1.1 - 3. Die Verfahren in den Abschnitten 5.1.1.4 - 8, die atomares Einbringen realisieren, sind dagegen stärker spezialisierte Einzellösungen.


## 5.1.1.1  Unterbrechbare Einbringstrategien  (Hauptvarianten)

Das Standardverfahren, das auf unterbrechbarem Einbringen beruht, läßt sich so charakterisieren: es wird eine direkte Seitenzuordnung verwendet, d.h. jede Seite des Segments steht stets im gleichen Block.[3] Intern gibt es nur eine Seitenversion im Systempuffer, zu der alle Transaktionen zugreifen. Dies ist die aktuelle Seite. Sie bleibt während der Bearbeitung fixiert. Seiten, die wieder freigegeben wurden, können jederzeit verdrängt werden; dabei werden unveränderte Seitenversionen gelöscht, geänderte dagegen ausgeschrieben und damit eingebracht.

Die Seiten werden, wie der Name bereits ausdrückt, einzeln eingebracht, so daß zwischen je zwei Schreibvorgängen eine Unterbrechung durch Systemfehler eintreten kann. Darüberhinaus kann der Schreibvorgang selbst ebenfalls unterbrechbar sein, wodurch der Inhalt des betroffenen Blocks unbrauchbar wird. Diese Eigenschaft ist abhängig vom Betriebssystem, bzw. von der eingesetzten Hardware. Die Segmentverwaltung trifft keine Vorkehrungen, um einen solchen Effekt zu vermeiden.

Zu diesem Standardverfahren gibt es eine Reihe von Varianten, die in verschiedenen Kombinationen denkbar sind. Zuerst seien diejenigen genannt, die die möglichen Einbringzeitpunkte

---

weiter einschränken. Sie spielen, wie sich zeigen wird, eine übergeordnete Rolle, von denen die übrigen Varianten abhängen.

### 5.1.1.1.1  Verdrängungssperre

Geänderte Seiten werden gegen Ausschreiben, und damit gegen Einbringen, gesperrt, bis die ändernde Transaktion ihr Programmende erreicht hat, und feststeht, ob sie erfolgreich abgeschlossen werden kann. Wird eine Änderungstransaktion zurückgesetzt, werden die von ihr geänderten Seitenversionen vernichtet und damit praktisch wieder durch die noch vorhandenen Versionen aus der permanenten Datenbasis ersetzt.

Die Wirkung dieser Variante besteht darin, daß keine Änderungen von Transaktionen in die Datenbasis gelangen können, bevor deren Endebehandlung beginnt. Es ist natürlich erforderlich, daß nicht mehrere aktive Transaktionen Zugriff auf die gleiche Seite erhalten, weil sonst beim Entfernen der Seitenversionen durch Abbruch der einen Transaktion eventuell Änderungen einer anderen verloren gingen.

Das Verhalten des Standardverfahrens wird mit "Steal" bezeichnet, wodurch ausgedrückt werden soll, daß die geänderten Seiten durch die autonome Pufferersetzungsstrategie aus dem Puffer "gestohlen" und eingebracht werden. Die Variante mit Verdrängungssperre heißt entsprechend "Nosteal".

### 5.1.1.1.2  Erzwingung des Einbringens bei EOT

Alle von einer Transaktion geänderten Seiten werden spätenstens beim Transaktionsende eingebracht, so daß, wenn der erfolgreiche Abschluß quittiert wird, alle Änderungen bereits wirksam sind.

Das Wesen dieser Variante besteht darin, daß auf diese Weise bei Pufferverlust ein Wiederholen der Transaktion nicht notwendig ist.

Diese Variante wird mit "Force" bezeichnet. Der Name drückt aus, daß der Übergang erzwungen wird. Das Verhalten des Standardverfahrens wird entsprechend mit "Noforce" bezeichnet.

### 5.1.1.1.3  Kombinationen

Ausgehend vom Standardverfahren mit der einfachsten Vorgehensweise mit den wenigsten Restriktionen für die Pufferverwaltung können die beiden Varianten Steal/Nosteal und Force/Noforce beliebig miteinander kombiniert werden, so daß sich ein Kern von vier verwandten Verfahren ergibt. Die übrigen Varianten sind jeweils nur in Verbindung mit Steal oder Nosteal sinnvoll, so daß sich anbietet, die Klassifikation anhand dieser Aufteilung vorzunehmen. Die folgenden beiden Abschnitte enthalten alle Varianten unterbrechbarer Einbringstrategien, aufgeteilt in Steal-Verfahren im Abschnitt 5.1.1.2 und Nosteal-Verfahren im Abschnitt 5.1.1.3.

## 5.1.1.2  Steal-Verfahren

Es gibt vier Abwandlungen des Standard-Steal-Verfahrens, aus denen alle Kombinationen gebildet werden können, so daß sich sechzehn Varianten ergeben. Es werden jeweils nur die Abweichungen vom Standardverfahren vorgestellt.

### 5.1.1.2.1 Force-Variante

Wie in Abschnitt 5.1.1.1.2 beschrieben.


### 5.1.1.2.2 Sicherung nach Rücksetzen

Die Erzwingung des Einbringens bei EOT dient dazu, die Änderungen von Transaktionen rechtzeitig in die permanente Datenbasis zu übertragen. Ein ähnliches Problem ergibt sich nach dem Rücksetzen abgebrochener Transaktionen: es ist sicherzustellen, daß die entgegengesetzten Änderungen wirksam werden und eventuell "gestohlene" Zwischenzustände überschreiben.[1]

Eine Technik bietet diese Variante mit Erzwingung des Einbringens vor EOU ("End of Undo"). Dies geschieht analog zur Force-Variante, kann aber prinzipiell unabhängig davon ausgewählt werden.


### 5.1.1.2.3 Feste Einbringreihenfolge

Änderungstransaktionen, die mehrere Seiten modifizieren, können festlegen, in welcher Reihenfolge ihre Änderungen eingebracht werden sollen. Um eine einfache und sinnvolle Spezifikation der Einbringreihenfolge ohne Schnittstellenerweiterung zu erlauben, wird vereinbart, daß sie gemäß der Änderungsreihenfolge vorgegeben wird, ausgedrückt durch die Freigabe der geänderten Seiten. Konkret bedeutet dies: eine Seite darf nur dann eingebracht werden, wenn

- sie nicht mehr fixiert ist, und
- alle vorher von derselben Transaktion geänderten und freigegebenen Seiten bereits in der permanenten Datenbasis sind.

Der Vorteil eines solchen Einbringverhaltens besteht darin, daß sich durch gezielte Einführung von Redundanz in den Datenstrukturen erreichen läßt, daß trotz seitenweiser Übergänge eine größere Konsistenz der permanenten Datenbasis vorliegt. Dieses Prinzip wird "Careful Replacement" genannt ( [Verhofstad 1978] ). Das folgende Beispiel soll es veranschaulichen:

Seien $Z_i$ Zustände der Datenbasis und $A_i$ die schrittweisen Änderungen einer Transaktion auf einzelnen Seiten, so daß ihre Wirkung insgesamt durch

$$Z_1 \xrightarrow{A_1} Z_2 \cdots Z_n \xrightarrow{A_n} Z_{n+1}$$

beschrieben wird. Gibt es ein $i \in \{1,...,n\}$ mit

$$Z_1 \equiv ... \equiv Z_i \, , \, Z_{i+1} \equiv ... \equiv Z_{n+1} \, ,$$

wobei "$\equiv$" bedeute, daß die Zustände als physische Datenrepräsentation logisch äquivalent sind, so wird die Gesamtoperation in der permanenten Datenbasis durch den Übergang $A_i$ von $Z_i$ nach $Z_{i+1}$ vollzogen. Er ist damit auf eine Schreiboperation reduziert und ununterbrechbar, sofern diese es ist.

Ein Beispiel für eine für ein Careful Replacement entworfene, bzw. verallgemeinerte Datenstruktur für B*-Bäume findet man in [Lehman, Yao 1981]. Es hat darüberhinaus die Eigenschaft, daß eine Synchronisation zwischen Lesern und Schreibern nicht notwendig ist.

---

1 Daran erkennt man, daß dieses Problem bei Nosteal-Verfahren nicht auftritt.

Diese Variante hat zur Folge, daß eine veränderte Seite eventuell mehrfach eingebracht werden muß, wenn ihr Zwischenzustand eine wichtige Rolle in der Übergangsfolge spielt und die Änderung einer Seite in mehreren separaten Bearbeitungsschritten erfolgt. Das verbietet demnach eine Kombination mit den unterbrechbaren Nosteal-Verfahren.

### 5.1.1.2.4  Segmentorientierte Sicherung durch Einbringen

Die Übergänge der permanenten Datenbasis werden weitgehend autonom ausgeführt, d.h. es ist bewußt ein großer Freiraum für eine interne Pufferersetzungsstrategie eingeräumt worden. Der Nachteil davon ist, daß eine relativ große Unsicherheit darüber besteht, welche Übergänge tatsächlich stattgefunden haben. Dadurch steigt der Aufwand zur Fehlerbeseitigung; er kann aber durch periodisches Sichern wieder verringert werden.

Die Segmentverwaltung bietet hierzu eine Operation an, die die Sicherung aller Änderungen durch Einbringen veranlaßt.[1] Die Bezeichnung "segmentorientiert" drückt aus, daß die Seiten unabhängig von der Transaktion, die sie geändert hat, eingebracht werden. Es sind alle Seiten im Puffer betroffen, die nicht mit der permanenten Version auf dem Hintergrundspeicher übereinstimmen. Das führt zu einer Unverträglichkeit mit einer Verdrängungssperre in Nosteal-Verfahren. Das Fixing wird dadurch jedoch nicht beeinträchtigt.

Die Wirkung des Sicherns ist abhängig von der Wahl eines günstigen Zeitpunkts. Der Aufruf der Operation fällt in die Zuständigkeit der Systemsteuerung. Sie kann durch das Anhalten von Änderungstransaktionen an definierten Stellen in deren Programm den Zustand der gesicherten Datenbasis beeinflussen.[2]

### 5.1.1.3  Nosteal-Verfahren

Es gibt drei Abwandlungen des Standard-Nosteal-Verfahrens, aus denen fast alle Kombinationen gebildet werden können. Die Ausnahme wird am Schluß dieses Abschnitts erklärt. Es werden wiederum nur die Abweichungen vom Standardverfahren vorgestellt.

### 5.1.1.3.1  Force-Variante

Wie in Abschnitt 5.1.1.1.2 beschrieben.

### 5.1.1.3.2  Private Änderungsversionen

Jede Transaktion erhält bei Änderungszugriff eine eigene Seitenversion, die mit dem Wert der aktuellen Version initialisiert wird. Leser erhalten stets Zugriff auf die "gemeinsame" aktuelle Version. Ihre Sicht bleibt während einer Bearbeitungsphase (Fixing) erhalten, auch wenn in der Zwischenzeit die aktuelle Version geändert wird. Bei einer nachfolgenden Anforderung der gleichen Seite kann sie jedoch einen neuen Inhalt haben, der durch eine zwischenzeitliche Änderung der aktuellen Seitenversion entstand.

---

1 Dies ist das sogenannte **direkte** Sichern; siehe Abschnitt 5.1.5.
2 Ein Beispiel hierfür ist das segmentorientierte Sichern im System R, das stattfindet, wenn keine Änderungsoperation ausgeführt wird.

Bei Transaktionsende werden die geänderten Seiten in die aktuelle Datenbasis übernommen, d.h. sie ersetzen die bisherigen aktuellen Seitenversionen. Leseversionen, auf die zum Zeitpunkt dieses Übergangs Zugriff besteht, werden nach Freigabe vernichtet. Andere Änderungsversionen bleiben erhalten.

Beim Rücksetzen einer Transaktion werden ihre privaten Änderungsversionen vernichtet, so daß sie keine Auswirkungen auf die aktuelle Datenbasis hat.

Das Kennzeichen dieser Variante ist, daß bei Änderungen einer Seite durch mehrere Transaktionen keine physischen Zugriffskonflikte auftreten können. Ein "logischer" Zugriffskonflikt liegt natürlich trotzdem vor, wenn mehrere Transaktionen die gleiche Seite verändern[1]: es darf stets nur eine in die Datenbasis gelangen, weil die übrigen Transaktionen ja anschließend von einem veralteten, zwischenzeitlich veränderten Zustand ausgehen.

Ein solches Verfahren wird erforderlich und gerechtfertigt durch den Wunsch, optimistische Synchronisationsverfahren einzusetzen, für die ein Ändern ohne vorherige Prüfung auf Zugriffskonflikte charakteristisch ist. Da keine Änderung vor Transaktionsende in die aktuelle Datenbasis gelangt, ist dies von Natur aus ein Nosteal-Verfahren.

### 5.1.1.3.3  Alte gültige Seitenversionen

Im Systempuffer gibt es bis zu zwei Versionen einer Seite, die zwei aufeinanderfolgende Zustände repräsentieren.[2] Die ältere der beiden Versionen wird nur zum Lesen benutzt, weil ihr Inhalt zwischenzeitlich zur neueren Version verändert wurde. Es gibt zwei Konstellationen:

1. Die ältere Version ist die gültige. Die neuere wurde für eine Änderungstransaktion angelegt, die noch aktiv ist. Sie ist noch nicht in die permanente Datenbasis eingebracht.[3]

2. Die neuere Version ist die gültige. Die ältere Version ist eine alte gültige, die nach Beendigung der Zugriffe gelöscht werden kann.

Für eine konkretere Darstellung ziehe man die angegebene Literatur zu Rate.

Die Zuweisung einer bestimmten Version, d.h. die Entscheidung, welche Version eine Transaktion bearbeiten soll, wird außerhalb der Segmentverwaltung getroffen. Dies ist Aufgabe eines Synchronisationsmoduls, denn die ermöglichte Erhöhung der Parallelität durch Benutzung alter Seitenversionen ist ein Teil der Organisation des Mehrbenutzerbetriebs.

Wenn eine Transaktion durch Lesen einer alten gültigen Seite eine Sicht auf einen vergangenen Zustand erhält, entstehen Abhängigkeiten, die bei der Sequentialisierung als logische Reihenfolge berücksichtigt werden müssen. Dies ist der Preis für die Chance, daß die Zahl der Konflikte geringer wird.

---

1 Dies ist ein Beispiel, wo durch das Ändern einer Seitenversion keine Änderung der aktuellen Datenbasis bewirkt wird.

2 Dies ist die Übertragung der Cache/Safe-Realisierung für RAC-Sperrverfahren ( [Elhardt 1982] ) auf eine unterbrechbare Einbringstrategie; d.h. die Behandlung der Seitenversionen ist gleich, jedoch fehlt der Safe-Mechanismus.

3 Dies ist der Grund dafür, daß diese Variante nur auf Nosteal-Verfahren anwendbar ist.

### *5.1.1.3.4  Unverträglichkeit von Versionsbildungen*

Private Änderungsversionen und alte gültige Seitenversionen sind offensichtlich nicht miteinander verträglich und können daher nur alternativ ausgewählt werden. Im ersten Fall werden transaktionsspezifische private Änderungsversionen angelegt, im zweiten dagegen segmentspezifische, gemeinsame.

## 5.1.1.4  Segmentorientiertes Schattenspeicherverfahren  (SOSP)

Dieses Verfahren ( [Lorie 1977] ) verwendet eine indirekte Seitenzuordnung, die durch eine explizite Abbildung in Form einer Tabelle realisiert wird. Diese Abbildung wird periodisch neu definiert und bestimmt damit den Zustand der permanenten Datenbasis bis zum nächsten Übergang.

Wird eine Seite zum ersten Mal für einen Änderungszugriff angefordert, wird eine neue Version angelegt, die sogenannte Schattenversion. Sie erhält den Wert der Originalversion, die als permanente Version erhalten bleibt, und ist fortan die aktuelle Seitenversion. Für den aktuellen Zustand der Datenbasis gibt es eine Schattentabelle mit Referenzen auf die Schattenseiten und die Originale der noch nicht veränderten Seiten. Die Schattenseite ist in einem eigenen Block untergebracht. Die Schreiboperation sichert zwar ihren Inhalt, bewirkt aber noch kein Einbringen.

Das Einbringen erfaßt alle geänderten Seiten und wird durch eine Sicherungsoperation auf einen Anstoß von außen ausgeführt, wodurch alle Schattenseiten synchron eingebracht werden. Technisch wird die Ununterbrechbarkeit so durchgesetzt: alle Schattenversionen werden ausgeschrieben und sind damit gesichert; die modifizierte Seitenzuordnung, die Schattentabelle, wird ebenfalls gesichert; der Übergang erfordert dann nur noch das Umschalten zwischen den Tabellen, was durch eine einzige Schreiboperation erfolgt.[1]

Hier wird insbesondere vorausgesetzt, daß die Schattenseiten beim Sichern nicht bearbeitet werden, denn sie müssen ja dazu ausgeschrieben werden. Das erfordert entsprechende Vorkehrungen der Systemverwaltung, die die Sicherungsoperation aufruft.

Das Schattenspeicherverfahren hat als wesentlichen Vorteil, daß es kontrollierte, atomare Übergänge der permanenten Datenbasis erlaubt. Seine Nachteile sind der Bedarf an genügend großem Hintergrundspeicherplatz, der alle Schattenversionen und die Seitenzuordnungstabellen aufnehmen muß, und die Unmöglichkeit, ein physisches Clustering der Seiten des Segments durchzusetzen, d.h. aufeinanderfolgende Seiten in benachbarten Blöcken auf dem Hintergrundspeicher abzulegen.

## 5.1.1.5  Zusatzdateimethode

Es handelt sich hierbei ebenfalls um ein Verfahren, daß mittels einer indirekten Seitenzuordnung atomares Einbringen realisiert ( [Severance, Lohmann 1976] ). Im Gegensatz zu den Schattenspeicherverfahren mit expliziter Seitenzuordnung wird hier jedoch eine implizite Abbildung eingesetzt. Wie der Name "Zusatzdatei" andeutet, werden geänderte Seitenversionen in einer eigenen "Datei", d.h. in einem separaten Bereich des Hintergrundspeichers, gehalten, während die "Originaldatei" unverändert bleibt.

---

1  Man beachte, daß man dies selbst bei Unterbrechbarkeit des Datentransfers mit dem Konzept des "Stable Storage" ( [Lampson, Sturgis 1979] ) zu einer atomaren Operation machen kann.

Die aktuelle Seitenversion muß erst in der Zusatzdatei gesucht werden; wenn sie dort nicht angetroffen wird, wurde sie nicht verändert, und sie steht noch in der Originaldatei, für die eine feste Seitenzuordnung gilt Die Methode, nach der die Zusatzdatei organisiert ist, ist nicht festgelegt. Sie ist aber entscheidend für die Effizienz des gesamten Verfahrens. In [Reuter 1981] wird ein Verfahren mit Filtern favorisiert, das eine schnelle Entscheidung erlaubt, ob eine aktuelle Seitenversion bei geringer Fehlerrate **wahrscheinlich in der Zusatzdatei** steht oder **mit Sicherheit nicht**.

Die Zusatzdatei ist, abgesehen von der nachfolgend beschriebenen Einbringoperation, prinzipiell nicht gesichert, d.h. nach einem Fehler wird die Originaldatei rekonstruiert. Übergänge der permanenten Datenbasis werden durch segmentorientiertes Sichern vollzogen. Das bedeutet in diesem Fall, daß die Seitenversionen aus der Zusatzdatei an ihren Platz in der Originaldatei kopiert werden. Damit dies eine unteilbare Operation ist, werden zunächst alle geänderten Seiten in der Zusatzdatei durch Ausschreiben gesichert. Das eigentliche Einbringen geschieht durch eine ununterbrechbare Umschaltung, die festlegt, daß der neue permanente Zustand des Segments (vorübergehend) aus Datei + Zusatzdatei besteht. Anschließend werden die geänderten Seiten übertragen. Dieser Vorgang ist wiederholbar, so daß durch einen Systemfehler in dieser Phase der Zustand erhalten bleibt. Als Endzustand der kompletten Sicherungsoperation ist die gesamte Zusatzdatei übertragen. Dann kann zurückgeschaltet werden: alle permanenten Seitenversionen stehen in der Originaldatei und die Zusatzdatei kann gelöscht werden.

Der Vorteil dieses Verfahrens liegt in der im Prinzip festen Seitenzuordnung, die einen geringen Speicherverbrauch für die Abbildung hat und das Clustering von Seiten des Segments in benachbarten Blöcken ermöglicht. Demgegenüber steht der gleich große Speicherbedarf wie beim SOSP-Verfahren und der größere Aufwand sowohl beim Zugriff auf die aktuellen Seitenversionen durch Inspektion der Zusatzdatei, als auch bei der Sicherung durch das zusätzliche Schreiben aller geänderten Seiten.

Es gibt auch eine transaktionsorientierte Variante des Zusatzdateikonzepts, bei der für jede Änderungstransaktion eine eigene Zusatzdatei angelegt wird. Sie wird hier jedoch nicht explizit vorgestellt, denn die Probleme, die dabei entstehen, sind vergleichbar mit der anschließend vorgestellten transaktionsorientierten Variante des Schattenspeicherverfahrens. D.h. man kann sich vorstellen, daß eine Realisierung mit Zusatzdateien bei Bedarf analog dazu in das konfigurierbare Kerndatenbanksystem integrierbar ist.


### 5.1.1.6  Transaktionsorientiertes Schattenspeicherverfahren  (TOSP)

Hier wird die gleiche Art der indirekten Seitenzuordnung wie beim segmentorientierten Schattenspeicherverfahren zur Realisierung ununterbrechbaren Einbringens verwendet ( [Härder, Reuter 1979] ). Im Unterschied dazu fallen die Sicherungspunkte aber mit dem Ende der Änderungstransaktionen zusammen und betreffen nur die von ihnen geänderten Seiten. Unter der Annahme, daß keine zwei Transaktionen die gleiche Seite gemeinsam ändern dürfen, erhält man dadurch logisch konsistente Übergänge der Datenbasis.

Die geänderten Seiten werden als Schattenversionen in neuen Blöcken untergebracht. Im Gegensatz zum segmentorientierten Verfahren, wo eine einzige Schattenabbildung genügte, müssen hier jedoch die Schattenseiten für jede Transaktion separat verwaltet werden. Die technischen Einzelheiten sind relativ kompliziert, und sollen nicht im Detail dargestellt werden.[1]

---

1  Eine Besonderheit der Realisierung, die betont werden muß, weil sie beim Auswechseln verschiedener Segmentverwaltungsverfahren beachtet werden muß, ist, daß auf jeder Seite verfahrensspezifische Verwaltungsinformation (z.B. Verkettung durch Referenzen) unterzubringen ist, so daß der für die Speicherung von Nutzinformation verfügbare Anteil verkleinert ist.

1  Im Systembetrieb: die aktuelle Version; bei Restaurierung nach Fehlern: die permanente Version.

Es ist leicht einzusehen, daß das Verfahren komplizierter und aufwendiger ist als SOSP, weil die neuen Seitenzuordnungstabellen erst bei Transaktionsende aufbereitet und gesichert werden können. Sein Vorteil liegt darin, daß die Übergänge den vom Konzept her geforderten logisch konsistenten Zustandswechsel vollziehen. Dadurch werden die zur Fehlerbeseitigung notwendigen Vorsorgemaßnahmen stark reduziert. Der Aufwand, mit dem diese Eigenschaften erkauft werden, ist allerdings erheblich.

### 5.1.1.7 Twin Slot (TWIST)

Dies ist eine weitere Realisierung logisch konsistenter Übergänge durch transaktionsorientiertes Einbringen, die eine modifizierte direkte Seitenabbildung verwendet ( [Reuter 1979] ). Es ist auf die Eigenschaften von Magnetplattenspeichern zugeschnitten und erfordert Einflußmöglichkeiten auf die Anordnung der Blöcke auf den Datenträgern.

Der Inhalt jeder Seite wird in zwei benachbarten Blöcken gespeichert, die mit einer Operation durch ein verkettetes Kanalprogramm effizient gelesen werden können, weil für den zweiten Block die Positionierzeit entfällt und nur die Übertragungszeit hinzukommt. Die Zuordnung je eines Blockpaares ("Twin Slots") für die Seiten des Segmentes ist direkt, also konstant. Variabel ist dagegen, in welchem der beiden Blöcke die aktuelle bzw. permanente Version steht. Dies wird anhand ihres Inhalts erkannt, der zu diesem Zweck Verwaltungsinformation enthält. Beim Lesen werden beide Blockinhalte übertragen, damit der gewünschte[1] anschließend durch Interpretation ihres Inhalts ausgewählt werden kann.

Im Normalfall enthält nur ein Block die sowohl permanente als auch aktuelle Seitenversion, der andere ist als leer gekennzeichnet. Bei Änderung wird eine neue Version angelegt, der der bisher freie Block zugeordnet wird. Dies ist dann die aktuelle Version, die bei allen weiteren Zugriffen bearbeitet wird. Die ältere Version bleibt als permanente Version praktisch das Before Image für die stattfindende Änderung.

Das Umschalten des Zustands der permanenten Datenbasis geschieht in einem Schritt nachdem alle geänderten Seitenversionen in ihren Block ausgeschrieben wurden. Dazu wird die Transaktion in einer Wiederanlaufdatei als beendet gekennzeichnet, so daß die von ihr geänderten Seitenversionen bei Inspektion der beiden Kandidaten fortan als die gültigen betrachtet werden.

Die Behandlung von Systemfehlern ist relativ kompliziert. Anhand der Wiederanlaufdatei können die Transaktionen, die Seiten verändert haben, zwar leicht in aktive (= erfolglose, abgebrochene) und beendete (erfolgreiche) unterteilt werden. Aber die Reduktion des Aufwands zur Entfernung der Änderungen rückzusetzender Transaktionen erfordert Zusatzvorkehrungen, um die betroffenen Seiten aufzufinden. Denn die Information über das Zugriffsverhalten der Transaktionen ist sonst nur durch Inspektion aller Blöcke zu rekonstruieren.

Der Vorteil des Twin-Slot-Verfahrens sind seine geringen Fehlerbehandlungskosten und die Realisierung logisch konsistenter Übergänge. Demgegenüber steht eine relativ aufwendige Implementierung und, vor allem, ein doppelter Speicherbedarf. Bei einer Realisierung könnte es Schwierigkeiten geben, wenn das Betriebssystem nicht flexibel genug ist, die explizite Zuordnung von Blöcken auf der Platte zuzulassen.

### 5.1.1.8 DB-Cache/Safe

Es gibt zwei Varianten, von denen aber gezeigt wurde, daß sie durch eine einzige, die allgemeinere, Realisierung bereitgestellt werden können ( [Elhardt 1982], [Elhardt, Bayer 1984] ). Im einfachen Fall gibt es zu jeder Seite eine einzige aktuelle Version, zu der alle Transaktionen zugreifen. In der Verallgemeinerung wird die vorhergehende Seitenversion beibehalten; sie wird parallel zum Zugriff auf die neuere Version anderen Transaktionen zum Lesen zugeordnet.[1]

Das DB-Cache/Safe-Verfahren verwendet eine direkte Seitenzuordnung. Sein besonderes Kennzeichen ist die transaktionsorientierte Sicherung des Systempuffers ("Cache") durch eine eigene Protokolldatei ("Safe"). Das heißt: bei einem Systemfehler wird derjenige Teil des Systempuffers, der aus den gültigen Seitenversionen des logisch konsistenten Datenbasiszustands besteht, rekonstruiert. Das verwendete Protokoll erlaubt eine schnelle Sicherung am Transaktionsende, weil sequentiell geschrieben wird, was durch eine günstige Hintergrundspeicherzuordnung unterstützt werden kann. Der Speicherplatz, der für den Safe benötigt wird, läßt sich statisch begrenzen auf ein kleines Vielfaches der Größe des Caches.[2]

Die vorliegende spezielle Art der Protokollierung, wodurch erreicht wird, daß Seitenversionen im Systempuffer praktisch permanent sind, wird hier als ein Teil des Segmentverwaltungsverfahrens angesehen. Das erscheint vernünftig, weil sie durch die Spezialisierung, insbesondere durch die Art der Verkürzung des zyklischen Safes durch Ausschreiben der ältesten noch im Puffer befindlichen gültigen Seiten, mit den Aufgaben der Pufferverwaltung und des Datentransfers so sehr verflochten ist, daß eine Realisierung durch ein "normales" Protokoll, wie es in Abschnitt 5.3 beschrieben wird, nicht im Frage kommt.[3]

Die Verwaltung zweier Seitenversionen ist analog zur erwähnten Variante mit unterbrechbarem Einbringen. Die Vorteile des Verfahrens sind die effiziente transaktionsorientierte Sicherung über den Safe, durch die das eigentliche "Einbringen" durch Ausschreiben zu einer nachgeordneten, asynchron ausgeführten, nicht zeitkritischen Aktion wird. Als Hauptnachteil ist anzusehen, daß alle geänderten Seitenversionen aktiver Transaktionen im Puffer stehen bleiben müssen, so daß dieser sehr groß sein muß.[4]

### 5.1.2 Definition einer gemeinsamen Schnittstelle

In den vorangehenden Abschnitten wurden eine Reihe von verschiedenartigen Segmentverwaltungsverfahren vorgestellt, die alle Kandidaten sind, in einem konfigurierbaren Kerndatenbanksystem eingesetzt zu werden. Voraussetzung dafür ist, daß eine gemeinsame Schnittstelle gefunden werden kann, deren Operationen man die Teilaufgaben eines jeden Verfahrens zuordnen kann.

Es zeigt sich, daß alle genannten Verfahren berücksichtigt werden können. Der Entwurf der Schnittstelle bereitet keine Schwierigkeiten; einige kleinere Probleme treten erst in Zusammenhang mit der Kommunikation mit anderen Verwaltungsmoduln auf.[5] Sie werden jedoch hier

---

1 Vgl. die entsprechende Variante bei den unterbrechbaren Einbringstrategien, Abschnitt 5.1.1.3.

2 Realistisch ist ein Faktor 2.

3 Umgekehrt läßt sich die Safe-Protokollierung auch nicht für die Aufgaben eines solchen Systemprotokolls heranziehen.

4 Präzise Zahlen ergeben sich allerdings nur, wenn man das Zugriffsverhalten der Transaktionen kennt und den Parallelitätsgrad bei Ausführung.

5 Das sind: Reihenfolgebedingungen bzgl. Einbringen und Protokollsicherung ("Write Ahead Log"), Mitteilung über Versionszuordnung bei Benutzung alter gültiger Seitenversionen.

noch nicht beschrieben, sondern in Kapitel 6 zusammen mit den übrigen Abhängigkeiten. Wo die folgende Schnittstelle später erweitert werden muß, ist durch ... angedeutet.

Es gibt zwei Arten von Operationen: die eine sind diejenigen, die die Transaktionen zum Zugriff auf die physische Datenbasis benötigen; sie bewirken das Bereitstellen und Freigeben einzelner Seiten des Segments, wobei die Existenz verschiedener Versionen für die Zugriffsfunktionen transparent ist. Die Anforderungsoperation wird insofern erweitert, als die Art des beabsichtigten Zugriffs (Lesen oder Ändern) anzugeben ist. Dies ist darin begründet, daß einige Verfahren in diesen beiden Fällen verschiedene Versionen bereitstellen.[1] Eine Reihe zusätzlicher Operationen dient dazu, der Segmentverwaltung Informationen über den Fortschritt einzelner Transaktionen oder sonstige globale Ereignisse mitzuteilen, damit die je nach dem einzelnen Verfahren damit verbundenen Funktionen ausgeführt werden können. Solche Operationen werden Kontrolloperationen genannt.

Die vorgestellte Schnittstelle ist parametrisiert, nämlich durch den Bereich der Seitennummern des Segments und die Datenstruktur des Seiteninhalts, worunter man sich im einfachsten Fall eine Bytefolge fester Länge vorstellen kann. Der Transaktionsbezeichner wird in der folgenden Darstellung explizit als Parameter der Operationen aufgenommen. Dies soll ausdrücken, daß der Aufrufer als eine bestimmte Transaktion identifizierbar ist und nicht anonym bleibt, wie es in hierarchischen, prozeduralen Architekturen angestrebt wird.


### 5.1.2.1  Syntax

Parameter:

```
type TA_RNG is ... ;
type PG_NBR_RNG is ... ;   - - Seitennummern
type PG_TP is ... ;
type PG_ACC_TP is access PG_TP;   - - Pufferreferenzen
```

Operationen:

```
procedure GET_FIX_READ (TA : TA_RNG;  PN : PG_NBR_RNG;  BF : out PG_ACC_TP);
procedure GET_FIX_WRITE (TA : TA_RNG;  PN : PG_NBR_RNG;  BF : out PG_ACC_TP);
procedure CONVERT (TA : TA_RNG;  PN : PG_NBR_RNG;  BF : out PG_ACC_TP);
procedure UNFIX_READ (TA : TA_RNG;  PN : PG_NBR_RNG);
procedure UNFIX_WRITE (TA : TA_RNG;  PN : PG_NBR_RNG; ...);
```

Kontrolloperationen:

```
procedure START (TA : TA_RNG);
procedure FINISH (TA : TA_RNG);
procedure UNDO (TA : TA_RNG);
procedure REMOVE (TA : TA_RNG);
procedure UNDO;
procedure SAVE;
```

Der Bezeichner UNDO ist überladen, und zwar einmal als globale Operation zum Rücksetzen aller angefangenen Transaktionen bei Systemfehlern und zum anderen zum Rücksetzen einer einzelnen Transaktion, im folgenden Text zur Unterscheidung als UNDO(TA) bezeichnet.

---

1  Falls die Art des Zugriffs nicht vorher bekannt ist, d.h. konkret: wenn nach einer Analyse eines Seiteninhalts (Lesen) eventuell geändert werden soll, steht eine Konvertierungsoperation bereit, die auf Schreibzugriff umschaltet.

### 5.1.2.2 Semantik

Beim Zugriff auf Seiten des Datenbasisausschnitts wird unterschieden zwischen lesendem und änderndem Zugriff. In beiden Fällen wird eine Seitenversion gemäß des eingesetzten Verfahrens per Referenz bereitgestellt. Die Zugriffsroutinen arbeiten dann direkt auf der Seitenversion. Es wird dafür gesorgt, daß die bereitgestellte Seite während der gesamten Bearbeitungszeit (Fixing) verfügbar ist. Die Anforderung zum Lesen befriedigt GET_FIX_READ, zum Ändern GET_FIX_WRI-TE. Ein nachträglicher Wechsel des Zugriffsmodus von lesend zu ändernd ist durch die Operation CONVERT möglich. Dabei kann eine andere Seitenversion zugewiesen werden, die dann aber den gleichen Inhalt hat. Das Ende einer Bearbeitungsphase muß durch UNFIX_READ bzw. UN-FIX_WRITE angezeigt werden.

Für die Kontrolloperationen ist in erster Linie entscheidend, welchem Ereignis im Systemablauf sie zugeordnet sind; davon gibt es transaktionsspezifische und systemspezifische. Mit START wird der Beginn einer Transaktion mitgeteilt. Von diesem Zeitpunkt an kann sie auf Seiten des Segments zugreifen. Das Ende ihrer Arbeitsphase wird unterschieden danach, ob es sich um einen erfolgreichen Abschluß handelt oder zurückgesetzt werden muß. Der normale, erfolgreiche Abschluß führt zur Endebehandlung (= EOT-Behandlung) durch die Operation FINISH. Bei Abbruch mit Rücksetzen gibt es zwei Aufrufe: UNDO(TA) kennzeichnet den Anfang der Rücksetzphase und erlaubt die Realisierung interner Maßnahmen wie das Entfernen von noch nicht in die permanente Datenbasis gelangter Änderungen. Anschließend sind weitere Zugriffe auf Seiten zum expliziten Rücksetzen durch Ausführung von Umkehroperationen noch möglich. Die Beendigung rückgesetzter Transaktionen wird durch REMOVE ausgedrückt, wodurch sie aus der Segmentverwaltung entfernt werden.

Die Kontrolloperationen UNDO und SAVE sind systemspezifisch: sie werden durch die Systemsteuerung aufgerufen, und nicht von Benutzertransaktionen. UNDO wird nach einem Verlust der flüchtigen Datenbasis aufgerufen. Sie ist eine (Re-)Initialisierungoperation, um die permanente Datenbasis wiederherzustellen, insbesondere um einen bestimmten Zustand aus internen Verwaltungsdaten zu rekonstruieren. SAVE bewirkt die Sicherung eines Zustands durch explizites Einbringen. Die Operation ist zum Festschreiben des Systemzustands nach erfolgreicher Reparatur zum erneuten Start des allgemeinen Systembetriebs erforderlich.[1]

### 5.1.3 Eigenschaften von Segmentverwaltungsverfahren

Den Verfahren, die für eine Segmentverwaltung genannt wurden, ist gemeinsam, daß man sie alle als eine Realisierung der vorgestellten Schnittstelle auffassen kann, d.h. sie stellen das dort zugesicherte Verhalten dar. Darüberhinaus hat jedes Verfahren noch individuelle Eigenschaften, die sein sichtbares Verhalten beschreiben und seine Eignung zur Kombination mit Verfahren für andere Verwaltungsaufgaben bestimmen.

Zur Beschreibung solcher Eigenschaften werden eine Reihe von Attributen definiert, so daß jedes Verfahren durch eine Kombination von deren Werten gekennzeichnet werden kann. Es werden nur logische Attribute mit den Werten "wahr" oder "falsch" verwendet. Sie sind in der Regel nicht unabhängig, d.h. nicht jede Kombination von Werten ist sinnvoll.

Die Eigenschaften von Segmentverwaltungsverfahren werden durch die folgenden Prädikate ausgedrückt:

---

1 Die gleiche Operation soll auch zur Systemsicherung während des Betriebs verwendet werden; siehe Abschnitt 5.1.5.

1. Der **Einbringzeitpunkt** von Änderungen einer Transaktion bezogen auf ihren Fortschritt: dadurch wird ausgedrückt, in welchen Zeiträumen damit gerechnet werden muß, daß Seiten eingebracht werden, die durch die Transaktion geändert wurden. Dabei werden folgende Abschnitte unterschieden:

   a) **Einbringen vor EOT**:

      vor dem Ende der Arbeitsphase einer Transaktion, in der noch Zugriffe stattfinden, und noch nicht entschieden ist, ob sie erfolgreich beendet werden kann.

      Die Verfahren, bei denen kein Einbringen vor EOT stattfindet, haben zum Ziel, dadurch den Aufwand des Rücksetzens zu vermeiden. Ihnen ist gemeinsam, daß sie die von einer rücksetzenden Transaktion geänderten Seitenversionen entfernen.

   b) **Einbringen während EOT**:

      während der Endebehandlung, d.h nach Beendigung der Zugriffsphase, so daß die Transaktion die Bedingungen für eine erfolgreiche Beendigung erfüllt, aber noch bevor ihre Wirkung gültig wird.[1]

   c) **Einbringen mit EOT**:

      synchron mit dem Übergang, der das erfolgreiche Beenden der Transaktion bedeutet und damit die Gültigkeit ihrer Änderungen gewährleistet.[2]

   d) **Einbringen nach EOT**:

      nachdem die Transaktion beendet ist.

   e) **Einbringen nach EOU**:

      nachdem die Transaktion rückgesetzt ist: dies bezieht sich analog zu dem erfolgreichen Abschluß (b-d) auf den erfolglosen Fall, wenn eine Transaktion abgebrochen wurde und Änderungen durch die rücksetzenden Umkehroperationen erst nach deren Abschluß die vorzeitig wirksamen gewordenen Änderungen aus der Arbeitsphase in der permanenten Datenbasis aufheben.

   In einer Realisierung können verschiedene Kombinationen von Werten dieser Attribute vorkommen. Wenn Einbringen während EOT vorliegt, ist es jedoch irrelevant, ob auch mit EOT eingebracht wird, so daß man unterstellen kann, daß b) durch c) impliziert wird. Und wenn vor und nach EOT eingebracht wird, kann man ohne Schaden unterstellen, daß auch c) gilt.

2. Die **Einbringeinheit** von Änderungen kennzeichnet, welche Änderungen **gemeinsam** eingebracht werden. Sie ist ausschlaggebend dafür, welche Konsistenz die permanente Datenbasis aufweist, denn wenn die Änderungen durch Operationen einer Schicht der Funktionshierarchie, die u.U. mehrere Seiten betreffen, stets gemeinsam eingebracht werden, hat die permanente Datenbasis einen Zustand, der die Anwendung von Operationen dieser Schicht zur Fehlerbehandlung erlauben.

---

1 Wegen der vielen Aufgaben bei Beendigung einer Transaktion ist dies eine unterbrechbare Aktion, so daß ihr ein Zeitraum zugeordnet wird, währenddessen ein Systemfehler eintreten kann, so daß die Transaktion in dieser Phase doch noch zurückzusetzen ist.

2 Dies ist ein Zeitpunkt, der einer bestimmten Operation innerhalb eines Kerndatenbanksystems zugeordnet ist. Daß dies der Segmentverwaltung zukommt, liegt daran, daß so das atomare Einbringen der transaktionsorientierten Verfahren mit dem logischen Transaktionsende identifiziert werden kann. Andernfalls wären solche Verfahren in diesem Zusammenhang wertlos.

Es gibt nur ein Attribut:

a) **atomares Einbringen**:

eine Menge von Seiten wird synchron in einem einzigen, ununterbrechbaren Schritt eingebracht. Andernfalls wird diese Menge in kleineren Einheiten eingebracht, d.h. man kann davon ausgehen, daß dies einzeln geschieht. Welche Menge von Seiten betroffen ist, hängt davon ab, wodurch der Übergang veranlaßt wird (siehe unten). In Verbindung mit transaktionsorientierter Sicherung sind dies alle Seiten, die von der betreffenden Transaktion geändert wurden. Bei segmentorientierter Sicherung sind dies **alle** geänderten Seiten.

3. Der **Einbringanlaß** drückt aus, wodurch Übergänge der permanenten Datenbasis ausgelöst werden. Dadurch wird impliziert, welche Seiten betroffen sind und wann die Einbringzeitpunkte relativ zum Transaktionsfortschritt liegen, der für die Gültigkeit von Änderungen maßgeblich ist.

a) **transaktionsorientiertes Einbringen**:

erfaßt alle von der betreffenden Transaktion geänderten Seiten; wenn man den Ablauf von Transaktionen betrachtet, bedeutet dies grundsätzlich Einbringen an deren Ende; enthält jedoch eine Seite Änderungen mehrerer Transaktionen, resultiert das auch in Einbringen vor EOT.

Das transaktionsorientierte Einbringen kann auch solche Seiten erfassen, die von anderen Transaktionen bearbeitet werden, d.h. ändernd fixiert sind.[1]

b) **segmentorientiertes Einbringen**:

durch einen Aufruf der Systemsteuerung, wodurch alle geänderten Seiten des Segments erfaßt werden. Das führt dazu, daß dieser Zeitpunkt an beliebiger Stelle des Transaktionsfortschritts stattfindet, d.h. vor, während oder nach EOT, bzw. nach EOU.

c) **implizites Einbringen**:

asynchron auf Anlaß einer autonomen Pufferersetzungsstrategie; wann dies im Transaktionsablauf möglich ist, hängt von den übrigen Eigenschaften ab, d.h ob gleichzeitig transaktionsorientiert eingebracht wird, und von den Einschränkungen der Pufferersetzung, z.B. durch eine Verdrängungssperre.[2]

Während eine Seite geändert wird und fixiert ist, findet kein implizites Einbringen statt, weil das ein überflüssiger Aufwand wäre, der ein späteres Ausschreiben nicht erspart.

Die genannten Anlässe können auch kombiniert werden. Eines der Attribute muß jedoch stets zutreffen.

4. Die **Einbringreihenfolge** spezifiziert durch ein Attribut, wie sich die Reihenfolge des Änderns und Einbringens zueinander verhalten.

---

1 Diese Festlegung folgt der Philosophie, daß in der Segmentverwaltung so wenig Synchronisation wie möglich enthalten sein soll. Die gegenteilige Eigenschaft ist im Prinzip auch denkbar.

2 Es sei ausdrücklich betont, daß dies nur das implizite **Einbringen** betrifft, und nicht auch das einfache **Ausschreiben** von Schattenseiten o.ä., das nicht relevant ist für die sichtbaren Eigenschaften der Segmentverwaltung. Die atomaren Einbringstrategien verbieten jegliches implizites Einbringen; aber es gibt durch andere Schreiboperationen noch genügend Spielraum für eine sinnvolle Pufferverwaltung.

a) **feste Einbringreihenfolge:**

das Einbringen erfolgt in der Reihenfolge des Änderns, wobei als maßgeblicher Änderungszeitpunkt die UNFIX_WRITE-Operation zur Freigabe der Seite gilt. Diese Eigenschaft ist transaktionsbezogen, d.h. es gibt keine einzuhaltende Reihenfolge zwischen Seiten, die von verschiedenen Transaktionen geändert wurden.

Ansonsten ist die Reihenfolge beliebig.

5. Die **Art der Versionsbildung** drückt aus, wie neue Versionen gebildet und weiterverarbeitet werden und welche Transaktionen dieselbe oder verschiedene Versionen einer Seite zugewiesen bekommen. Das ist entscheidend dafür, welche Konflikte beim direkten Zugriff auftreten können, die durch eine ausreichende Synchronisation zu behandeln sind.

a) **private Änderungsversionen:**

jede Transaktion erhält eine eigene Version der Seiten, die sie zu ändern beabsichtigt, auf die sie exklusiven Zugriff hat. Insbesondere können mehrere solche Versionen zu einer einzigen Seite für verschiedene Transaktionen existieren.

Andernfalls gibt es gemeinsame Änderungsversionen, zu denen von allen (zugelassenen) Transaktionen ändernd zugegriffen wird.

b) **alte gültige Versionen:**

neben der aktuellen Seitenversion wird gleichzeitig die vorhergehende bereitgehalten, die die letzten Änderungen durch eine Transaktion noch nicht enthält. Sie wird nur zum Lesen zugeteilt.

Sonst gibt es eine einzige, gemeinsam benutzte aktuelle Version jeder Seite.

Unter Änderungszugriff sind hier auch alle späteren Zugriffe auf die gleiche Seite zu verstehen, unabhängig von der Zugriffsabsicht, d.h. wenn beim ersten Zugriff eine bestimmte Version gebildet oder ausgewählt wurde, so wird weiterhin natürlich stets dieselbe Version zugeordnet.

Die beiden Varianten der Versionsbildung sind nicht kombinierbar, wie in Abschnitt 5.1.1.3 festgestellt wurde. Das schränkt die möglichen Attributwertekombinationen ein.

Entgegen den obengenannten Eigenschaften ist es für die Konfigurierung unerheblich,

- welcher Teil der physischen Blockmenge für interne Verwaltungsdaten abgezweigt wird;
- wie indirekte Seitenzuordnungsstrukturen realisiert sind;
- welche Pufferersetzungsstrategie im Rahmen des verbleibenden Freiraumes für interne Entscheidungen gewählt wird;
- mit welcher Technik das atomare Einbringen von Seitenmengen erreicht wird;
- welche Optimierungsmaßnahmen zum **schnellen** Wiederanlauf integriert sind.

Das bedeutet, daß solche Eigenschaften einer Realisierung vollständig an der Schnittstelle der Segmentverwaltung verdeckt sind.

## 5.1.4 Einordnung der Verfahren

In diesem Abschnitt wird dargestellt, wie sich die eingangs erwähnten Verfahren in das vorgestellte Schema aus gemeinsamer Schnittstellenspezifikation und zusätzlichen Eigenschaften einordnen lassen. Damit wird insbesondere demonstriert, daß alle diese Verfahren in einem konfigurierbaren System als Alternativen aufgenommen werden können. Dazu ist für jedes Segmentverwaltungsverfahren anzugeben, welche Aktionen den Schnittstellenoperationen zugeordnet werden, und welche Eigenschaften die Verfahren haben.

Jedem Verfahren entspricht zunächst einmal ein Standardmodul. Im allgemeinen kann es aber mehrere Varianten davon geben, die sich in internen Realisierungsdetails noch voneinander unterscheiden. Ein typisches Beispiel ist die genannte Pufferersetzungsstrategie, die innerhalb der vorgegebenen Grenzen frei wählbar ist. Diese Art von Variantenbildung ist dadurch gekennzeichnet, daß alle Alternativen durch gemeinsame Prädikate beschrieben werden, denn die Abweichungen werden an der Schnittstelle verdeckt. Eine Unterscheidung ist hier deswegen nicht notwendig.

Damit nur die wesentlichen Teile genannt zu werden brauchen, wird auf die explizite Beschreibung von CONVERT verzichtet, weil man sich ihre Semantik als die Zusammensetzung von UNFIX_READ und GET_FIX_WRITE vorstellen kann. GET_FIX bezeichnet GET_FIX_READ und GET_FIX_WRITE, wenn eine Unterscheidung nicht notwendig ist, desgleichen steht UNFIX für UNFIX_READ und UNFIX_WRITE. Allen Verfahren ist gemeinsam (und im folgenden nicht mehr gesondert erwähnt wird), daß bei START die Transaktion als aktiv registriert wird und sie dies solange bleibt, bis sie sich durch FINISH oder REMOVE wieder abmeldet.[1]

Die Eigenschaften werden durch Aufzählung der zutreffenden Attribute beschrieben. Die Varianten der Verfahren mit unterbrechbarer Einbringstrategie werden nur in ihren Abweichungen vom Standardverfahren dargestellt.


### 5.1.4.1 Unterbrechbare Einbringstrategie, Steal-Verfahren

GET_FIX: weist stets die einzige Version, die aktuelle Seitenversion im Systempuffer, zu.
UNFIX: keine Besonderheit.
FINISH: keine Aktion, weil die Übergänge der Datenbasis unabhängig vom Ende einer Transaktion sind.
UNDO(TA): keine Aktion, d.h. die Änderungen bleiben in der aktuellen Datenbasis.
UNDO: keine Aktion, d.h. die permanente Datenbasis besteht weiterhin aus den Blockinhalten, die zum Zeitpunkt eines Systemfehlers auf dem Hintergrundspeicher stehen.
SAVE: ist auf das Sichern eines Zustands nach einer Behandlung von System- oder Speicherfehlern beschränkt.

Eigenschaften: Einbringen vor, während und nach EOT; Einbringen nach EOU; implizites Einbringen.

---

[1] Dies ist zwar nicht bei allen Verfahren zwingend erforderlich, soll aber hier nicht im Detail untersucht werden.

### 5.1.4.2  Unterbrechbare Einbringstrategie, Nosteal-Verfahren

Abweichungen gegenüber der Standard-Steal-Variante:

UNFIX_WRITE: bei Abschluß des Änderungszugriffs wird eine Verdrängungssperre eingetragen.
FINISH: alle Verdrängungssperren der Transaktion werden aufgehoben und die geänderten Seiten
damit zum Einbringen freigegeben.
UNDO(TA): die von der abzubrechenden Transaktion geänderten Seitenversionen werden entfernt.
SAVE: ist nur zum Sichern im Systembetrieb (Wiederanlauf) verwendbar, da im Normalbetrieb
das Sichern aller Seiten an den Verdrängungssperren scheitert.

Eigenschaften: Einbringen während und nach EOT; Einbringen nach EOU.


### 5.1.4.3  Erzwingung des Einbringens bei EOT, Force-Varianten

GET_FIX_WRITE, UNFIX_WRITE: die Änderungszugriffe jeder Transaktion werden aufgezeichnet.
FINISH: alle von der Transaktion geänderten Seiten werden ausgeschrieben, und damit einge-
bracht, falls dies noch nicht implizit geschehen ist.
REMOVE: keine Aktion, da die Sicherung nach Rücksetzen unabhängig vom Forcing ist und im
"Normalfall" unterbleibt.

Abweichende Eigenschaften: **kein** Einbringen nach EOT; transaktionsorientierte Sicherung.


### 5.1.4.4  Erzwingung des Einbringens nach Rücksetzen

REMOVE: alle von der rückgesetzten Transaktion geänderten Seiten werden ausgeschrieben und
damit eingebracht.

Abweichende Eigenschaft: **kein** Einbringen nach EOU.


### 5.1.4.5  Feste Einbringreihenfolge

UNFIX_WRITE: die geänderte Seitenversion wird erst **nach** den vorher von derselben Transaktion geänderten eingebracht, und damit noch **vor** allen später von ihr veränderten; das bedeutet praktisch eine Referenz auf die zuletzt geänderte Seite, die als Verdrängungssperre
wirkt, solange die bezeichnete Seite nicht eingebracht ist.
GET_FIX_WRITE: der Zugriff auf eine geänderte und noch nicht eingebrachte Seite darf nicht ohne weiteres gewährt werden, denn es kann sein, daß ihr Inhalt als Teil eines Zwischenzu-
stands, der durch die Wahl der Einbringreihenfolge beabsichtigt ist, erst ausgeschrieben werden muß.

Zusätzliche Eigenschaft: feste Einbringreihenfolge.


### 5.1.4.6  Segmentorientierte Sicherung durch Einbringen

SAVE: kann im Normalbetrieb zur direkten Sicherung durch Einbringen aller geänderten Seiten
aufgerufen werden.

Zusätzliche Eigenschaft: segmentorientiertes Einbringen.

### 5.1.4.7 Private Änderungsversionen

GET_FIX_READ: wenn die anfordernde Transaktion bisher nur lesend auf die Seite zugriff, wird ihr die gemeinsame Seitenversion der aktuellen Datenbasis zugeteilt; sonst erhält sie die von ihr selbst veränderte private Version.

GET_FIX_WRITE: die private Änderungsversion wird zugeordnet; wenn sie noch nicht existiert, wird sie neu angelegt und erhält als Wert den Inhalt der (gemeinsamen) aktuellen Seitenversion.

FINISH: die aktuelle Datenbasis wird geändert, indem alle privaten Änderungsversionen die aktuellen Seitenversionen ersetzen.

UNDO(TA): die privaten Änderungsversionen werden vernichtet und damit alle Modifikationen der rückzusetzenden Transaktion entfernt. Anschließend sind keine Zugriffe durch diese Transaktion mehr erlaubt.[1]

Zusätzliche Eigenschaft: private Änderungsversionen.

### 5.1.4.8 Alte gültige Seitenversionen

Die Entscheidung, welche Version ein Leser zugeteilt bekommt, fällt außerhalb der Segmentverwaltung. Wie dies mitgeteilt wird, ist in der Schnittstelle noch nicht berücksichtigt. Eine Lösung wird im folgenden Kapitel diskutiert, wenn die Abhängigkeiten zwischen verschiedenen Verwaltungsaufgaben betrachtet werden.

GET_FIX_READ: die richtige Seitenversion muß auf externe Vorgabe zugeordnet werden.

GET_FIX_WRITE: bei erstem Änderungszugriff wird eine neue Version angelegt; sonst existiert sie bereits und wird wieder zugewiesen.

FINISH: die geänderten Seitenversionen werden als gültige Seiten in die aktuelle Datenbasis übernommen. Damit werden die bisherigen gültigen Seiten zu alten gültigen Seiten, für die anhand der aktiven Transaktionen entschieden werden muß, ob sie noch benötigt werden oder entfernt werden können.

UNDO(TA): die geänderten Seitenversionen werden entfernt; dies ist unproblematisch, weil die alten Versionen, die mit den permanenten Versionen übereinstimmen, noch die gültigen sind.

Zusätzliche Eigenschaft: alte gültige Versionen.

### 5.1.4.9 Segmentorientiertes Schattenspeicherverfahren

GET_FIX_READ: weist die aktuelle Seite zu, das ist die Schattenseite, wenn sie existiert, sonst die Originalseite.

GET_FIX_WRITE: weist immer die Schattenseite zu; beim ersten Zugriff nach der letzten Sicherung muß sie neu angelegt werden.

UNFIX, FINISH, UNDO(TA), REMOVE: keine Aktion; die Übergange der Datenbasis sind unabhängig von Art und Zeitpunkt des Endes der Transaktionen.

UNDO: rekonstruiert den Zustand, der bei der letzten Sicherung festgeschrieben wurde und aus den Originalseiten besteht, und gibt die für Schattenseiten vergebenen Behälter frei.

SAVE: bringt alle Schattenseiten ein: sie werden zunächst durch Ausschreiben gesichert, die neue Seitenzuordnung wird gesichert und zwischen den Seitenzuordnungstabellen wird umgeschaltet.

---

1 Sie sind auch nicht mehr notwendig

Eigenschaften: Einbringen vor, während und nach EOT; Einbringen nach EOU; atomares Einbringen; feste Einbringreihenfolge; segmentorientierte Sicherung

### 5.1.4.10  Zusatzdateimethode

GET_FIX: sucht die aktuelle Version, wenn sie nicht gerade zufällig im Puffer steht, durch Inspektion des Inhalts der Zusatzdatei bzw. eventuell vorhandener Verwaltungsdaten[1] und stellt sie im Systempuffer bereit.

UNFIX, FINISH, UNDO(TA), REMOVE: keine besondere Aktion; die Übergange der Datenbasis sind unabhängig von Art und Zeitpunkt des Endes der Transaktionen.

UNDO: stellt den letzten gesicherten Zustand her, indem zunächst einmal festgestellt wird, ob die Zusatzdatei zum gesicherten Zustand gehört;[2] ist dies der Fall, dann werden die Seiten der Zusatzdatei noch in die Originaldatei übertragen. Die Zusatzdatei mit den "Schattenseiten" wird gelöscht.

SAVE: sichert den Zustand des Segments durch Ausschreiben der geänderten Seiten in die Zusatzdatei, Umschalten des Zustands, Übertragen der Seiten der Zusatzdatei in die Originaldatei, Rückschalten des Zustands und Löschen der Zusatzdatei.

Eigenschaften: Einbringen vor, während und nach EOT; Einbringen nach EOU; atomares Einbringen; feste Einbringreihenfolge; segmentorientierte Sicherung

Das entspricht genau den Eigenschaften des segmentorientierten Schattenspeicherverfahrens, so daß beide aus Sicht der Konfigurierung äquivalent sind.

### 5.1.4.11  Transaktionsorientiertes Schattenspeicherverfahren

GET_FIX, UNFIX: analog zum segmentorientierten Schattenspeicherverfahren, nur daß jede Transaktion eine eigene Menge von Schattenseiten hat, die untereinander aber disjunkt sein müssen.

START: die Transaktion wird als aktiv gekennzeichnet und Vorkehrungen für die Verwaltung ihrer Schattenseiten werden getroffen.

FINISH: sorgt für das Einbringen der geänderten Seiten: schreibt sie aus, damit sie auf dem permanenten Speicher stehen, editiert eine neue Seitenzuordnungstabelle durch Integration der transaktionsspezifischen Schattenseiten, sichert sie und kennzeichnet die Transaktion als erfolgreich.

UNDO(TA): entfernt die Schattenseiten der abzubrechenden Transaktion und gibt ihre Blöcke frei. Anschließend sind keine Zugriffe durch sie mehr möglich.[3]

UNDO: rekonstruiert den letzten (logisch konsistenten) permanenten Zustand, indem die Blöcke für die Schattenseiten aller unterbrochenen aktiven Transaktionen und für nicht mehr aktuelle Verwaltungsinformation freigegeben werden.

SAVE: ohne Wirkung, da streng transaktionsorientiert eingebracht wird und Übergänge zu irgendeinem anderen Zeitpunkt nicht vorgesehen sind.

Eigenschaften: Einbringen mit EOT; atomares Einbringen; feste Einbringreihenfolge; transaktionsorientiertes Einbringen.

---

1 Z.B. in der obengenannten Lösung mit dem Filter.
2 In diesem Fall fiel der Systemfehler in eine Sicherungsphase, in der die Zusatzdatei bereits permanent ist und in die Originaldatei übertragen wird.
3 Sie sind auch nicht mehr notwendig

## 5.1.4.12  Twin-Slot-Verfahren

GET_FIX: falls die aktuelle Version nicht im Puffer steht, wird der Inhalt der beiden Blöcke gelesen und die aktuelle Version anhand des Inhalts selektiert.

UNFIX: keine besondere Wirkung.

START: registriert die Transaktion und kennzeichnet sie als aktiv, damit im Fehlerfall für sie eine Reparatur eingeleitet werden kann.

FINISH: sorgt für das transaktionsorientierte Sichern: die geänderten Seiten werden in den richtigen Teil des Zwillingsblocks geschrieben, anschließend wird der Übergang durch Eintragen des Transaktionsbezeichners in die (permanente) Liste der erfolgreichen Transaktionen vollzogen, wodurch die Änderung der Transaktion bei der nächsten Auswahl der gültigen Version als wirksam angesehen wird.

UNDO(TA): kennzeichnet die Transaktion als abgebrochen, wodurch ihre Änderungen, d.h. die bereits ausgeschriebenen neuen Versionen, als ungültig erklärt werden.

UNDO: rekonstruiert den gültigen Zustand, indem die Änderungen jeder der zum Zeitpunkt des Systemfehlers aktiven und beendeten Transaktionen, die anhand gesicherter Verwaltungsdaten identifizierbar sind, seitenweise korrigiert werden, so daß anschließend die Information über die vor dem Systemfehler aktiven Transaktionen überflüssig wird und gelöscht werden kann.

SAVE: ohne Wirkung, da streng transaktionsorientiert eingebracht wird und Übergänge zu irgendeinem anderen Zeitpunkt nicht vorgesehen sind.

Eigenschaften: Einbringen mit EOT; atomares Einbringen; feste Einbringreihenfolge; transaktionsorientiertes Einbringen.

Das entspricht genau den Eigenschaften des transaktionsorientierten Schattenspeicherverfahrens, so daß beide aus Sicht der Konfigurierung äquivalent sind.

## 5.1.4.13  DB-Cache/Safe

Hier wird der allgemeinere Fall mit zwei aufeinanderfolgenden Seitenversionen beschrieben. Der einfachere ergibt sich, indem eine eingeschränkte Aufrufsequenz, durchgesetzt von der Synchronisation, und eine einfache Versionszuordnung unterstellt wird.

GET_FIX: selektiert die richtige Version und stellt sie dem Aufrufer bereit, wobei analog zur Variante mit unterbrechbarem Einbringen gegebenenfalls neue Versionen angelegt werden.

UNFIX: keine besondere Wirkung.

FINISH: vollzieht den transaktionskonsistenten Übergang der Datenbasis: dazu werden die geänderten Seiten durch Schreiben auf den Safe gesichert und die neuen Versionen werden als gültige gekennzeichnet.

UNDO(TA): löscht die bisherigen Änderungen, indem die entsprechenden Seitenversionen entfernt werden. Anschließend sind keine Zugriffe mehr möglich.[1]

UNDO: rekonstruiert den relevanten Teil des Cache durch Inspektion des Safe, wodurch diejenigen gültigen Seitenversionen, die noch nicht auf dem Hintergrundspeicher stehen, im Systempuffer wiederhergestellt werden; die übrigen Seitenversionen sind verloren, werden aber auch nicht mehr benötigt.

SAVE: keine Wirkung, weil die Übergänge transaktionsorientiert ausgeführt werden.

---

1 Sie sind auch nicht notwendig.

Eigenschaften: Einbringen mit EOT; atomares Einbringen; feste Einbringreihenfolge; transaktionsorientiertes Einbringen; alte gültige Versionen[1]

## 5.1.5  Sicherung

Das Ziel der Sicherung ist, dafür zu sorgen, daß der logisch konsistente Datenbasiszustand im Fehlerfall mit möglichst wenig Aufwand wiederhergestellt werden kann. Es handelt sich also um Optimierungsmaßnahmen, bei deren Verwendung es gilt, den Aufwand zur Sicherung während des fehlerfreien Betriebs abzuwägen gegen den Aufwand, der im Fehlerfall entstünde.

Es gibt zwei Arten von Sicherung, die voneinander getrennt werden müssen:

- Sicherung gegen Systemfehler, die ausgehend von der hinterlassenen **permanenten Datenbasis** anhand des Systemprotokolls behoben werden.

- Sicherung gegen Speicherfehler, die ausgehend von einer **Archivkopie** anhand des Archivprotokolls zu reparieren sind.

Eine entscheidende Eigenschaft desjenigen Datenbasiszustands, von dem die Reparatur ausgeht, ist seine **Konsistenz**, genauer: die Art seiner Konsistenz, denn es handelt sich hierbei um ein abgestuftes Kriterium, das den verschiedenen Ebenen der Zugriffsoperationen zugeordnet werden kann.

Jeder Schnittstelle in der Hierarchie entspricht eine Zustandsmenge, die durch ihre Objekte und Operationen definiert wird. Jeder Zustand wird in der Datenbasis physisch repräsentiert; oft gibt es mehrere Darstellungen. Eine Änderung eines Zustands wirkt im allgemeinen auf mehrere separate Teile (Seiten) der Datenbasis. Ein korrekter neuer Zustand enteht nur dann, wenn alle einzelnen Änderungen in die Datenbasis gelangen; dann ist ihr Inhalt **konsistent**. Wird nur ein Teil davon übernommen, entspricht die resultierende Darstellung im allgemeinen nicht mehr der Repräsentation eines Zustands, d.h. der Inhalt ist **inkonsistent**. Als Folge davon sind die Operationen der betrachteten Schnittstelle nicht anwendbar.

Im einzelnen gibt es im Kontext der vorgestellten Hierarchie

a) **Speicherkonsistenz**:

   die Seiten der Datenbasis werden zu beliebigen Zeitpunkten geschrieben; es ist stets ein wohldefinierter Inhalt anzutreffen. Die Speicherkonsistenz geht z.B. bei unterbrechbaren Schreiboperationen verloren, weil der Inhalt eines Blocks dadurch verfälscht werden kann.

b) **Seitenkonsistenz**:

   alle Seiten haben einen Zustand, der zwischen Seitenzugriffen vorlag. Da die Zugriffe auf Seiten direkt im Systempuffer vorgenommen werden und i.a. nicht als eigene Operation in der Zugriffshierarchie vorkommen, werden sie mit den Änderungen während einer Fix-Phase identifiziert. Seitenkonsistenz impliziert Speicherkonsistenz.

c) **Eintragskonsistenz**:

   entsteht zwischen je zwei Eintragsoperationen; das sind die Operationen der Datentypen, die auf einer Seite der Datenbasis dargestellt sind. Da unterstellt werden kann, daß jede Eintragsoperation ganz in eine Fix-Phase der betroffenen Seite fällt, impliziert Seitenkonsistenz auch Eintragskonsistenz.

---

1 Im allgemeineren Fall.

**d) Satzkonsistenz:**

bezieht sich auf die Operationen der Dateischnittstelle. Sie impliziert Eintrags- und auch Seitenkonsistenz, denn die Operationen der Datei werden als separate Zugriffe betrachtet, bei deren Abschluß alle bearbeiteten Seiten wieder freigegeben werden.

**e) Aktionskonsistenz:**

betrifft höhere Operationen in einem Datenbanksystem, z.B. Aktionen einer Datenmanipulationssprache, die auf eine Sequenz von Aufrufen einer oder mehrerer Dateien abgebildet wird. Sie ist im Kerndatenbanksystem nicht relevant, weil die Aktionen außerhalb davon definiert und realisiert sind und die Zusammensetzung der Aufrufe zu Aktionen üblicherweise nicht bekannt ist.

**f) Transaktionskonsistenz:**

besteht aus der Wirkung (erfolgreicher) Transaktionen. Dies impliziert alle übrigen Arten von Konsistenz. Obwohl eine Transaktion eine höhere Operation ist als eine Aktion, aus denen sie zusammengesetzt ist, gilt hier, daß auf den niedrigeren Ebenen die Zusammensetzung einer Transaktion aus Operationen, bzw. die Zusammengehörigkeit von Operationen zu einer Transaktion bekannt ist, nämlich aufgrund der Klammerung durch START und FINISH und den Parameter TA, der die Anonymität des Aufrufers aufhebt. Dies ist also auch im Kerndatenbanksystem ein sinnvoller Begriff; er impliziert alle übrigen, bisher genannten Konsistenzen.

**g) Logische Konsistenz:**

eine besondere Form der Transaktionskonsistenz, wenn der Zustand der Datenbasis gerade die Wirkung aller abgeschlossenen Transaktionen enthält.


## 5.1.5.1 Sicherungsverfahren

Zunächst werden die gebräuchlichsten Sicherungsverfahren gegen System- und Speicherfehler kurz beschrieben, so daß daran eine Auswahl für das konfigurierbare Kerndatenbanksystem getroffen werden kann. Es zeigt sich, daß eine ganz unterschiedliche Bewertung vorgenommen werden muß.


### 5.1.5.1.1 Sicherungsverfahren gegen Systemfehler

Man unterscheidet zwischen direkter und indirekter Sicherung:

1. Die **direkte Sicherung** besteht aus dem Einbringen aller geänderten Seiten in die permanente Datenbasis. Das wurde im vorangehenden Teil "segmentorientierte Sicherung" genannt, weil es unabhängig vom Transaktionsfortschritt stattfindet. Der Aufwand ist groß und es ist eine entsprechend lange Unterbrechung des Systembetriebs in Kauf zu nehmen, damit es keine Konflikte mit den Zugriffen durch aktive Transaktionen gibt.

2. Die **indirekte Sicherung** speichert Informationen über den vorliegenden Zustand, aus denen der Umfang von Fehlerbehandlungsoperationen abgeleitet werden kann. Dafür seien zwei Beispiele genannt:

   a) Das **Verfahren ohne Einbringen** besteht aus einer Aufzeichnung des Zustands des Systempuffers, d.h. speziell derjenigen Menge von Seiten, deren aktuelle Version nicht mit der gesicherten, permanenten übereinstimmt. Anhand der periodisch gesammelten

Information läßt sich für jede Seite entscheiden, über welchen zurückliegenden Zeitraum Änderungen bei Pufferverlust nachzutragen sind.

Der Vorteil dieses Verfahrens besteht darin, daß der Aufwand beim Schreiben der Sicherungsinformation vergleichsweise gering ist. Da aber einige Seite erfahrungsgemäß stark frequentiert werden ("Hot Spot Pages") und daher selten gesichert, müssen im Einzelfall die Änderungen großer Zeiträume nachgeholt werden; insbesondere kann der ältere Teil des Protokolls nicht freigegeben werden, solange noch einzelne Informationen benötigt werden.

b)  Das **Lindsay-Verfahren** ( [Lindsay et al. 1979] ) ist ein gemischtes Verfahren, bei dem ein ausgewogenes Maß zwischen Aufzeichnen und Ausschreiben (= Einbringen) gesucht wurde: grundsätzlich wird nur der Pufferzustand aufgezeichnet; wenn jedoch eine Seite zum zweiten Male nacheinander mit ungesicherten Änderungen angetroffen wird, wird sie eingebracht. Dadurch bleibt der Schreibaufwand im allgemeinen noch klein, und es ist gewährleistet, daß alle Änderungen vor dem vorletzten Sicherungspunkt wirksam sind und das entsprechende Protokoll dieses Zeitraumes nicht mehr benötigt wird.

Die genannten Verfahren setzen voraus, daß die Fehlerbehandlung seitenspezifisch ist, so daß die anzuwendenden Operationen für jede Seite getrennt ausgewählt werden können.

### 5.1.5.1.2  Auswahl von Verfahren

Für das konfigurierbare Kerndatenbanksystem werden die direkten Sicherungsverfahren ausgewählt, während die indirekten unberücksichtigt bleiben. Da direktes Sichern aus Einbringen aller veränderten Seiten des Segments besteht, ist es einfach zu integrieren, denn das Werkzeug dazu ist in Form der Operation SAVE in der Segmentverwaltung bereits vorhanden. Die zugrundeliegende Strategie wird allerding unabhängig davon realisiert. Sie entscheidet

- wann, d.h. in welchen Zeitabständen, gesichert wird,
- wo, d.h. innnerhalb welcher Aktionen, aktive Transaktionen unterbrechbar sind.

Ein indirektes Sichern erfordert Zugriff auf Daten, die in der modularen Architektur abgeschirmt innerhalb der Segmentverwaltung liegen, erfordert Protokollierung der Zustandsinformation über eine zusätzliche Schnittstelle und greift in das Fehlerbehandlungsverfahren ein, indem von außen vorgegeben wird, welche Einträge des Protokolls zu berücksichtigen sind und welche nicht. Daraus ergeben sich derartige Verflechtungen, die es nicht rechtfertigen lassen, sie in der Architektur vorzusehen, zumal sich die hinzukommenden Sicherungsverfahren nur mit einem speziellen Teil von Protokollen, den Seitenprotokollen kombinieren ließen.

### 5.1.5.1.3  Sicherungsverfahren gegen Speicherfehler

Grundlage jeglicher Vorsorge gegen Speicherfehler ist die redundante Speicherung der Datenbasis als Archivkopie, worunter man sich z.B. eine physische Kopie eines vergangenen, logisch konsistenten Zustands vorstellen kann. Bei Verlust von Daten aus der Datenbasis kann diese ganz oder teilweise durch die Archivkopie ersetzt werden, um den gültigen Zustand mit Hilfe des Archivprotokolls rekonstrieren zu können. Sicherung bedeutet hier, daß der Aufwand zur Rekonstruktion durch möglichst junge Archivkopien reduziert wird.

Dazu bieten sich zwei Vorgehensweisen an, die direkte und inkrementelle Sicherung:

1. Bei **direkter Sicherung** wird eine komplette Archivkopie angelegt. Dies kann bei großen Datenbasen wegen des damit verbundenen Schreibaufwands nur in einer Betriebspause geschehen.

2. Bei **inkrementeller Sicherung** werden die Änderungen seit der letzten Archivsicherung schrittweise anhand des Archivprotokolls eingearbeitet. Dies kann unabhängig vom eigentlichen Systembetrieb ablaufen, etwa in Phasen schwacher Systemauslastung, und erlaubt Optimierungen durch Ordnen und Zusammenfassen der Einträge auf dem Archivprotokoll, abhängig von den dort aufgezeichneten Operationen.

### 5.1.5.1.4 *Auswahl von Verfahren*

Beide genannten Verfahren sind mit der modularen Architektur verträglich und können innerhalb des konfigurierbaren Kerndatenbanksystems realisiert werden.

Die direkte Sicherung durch Kopieren wird durch die Forderung nach Operationen zum Laden und Entladen von Datenstrukturen der Datenbasis unterstützt. Hier kann auch eine Schnittstelle zum direkten Umgang mit der physischen Repräsentation vorgesehen werden.

Die inkrementelle Sicherung hat, da sie nicht in den eigentlichen Systembetrieb eingreift, keine Beziehung zu den übrigen Verfahren und daher keine Auswirkungen auf deren Modularisierung. Der einzige Zusammenhang besteht in der Ausnutzung des Wissens über die Eigenschaften der Operationen auf dem Protokoll zur Reorganisation des Protokolls für ein effizientes Nachvollziehen der Änderungen.

### 5.1.5.2 Varianten des Sicherungsverfahrens

Wie aus dem vorangehenden Abschnitt ersichtlich ist, brauchen nur die Verfahren zur **direkten Sicherung** der aktuellen Datenbasis durch Einbringen auf ihre Eigenschaften untersucht werden. Sie unterscheiden sich hinsichtlich der Sicherungshäufigkeit oder -anlässe[1] und der Art der Unterbrechung des Systembetriebs. Der erste Punkt wirkt sich nicht auf die Zusammenarbeit mit den übrigen Verfahren aus, während der zweite entscheidend ist für den Zustand der gesicherten Datenbasis, nämlich der Art ihrer Konsistenz.

Es gibt folgende Varianten:

- keine Sicherung;

- Sicherung zu beliebigem Zeitpunkt;[2]

- Sicherung zwischen je zwei Seitenoperationen;

- Sicherung zwischen je zwei Eintragsoperationen;

- Sicherung zwischen je zwei Satzoperationen.

Aktionen und Transaktionen als Einheit, die nicht durch einen Sicherungspunkt unterbrochen werden, sind nicht sinnvoll, weil Aktionen nicht zum Kerndatenbanksystem gehören und

---

1 Im Sinne einer Steuerung durch statistische Daten über den Systemablauf.
2 D.h. zwischen je zwei direkten Zugriffen auf die Seitenversionen im Puffer, aber auch fixierte Seiten erfassend.

Transaktionen eine zu große Einheit sind, d.h. die Behinderung des Systembetriebs wäre zu groß, wenn dann keine Änderungstransaktion aktiv sein dürfte.

### 5.1.5.3  Eigenschaften von Sicherungsverfahren

Die Eigenschaft eines Sicherungsverfahrens bezeichnet die möglichen **Haltepunkte von Änderungstransaktionen** zum Zeitpunkt der Sicherung; konkret: ob es Transaktionen gibt, die sich während des Sichern innerhalb einer Änderungsoperation einer bestimmten Ebene befinden.

Es gibt je ein Attribut für die relevanten Ebenen, das ausdrückt, daß eine **Operation**, genauer: eine Änderungsoperation, durch die Sicherung **unterbrechbar** ist.

    a)    **Sicherung während einer Eintragsoperation;**

    b)    **Sicherung während einer Seitenoperation;**

    c)    **Sicherung während einer Satzoperation;**

    d)    **Sicherung während einer Transaktion;**

### 5.1.5.4  Einordnung der Verfahren

Die Zuordnung der Eigenschaften zu den Verfahren ist klar; gilt nur das Attribut d), drückt das aus, daß eine Sicherung stattfindet, die keine Satzoperationen unterbricht.

Keine Sicherung:  alle Attribute unzutreffend;

Sicherung zu beliebigem Zeitpunkt:  Attribute a, b, c, d;

Sicherung zwischen je zwei Seitenoperationen:  Attribute c, d;

Sicherung zwischen je zwei Eintragsoperationen:  Attribute b, c, d;

Sicherung zwischen je zwei Satzoperationen:  Attribut d.

### 5.2  Synchronisation

Die Aufgabe der Synchronisation ist die Organisation des Mehrbenutzerbetriebs: mehrere Aufträge sollen zur gleichen Zeit so ausgeführt werden, daß die Wirkung jeder der Transaktionen so aussieht, als ob sie alleinigen Zugriff zur Datenbasis hätte. Formal bedeutet dies die **Sequentialisierbarkeit** einer Menge von Transaktionen, deren Ausführungszeiten sich überschneiden; d.h. es läßt sich eine lineare Anordnung der Transaktionen angeben, so daß ihre Wirkung auf den Zustand der Datenbasis und die ausgegebenen Daten äquivalent sind zur Hintereinanderausführung in dieser Reihenfolge.

Die einfachste Realisierung einer solchen Forderung ist die tatsächliche Hintereinanderausführung. Sie ist jedoch wegen des damit verbundenen geringen Systemdurchsatzes in den meisten Anwendungen nicht akzeptabel. Zudem sind Zugriffskonflikte ein relativ seltenes Ereignis, so daß oftmals beide möglichen Sequentialisierungen für zwei Transaktionen das gleiche Ergebnis liefern. Diese Kommutativität von Operationen ist die Grundlage zur Realisierung eines kontrollierten Mehrbenutzerbetriebs.

Nun sind Transaktionen komplexe Operationen, für die eine solche Verträglichkeit a priori kaum mit vertretbarem Aufwand entschieden werden kann.[1] Daher ist es üblich, eine Überwachung der Parallelität auf kleinere Einheiten (Teiloperationen) anzuwenden, und aus ihrer Verträglichkeit Rückschlüsse auf die Sequentialisierbarkeit der daraus aufgebauten Gesamtoperationen zu ziehen.

Grundsätzlich sind bei einer solchen Vorgehensweise beliebige Zerlegungen in Teiloperationen und beliebig komplexe Bedingungen über die Verträglichkeit von Operationen denkbar. Es bietet sich jedoch an, für die Auswahl der Teiloperationen im konfigurierbaren Kerndatenbanksystem auf die vorhandene Funktionshierarchie zurückzugreifen. Ferner ist es günstig, die Art der Bedingungen einzuschränken, um wiederverwendbare Verfahren zu erhalten, die nach einem allgemeinen Prinzip arbeiten, und nicht auf einen Spezialfall zugeschnitten sind.

Bei den praktisch eingesetzten Verfahren trifft man folgende Annahmen an:

- Die Datenbasis wird als eine Menge unabhängig voneinander bearbeiteter Objekte aufgefaßt, so daß Operationen auf verschiedenen Objekten grundsätzlich gleichzeitig ausgeführt werden können.

- Die Wirkung der Operationen auf einem Objekt wird in Lesen und Verändern eingeteilt, damit durch das unkritische gemeinsame Arbeiten von Lesern auf demselben Datenobjekt der Parallelitätsgrad erhöht werden kann.

Vor diesem Hintergrund lassen sich einige wichtige Begriffe dieses Abschnitts präzisieren. Gegenstand der Synchronisation sind Objekte und Operationen. Unter einem **Objekt** wird dabei ganz allgemein ein Teil der Datenbasis verstanden, der unterschiedlichen Abstraktionsebenen entstammen kann, der Schichtenarchitektur entsprechend. Eine **Operation** ist in diesem Kontext der Zugriff auf **ein** solches Objekt, der die übrigen Objekte der gleichen Ebene unangetastet läßt.

Wird das Objekt durch den Zugriff nicht verändert, spricht man von einer **Leseoperation**, sonst von einer **Änderungsoperation**, einschließlich Einfügen und Löschen. Diese Wirkung einer Operation auf das Objekt heißt **Zugriffsmodus**: lesend ("share") oder ändernd ("exclusive"). Die **Kompatibilität** mehrerer Zugriffsmodi drückt die Verträglichkeit von Operationen verschiedener Transaktionen aus, d.h. ob sie gleichzeitig bzw. verzahnt ausgeführt werden dürfen.

Die **logische Reihenfolge** von Transaktionen ist eine Halbordnung auf der Menge der aktiven Transaktionen, die sich als Bedingung für jede Sequentialisierung aus bereits getroffenen Entscheidungen über ihre Synchronisation ableiten läßt. Es folgt daraus, daß einige Operationen, und damit die zugehörigen Transaktionen, nur in einer bestimmten Reihenfolge angeordnet werden dürfen und nicht kommutieren.

Die im folgenden vorgestellten Synchronisationsverfahren sind dadurch gekennzeichnet, daß sie unabhängig sind von der Art der Objekte, die Gegenstand der Synchronisation sind. Es ist nur entscheidend, ob sich Operationen auf das gleiche oder verschiedene Objekte beziehen. Ebenso wird keine Information über die genaue Wirkung der Operationen verlangt, nur die Zuordnung einer Zugriffsart wie Lesen oder Ändern. Diese Eigenschaften der Verfahren sind die Voraussetzungen dafür, daß man sie bei geeigneter Parametrisierung auf verschiedene Mengen von Objekten und Operationen anwenden kann. Jede Variante setzt sich also aus zwei Komponenten zusammen: dem allgemeinen Verfahren und den Objekten, auf die es angewendet wird.

Die Variantenbildung weist im Unterschied zur Segmentverwaltung eine Besonderheit auf. Der

---

1 Dazu führe man sich z.B. vor Augen, daß Transaktionsprogramme Verzweigungen in Abhängigkeit von Daten aus der Datenbasis enthalten können.

Wechsel des allgemeinen Verfahrens ist zwar einfach: es gibt eine andere Realisierung zur gleichen Schnittstelle von Abschnitt 5.2.2. Schwieriger ist der Fall, wenn die Objekte wählbar sein sollen; denn die Aufrufe des Synchronisationsmoduls sind den zu synchronisierenden Operationen zugeordnet: es gibt für jede Art von Objekten eine eigene Menge von Aufrufen. Zur Variantenbildung wird zunächst jeder Objektart ein eigener Synchronisationsmodul zugeordnet, so daß zur Synchronisation mehrere gleichartige Schnittstellen nebeneinandergestellt werden. Die Auswahl einer bestimmten Objektart geschieht dadurch, daß für die zugehörige Synchronisationsschnittstelle ein geeignetes Verfahren ausgewählt und der Modul in die Konfiguration integriert wird. Die übrigen Schnittstellen werden dann praktisch nicht benötigt. Dies bedeutet, daß ihnen eine Dummy-Realisierung mit leeren Rümpfen zugeordnet wird, so daß die Aufrufe keine synchronisierende Wirkung haben.

Ein weiterer Vorteil dieser Vorgehensweise ist, daß damit auch hierarchische Verfahren im Sinne der SIX-Sperrprotokolle (siehe Abschnitt 5.2.1.1.1) und geschachtelte Synchronisation im Sinne von [Weikum 1986] realisierbar sind. Dann gibt es für jede beteiligte Objektebene einen echten Synchronisationsmodul.


### 5.2.1  Verfahren

Die Einteilung der Verfahren unterscheidet zwischen den sogenannten "pessimistischen" und "optimistischen" Verfahren. Das bedeutet, daß ihnen eine bestimmte Philosophie zugrundeliegt: eine Annahme über das Zusammenspiel der Transaktionen im System, bei deren Zutreffen die jeweiligen Verfahren effizient arbeiten. Die optimistische Philosophie unterstellt, daß Konflikte beim Zugriff auf Objekte der Datenbasis selten sind; im Gegensatz dazu geht die pessimistische Variante von einer größeren Konflikthäufigkeit aus.


### 5.2.1.1  Pessimistische Verfahren

Aus der Annahme, daß Konflikte relativ häufig vorkommen, ergibt sich das Bestreben, Konflikte möglichst frühzeitig zu erkennen. Dazu werden auf die bearbeiteten Objekte **Sperren** gelegt, die ein Vorrecht zum Zugriff darauf sichern. Die Prüfung, ob eine bestimmte Sperre gewährt werden kann und der Zugriff damit erlaubt ist, findet stets vor dem Zugriff selbst statt. Die pessimistischen Verfahren unterscheiden sich in der Art der Sperren und ihrer Kompatibilität, d.h. welche Sperren gleichzeitig gewährt werden dürfen, bzw. welche Operationen gleichzeitig ausgeführt werden können.

Wenn eine neu angeforderte Sperre nicht kompatibel ist mit den bereits gewährten, wird dieser Konflikt durch Warten behandelt, d.h. die Transaktion[1] wird so lange blockiert, bis genügend Sperren wieder freigegeben sind, so daß die angeforderte Sperre kompatibel ist mit den übriggebliebenen.[2]

Durch Warten auf die Freigabe von Sperren durch das Fortschreiten anderer Transaktionen entstehen Abhängigkeiten, die sich in der logischen Reihenfolge der beteiligten Transaktionen

---

1  Genauer: der Prozeß, der die Transaktion ausführt.

2  Prinzipiell ist auch ein Entzug von Sperren denkbar, wenn die Transaktionen mit Prioritäten versehen werden. Dies wird hier aber nicht vorgesehen, weil solche Strategien zu schwierigen Verflechtungen mit hohem Kommunikationsaufwand zwischen Prozessen führen: die geopferte Transaktion muß benachrichtigt werden; sie ist zurückzusetzen, bevor die Sperre an die verdrängende Transaktion tatsächlich zugeteilt werden kann. Das gleiche Argument betrifft auch solche Verfahren, die unter dem Namen "Timestamp Ordering" bekannt sind; sie legen a priori eine Reihenfolge der Transaktionen fest.

äußern: die blockierte Transaktion folgt logisch auf alle diejenigen, die eine Sperre halten, die nicht kompatibel mit ihrer Anforderung ist, weil die betreffenden Operationen nicht gleichzeitig ausgeführt werden dürfen; sie sind nicht vertauschbar.

Aus den Wartebeziehungen erwächst darüberhinaus die Gefahr von Verklemmungen: das sind zyklische Wartebeziehungen, so daß in einer Menge von Transaktionen jede einzelne auf das Fortschreiten einer anderen aus der gleichen Menge wartet, und daher keine von allen fortgesetzt werden kann. Verklemmungen sind stets global: alle Betriebsmittel, die für Transaktionen reserviert werden, können zu einer Verklemmung beitragen. Die Synchronisation bezüglich einer Menge von Objekten der Datenbasis trägt einige Elemente einer allgemeinen Relation "wartet auf" bei. Dies sind jedoch in der Regel nicht die einzigen,[1] so daß das Problem der Verklemmungen nicht von einem Synchronisationsverfahren intern behandelt werden kann. Eine Übersicht der Techniken zur Verklemmungserkennung und -behandlung enthält beispielsweise [Zima 80].

Die Dauer des Sperrens von Objekten durch eine Transaktion wird durch die strengen Anforderungen des Transaktionskonzept bestimmt: es ist ein striktes Zwei-Phasen-Sperrprotokoll zu unterstellen, in dem in der ersten Phase Sperren sukzessive angefordert werden, und erst in der zweiten Phase (strikt heißt: nach Ende aller Zugriffe und Erlaubnis zur Beendigung der Transaktion) die Freigabe erfolgt. Dadurch wird die isolierte Rücksetzbarkeit einzelner Transaktionen ohne Auswirkung auf die übrigen sichergestellt und ein Kettenrücksetzen beendeter Transaktionen vermieden, weil keine "schmutzigen" Daten gelesen werden können.

### 5.2.1.1.1  *SIX-Sperrverfahren und abgeleitete Verfahren*

Es handelt sich hier um eine Reihe zusammenhängender Verfahren ( [Gray 1978], [Härder 1978]), deren    allgemeinstes dasjenige mit IS-, IX-, S-, SIX- und X-Sperren ist. Daraus können andere Varianten durch Beschränkung auf eine Teilmenge der Sperrarten abgeleitet werden. Ein wichtiges Beispiel dafür besteht aus:

der S-Sperre für gemeinsamen, lesenden Zugriff, und
der X-Sperre für exklusiven, ändernden Zugriff,

mit der Kompatibilitätsmatrix[2]

|   | S | X |
|---|---|---|
| S | + | − |
| X | − | − |

Das bedeutet konkret: mehrere Transaktionen können gleichzeitig eine Lesesperre für dasselbe Objekt besitzen. Alle anderen Kombinationen sind nicht erlaubt.

Die Idee der I-Sperren (I steht für "intention") ist das hierarchische Sperren von hierarchisch aufgebauten Datenobjekten. Eine I-Sperre auf einem Datenobjekt bedeutet, daß die Transaktion ein Recht erwirbt, Teile davon zu sperren. Entsprechend den Sperrarten S und X gibt es die

---

1 Eine Wartebeziehung kann sich z.B. auch aus der Anforderung eines freien Pufferrahmens zur Einlagerung einer Seite der Datenbasis ergeben.

2 Eine Kompatibilitätsmatrix drückt aus, ob zwei Sperren verträglich sind (+) oder nicht (−). Sie ist symmetrisch.

Sperrarten IS und IX, je nachdem, ob die Teilobjekte nur lesend oder auch exklusiv gesperrt werden sollen. Eine SIX-Sperre gewährt die Vereinigung der Rechte einer S- und einer IX-Sperre.

**Beispiel:** Eine IX-Sperre auf einer Datei wird angefordert, wenn Teile des Objekts, die einzelnen Sätze, exklusiv gesperrt werden sollen. Sie ist nicht kompatibel mit S- und X-Sperren (und damit auch nicht mit SIX), weil dadurch die ganze Datei mit allen Sätzen gesperrt ist und ein exklusives Sperren einzelner Sätze nicht mehr möglich ist. Dagegen ist sie kompatibel mit IS- und IX-Sperren, was zu keinen Konflikten führt solange auf verschiedene Sätze zugegriffen wird. Diese Prüfung findet erst bei Anforderung der Sperren für Teilobjekte auf einer niedrigeren Ebene statt.

Das Beispiel verdeutlicht, daß der praktische Nutzen hierarchischer Sperren unter anderem darin besteht, Mengen von Objekten durch eine Operation zu sperren. Der Vorteil der Verwendung von I-Sperren eines hierarchischen Protokolls ist, daß die Sperrverwaltung auf jeder Ebene der Objekthierarchie autonom ist und keine Information über den Aufbau eines zusammengesetzten Objekts aus seinen Teilen benötigt, d.h. welche Sätze z.B. in einer Datei stehen.

Das SIX-Sperrverfahren wird nun konkret beschrieben durch die Regeln über die Kompatibilität und Konvertierung von Sperren. Die Kompatibilitätsmatrix lautet:

|      | IS | IX | S | SIX | X |
|------|----|----|---|-----|---|
| IS   | +  | +  | + | +   | − |
| IX   | +  | +  | − | −   | − |
| S    | +  | −  | + | −   | − |
| SIX  | +  | −  | − | −   | − |
| X    | −  | −  | − | −   | − |

Der Bearbeitungszustand des Objekts ergibt sich aus der Menge aller gewährten Sperren. Seine Berechnung wird durch die Konvertierungsmatrix[1] beschrieben, die auch ausdrückt, welche Sperre sich insgesamt ergibt, wenn einunddieselbe Transaktion mehrere Sperren für dasselbe Objekt erwirbt:

|      | IS  | IX  | S   | SIX | X |
|------|-----|-----|-----|-----|---|
| IS   | IS  | IX  | S   | SIX | X |
| IX   | IX  | IX  | SIX | SIX | X |
| S    | S   | SIX | S   | SIX | X |
| SIX  | SIX | SIX | SIX | SIX | X |
| X    | X   | X   | X   | X   | X |

---

1 Die Konvertierungsmatrix drückt aus, durch welchen einzelnen Sperrmodus die Wirkung zweier, eventuell verschiedener, Sperren ausgedrückt werden kann. Konvertierung ist eine assoziative und kommutative Operation.

Die Sperren erlauben folgende Operationen:

| Sperre | Operationen |
|--------|-------------|
| keine | überhaupt keine Zugriffe auf irgendeinen Teil des Objekts. |
| IS | Anforderung von IS- und S-Sperren für Teile des Objekts. |
| IX | Anforderung von IS-, IX-, S- und X-Sperren für Teile des Objekts. |
| S | Lesezugriff auf das gesamte Objekt mit allen seinen Teilen, keine weiteren Sperren für Teile des Objekts. |
| SIX | Lesezugriff auf das gesamte Objekt mit allen seinen Teilen, und zusätzlich die Anforderung von IX-, SIX- oder X-Sperren für Teile des Objekts. |
| X | Änderungszugriff auf das gesamte Objekt mit allen seinen Teilen, keine weiteren Sperren für Teile des Objekts. |

Varianten des vorgestellten Verfahrens sich aus der Beschränkung auf eine Teilmenge von Sperren mit den dadurch die induzierten Matrizen. Beispiele hierfür sind:

- Vereinfachung der I-Sperren, z.B. nur IX- und SIX-Sperren, oder nur IX-Sperren.
- erwähnt wurde bereits das Verfahren mit S- und X-Sperren; es berücksichtigt keine hierarchische Struktur der Objektmenge.
- Nur exklusive Sperren ( X ) ohne jede Möglichkeit gemeinsamen Zugriffs.

### 5.2.1.1.2  RA-Verfahren

Unter dem Oberbegriff RA-Verfahren ( [Bayer et al. 1980], [Elhardt 1982], [Bayer, Schlichtiger 1984] ) werden einige verwandte Verfahren zusammengefaßt, die sich zwar im Detail unterscheiden, aber auf den gleichen Prinzipien beruhen. Zuerst wird das gemeinsame Prinzip vorgestellt und mit dem SIX-Verfahren verglichen. Anschließend werden die vollständigen Verfahren erklärt: das RAX-, das RAC- und das RACC*-Verfahren.

Während bei SIX-Verfahren angenommen wird, daß es stets ein festes Objekt gibt, auf das zugegriffen wird, werden nunmehr zwei aufeinanderfolgende, durch die Änderung einer Transaktion auseinander hervorgegangene, Versionen von Objekten betrachtet. Dies hat eine Erhöhung des Parallelitätsgrades zur Folge, die sich durch eine erhöhte Kompatibilität ausdrückt:[1]

---

1 Eine Anmerkung zur Terminologie: Im Vergleich zu den vorherigen Verfahren werden hier andere Bezeichnungen für Vergleichbares benutzt, die deshalb beibehalten werden, weil sie der jeweiligen Originalliteratur entsprechen und sich eingebürgert haben. Zum Vergleich: S entspricht R ("read") und X entspricht A ("analyze"). Die Bezeichnung "analyze" stammt daher, daß die Änderungstransaktion den alten Wert des Objekts analysiert und einen neuen vorbereitet. Für I gibt es keine Entsprechung, weil es keine RA-Verfahren für hierarchische Objekte gibt.

| | R | A |
|---|---|---|
| R | + | + |
| A | + | − |

Die Erhöhung des Parallelitätsgrades besteht darin, daß gleichzeitig gelesen und geändert werden kann. Leser arbeiten auf der gültigen Version des Datenobjekts, während zum Ändern eine Kopie davon angelegt wird, die später, im Falle der erfolgreichen Beendigung der Änderungstransaktion, die gültige Version ersetzt. Insbesondere kann man Lesern stets sofort Zugriff gewähren und braucht sie nicht warten zu lassen, so daß Wartebeziehungen nur zwischen Schreibern entstehen.

Durch den Zugriff auf aufeinanderfolgende Objektversionen wird eine neue Art von Bedingungen über die logische Reihenfolge von Transaktionen eingeführt. Für **jeden** Leser $T_R$ der gleichzeitig dasselbe Objekt bearbeitet wie der Schreiber $T_A$, gilt:

$$T_R \text{ kommt logisch vor } T_A.$$

Bei Gewährung einer Sperre wird gleichzeitig eine Zuordnung der Version vorgenommen. Dies ist ein wesentlicher Bestandteil des Synchronisationsverfahrens, ohne den die Entscheidung über die Gewährung eines Zugriffs nicht möglich ist.

Nach dieser Grundidee gibt es folgende Verfahren, die alle als RA-Verfahren bezeichnet werden:

1. RAX-Verfahren[1]

   Es gibt zusätzlich eine X-Sperre, die nur exklusiv gewährt wird:

| | R | A | X |
|---|---|---|---|
| R | + | + | − |
| A | + | − | − |
| X | − | − | − |

Eine X-Sperre wird nicht explizit durch eine Transaktion angefordert, sondern implizit beim Transaktionsende, indem alle A-Sperren in X-Sperren zu konvertieren sind. Das bedeutet insbesondere, daß in dieser Variante weitere Leser nicht zugelassen werden und gewartet wird, bis alle Leser ihren Zugriff beendet haben. Dann kann die geänderte Version die alte ersetzen. Die X-Sperren werden zum Schluß gemeinsam aufgehoben.

2. RAC-Verfahren

   Es gibt zusätzlich eine C-Sperre[2] Wie in der RAX-Variante findet eine implizierte Konvertierung am Transaktionsende statt. Es gilt aber im Gegensatz dazu die folgende Kompatibilitätsmatrix:

---

1 Dies ist die einfachste Variante, in der die genannten Eigenschaften nur eingeschränkt realisiert sind.
2 C steht für "commit".

| | R | A | C |
|---|---|---|---|
| R | + | + | + |
| A | + | − | − |
| C | + | − | − |

Die Konvertierung hat keinen Einfluß auf gleichzeitig lesende Transaktionen. Während eine C-Sperre auf einem Objekt existiert, gibt es zwei gültige Versionen: eine alte gültige, die einen in der Vergangenheit liegenden Zustand repräsentiert, und eine neue gültige, die Teil der logisch konsistenten Datenbasis ist. Leser können jederzeit neu zugelassen werden. Dabei kann ausgewählt werden, ob sie die ältere oder jüngere Version zu sehen bekommen, abhängig davon, ob schon eine logische Reihenfolge mit derjenigen Transaktion besteht, die die C-Sperren hält. C- und A-Sperren sind nicht kompatibel, d.h. die nächste Änderung ist erst dann möglich, wenn die C-Sperre aufgehoben ist. Dies geschieht erst dann, wenn es keine Leser der älteren Version mehr gibt, wodurch erreicht wird, daß stets nur **zwei** aufeinanderfolgende Versionen existieren. Alle C-Sperren einer Transaktion werden gemeinsam aufgehoben, wenn keine Konflikte mit noch aktiven Lesern der geänderten Seiten mehr auftreten können.

3. RACC$^*$-Verfahren

Die RAC-Variante hat noch einen Nachteil, der darin besteht, daß A- und C-Sperren inkompatibel sind. Solange die C-Sperren einer Transaktion gehalten werden, kann für keines der Objekte eine neue Version angelegt werden, auch wenn bei einigen von ihnen die alte gültige Version inzwischen überflüssig ist. Dieser Nachteil wird durch die Einführung von C$^*$-Sperren behoben, die mit A-Sperren kompatibel sind:

| | R | A | C | C$^*$ |
|---|---|---|---|---|
| R | + | + | + | + |
| A | + | − | − | + |
| C | + | − | − | − |
| C$^*$ | + | + | − | − |

Der Übergang von einer C- zu einer C$^*$-Sperre ist implizit. Er wird dann vorgenommen, wenn die alte gültige Version eines Objekts nicht mehr benötigt wird. Dann gibt es nur noch eine gültige Version, und die nächste kann vorbereitet werden.

Allen RA-Verfahren gemeinsam ist, daß zur Sicherstellung der Sequentialisierbarkeit ein Abhängigkeitsgraph über die logische Reihenfolge aufgestellt werden muß. Die einzelnen Einträge ergeben sich

- aus der zeitlichen Reihenfolge beim Zugriff auf dasselbe Objekt, was notfalls durch Warten auf Gewährung einer Sperre durchgesetzt wird, und
- durch den gleichzeitigen Zugriff auf verschiedene, aufeinanderfolgende Versionen eines Objekts.

Wegen der zusätzlichen Abhängigkeiten, die in den in der angegebenen Literatur vorgestellten

Algorithmen am Transaktionsende überprüft werden, verhindert der Einsatz von Sperren nicht unbedingt, daß eine Transaktion eventuell doch noch zurückgesetzt werden muß.

Der Vollständigkeit halber sei erwähnt, daß die Behandlung der Sperren beim Abbruch einer Transaktion weniger kompliziert ist als bei erfolgreicher Beendigung. Alle Sperren können sofort freigegeben werden, wobei mit jeder A-Sperre auch die eventuell schon angelegte neue Version des Objekts aufgegeben wird.

### 5.2.1.2  Optimistische Verfahren

Ausgehend von der Philosophie, daß Konflikte beim Zugriff auf Datenobjekte selten sind, werden keine Vorkehrungen zum frühzeitigen Erkennen oder Vermeiden davon getroffen. Im Fall eines Konflikts muß dann zurückgesetzt werden.  Wenn solch ein Ereignis selten ist, ist der Aufwand für umsonst ausgeführte Operationen tolerierbar, d.h. er lohnt sich im Vergleich zum eingesparten Verwaltungsaufwand für eine pessimistische Synchronisation.

Es gibt überhaupt keine Restriktion der Zugriffe, lediglich die Mengen der von jeder Transaktion bearbeiteten Objekte werden aufgezeichnet, und zwar getrennt nach Lese- und Änderungszugriff, wie in den anderen Verfahren auch.

Die Arbeitsphase einer Transaktion, in der die Zugriffe zur Datenbasis stattfinden, wird als "Lesephase" bezeichnet.  Damit ist die Vorstellung verbunden, daß dann noch keine Änderungen in der aktuellen Datenbasis vorgenommen werden, denn es ist ja nicht auszuschließen, daß nicht andere Transaktionen die schmutzigen Daten lesen.  Die Entscheidung über das Vorhandensein eines Konflikts wird am Ende der Zugriffe getroffen, in der sogenannten "Validierungsphase". Je nach Art der Konflikterkennung und -beseitigung trennt man die optimistischen Verfahren in ihre Varianten.  Im Anschluß an eine erfolgreiche Validierung folgt die "Schreibphase", in der alle Änderungen gesammelt in die aktuelle Datenbasis übertragen werden, ohne daß darin erneut gelesen wird.

Bei optimistischen Verfahren können keine Verklemmungen entstehen, weil es grundsätzlich keine Wartebeziehungen gibt. Eine kleine Einschränkung muß jedoch angemerkt werden: in den sogenannten vorwärtsgerichteten Verfahren[1] kann man sich eine Konfliktauflösung durch Warten vorstellen.

### *5.2.1.2.1  Rückwärtsgerichtetes Verfahren*

Das Prinzip lautet hier: als logische Reihenfolge wird die tatsächliche Reihenfolge des Eintritts in die Validierungsphase angenommen, und für jede Transaktion wird untersucht, ob sich ihr Zugriffsverhalten mit dem der bereits abgeschlossenen verträgt.  Daher stammt die Bezeichnung "rückwärtsgerichtet".

Die Prüfung kann sich auf diejenigen abgeschlossenen Transaktionen beschränken, die irgendwann einmal gleichzeitig mit der zu validierenden aktiv waren, bei denen also die Gefahr besteht, daß sie ein gelesenes Datenobjekt zwischenzeitlich änderten.

---

1 Siehe Abschnitt 5.2.1.2.2

Die formale Bedingung für die Validierung einer Transaktion t lautet:[1]

Seien $t_1,..,t_n$ diejenigen inzwischen abgeschlossenen Transaktionen, die beim Start von t noch aktiv waren, *readset* die Menge der von einer Transaktion gelesenen Objekte der Datenbasis, *writeset* analog die Menge der veränderten Objekte. Dann ist

$$\text{t validiert} \iff_{\text{def}} \forall\, i=1,..n : readset\,(t) \cap writeset\,(t_i) = \emptyset.$$

Ist dies nicht der Fall, muß die Validierung als gescheitert gelten und die Transaktion ist zurückzusetzen. Alternativen der Konfliktauflösung gibt es nicht, weil alle übrigen an der Prüfung beteiligten beteiligten Transaktionen beendet sind und nach Voraussetzung nicht mehr angetastet werden dürfen.

Ein Merkmal dieser Variante ist, daß praktisch alle Transaktionen validiert werden müssen, weil es kaum welche gibt, die nur schreiben ohne zu lesen.


## 5.2.1.2.2 *Vorwärtsgerichtete Verfahren*

Das Prinzip ist: die Prüfung erstreckt sich auf die Wechselwirkungen mit den aktiven Transaktionen und untersucht, ob deren Eingabedaten in Form gelesener Objekte nicht durch die Änderungen der zu validierenden Transaktion ungültig geworden sein könnten.

Die formale Bedingung für die Validierung einer Transaktion t lautet:

Seien $t_1,..,t_n$ die sich in der Lesephase befindlichen Transaktionen, *readset* bezeichne die Menge der von einer Transaktion gelesenen Objekte der Datenbasis, *writeset* analog die Menge der veränderten Objekte. Dann ist

$$\text{t validiert} \iff_{\text{def}} \forall\, i=1,..,n : writeset\,(t) \cap readset\,(t_i) = \emptyset.$$

Treten Konflikte auf, bestehen verschiedene Reaktionsmöglichkeiten, weil noch keine der beteiligten Transaktionen abgeschlossen ist. Einige Strategien seien kurz erwähnt:[2]

1.  Einige Konflikte lassen sich durch Warten der zu validierenden Transaktion auflösen, bis die im Konflikt dazu stehende aktive Transaktion beendet ist. Das beinhaltet die Umkehrung der logischen Reihenfolge der beiden Transaktionen.

2.  Die aktive Transaktion, mit der der Konflikt besteht, kann geopfert werden, so daß durch deren Abbruch die Validierung möglich wird.

3.  Die validierende Transaktion kann ebenfalls abgebrochen und zurückgesetzt werden.

Die Verallgemeinerung auf Konflikte mit mehreren Transaktionen ist offensichtlich.

Die Prüfungen, die während der Validierungsphase stattfinden, sind komplexer als im Fall der rückwärtsgerichteten Variante. Dort waren nur statische Mengen zu betrachten, die durch gleichzeitig ablaufende Aktionen aktiver Transaktionen nicht verändert wurden. Hier sind die Mengen aber dynamisch: bei der Validierung muß berücksichtigt werden, daß neue Zugriffe hinzukommen können und die Validierungsgrundlage, nämlich die Readsets aktiver Transaktionen, verändert werden. Dies muß auch noch nach Abschluß der Validierung beachtet werden, bis der neue Zustand der Datenbasis als Ergebnis der Schreibphase hergestellt ist.

---

1 $\emptyset$ bezeichnet die leere Menge.
2 Genaues lese man in [Härder 1984] nach.
Diese Verfahrensvielfalt rechtfertigt den Plural in der Abschnittsüberschrift.

### 5.2.1.3  Gemischte Verfahren  (ein Beispiel)

Die Idee gemischter Verfahren ( [Lausen 1982] ) besteht darin, eine Auswahl zwischen vorherigem Sperren von Objekten und optimistischem Zugriff anzubieten, so daß, abhängig von der ausführenden Transaktion oder dem betroffenen Datenobjekt, zwischen den beiden Strategien gewählt werden kann. Genau genommen handelt es sich um ein modifiziertes optimistisches Verfahren mit einer anderen Art der Konfliktbehandlung.

Es gibt zwei Möglichkeiten beim Zugriff auf ein Objekt:

1. optimistisch, d.h. direkt, ohne Kontrolle über dessen Benutzung durch andere Transaktionen. Der Zugriff wird lediglich registriert.

2. pessimistisch, indem eine Sperre [1] angefordert wird, die mit anderen Anforderungen nach den Regeln des SIX-Verfahren synchronisiert wird, mit den üblichen Konsequenzen eventuellen Wartens oder Verklemmens.

Die Philosophie zur Verknüpfung beider Vorgehensweisen ist, daß ein Pessimist die Anforderung der Sperre mit dem damit verbundenen Mehraufwand und dem Risiko der Verweigerung in Kauf nimmt, um sich dadurch das Vorrecht gegenüber einem Optimisten bei der Behandlung später auftretender Konflikte zu sichern. Bei Validierung wird also stets zugunsten eines Pessimisten entschieden.

Ein **Beispiel** auf der Basis rückwärtsgerichteter Validierung:

Zu jeder Transaktion gibt es neben *readset, writeset* auch noch *lockset* als Menge der von ihr exklusiv gesperrten Objekte. Seien t zu validieren, $t_1,..,t_n$ abgeschlossene Transaktionen und $u_1,..,u_m$ aktive Transaktionen in ihrer Lesephase. Dann ist:

$$t \text{ validiert } \Leftrightarrow_{def} \quad \forall\ i=1,..,n : (readset\,(t) \setminus lockset\,(t)) \cap writeset\,(t_i) = \emptyset$$
$$\wedge \quad \forall\ j=1,..,m : (writeset\,(t) \setminus lockset\,(t)) \cap lockset\,(u_j) = \emptyset$$

Man erkennt, daß ein gemischtes Verfahren auch vorwärtsgerichtet validieren muß, auch wenn im Falle leerer *locksets* die übrigbleibende Bedingung gerade dem rückwärtsgerichteten Verfahren entspricht. Wird auf alle Objekte pessimistisch zugegriffen, ist die Validierungsbedingung stets wahr.

Eine Kombination mit vorwärtsgerichteten Verfahren ist nicht bekannt. Es erscheint jedoch plausibel, daß es auch eine solche Kombination gibt. Durch die Einbeziehung von Sperren werden dann allerdings die aufgezählten Möglichkeiten zur Beseitigung von Konflikten reduziert.


### 5.2.2  Definition einer gemeinsamen Schnittstelle

Grundlage für den Entwurf der Schnittstelle ist eine Verteilung der Teilaufgaben der Verfahren auf Funktionen. Das ist in diesem Fall schwieriger als bei der Segmentverwaltung, und es wird in den folgenden Abschnitten gezeigt, daß nicht alle vorgestellten Verfahren berücksichtigt werden können.

Die Operationen zur Synchronisation orientieren sich an den Anlässen, zu denen Prüfungen stattfinden oder Daten aufgezeichnet werden. Darüberhinaus gibt es, analog zur Segmentverwaltung, Kontrolloperationen, die mit den gleichen Namen bezeichnet sind, die den Grund des Aufrufs erkennen lassen.

Die Schnittstelle ist parametrisiert, nämlich durch die Bezeichnermengen für Objekte und

---

1 In dem erwähnten Artikel werden nur X-Sperren betrachtet.

Operationen; ferner ist eine Abbildung festzulegen, die jeder Operation einen Zugriffsmodus zuteilt.

### 5.2.2.1  Syntax

Parameter:

```
type TA_RNG is ... ;   - - Transaktionsbezeichner
type OBJ_RNG is ... ;   - - Objektbezeichner
type OP_RNG is ... ;   - - Operationsbezeichner

function OP_MODE (OP : OP_RNG) returns ACCESS_MODE is ...;
```

Operationen:

```
procedure ACCESS_OBJECT (TA : TA_RNG;  OB : OBJ_RNG;
                         OP : OP_RNG;  OK : out BOOLEAN);
procedure CHECK (TA : TA_RNG;  OK : out BOOLEAN);
```

Kontrolloperationen:

```
procedure START (TA : TA_RNG);
procedure FINISH (TA : TA_RNG);
procedure UNDO (TA : TA_RNG);
procedure REMOVE (TA : TA_RNG);
```

### 5.2.2.2  Semantik

Zur korrekten Synchronisation müssen sich die Zugriffsfunktionen an die folgenden Regeln halten.

Jeder Zugriff auf ein Objekt ist vorher durch Aufruf von ACCESS_OBJECT dem Synchronisationsmodul mitzuteilen, und zwar außer dem betroffenen Objekt auch die anzuwendende Operation. Vom Synchronisationsmodul wird entschieden, ob der Zugriff gestattet wird und die Transaktion fortsetzen kann (OK = TRUE). Andernfalls wird dies verweigert, was bedeutet, daß die Transaktion dann zurückgesetzt werden muß.[1] Das Rücksetzen ist von der Transaktion selbst, d.h. durch die von ihr aufgerufenen Zugriffsfunktionen, einzuleiten. ACCESS_OBJECT kann von derselben Transaktion auch mehrfach für dasselbe Objekt aufgerufen werden, auch mit verschiedenen Zugriffsmodi, so daß in den Zugriffsfunktionen keine Buchführung über zurückliegendes Zugriffsverhalten notwendig ist.

Nach dem letzten Zugriff, also zu dem Zeitpunkt, wo die Transaktion beendet werden soll, ist die Operation CHECK aufzurufen. Sie beinhaltet eine abschließende Prüfung, ob die Transaktion erfolgreich enden kann oder ob sie doch noch Opfer eines Konflikts wird. Dies zeigt wiederum der Ausgabeparameter OK an, d.h. OK = FALSE bedeutet den Zwang zum Rücksetzen.

Vor dem ersten Zugriff muß sich jede Transaktion durch den Aufruf von START bekannt machen. Die Beendigung einer Transaktion wird durch FINISH oder REMOVE angezeigt, je nachdem, ob sie erfolgreich abgeschlossen oder zurückgesetzt wurde. Wenn eine Transaktion zurückgesetzt werden soll, wird UNDO aufgerufen. Das signalisiert in erster Linie, daß auf keine neuen Objekte mehr zugegriffen wird, d.h. Prüfungen können im weiteren Verlauf der Transaktion entfallen, weil die folgenden Zugriffe sich nur auf bereits bearbeitete Objekte beziehen. Es handelt sich also eigentlich um eine Optimierungsmaßnahme.

---

1 Hier wird unterstellt, daß es für die Transaktion sonst keine sinnvolle Fortsetzung gibt.

Als ACCESS_MODE kan man sich die Aufzähltypen (NO_LOCK[1], IS_MODE, IX_MODE, S_MODE, SIX_MODE, X_MODE) bzw. (SHARE, EXCL) vorstellen.

### 5.2.3 Eigenschaften von Synchronisationsverfahren

Die folgenden Eigenschaften ergeben sich aus den Verfahren selbst, ohne ihre Anwendung auf spezielle Arten von Objekten und Operationen zu berücksichtigen. Es handelt sich dabei in erster Linie um zugrundeliegende Versionskonzepte, wobei als Grund für die Notwendigkeit privater Änderungsversionen eine fehlende Zugriffskontrolle zu nennen ist.

Jedes Verfahren erhält drei Attribute, die inhaltlich eigenständig sind, so daß sie sich nicht in Gruppen einteilen lassen:

1. Die **Effektivität** des Verfahrens bezeichnet, ob der Modul tatsächlich ein Synchronisationsverfahren enthält:

   □ **effektive Synchronisation**:

   der Modul realisiert ein Synchronisationsverfahren.

   Andernfalls ist es ein leerer Modul, der alle Zugriffe ohne Prüfung zuläßt.

2. Die **Zugangskontrolle** des Verfahrens gibt Auskunft darüber, ob vom Synchronisationsverfahren Vorkehrungen getroffen werden, um den Zugang zu einem Objekt (oder einer Version) zu kooordinieren.

   □ **kontrollierter Zugriff**:

   es werden nur solche Zugriffe gemeinsam zugelassen, die am gleichen Exemplar ausgeführt werden können, ohne sich gegenseitig zu beeinträchtigen. Wenn mehrere verschiedene Versionen desselben Objekts einbezogen werden, gilt dies entsprechend für jede einzelne von ihnen.

   Im umgekehrten Fall, dem **direkten**, uneingeschränkten Zugriff, wird der Zugang zu Objekten der Datenbasis gar nicht oder nur zum Teil beschränkt.

3. Die Art der **Versionsbildung** legt fest, welche Versionen in die Synchronisationsstrategie einbezogen werden, die dann natürlich von der Objektverwaltung außerhalb des Synchronisationsmoduls zu realisieren sind:

   □ **alte gültige Versionen**:

   es gibt zwei aufeinanderfolgende Versionen, die gleichzeitig benutzt werden. Eine von ihnen ist die gültige, während die andere entweder einen alten gültigen Zustand enthält, oder im Rahmen einer Änderung als nächste, noch nicht gültige Version angelegt wurde.

   Sonst betreffen alle Zugriffe eine einzige aktuelle Version.

   Durch die Zuordnung von Zugriffen einer Transaktion zu Versionen legt das Synchronisationsverfahren auch fest, wann neue Versionen erzeugt werden und bestehende wieder zu vernichten sind.

---

[1] Dies wird benötigt, wenn bei hierarchichem Sperren auf tieferen Ebenen keine Sperranforderung mehr notwendig ist.

## 5.2.4  Auswahl und Einordnung der Verfahren

Nicht alle der in Abschnitt 5.2.1 vorgestellten Verfahren lassen sich gleich gut in die modulare Architektur aufnehmen. Das liegt hauptsächlich daran, daß eine Trennung zwischen Synchronisation und Versionszuteilung einerseits und Segmentverwaltung mit Versionsrealisierung und Zustandsübergängen andererseits notwendig ist, wobei einige komplexe Aktionen unter gegenseitigem Ausschluß ausgeführt werden müssen.

Für die ausgewählten, als geeignet empfundenen Verfahren wird die genaue Semantik der Schnittstellenoperationen angegeben. START dient allgemein dazu, die Transaktion als aktiv zu registrieren. Dies wird im folgenden nicht wiederholt.

Die Verfahren arbeiten mit einer Menge von Zugriffsmodi, die eine Abstraktion des Verhaltens des Operators darstellen. Die Zuordnung ist abhängig von den Zugriffsfunktionen; sie wird bei Integration eines Standardsynchronisationsmoduls durch Parametrisierung festgelegt, ebenso wie die Menge der Objektbezeichner.

### 5.2.4.1  Keine Synchronisation

Diese Variante ist hinzuzufügen, um die nicht benötigten Schnittstellen korrekt abzudecken. Die Operationen enthalten leere Rümpfe. Als Ausgabe erscheint stets OK = TRUE, so daß der Aufrufer fortsetzen kann.

Eigenschaften: keine, d.h. alle Attribute sind unzutreffend.

### 5.2.4.2  SIX-Sperrverfahren

Sie lassen sich problemlos integrieren. Die Aktion bei der Ausführung der Operatoren ist:

ACCESS_OBJECT: Eine Sperre wird angefordert. Wenn sie nicht gewährt werden kann, wird die Transaktion blockiert und die Sperre wird später zugeteilt, oder die Sperre wird verweigert.

CHECK: Es ist keine Aktion notwendig, da alle Prüfungen vorher stattgefunden haben und an dieser Stelle keine neuen Konflikte entdeckt werden können. Es ergibt sich also stets OK = TRUE.

UNDO: Dies kennzeichnet den Beginn der Rücksetzphase, von dem ab keine neuen Sperranforderungen mehr gestellt werden (dürfen).[1] Alle künftigen Zugriffe sind also erlaubt, und die Prüfungen können entfallen.

FINISH/REMOVE: Alle Sperren werden freigegeben, wodurch eventuell andere Transaktionen in die Lage versetzt werden, ihrerseits fortzusetzen. Die endende Transaktion wird gleichzeitig entfernt und ist dann nicht mehr bekannt.

Eigenschaften: effektive Synchronisation; kontrollierter Zugriff.

---

1 Man macht sich leicht klar, daß die Anforderung einer neuen Sperre beim Rücksetzen dessen Scheitern bedeuten könnte, was aber nicht passieren darf.

### 5.2.4.3  RA-Sperrverfahren

Die Integration der RA-Verfahren ist grundsätzlich möglich, wenngleich die Zusammenarbeit mit der Segmentverwaltung, die in der Mitteilung über die Versionszuordnung besteht, noch einige Probleme aufwirft, die an dieser Stelle aber nicht diskutiert werden.[1] Die verschiedenen Varianten innerhalb der RA-Verfahren werden nicht weiter unterschieden, weil sie sich eher in den Details der Operationen niederschlagen.

Die Operationen bewirken:

ACCESS_OBJECT: Eine Sperre wird angefordert. Wenn sie nicht gewährt werden kann, wird die Transaktion blockiert oder die Anforderung wegen Verklemmung zurückgewiesen. Stehen mehrere Objektversionen zur Auswahl, ist zu entscheiden, welche davon zugewiesen wird.

CHECK: Prüft die Serialisierungsbedingungen, die durch Arbeiten auf aufeinanderfolgenden Versionen entstanden sind, auf Konfliktfreiheit mit bereits abgeschlossenen Transaktionen. Eine Verweigerung des Fortsetzens mit Zwang zum Rücksetzen ist an dieser Stelle noch möglich.

UNDO: Bewirkt keine Aktion; die Sperren bleiben bestehen, neue Anforderungen kommen nicht mehr hinzu.

REMOVE: Die Sperren werden entfernt, wodurch andere Transaktionen eventuell fortgesetzt werden können. Die Transaktion selbst wird danach aus dem Synchronisationsmodul entfernt.

FINISH: Die A-Sperren werden konvertiert. Daß dies möglich ist, wurde durch CHECK festgestellt. Die Transaktion ist nach außen beendet, bleibt aber intern als Verwaltungsobjekt mit den konvertierten Sperren bestehen.

implizit: weitere Konvertierungen von Sperren ($C \rightarrow C^{*}$) oder das Entfernen einer Transaktion mit allen ihren C- und $C^{*}$-Sperren, wenn durch das Fortschreiten der übrigen Transaktionen die Voraussetzungen dafür geschaffen werden.

Eigenschaften: effektive Synchronisation; kontrollierter Zugriff; alte gültige Versionen.


### 5.2.4.4  Rückwärtsgerichtetes optimistische Verfahren

Das Verfahren kann integriert werden, wenngleich eine spezielle Implementierung gewählt werden muß, in der sich die Bereiche gegenseitigen Ausschlusses in den Synchronisationsfunktionen auf die Operationen CHECK und FINISH verteilen, so daß die Schreibphase dazwischen in der Segmentverwaltung ausgeführt werden kann. Ein Beispiel für eine solche Implementierung ist der in [Kung, Robinson 1981] genannte Algorithmus, der dort in Abschnitt 5 unter "Parallel Validation" aufgeführt ist. Die anderen in der Arbeit aufgeführten Algorithmen nehmen keine explizite Trennung zwischen Validierung (= Synchronisation) und Schreiben (= Segmentverwaltung) vor.

Die Bedeutung der Operationen:

ACCESS_OBJECT: Die Readsets oder Writesets werden um das Objekt ergänzt, auf das zugegriffen werden soll. Die Transaktion darf stets fortsetzen.[2]

---

1  Siehe dazu Kapitel 6.

2  An dieser Stelle ist eine grundsätzliche Bemerkung über diese Realisierung notwendig: die Verwaltung der Readsets und Writesets erfordert einen eigenen Aufruf des Synchronisationsmoduls mit Aufzeichnung des Zugriffs. Dies steht im Widerspruch zur Motivation optimistischer Verfahren, durch Einsparung von Verwaltungsaufwand den Durchsatz zu steigern. Es ist jedoch nicht offensichtlich, wie der angesprochene Aufwand überhaupt vermieden werden kann — eine Ansicht, die nach gründlicher Untersuchung der infragekommenden Implementierungstechniken auch in [Peinl 1986] vertreten wird.

CHECK: enthält alle Prüfungen der Validierungsphase und liefert die Entscheidung, ob die Transaktion beendet werden darf.

START: Der Zeitpunkt des Beginns einer Transaktion wird registriert, um später feststellen zu können, welche anderen Transaktionen in ihrer Lesephase ebenfalls aktiv waren.

UNDO: ist ohne Funktion.

REMOVE: entfernt die Transaktion, die definitionsgemäß die Datenbasis nicht verändert hat und deshalb bei weiteren Validierungen nicht berücksichtigt zu werden braucht.

FINISH: Beendet die Schreibphase und kennzeichnet die Transaktion als abgeschlossen. Sie bleibt jedoch in der Synchronisationsverwaltung präsent, solange es noch andere Transaktionen gibt, zu deren Validierung ihr Zugriffsverhalten wegen Überlappung der Aktivitäten herangezogen werden muß; also so lange, bis alle Transaktionen, die zu diesem Zeitpunkt (der Ausführung der FINISH-Operation) in ihrer Lesephase sind, abgeschlossen bzw. validiert sind.

implizit: Die Transaktion wird entfernt, wenn ihre Daten nicht mehr notwendig sind.

Eigenschaften:[1] effektive Synchronisation.


### 5.2.4.5  Vorwärtsgerichtete optimistische Verfahren

Diese Verfahren sind für eine modulare Architektur, wie sie hier angestrebt ist, sehr schlecht geeignet. Das liegt an dem technischen Aufwand, den die Validierung wegen der dynamischen Mengen *readset* und *writeset* der übrigen Transaktionen erfordert. Eine effiziente Implementierung[2] kann man sich nur vorstellen, wenn für Validierung und Schreiben eine kurze globale Sperre im Sinne gegenseitigen Ausschlusses verwendet wird. Eine Zerlegung der Aktionen in

1.  Validierung mit Festschreiben des Zustands im Synchronisationsmodul,

2.  Schreiben durch die Segmentverwaltung,

3.  Aufhebung der Fixierung im Synchronisationsmodul,

führt offensichtlich dazu, daß Verwaltungsaufwand eingeführt wird, der vollständig entgegen den Absichten der optimistischen Verfahren steht, denn jeder neue Zugriffswunsch einer anderen Transaktion muß daraufhin überprüft werden, ob er sich nicht mit dem Writeset der schreibenden Transaktion überschneidet.


### 5.2.4.6  Gemischte Verfahren

Auf gemischte Verfahren treffen grundsätzlich die gleichen Probleme zu wie bei den vorwärtsgerichteten optimistischen, weil durch die Berücksichtigung von Sperren anderer aktiver Transaktionen eine vorwärtsgerichtete Sichtweise einzunehmen ist. Wenn man sich aber auf das in [Lausen 1982] dargestellte Verfahren beschränkt, das, abgesehen von der Berücksichtigung exklusiver Sperren, streng rückwärtsgerichtet ist, läßt sich leicht eine akzeptable Realisierung vorstellen:

Die vorwärtsgerichtete Bedingung betrifft lediglich solche Fälle, in denen die validierende Transaktion ein Objekt geändert hat, während eine andere aktive Transaktion dasselbe Objekt gesperrt hat. Zur Validierung ist zunächst zu prüfen, daß eine solche Situation nicht vorliegt, und anschließend ist für die Dauer der Schreibphase sicherzustellen, daß keine Sperren für geänderte Objekte vergeben werden. Dies kann z.B. dadurch erreicht werden, daß für die

---

1 Auch wenn in der Realisierung private Änderungsversionen einzusetzen sind, bezieht sich die Synchronisation stets auf die aktuelle Version des Objekts, so daß direkter Zugriff vorliegt.

2 Über konkrete Implementierungen ist leider überhaupt nichts bekannt.

Schreibphase die kritischen Objekte durch die schreibende Transaktion implizit gesperrt werden; dies erfordert nur geringen zusätzlichen Aufwand, weil wegen der vorangehenden Validierung sichergestellt ist, daß die Sperren gewährt werden können. Der Aufwand, der für andere Transaktionen erforderlich wird, ist akzeptabel, weil nur die Zugriffswünsche solcher, die ein Objekt sperren wollen, wie üblich geprüft werden müssen, wohingegen die anderen, die direkt zugreifen, wie im ''reinen'' rückwärtsgerichteten optimistischen Verfahren fortgesetzt werden können.

Bei Integration des Moduls ist anzugeben, wie sich aus der Transaktion und dem Objekt, auf das sie zugreifen will, das Zugriffsverhalten ergibt. Es wird davon ausgegangen, daß es eine feste Zuordnung

$$\text{lock : TA\_RNG} \times \text{OBJ\_RNG} \times \text{OP\_KND} \rightarrow \text{BOOLEAN}$$

gibt, die festlegt, wann gesperrt werden soll.

Die Funktionen verlaufen weitgehend analog zum rückwartsgerichteten optimistischen Verfahren, weshalb hier nur die Abweichungen angegeben werden.

ACCESS_OBJECT: Hier findet zunächst die Unterscheidung der Zugriffsphilosophie nach obengenanntem Prädikat statt. Der direkte Zugriff richtet sich nach dem optimistischen Verfahren. Für die Anforderung einer Sperre gelten die Eigenschaften derjenigen Variante des SIX-Sperrverfahrens, das nur X-Sperren kennt, mit den gleichen Konsequenzen hinsichtlich des Blockierens und Verklemmens.

CHECK: Die Prüfung wird modifiziert wie beschrieben und die Schreibphase durch Sperren der Objekte, auf die direkt zugegriffen wurde, abgesichert.

FINISH/REMOVE: Aufhebung aller Sperren.

Eigenschaften: effektive Synchronisation.


## 5.2.5 Objekte und Operationen zur Synchronisation

Es wurde schon erwähnt, daß die vorgestellten Verfahren vollkommen davon abstrahieren, auf welche konkreten Objekte und Operationen sie angewendet werden. Dies drückt sich in der Schnittstelle dadurch aus, daß Objekte nur durch ihre Bezeichner vertreten sind, so daß nur ihre Identität festgestellt werden kann, aber nichts über ihren Aufbau oder Inhalt bekannt wird.

Betrachtet man den Entwurf der Hierarchie von Zugriffsfunktionen in Kapitel 4, kann man auf die Art der Objekte schließen, deren Verwendung in Frage kommt. In der Praxis hat sich herausgestellt, daß es charakteristische Eigenschaften gibt, die sich aus den verwendeten Objekten ableiten lassen und die die Zulässigkeit der Zusammenarbeit von Verfahren mitbestimmen.

Folgende Arten von Objekten bieten sich an:

- Die gesamte **Datei** ist eine sehr grobe Einheit, die aber in vielen Anwendungsfällen eine praktikable Lösung darstellt. Zweckmäßigerweise wird die Synchronisation in übergeordneten Operationen realisiert, die unter Umständen auch außerhalb des Kerndatenbanksystems angesiedelt sein können, und nicht in den eigentlichen Zugriffsoperationen, die die Sätze der Datei bearbeiten. Ein Beispiel sind die Scan-Operationen im RSS des System R ( [Lorie, Nilsson 1979] ).

- Die **Sätze** einer Datei sind die Elemente, aus denen die Datei zusammengesetzt ist; d.h. die Grundidee ist, daß sich der Inhalt der Datei darstellen läßt als Menge von Sätzen, die in der Regel den gleichen Typ haben.

  Dieses Kriterium ist durch die spezifizierte Semantik der Operationen sicherzustellen. Elementare Operationen berühren nur ein Objekt, nehmen die übrigen nicht zur Kenntnis und lassen sie unangetastet. Höhere Operationen bestehen aus Folgen dieser elementaren; sie beinhalten dann im Rahmen einer Dateioperation Zugriff auf mehrere Sätze.

**Beispiele** aus der Praxis , auf die dieses Modell sehr gut zutrifft:

- ☐ Die ISAM-Organisation,
- ☐ Die Realisierung eines Primärdatenspeichers durch die TID-Organisation,[1]
- ☐ Die Realisierung eines Primärdatenspeichers durch eine DBTT-Abbildung von *Database Keys.*[2]

- **Seiten** stellen eine natürliche Partitionierung einer Datei dar, die sich aus der physischen Realisierung ergibt, wie sie im vorliegenden Entwurf unterstellt wird. Die Seiten sind per definitionem unabhängige Bestandteile der Datei: Zugriffe zu einer Seite berühren die übrigen nicht.

- Die **Einträge** auf einer Seite als Objekte auszuwählen, bietet sich an, wenn eine Organisation vorliegt, bei der die Einträge stets auf derselben Seite bleiben und nicht ausgelagert werden. Beispiel ist eine Tabelle, die statisch als Reihung repräsentiert wird, wie die bereits erwähnte DBTT in UDS.

- Wenn ein bestimmtes Datenmodell unterstellt wird, in dem die Sätze feiner strukturiert sind, bietet sich an, auf der Ebene ihrer **Felder** zu synchronisieren. Dieser Fall wird hier jedoch nicht näher untersucht. In der Architektur der Zugriffshierarchie schlägt sich diese Sichtweise nicht nieder.

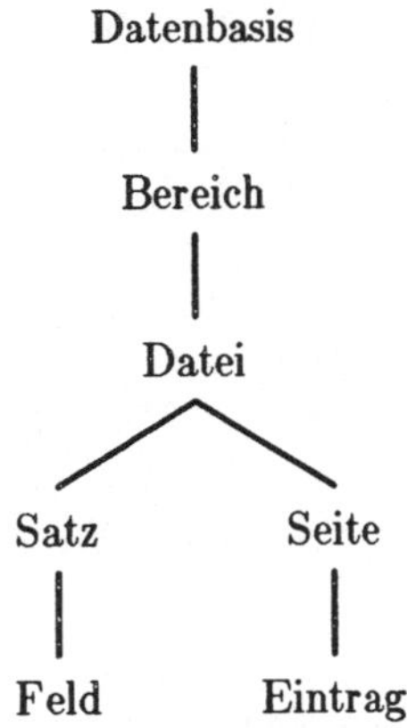


Bild 5.1: Objekthierarchie

Die genannten Objekte bilden eine Hierarchie, die sich noch vervollständigen läßt, wenn man als größere Einheiten Bereiche (Areas) und die gesamte Datenbasis hinzunimmt; Bild 5.1 veranschaulicht sie. Daraus ergeben sich Kandidaten für die Anwendung hierarchischer Sperrprotokolle nach der SIX-Methode.

---

1 Sie findet Verwendung im System R; siehe [Astrahan et al. 1976].
2 Wie in UDS; siehe [Härder 1978].

Die wesentliche Eigenschaft der genannten Objekte, die die Kombinierbarkeit einer Synchronisationsstrategie mit anderen Verfahren betrifft, ist der Bereich in der Datenbasis, den das Objekt belegt und der auf diese Weise in die Synchronisation einbezogen wird.

- Bei einem Seitengranulat ist die Repräsentation jedes Objekts eine Menge von Seiten; als Spezialfall davon stellt jede einzelne Seite ein Objekt dar. Die Repräsentation verschiedener Objekte der Datenbasis wird durch Seitengrenzen getrennt.
- Bei einem Satzgranulat[1] erfaßt eine Operation im allgemeinen mehrere Seiten, und verschiedene Operationen auf verschiedenen Sätzen können sich auf die gleiche Seite beziehen, d.h. es liegen keine Seitengrenzen zwischen der Repräsentation verschiedener Objekte.

Die Eigenschaften, die ein Synchronisationsverfahren durch Anwendung auf bestimmte Objekte erhält, sind aufgrund dieser Definition unmittelbar einsichtig:

- Seiten und in der Hierarchie höher angesiedelte Objekte: Seitengranulat.
- Sätze, Einträge, Felder: Satzgranulat.

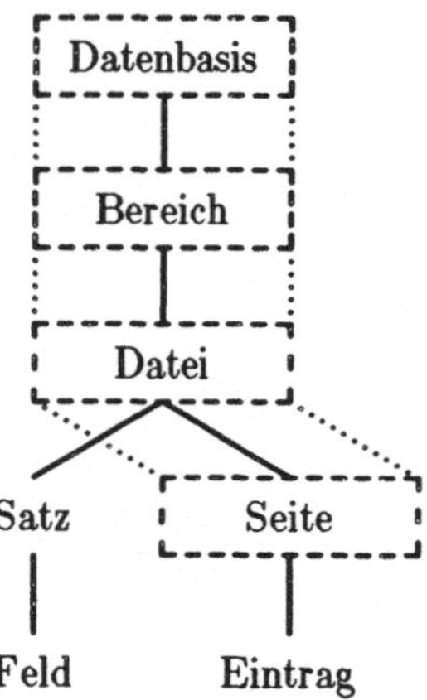


Bild 5.2: Seitengranulate in der Objekthierarchie

In Bild 5.2 sind die Objekte mit Seitengranulat herausgehoben.

## 5.2.6 Spezialproblem: geschachtelte Synchronisation

Selbst bei erlaubter gleichzeitiger Ausführung von zwei Aufrufen einer Schicht können noch Konflikte auf tieferen Schichten auftreten, die dann durch weitere, untergeordnete Synchronisation aufgelöst werden müssen. Ein Beispiel verdeutlicht dieses Problem: bei satzweiser

---

1 Die Bezeichnung Satzgranulat ist historisch bedingt, weil Sätze die wichtigsten Anwendungsbeispiele für diese Eigenschaft sind.

Synchronisation kann Zugriff zu verschiedenen Sätzen in der Regel stets gleichzeitig gewährt werden. Trotzdem muß auf Seitenebene noch synchronisiert werden, wenn Zugriffe zu verschiedenen Sätzen sich auf die gleiche Seite beziehen, auf der diese Sätze gemeinsam untergebracht sind. Der Grund für dieses Phänomen ist, daß keine Hierarchie der Objekte besteht.

Die zusätzliche Synchronisation hat nur eine unterstützende Aufgabe; sie erstreckt sich nämlich nur über den Zeitraum der Ausführung einer höheren (Satz-) Operation. Das unterscheidet sie von der eigentlichen Synchronisation, die für die Dauer der gesamten Transaktion die Sequentialisierbarkeit durch ein Zwei-Phasen-Sperrprotokoll oder vergleichbare Verfahren sicherstellen muß.

Das Konzept, das einer derart geschachtelten Synchronisation zugrundeliegt, sind die Nested Transactions.[1] Die Seitenzugriffe innerhalb einer Satzoperation werden als untergeordnete Transaktion aufgefaßt, deren Anfangs- und Endpunkte mit denen der Satzoperation zusammenfallen. Angewandt auf (SIX-)Sperrverfahren bedeutet dies, daß die innerhalb einer Satzoperation sukzessive angeforderten Seitensperren an deren Ende freigegeben werden. Auf diese Weise arbeiten je zwei gleichzeitig ausgeführte Satzoperationen auf disjunkten Seitenmengen; ein Konflikt wird vermieden.

Diese Lösung ist einfach in die Architektur des Kerndatenbanksystems zu integrieren: es gibt einen zusätzlichen Synchronisationsmodul für Seitenoperationen, der für die untergeordneten Transaktionen zuständig ist. Die Moduln für zusätzliche Synchronisation brauchen nicht neu dazugefügt werden; die bereits vorhandenen Verfahren können verwendet werden.[2] Lediglich die Aufrufe der Operationen START und FINISH sind anders zu behandeln: der Anlaß ihres Aufrufs, und damit ihre Position im Programm, ändert sich in der genannten Weise.

Damit die Lösung korrekt arbeitet, müssen aber noch einige Punkte beachtet werden. Dabei kommen auch Beziehungen zu den anderen Aufgabenbereichen in Betracht; sie dienen hier dazu, das auszuwählende Verfahren konkret zu erfassen.

- Geeignet zu Synchronisation von untergeordneten Transaktionen sind nur solche Verfahren, die keine Versionsbildung verlangen, weil die verfügbaren Realisierungen an die Transaktionen gebunden sind und nicht auf einzelne Operationen übertragbar sind. Damit bleiben praktisch nur die SIX-Sperrverfahren übrig.

- Die zusätzliche Synchronisation beinhaltet prinzipiell die Möglichkeit der Verklemmung. Das hat schwerwiegende Konsequenzen:

  □ Die angefangene Satzoperation muß zurückgesetzt werden; das kann nur intern geschehen, weil dazu die Synchronisation auf den geänderten Seiten aufrechterhalten werden muß; diese endet aber mit Abschluß der Operation.

    Die Atomarität der untergeordneten Transaktion sicherzustellen bedeutet neben einem hohen Aufwand auch eine starke Restriktion in der Verfahrensauswahl und -zusammenstellung.

  □ Die Anwendbarkeit von Satzoperationen zur Fehlerbehandlung ist im Mehbenutzerbetrieb, z.B. beim partiellen Undo, nicht möglich, da bei Verklemmung ein Scheitern der Fehlerbehandlung droht, was unter keinen Umständen eintreten darf.

---

1 Eine ausführliche Behandlung enthält [Weikum 1986].
2 An dieser Stelle müssen allerdings noch inhaltliche Unterscheidungen über die Eignung der einzelnen Verfahren getroffen werden; siehe unten.

Daher wird gefordert, daß die Zugriffsfunktionen stets so zu entwerfen sind, daß die untergeordnete Synchronisation zu keinen Verklemmungen führt.[1]

### 5.2.7 Eignung der Synchronisationsverfahren für verschiedene Objekte der Datenbasis

Die in Abschnitt 5.2.1 vorgestellten allgemeinen Synchronisationsverfahren lassen sich nicht gleich gut auf die infragekommenden Objekte anwenden. Der Grund dafür besteht in der Notwendigkeit, die zugrundeliegende Versionsbildung vorzunehmen.

Die einzigen Objekte, die in der Architektur der Zugriffsfunktionen festgeschrieben sind, sind die Seiten der Segmente. Konzepte zur Versionsbildung werden durch einige Verfahren zur Segmentverwaltung angeboten; sie lassen sich im Prinzip auch auf größere Objekte, die aus Seiten zusammengesetzt sind, anwenden. Die Versionsbildung anderer Objekte müßte explizit im Zugriffsfunktionsteil programmiert werden, d.h. jede Realisierung stellt eine Einzellösung dar. Erprobte Standardlösungen bietet das System nicht an; abgesehen davon ist es im allgemeinen fraglich, ob eine hinreichend effiziente Realisierung überhaupt möglich ist.

Die Anwendung von Synchronisationsverfahren wird daher auf bestimmte Objekte beschränkt, wie die folgende Aufstellung näher erläutert:

SIX-Sperrverfahren: Das ist das flexibelste der Verfahren, das auf alle Objekte anwendbar ist, weil es keine Versionsbildung voraussetzt. Es ist das einzige, bei dem eine Objekthierarchie ausgenutzt werden kann.

RA-Sperrverfahren: Sie wurden speziell für Seiten ("Behälter") als Objekte entworfen; die Realisierung entsprechender Strategien für andere Objekte erscheint wesentlich schwieriger, wie sich am Beispiel von [Kießling 1983] erkennen läßt, wo eine insgesamt recht komplexe Anwendung auf das Relationenmodell mit seinen einfachen Datenstrukturen vorgestellt wird.

Optimistische und gemischte Verfahren: Hier gelten analoge Aussagen, denn es handelt sich zwar um eine andere Art der Variantenbildung, die aber auf die gleichen Probleme führt.[2]

## 5.3 Protokollierung

Die Aufgabe der Protokollierung ist, die Wiederherstellung eines Zustands der Datenbasis oder von Teilen davon möglich zu machen, falls ein Fehler auftritt, der einen unzulässigen Zustand hervorruft. Wann eine solche Situation eintritt und welche Art von Fehlern zu beheben sind, wird von der in der Segmentverwaltung realisierten Einbringstrategie mitbestimmt, die ihrerseits Vorsorge zur Reduzierung oder Vermeidung der Auswirkung von Fehlern auf die Datenbasis treffen können. Fehlerbehandlung ist also ein Zusammenspiel von Segmentverwaltung und Protokollierung.

Das Prinzip der Protokollierung ist, Operationen aufzuzeichnen, die im Datenbanksystem realisiert sind und zur Reparatur aufgerufen werden können. Durch deren Ausführung kann der fehlerhafte Zustand sukzessive in den richtigen überführt werden. Die Operationen sind als

---

1 Es gibt einfache Vorgehensweisen, die dies leisten, z.B. wenn auf die Seiten nur in der Reihenfolge einer vorgegebenen Ordnung zugegriffen wird.

2 Eine ausführlichere Betrachtung der Schwierigkeiten bei Anwendung auf andere Objektarten gibt [Härder 1984].

"Aufrufe" aufgezeichnet, d.h. zusammen mit den wesentlichen aktuellen Parametern. Eine solche Vorgehensweise, die Gegenstand dieses Abschnitts ist, wird **explizite Fehlerbehandlung** genannt, während die Vorsorge- und Rekonstruktionsmaßnahmen in der Segmentverwaltung eine **implizite Fehlerbehandlung** darstellen.

Die Art der Fehler, die behoben werden soll, ist in Kapitel 3 spezifiziert worden: Transaktionsfehler, Systemfehler und Speicherfehler. Für ihre Reparatur mit Hilfe von Protokollierung hat sich eine generell akzeptierte Betrachtungsweise herausgeschält, die auch hier zugrundegelegt werden soll. Die Auswirkungen der Fehler auf die Datenbasis fallen in zwei Kategorien:

- Erfolgt eine Modifikation der Datenbasis zu einem zu frühen Zeitpunkt und stellt sich später heraus, daß dies nicht zulässig war, muß sie zurückgenommen werden. Dies ist das **Undo (Rücksetzen)**.

- Geht eine dauerhafte Modifikation durch einen Fehler verloren, so muß sie noch einmal ausgeführt werden. Das ist das **Redo (Wiederholen)**.

Diese Sichtweise verdeutlicht das Diagramm in Bild 5.3.[1]

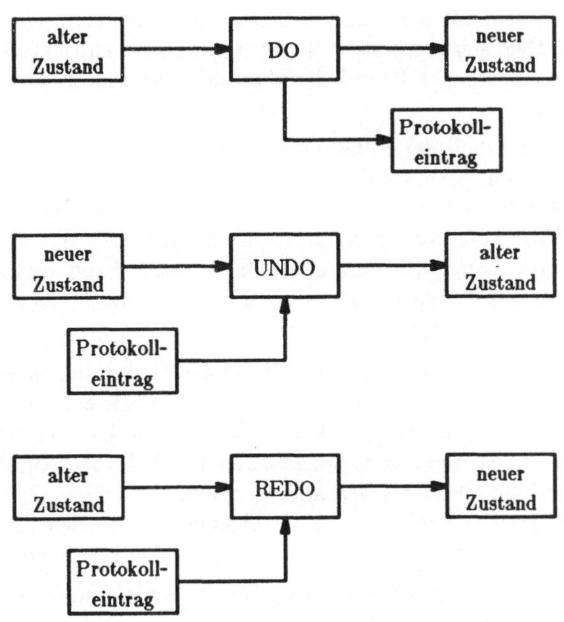


Bild 5.3:  Originaloperation, Rücksetzen und Wiederholen
(DO, UNDO, REDO)

Aus den genannten Fehlerquellen und ihrer Wirkung als unzulässige Modifikation der Datenbasis ergeben sich die vier grundlegenden Arten der Reparatur:[2]

---

1 Aus [Gray et al. 1981].
2 In [Reuter 81] werden sie mit R1 bis R4 bezeichnet. Dazu kommen noch weitere Maßnahmen, die aber aus dem Rahmen dieser Arbeit fallen und deshalb nicht berücksichtigt werden.

- Ein Transaktionsfehler erfordert, daß alle Modifikationen dieser einen Transaktion aufzuheben sind: **partielles Undo**.

- Ein Systemfehler greift in einen beliebigen Zwischenzustand der Datenbasis ein, so daß Fehler in beiden Richtungen auftreten können:

  □ Die zum Zeitpunkt des Fehlers aktiven Transaktionen hinterlassen ungültige Modifikationen, so daß sie allesamt zurückgesetzt werden müssen: dies ist das **globale**[1] **Undo**.

  □ Die Wirkung bereits abgeschlossener Transaktionen geht verloren, so daß ihre Operationen wiederholt werden müssen: dies ist das **partielle Redo**.

- Durch einen Speicherfehler gehen Werte der Datenbasis verloren, die rekonstruiert werden müssen, indem alle Modifikationen seit dem letzten, als Kopie vorhandenen Zustand wiederholt werden. Der Zeitraum ist hier üblicherweise viel größer als im vorangehenden Fall; so spricht man vom **globalen**[2] **Redo**.

Es gibt praktisch nur ein Verfahren zur Protokollierung, für das einige Varianten mit geringen Abweichungen existieren. Protokollierung für Undo und Redo kann weitgehend gemeinsam behandelt werden, weil sie auf den gleichen Prinzipien beruht.

Mit der Bezeichnung **Protokoll** wird eine kleinere, zusammenhängende Einheit von Einträgen benannt. Die physische Realisierung besteht dagegen aus einem einzigen **Systemprotokoll**, auf das die verschiedenen unabhängigen Protokolle abgebildet werden. Wie dies konkret aussieht, ist hier nicht von Bedeutung.

Entscheidend für die Korrektheit der Funktion des Kerndatenbanksystems ist aber, welcher Teil des Protokolls **sicher** ist, d.h. permanent gespeichert und nach einem Systemfehler noch vorhanden ist. Üblicherweise geht der hintere, flüchtige Teil des Systemprotokolls verloren. Der **relevante** Teil eines Protokolls ist der, dessen Einträge noch benötigt würden, wenn der zu behandelnde Fehler auftritt. Durch Sicherung[3] der Datenbasis kann der Beginn des relevanten Teils weiter nach hinten verschoben werden, so daß durch Freigabe des Anfangs des Systemprotokolls Speicherplatz eingespart wird.

Da es im Datenbanksystem Operationen gibt, die andere Operationen protokollieren, entsteht die Gefahr begrifflicher Unklarheiten. Eine **Protokolloperation** ist stets die Operation eines Verwaltungsmoduls zur Protokollierung, mit der auf das Protokoll zugegriffen wird. Dessen Inhalt besteht aus den **protokollierten Operationen** (auch **Protokolleinträge** genannt), die im Fehlerfall aufzurufen sind. Welche Operationen für den jeweiligen Zweck aufgezeichnet werden, ist dabei ein strategisches Problem, das unabhängig ist von den im Prinzip stets gleichen Mechanismen der Protokollierung. Kandidaten hierfür werden später vorgestellt.

Die Situation ist hier vergleichbar mit derjenigen bei der Synchronisation: Protokollierung kann alternativ auf verschiedene Mengen von Objekten und Operationen angewendet werden. Als Konsequenz entsteht das gleiche Problem der Variantenbildung, das entsprechend behandelt wird: eine nicht ausgewählte Protokollierungsschnittstelle wird durch einen leeren Modul bedient, dessen Wirkung neutral ist in Bezug auf die übrigen Verfahren.

---

1 Die Unterscheidung der Undo-Operationen ist an der Menge aller aktiven Transaktionen orientiert, so daß mit "partiell" eine Teilmenge, nämlich genau eine einelementige, bezeichnet wird.

2 Die Unterscheidung der Redo-Operationen ist an der Menge aller seit dem letzten Archivsicherungspunkt abgeschlossenen Transaktionen orientiert, so daß mit "partiell" eine Teilmenge der jüngsten dieser Transaktionen bezeichnet wird.

3 Siehe Abschnitt 5.1.5.

### 5.3.1  Das allgemeine Protokollverfahren

Jedes Protokoll enthält eine Liste von Einträgen, die bei seiner Einrichtung leer ist. In der ersten Bearbeitungsphase wird sequentiell darauf geschrieben. Dieser Vorgang kann implizit durch einen zwangsweisen Abbruch bei Systemfehler beendet werden. In diesem Fall bleibt nur der gesicherte Teil erhalten, der ein zusammenhängendes Anfangsstück der gesamten Liste darstellt.

Nach Beendigung des Schreibens kann das Protokoll gelesen werden, und zwar auch mehrfach.[1] Dazu gibt es einen Rücksetzoperator, der an den Anfang positioniert, von wo aus die Einträge sequentiell ausgegeben werden. Die Reihenfolge, in der die Protokollenträge ausgegeben werden, ist bei Redo grundsätzlich die Reihenfolge des Schreibens und beim Undo die umgekehrte Reihenfolge.

Im Grunde genommen ist ein Protokoll nichts anderes als eine spezielle Dateiorganisationsform, die auch mit den gleichen Mitteln wie andere Dateien realisiert wird. Das bedeutet, daß die gleichen Probleme bezüglich der Sicherung der Daten auf permanenten Hintergrundspeichern entstehen. Insbesondere kann die Sicherung durch explizites Ausschreiben beeinflußt werden. Dabei ist es üblich und vernünftig, daß in der Reihenfolge des Eintragens auch gesichert wird.

Die Art der Einträge ist für die Technik des Protokollierens unerheblich. Sie sind stets mit der ausführenden Transaktion gekennzeichnet. Die Protokolle zur partiellen und globalen Fehlerbehandlung können zusammengefaßt werden, so daß ein Aufruf für beide Zwecke ausreicht. Beim Lesen kann dann in der Regel gewählt werden zwischen transaktionsspezifischem oder globalem, transaktionsübergreifendem Lesen. Dagegen sind die Protokolle für Undo und Redo vom Konzept her separat; das betrifft die ''logischen'' Protokolle und damit die Einträge auf dem (gemeinsamen) Systemprotokoll.

Die Varianten dieses Verfahrens bestehen aus kleinen Modifikationen; sie sind getrennt sind nach Undo und Redo.


### 5.3.2  Varianten des Undo-Protokollverfahrens

● **Flüchtiges Protokoll:**

Das partielle Undo findet stets während des normalen Systembetriebs statt. Daher ist die Sicherung des Protokolls nicht notwendig, und eine Realisierung im flüchtigen Speicher ist möglich. Man beachte, daß die übrigen Protokolle per definitionem permanent sein müssen, wenn man die Art der durch sie behandelten Fehler berücksichtigt.

● **Wiederholung des Rücksetzens:**

Das globale Undo erfaßt alle aktiven Transaktionen, die durch den Systemfehler unterbrochen wurden. Es bleibt aber das Problem, wie abgeschlossene, zurückgesetzte Transaktionen behandelt werden. Das hängt davon ab, ob noch Änderungen von ihnen in der permanenten Datenbasis enthalten sein können, deren Zurücknahme also noch nicht wirksam ist.

Der **Umfang** des Rücksetzens kann jedoch so erweitert werden, daß die nach einem Transaktionsfehler explizit zurückgesetzten Transaktionen beim globalen Undo erneut berücksichtigt werden. Das setzt natürlich ein gemeinsames Protokoll für partielles und globales Undo voraus.

---

1 Das impliziert die Einhaltung des 4. Gebots der Datensicherung und Recovery in [Reuter 81], wonach Sätze in der Protokolldatei nicht verändert werden sollen, wenn sie unter Umständen für eine Wiederholung der Fehlerbehandlung noch benötigt werden.

### 5.3.3 Varianten des Redo-Protokollverfahrens

● **Protokollierung rücksetzender Transaktionen**:

Wird eine Transaktion zurückgesetzt, entsteht grundsätzlich die Frage, wie die Protokollierung in dieser Phase aussieht. Während offensichtlich ein Fortsetzen der Undo-Protokollierung nicht sinnvoll ist, weil es kein Rück-Rücksetzen gibt und ein Abbruch stets eine endgültige Entscheidung ist, ist der Fall bei der Redo-Protokollierung anders: hier ermöglicht die Fortsetzung des Protokolls, daß die abgebrochene Transaktion mit ihrer kompletten, wiederherstellenden Wirkung nachvollzogen werden kann.

Während im Normalfall die Protokollierung mit der Entscheidung, die Transaktion rückzusetzen, endet, gibt es eine Variante der Redo-Protokollkomponenten, von der die Rücksetzoperationen normal protokolliert werden.

● **Logische Reihenfolge beim Lesen**:

Die Reihenfolge der Protokolleinträge, die beim Lesen von Einträgen mehrerer Transaktionen gewählt wird, ist in der Regel die tatsächliche oder umgekehrte Reihenfolge des Schreibens, d.h. die Operationen aller Transaktionen werden verzahnt abgearbeitet. Beim Redo gibt es jedoch Anwendungen, die ein Wiederholen in der logischen Reihenfolge erfordern, wie sie sich aus der Sequentialisierung der Transaktionen ergibt. Dafür gibt es eine Variante, die die Einträge des Redo-Protokolls in der logischen Reihenfolge ausgibt.

### 5.3.4 Definition einer gemeinsamen Schnittstelle

Die Moduln für Undo und Redo besitzen im Prinzip die gleiche Schnittstelle. Unterschiede ergeben sich lediglich in der Positionieroperation zum Start des Lesens, die gemäß den zugrundeliegenden Ereignissen bezeichnet ist.

In der Schnittstelle sind keine Kontrolloperationen enthalten, die das Einrichten und Entfernen von Transaktionen mitteilen, denn als Grundlage für die Entscheidung, in welchem Zustand sich eine Transaktion befindet, muß die maßgebliche, an zentraler Stelle erfaßte Information herangezogen werden.[1]

Die Schnittstelle ist parametrisiert durch den Typ der Protokolleinträge.

### 5.3.4.1 Syntax

Parameter:

```
type TA_RNG is ... ;   - - Transaktionsbezeichner
type ENTRY_TP is ...;   - - Protokolleintrag
```

Operationen:

```
procedure APPEND (TA : TA_RNG;  ENT : ENTRY_TP;  ...);
procedure NEXT (TA : TA_RNG;  ENT : out ENTRY_TP);
function  EOP (TA : TA_RNG) return BOOLEAN;
procedure NEXT (ENT : out ENTRY_TP);
function  EOP return BOOLEAN;
```

---

1 Siehe Abschnitt 6.2.1.3.1.

Kontrolloperationen:

**procedure** UNDO (TA : TA_RNG);
**procedure** UNDO;
**procedure** REDO;
**procedure** ARCHIVE_REDO;

### 5.3.4.2 Semantik

Die Bedeutung der Operationen ergibt sich unmittelbar aus der Vorstellung des Verfahrens in Abschnitt 5.3.1:

Im Schreibmodus können mittels APPEND Einträge sequentiell geschrieben werden. Zum Lesen dienen die Operationen NEXT und EOP, bzw. NEXT(TA) und EOP(TA) beim partiellen Undo. Ihre Semantik entspricht dem File-Konzept von Pascal ( [Jensen, Wirth 1978] ) mit den Operationen GET und EOF. In der Variante, die keine Protokollierung vornimmt und durch einen leeren Modul repräsentiert wird, gilt stets EOP = EOP(TA) = TRUE.

Mittels UNDO(TA) wird in den Lesemodus für Operationen zum partiellen Undo gewechselt. Der Lesemodus wird parallel zum fortgesetzten Systembetrieb eingeleitet, eventuell auch mehrfach für verschiedene Transaktionen. Den übrigen Protokollen dient der Aufruf als Mitteilung über das Ereignis, worauf in der Regel die Protokollierung weiterer Operationen der rücksetzenden Transaktion eingestellt wird.

UNDO, REDO und ARCHIVE_REDO initialisieren einen Lesevorgang für globales Undo, partielles und globales Redo respektive. UNDO gibt es nur in der Undo-Protokollschnittstelle, REDO und ARCHIVE_REDO nur in der Redo-Protokollschnittstelle. Mehrmaliges Re-Initialisieren zum Wiederholen des Lesens ist möglich.

### 5.3.5 Eigenschaften der Protokollverfahren

Die Eigenschaften der Protokollverfahren orientieren sich an den Varianten, die angeboten werden. Lediglich die Möglichkeit, das Protokoll für partielles Undo flüchtig anzulegen, stellt ein internes Realisierungsdetail dar, das nicht sichtbar zu sein braucht.

Die Effektivität der Protokollverfahren wird aufgeteilt in partielle und globale Protokollierung, so daß die vier Möglichkeiten

keine Protokollierung,
nur partielle Protokollierung,
nur globale Protokollierung,
sowohl partielle als auch globale Protokollierung,

entstehen. Zu jedem Attribut ist angegeben, ob es sich auf Undo, Redo oder beides bezieht.

1.  Die **Effektivität** des Verfahrens (für Undo und Redo).

    a)  **effektives partielles Protokoll:**

        Das partielle Protokoll ist realisiert;

        andernfalls sind die Schreiboperationen wirkungslos und das Protokoll bleibt dadurch praktisch immer leer.

b) **effektives globales Protokoll**:

Das globale Protokoll ist realisiert (analog zum vorangehenden Fall).

2. Die **Behandlung rücksetzender Transaktionen** (nur beim Undo).

a) **Wiederholung beim globalen Rücksetzen**:

Die Einträge für partielles Undo bereits vollständig zurückgesetzter Transaktionen werden beim globalen Undo berücksichtigt, und zwar in der umgekehrten Schreibreihenfolge, verzahnt mit den Einträgen des globalen Undo.

Andernfalls (und dies ist der "Normalfall") werden solche Einträge ignoriert.

3. Die **Behandlung rücksetzender Transaktionen** (nur beim Redo).

a) **vollständige Protokollierung**:

Die Operationen rücksetzender Transaktionen werden protokolliert wie die Operationen jeder aktiven Transaktion.

Sonst wird die Protokollierung bei Abbruch (UNDO(TA)) beendet.

4. Die **Lesereihenfolge** (nur beim Redo).

a) **logische Reihenfolge**:

Die Ausgabe der Einträge erfolgt in logischer Reihenfolge, d.h. transaktionsweise gemäß der unterstellten Sequentialisierung; das ist im allgemeinen die Reihenfolge der Beendigung der Transaktionen.

Andernfalls werden die Einträge in der Reihenfolge der Protokollierung ausgegeben.


## 5.3.6 Anwendung von Protokollierung auf Objekte und Operationen

Nachdem das Protokollverfahren allgemein vorgestellt wurde, erhebt sich die Frage, welche Operationen im Kerndatenbanksystem geeignet sind, um sie zur Fehlerbehandlung heranzuziehen. Prinzipiell kommen beliebige Operationen in Frage; in der Praxis haben sich jedoch solche bewährt, die auf eine Modifikation von Objekten der Datenbasis aufgebaut sind. Das bedeutet, es wird ein einfaches Modell der Bearbeitung von Objekten unterstellt, das auf dem Erzeugen, Ändern und Löschen basiert. Eine solche Schnittstelle sieht so aus:

```
type OBJ_ID is ...;      - - eindeutige Objektbezeichner
type OBJ_TP is ...;      - - Objekttyp, Wertebereich
type MOD_TP is ...;      - - Beschreibung von Änderungen

procedure INSERT (ID : OBJ_ID;  O : OBJ_TP);
procedure UPDATE (ID : OBJ_ID;  M : MOD_TP);
procedure DELETE (ID : OBJ_ID);
```

Der Parameter M von UPDATE bezeichnet die Änderung, die am Objekt ID vorzunehmen ist. Das ist zwar, genau genommen, eine Funktion; man kann sich aber darunter deren Repräsentation im Protokolleintrag vorstellen. Eine der Möglichkeiten, die noch angesprochen wird, ist, daß MOD_TP identisch ist mit OBJ_TP und den neuen Wert des Objekts angibt.

Es wird unterstellt, daß die Objekte unabhängig voneinander bearbeitet werden, d.h. eine Änderungsoperation für ein Objekt läßt die übrigen unangetastet. Dieses Modell kann auf alle Objekte im Kerndatenbanksystem angewendet werden, für die eine solche Funktionalität gefunden

werden kann. Die Analogie zur Synchronisation ist offensichtlich: die Kandidaten für solche Objekte sind die gleichen wie dort. Es ist aber darüberhinaus erforderlich, daß die genannten Operationen im System vorhanden sind, damit sie im Verlaufe der Fehlerbehandlung aufgerufen werden können.[1]

### 5.3.6.1  Objekte

Die Objekte, die zur Protokollierung herangezogen werden können, sind diejenigen, die sich aus der vorgestellten Hierarchie der Zugriffsfunktionen ergeben. Sie wurden in Abschnitt 5.2.5 über Synchronisation vorgestellt. Zur Protokollierung eignen sich vor allem

- die Seiten eines Segments,
- die Einträge eines Seitentyps,
- die Sätze einer Datei.

Eine ganze Datei wird im allgemeinen eine zu große Einheit sein; und kleinere Einheiten als Sätze versprechen einen sparsamen Umgang mit dem Protokollspeicherplatz, bringen aber das Problem mit sich, die Felder eindeutig bezeichnen zu müssen, etwa als Paar

$$( \text{Satzbezeichner} , \text{Feldbezeichner} ),$$

so daß man hier eher von Satzoperationen sprechen sollte.

Aus den Eigenschaften über die protokollierten Objekte lassen sich Regeln über die Konfigurierung ableiten. Es ergibt sich eine Vereinfachung für den Entwurf der Zugriffsfunktionen und ihre Integration, wenn die vorgesehene Protokollfunktion in eine der Kategorien eingeordnet werden kann, weil dann die Regeln über die Zusammensetzung von Konfigurationen vorhanden sind und übernommen werden können, während im Falle außergewöhnlicher Operationen, die nicht in diesen Rahmen passen, eigene Regeln erst aufgestellt werden müßten. Dieses Argument gilt sinngemäß auch für die Art der Operationen, die im folgenden Abschnitt behandelt wird.

### 5.3.6.2  Die Art der protokollierten Operationen

Es gibt zwei grundsätzlich verschiedene Arten von Operationen auf der Grundlage des Modells der Bearbeitung von Objekten als separaten Elementen der Datenbasis:

- Der **Zustand** der Objekte wird protokolliert.
- Der **Übergang** der Objekte wird protokolliert.

Die zustandsorientierten Operationen modifizieren ein Objekt unabhängig von seinem aktuellen Wert. D.h. MOD_TP ist äquivalent zu OBJ_TP und die Funktion

$$\text{UPDATE}_{\text{ID}} : \text{OBJ\_TP} \times \text{MOD\_TP} \to \text{OBJ\_TP}$$

hat die Eigenschaft, daß

$$\forall \, O,O' \in \text{OBJ\_TP} : \forall \, M \in \text{MOD\_TP} : \text{UPDATE}_{\text{ID}}(O,M)=\text{UPDATE}_{\text{ID}}(O',M).$$

Das hat den Vorteil, daß die Änderung stets einen bestimmten Wert ergibt, selbst wenn der alte Wert infolge der Unsicherheit über den Einbringzeitpunkt nicht determiniert ist (**Idempotenz**).

---

1 Die genauen technischen Einzelheiten werden später am konkreten Beispiel demonstriert.

Dagegen ist der Vorteil der übergangsorientierten Operationen, daß die Einträge des Protokolls oftmals viel kürzer sind. Die entgegengesetzte Eigenschaft lautet:

$$\exists\ O,O' \in \text{OBJ\_TP} : \exists\ M \in \text{MOD\_TP} : \text{UPDATE}_{\text{ID}}(O,M) \neq \text{UPDATE}_{\text{ID}}(O',M),$$

deshalb muß zur Fehlerbehandlung bekannt sein, welche Version des Objekts vorliegt, ob also ein potentieller Übergang der Datenbasis schon stattgefunden hat oder nicht. In [Gray 1978] werden "High Water Marks" als Versionsnummern vorgeschlagen, um Übergangsprotokolle idempotent zu machen, so daß dieser Mangel mit etwas zusätzlichen Aufwand, der aber nicht nur die Protokolleinträge, sondern auch die Seiteninhalte betrifft, ausgeglichen werden kann.

Eine Spezialität, die sich aus der Hierarchie und der darin enthaltenen Art von Objekten ergibt, ist die folgende: die zustandsorientierte Protokollierung von Einträgen auf Seiten eines Segments ist in ihrer Wirkung eine Möglichkeit zur Realisierung eines Seitenübergangsprotokolls.

Neben den genannten objektbezogenen Operationen, die zur sogenannten **physischen Protokollierung** benutzt werden, spielen auch höhere Operationen eine Rolle, vor allem zur Redo-Protokollierung.[1] Dies nennt man **logische Übergangsprotokollierung**. Ein Beispiel sind die Operationen einer Datenmanipulationssprache, die oberhalb des Kerndatenbanksystems realisiert sind, so daß auch die Protokollierung dort veranlaßt werden muß.[2]

Die Operationen sind im allgemeinen komplex; sie beschränken sich nicht auf einzelne Objekte wie Sätze oder Seiten. Man kann sogar davon ausgehen, daß ihre Wirkung zum Teil vom Inhalt der Datenbasis abhängt, indem sie bedingte Anweisungen über gelesene Daten enthalten.

Der Vorteil logischer Übergangsprotokollierung liegt in der Kürze, in der die Informationen auf dem Protokoll darstellbar ist. Sie wird erkauft u.a. durch die größere Komplexität, diese Operationen auszuführen, im Gegensatz zu den einfachen Operationen der physischen Protokollierung.

## 5.4  Zusammenfassung

Die Ergebnisse dieses Kapitels werden hier noch einmal zusammengestellt, damit erkennbar wird, auf welche Informationen über die Verfahren zur Realisierung der Aufgaben Segmentverwaltung/Sicherung, Synchronisation und Protokollierung im folgenden aufgebaut wird. Gleichzeitig wird eine Formalisierung der Darstellung vorgenommen, die in den weiteren Kapiteln verwendet wird.

Zu jedem Aufgabenbereich gibt es

- eine gemeinsame Schnittstelle,
- eine Menge berücksichtigter Verfahren,
- eine Liste von Attributen, die die Verfahren beschreiben,
- die Eigenschaften jedes Verfahrens in Form seiner Attribute,
- Kennzeichen der Anwendung von Verfahren auf Objekte/Operationen der Datenbasis,
- Restriktionen für die Verwendung von Verfahren,

und darüberhinaus Eigenschaften aus der Umgebung, die als bedeutsam erkannt wurden. Die Regeln zur korrekten Benutzung der vorgestellten Schnittstellen werden nicht mehr rekapituliert.

---

1 Die Eignung zur Undo-Protokollierung scheitert zumeist an den Schwierigkeiten, die Umkehroperation zu ermitteln.

2 Das Kerndatenbanksystem ist trotzdem involviert, weil vereinbart wurde, daß es eine Schnittstelle zur logischen Protokollierung anbietet.

Wie in Kapitel 2 motiviert, soll die Aufstellung der Eigenschaften von Verfahren eine Wissensrepräsentation sein. Dazu wird die Logikprogrammiersprache PROLOG ( [Clocksin, Mellish 1978]) benutzt, die es gestattet, den Inhalt dieses Teils der Arbeit leicht verständlich als Fakten auszudrücken. In den folgenden Kapiteln wird gezeigt, wie durch Spezifikation von Regeln weitergehende Aussagen daraus abgeleitet werden können.

Die berücksichtigten Verfahren werden prinzipiell durch Atome bezeichnet. Sind Varianten vorhanden, tritt an dessen Stelle ein strukturierter Term; der Funktor bezeichnet das Verfahren, die Komponenten die Varianten. Es treten stets nur zwei Werte pro Komponente zur Variantenbildung auf; die Reihenfolge ihrer Auflistung ist fest.

Die Zuordnung der Verfahren zu ihren Aufgabenbereichen geschieht durch Fakten der Art

$$segment\_management \ ( \ \textit{Verfahren} \ )$$
$$synchronization \ ( \ \textit{Verfahren} \ )$$
$$undo\_protocol \ ( \ \textit{Verfahren} \ )$$
$$redo\_protocol \ ( \ \textit{Verfahren} \ )$$

Praktisch bedeutet das eine Einteilung der Objekte in Typen bzw. Wertebereiche.

Die Eigenschaften der Verfahren werden mit  at_*Attribut*  benannt. Die Namen sind eindeutig für jede Art von Verfahren wie Synchronisation o.ä. Ist eine Eigenschaft gegeben, wird dieses durch das Faktum

$$at\_\textit{Attribut} \ ( \ \textit{Verfahren} \ )$$

ausgedrückt.

Das Fehlen eines Faktums über eine Eigenschaft bedeutet, daß sie nicht gilt. Tertium non datur: "nicht ableitbar" ist gleichbedeutend mit der logischen Negation.

Für die Darstellung von Eigenschaften der Schnittstellen im Kerndatenbanksystem werden Fakten eingeführt, deren Argument die Schnittstelle ist, die diese Eigenschaft besitzt:

$$\textit{Eigenschaft} \ ( \ \textit{Schnittstelle} \ )$$

Die globalen Eigenschaften werden durch Atome beschrieben. Ihre Gültigkeit drückt ein globales Prädikat

$$global\_pred \ ( \ \textit{Eigenschaft} \ )$$

aus.


## 5.4.1  Segmentverwaltung

### 5.4.1.1  Schnittstelle

Parameter:

```
type TA_RNG is ... ;
type PG_NBR_RNG is ... ;   - - Seitennummern
type PG_TP is ... ;
type PG_ACC_TP is access PG_TP;   - - Pufferreferenzen
```

Operationen:

```
procedure GET_FIX_READ (TA : TA_RNG;  PN : PG_NBR_RNG;  BF : out PG_ACC_TP);
procedure GET_FIX_WRITE (TA : TA_RNG;  PN : PG_NBR_RNG;  BF : out PG_ACC_TP);
procedure CONVERT (TA : TA_RNG;  PN : PG_NBR_RNG;  BF : out PG_ACC_TP);
procedure UNFIX_READ (TA : TA_RNG;  PN : PG_NBR_RNG);
procedure UNFIX_WRITE (TA : TA_RNG;  PN : PG_NBR_RNG; ...);
```

Kontrolloperationen:

```
procedure START (TA : TA_RNG);
procedure FINISH (TA : TA_RNG);
procedure UNDO (TA : TA_RNG);
procedure REMOVE (TA : TA_RNG);
procedure UNDO;
procedure SAVE;
```

## 5.4.1.2 Berücksichtigte Verfahren

Bezeichnungen der Verfahren:

| | |
|---|---|
| steal : | Steal-Verfahren (mit Varianten) |
| nosteal : | Nosteal-Verfahren (mit Varianten) |
| sosp : | Segmentorientiertes Schattenspeicherverfahren |
| diff_file : | Zusatzdateiverfahren |
| tosp : | Transaktionsorientiertes Schattenspeicherverfahren |
| twist : | Twin-Slot-Verfahren |
| db_cache : | DB-Cache/Safe (mit Varianten) |

Varianten des Steal-Verfahrens :

| | | |
|---|---|---|
| 1. | force | Erzwingung des Einbringens bei EOT |
| | no_force | sonst |
| 2. | force_after_undo | Erzwingung des Einbringens bei EOU |
| | no force_after_undo | sonst |
| 3. | fixed_order_prop | feste Einbringreihenfolge |
| | no_fixed_order_prop | sonst |
| 4. | segm_or_save | segmentorientierte Sicherung durch Einbringen |
| | no_segm_or_save | sonst |

Alle Kombinationen sind erlaubt.

Varianten des Nosteal-Verfahrens :

| | | |
|---|---|---|
| 1. | force | Erzwingung des Einbringens bei EOT |
| | no_force | sonst |
| 2. | private_update_vs | private Änderungsversionen |
| | no_private_update_vs | sonst |
| 3. | old_valid_vs | alte gültige Versionen |
| | no_old_valid_vs | sonst |

Nur eine Versionsbildung, entweder 2. oder 3., ist erlaubt.

Varianten des DB-Cache/Safe-Verfahrens :

1.  old_valid_vs          alte gültige Versionen
    no_old_valid_vs       sonst


### 5.4.1.3  Attribute

at_prop_before_EOT :     Einbringen vor EOT
at_prop_during_EOT :     Einbringen während EOT
at_prop_with_EOT :       Einbringen mit EOT
at_prop_after_EOT :      Einbringen nach EOT
at_prop_after_EOU :      Einbringen nach EOU
at_atomic_prop :         atomares Einbringen
at_fixed_order_prop :    feste Einbringreihenfolge
at_segm_or_prop :        segmentorientiertes Einbringen
at_trans_or_prop :       transaktionsorientiertes Einbringen
at_implicit_prop :       implizites Einbringen
at_private_update_vs :   private Änderungsversionen
at_old_valid_vs :        alte gültige Seitenversionen


### 5.4.1.4  Eigenschaften der Verfahren

Die anonyme Variable '_' drückt aus, daß an der betreffenden Stelle alle zulässigen Werte stehen können; das sind hier also stets zwei Möglichkeiten der Variantenbildung.

    at_prop_before_EOT ( steal ( _ , _ , _ , _ ) ).
    at_prop_during_EOT ( steal ( _ , _ , _ , _ ) ).
    at_prop_with_EOT ( steal ( _ , _ , _ , _ ) ).
    at_prop_after_EOT ( steal ( no_force , _ , _ , _ ) ).
    at_implicit_prop ( steal ( _ , _ , _ , _ ) ).
    at_trans_or_prop ( steal ( force , _ , _ , _ ) ).

    at_prop_after_EOU ( steal ( _ , force_after_undo , _ , _ ) ).
    at_fixed_order_prop ( steal ( _ , _ , fixed_order_prop , _ ) ).
    at_segm_or_prop ( steal ( _ , _ , _ , segm_or_save ) ).

    at_prop_during_EOT ( nosteal ( _ , _ , _ ) ).
    at_prop_with_EOT ( nosteal ( _ , _ , _ ) ).
    at_prop_after_EOT ( nosteal ( no_force , _ , _ ) ).
    at_trans_or_prop ( nosteal ( force , _ , _ ) ).

    at_private_update_vs ( nosteal ( _ , private_update_vs , _ ) ).
    at_old_valid_vs ( nosteal ( _ , _ , old_valid_vs ) ).

    at_prop_before_EOT ( sosp ).
    at_prop_during_EOT ( sosp ).
    at_prop_with_EOT ( sosp ).
    at_prop_after_EOT ( sosp ).
    at_atomic_prop ( sosp ).
    at_segm_or_prop ( sosp ).

```
at_prop_before_EOT ( diff_file ).
at_prop_during_EOT ( diff_file ).
at_prop_with_EOT ( diff_file ).
at_prop_after_EOT ( diff_file ).
at_atomic_prop ( diff_file ).
at_segm_or_prop ( diff_file ).

at_prop_with_EOT ( tosp ).
at_atomic_prop ( tosp ).
at_trans_or_prop ( tosp ).

at_prop_with_EOT ( twist ).
at_atomic_prop ( twist ).
at_trans_or_prop ( twist ).

at_prop_with_EOT ( db_cache_safe ( _ ) ).
at_atomic_prop ( db_cache_safe ( _ ) ).
at_trans_or_prop ( db_cache_safe ( _ ) ).

at_old_valid_vs ( db_cache_safe ( old_valid_vs ) ).
```

### 5.4.1.5  Sicherungsverfahren

Die Sicherungsverfahren werden durch globale Prädikate ausgedrückt, von deren Wertekombination sich eindeutig auf das Verfahren rückschließen läßt. Siehe Abschnitt 5.4.5.2.


## 5.4.2  Synchronisation

### 5.4.2.1  Schnittstelle

Parameter:

```
type TA_RNG is ... ;   - - Transaktionsbezeichner
type OBJ_RNG is ... ;   - - Objektbezeichner
type OP_RNG is ... ;   - - Operationsbezeichner

function OP_MODE is (OP : OP_RNG) returns ACCESS_MODE is ...;
```

Operationen:

```
procedure ACCESS_OBJECT (TA : TA_RNG;  OB : OBJ_RNG;
                         OP : OP_RNG;  OK : BOOLEAN);
procedure CHECK (TA : TA_RNG;  OK : out BOOLEAN);
```

Kontrolloperationen:

```
procedure START (TA : TA_RNG);
procedure FINISH (TA : TA_RNG);
procedure UNDO (TA : TA_RNG);
procedure REMOVE (TA : TA_RNG);
```

### 5.4.2.2  Berücksichtigte Verfahren

no_synchr :            keine Synchronisation
six_synchr :           SIX-Sperrverfahren mit Varianten
ra_synchr :            RA-Verfahren mit Varianten
optimistic_synchr :    Optimistische Synchronisation
mixed_synchr :         Gemischtes Verfahren


### 5.4.2.3  Attribute

at_effective_synchr :   Synchronisation wird durchgeführt
at_access_control :     kontrollierter Zugriff
at_old_valid_vs :       alte gültige Versionen


### 5.4.2.4  Eigenschaften der Verfahren

at_effective_synchr ( six_synchr ).
at_access_control ( six_synchr ).

at_effective_synchr ( ra_synchr ).
at_access_control ( ra_synchr ).
at_old_valid_vs ( ra_synchr ).

at_effective_synchr ( optimistic_synchr ).

at_effective_synchr ( mixed_synchr ).


### 5.4.2.5  Kennzeichen einer Anwendung

page_granule :    Synchronisation mit Seitengranulat

file_level :      Dateioperationen
record_level :    Satzoperationen
entry_level :     Eintragsoperationen
page_level :      Seitenoperationen

Es gilt im allgemeinen: auf Seitenebene (page_level) und Dateiebene (file_level) wird mit Seitengranulat synchronisiert.


### 5.4.2.6  Restriktionen der Anwendung von Synchronisationsverfahren

Die Variante  at_private_update  mit Versionsbildung darf nur zur Synchronisation auf Seitenebene (page_level) und Dateiebene (file_level) angewendet werden, entsprechend  at_old_valid_vs nur auf Seitenebene.

## 5.4.3  Undo-Protokollierung

### 5.4.3.1  Schnittstelle

Parameter:

> **type** TA_RNG **is** ... ;   - -  Transaktionsbezeichner
> **type** ENTRY_TP **is** ...;   - -  Protokolleintrag

Operationen:

> **procedure** APPEND (TA : TA_RNG;  ENT : ENTRY_TP;  ...);
> **procedure** NEXT (TA : TA_RNG;  ENT : **out** ENTRY_TP);
> **function**  EOP (TA : TA_RNG) **return** BOOLEAN;
> **procedure** NEXT (ENT : **out** ENTRY_TP);
> **function**  EOP **return** BOOLEAN;

Kontrolloperationen:

> **procedure** UNDO (TA : TA_RNG);
> **procedure** UNDO;

### 5.4.3.2  Berücksichtigte Verfahren

| | |
|---|---|
| no_undo_protocol : | keine Protokollierung |
| part_undo_protocol : | nur partielle Undo-Protokollierung |
| glob_undo_protocol : | nur globale Undo-Protokollierung |
| part_glob_undo_protocol : | partielle und globale Undo-Protokollierung (mit Varianten) |

Variante des Verfahrens mit partieller und globaler Protokollierung :

| | | |
|---|---|---|
| 1. | repeated_undo | Wiederholung des partiellen Undo im Rahmen des globalen Undo |
| | no_repeated_undo | sonst |

### 5.4.3.3  Attribute

| | |
|---|---|
| at_effective_part_undo : | Protokollierung für partielles Undo realisiert |
| at_effective_glob_undo : | Protokollierung für globales Undo realisiert |
| at_repeated_undo : | Wiederholung des partiellen Undo beim globalen Undo |

## 5.4.3.4 Eigenschaften der Verfahren

at_effective_part_undo ( part_undo_protocol ).

at_effective_glob_undo ( glob_undo_protocol ).

at_effective_part_undo ( part_glob_undo_protocol ( _ ) ).
at_effective_glob_undo ( part_glob_undo_protocol ( _ ) ).

at_repeated_undo ( part_glob_undo_protocol ( repeated_undo ) ).


## 5.4.3.5 Kennzeichen einer Anwendung

| | |
|---|---|
| idempotent_op : | idempotente Operationen, z.B. physische Zustandsprotokollierung |
| phys_transition_op : | nicht idempotente Operationen, z.B. physische Übergangsprotokollierung |
| record_level : | Satzoperationen |
| entry_level : | Eintrageoperationen |
| page_level : | Seitenoperationen |


## 5.4.4 Redo-Protokollierung

## 5.4.4.1 Schnittstelle

Parameter:

```
type TA_RNG is ... ;   - -  Transaktionsbezeichner
type ENTRY_TP is ...;   - -  Protokolleintrag
```

Operationen:

```
procedure APPEND (TA : TA_RNG;  ENT : ENTRY_TP;  ...);
procedure NEXT (ENT : out ENTRY_TP);
function  EOP return BOOLEAN;
```

Kontrolloperationen:

```
procedure UNDO (TA : TA_RNG);
procedure REDO;
procedure ARCHIVE_REDO;
```

### 5.4.4.2  Verfahren

no_redo_protocol :         keine Protokollierung
part_redo_protocol :       nur partielle Redo-Protokollierung (mit Varianten)
glob_redo_protocol :       nur globale Redo-Protokollierung (mit Varianten)
part_glob_redo_protocol :  partielle und globale Redo-Protokollierung (mit Varianten)

Varianten der Verfahren für partielles bzw. globales Redo :

1.   logical_sequence   Lesen der Einträge in logischer Reihenfolge
     actual_sequence    sonst

Varianten des Verfahren für partielles und globales Redo :

1.   redo_during_undo   Fortsetzung der Protokollierung rücksetzender Transaktionen
     no_redo_during_undo  sonst

2.   logical_sequence   Lesen der Einträge in logischer Reihenfolge
     actual_sequence    sonst

### 5.4.4.3  Attribute

at_effective_part_redo :  Protokollierung für partielles Redo realisiert
at_effective_glob_redo :  Protokollierung für globales Redo realisiert
at_redo_during_undo :    Redoprotokollierung während des Rücksetzens
at_logical_sequence :     logische Reihenfolge beim Lesen

### 5.4.4.4  Eigenschaften der Verfahren

at_effective_part_redo ( part_redo_protocol ( _ , _ ) ).
at_redo_during_undo ( part_redo_protocol ( redo_during_undo , _ ) ).
at_logical_sequence ( part_redo_protocol ( _ , logical_sequence ) ).

at_effective_glob_redo ( glob_redo_protocol ( _ ) ).
at_logical_sequence ( glob_redo_protocol ( logical_sequence ) ).

at_effective_part_redo ( part_glob_redo_protocol ( _ , _ ) ).
at_effective_glob_redo ( part_glob_redo_protocol ( _ , _ ) ).

at_redo_during_undo ( part_glob_redo_protocol ( redo_during_undo , _ ) ).
at_logical_sequence ( part_glob_redo_protocol ( _ , logical_sequence ) ).

### 5.4.4.5  Kennzeichen einer Anwendung

| | |
|---|---|
| idempotent_op : | idempotente Operationen, z.B. physische Zustandsprotokollierung |
| phys_transition_op : | nicht idempotente Operationen, z.B. physische Übergangsprotokollierung |
| log_transition_op : | logische Übergangsprotokollierung |
| record_level : | Satzoperationen |
| entry_level : | Eintrageoperationen |
| page_level : | Seitenoperationen |

## 5.4.5  Globale Eigenschaften einer Realisierung

Die Eigenschaften, die in diesem Abschnitt aufgeführt sind, werden durch ein globales Prädikat

global_pred ( Eigenschaft )

ausgedrückt.

### 5.4.5.1  Eigenschaften der Basismaschine (Hardware und Betriebssystem)

| | |
|---|---|
| atomic_write_op : | Ununterbrechbare Schreiboperation für einzelne Behälter |

### 5.4.5.2  Eigenschaften der Systemsteuerung (Sicherungsstrategien)

| | |
|---|---|
| savepoint_within_page_op : | Sicherung auch während einer Seitenoperation |
| savepoint_within_entry_op : | Sicherung auch während einer Eintragsoperation |
| savepoint_within_record_op : | Sicherung auch während einer Satzoperation |
| savepoint_within_trans : | Sicherung nur zwischen Satzoperationen |

### 5.4.5.3  Eigenschaften der Zugriffsfunktionen

| | |
|---|---|
| careful_replacement : | Die Programmierung verfolgt eine Strategie des Careful Replacement |

# 6.  Abhängigkeiten zwischen Verwaltungsverfahren

Verwaltungsfunktionen für verschiedene Aufgaben wurden im vorigen Kapitel getrennt voneinander beschrieben, so daß nur ihre Benutzung, also der Aufruf durch die Zugriffsfunktionen, vorgestellt wurde, nicht jedoch, wie sie zusammenarbeiten, um die geforderte Gesamtfunktion eines Kerndatenbanksystems zu realisieren. Wie nicht anders zu erwarten, gibt es vielfältige Beziehungen zwischen den Verfahren in einer Konfiguration des Systems, die allesamt bei der Zusammensetzung zu berücksichtigen sind. Das Ziel dieses Kapitels ist es, solche Bedingungen zu finden und vorzustellen, wie sie im vorliegenden Entwurf berücksichtigt werden.

Den Schwerpunkt bildet die Analyse, welche Abhängigkeiten überhaupt festzustellen sind. Ihre Aufgabe ist es auch, plausibel zu machen, daß bei Berücksichtigung der beschriebenen Zusammenhänge die resultierenden Konfigurationen zulässig sind, weil sie alle Anforderungen an ein Kerndatenbanksystem erfüllen. Dazu ist notwendig, die Prinzipien der Zusammenarbeit der Verfahren zu erkennen und zu verstehen, auf welche Weise sie sich in ihrer Wirkung ergänzen oder, im Gegenteil, beeinträchtigen.

Anschließend wird untersucht, wie die erkannten Abhängigkeiten innerhalb der Systemarchitektur und bei der Konfigurierung zu berücksichtigen sind. Dazu kann man bereits im voraus feststellen, daß es zwei grundsätzlich verschiedene Auswirkungsmöglichkeiten gibt, die sich, grob gesagt, wie folgt unterscheiden: die Berücksichtigung in der Architektur und bei der Programmierung einzelner Funktionen, speziell in solchen Fällen, wo die Bedingung sich auf alle Verfahren gleichermaßen bezieht; und die Berücksichtigung bei der Konfigurierung, insbesondere wenn es sich um verfahrensspezifische Abhängigkeiten handelt, die andere Alternativen nicht betreffen.


## 6.1  Systematische Herleitung

Als Ausgangspunkt zur Analyse von Abhängigkeiten von Verwaltungsverfahren innerhalb des Kerndatenbanksystems wurde die Segmentverwaltung gewählt, weil sie als zentraler Teil für alle Übergänge der Datenbasis zuständig ist. Sie hat starke Wechselwirkungen mit den Verfahren zur Protokollierung und Synchronisation, die untereinander weniger verflochten sind. Die direkte Sicherung wird, wie in Kapitel 5 motiviert, als Ergänzung der Segmentverwaltung aufgefaßt, weil sie durch Einbringoperationen den Zustand der permanenten Datenbasis bestimmt.

Neben den Abhängigkeiten der Verfahren untereinander sind die Eigenschaften der Zugriffsfunktionen und die Systemumgebung aus Hardware und Betriebssystem zu berücksichtigen.


### 6.1.1  Segmentverwaltung und Protokollierung

Die Aufgabe der Protokollierung ist es, die Beseitigung von Fehlern zu ermöglichen, die in der Segmentverwaltung dadurch verursacht werden, daß aus technischen Gründen oder zur Erhöhung des Durchsatzes die physischen Übergänge nicht zum logisch maßgeblichen Zeitpunkt stattfinden, sondern früher oder später. Daher wird auf den Protokollen redundante Information über die Aktionen im System gesammelt, damit der gültige, logisch konsistente Zustand der Datenbasis ganz oder zu Teilen wiederherstellbar ist. Ausgehend von einer bestimmten Einbringstrategie, die für den Zustand der permanenten Datenbasis verantwortlich ist, lautet die Forderung, daß auf den Protokollen genügend Information gesammelt werden muß, um die Fehlerbehandlung in den drei spezifizierten Fällen Transaktionsfehler, Systemfehler und Speicherfehler ausführen zu können.

## 6.1.1.1  Notwendigkeit von Protokollierung

Wie in Abschnitt 5.3 über Protokollierung dargestellt, gibt es vier Protokollarten, die die drei Arten der Fehlerbehandlung ermöglichen, und zwar

- partielles Undo gegen Transaktionsfehler,
- globales Undo und partielles Redo gegen Systemfehler,
- globales Redo gegen Speicherfehler.

Aus dem Übergangsverhalten der Segmentverwaltung läßt sich ableiten, welche der vier Protokollarten notwendig sind. Die Prinzipien hierfür lauten:

- Gelangen Änderungen von Transaktionen vor ihrem Ende in die permanente Datenbasis, muß zurückgesetzt werden können.

- Werden Änderungen abgeschlossener Transaktionen nicht bis zu deren Ende eingebracht, müssen sie wiederholbar sein.

Aufgeschlüsselt nach den genannten Protokollarten kann man konkretere Regeln festlegen. Für das Undo ist erst einmal genauer zu untersuchen, wann relativ zum Transaktionsfortschritt das Rücksetzen ausgelöst werden kann. Beim partiellen Undo ist der spätestmögliche Zeitpunkt für einen Abbruch der Beginn der EOT-Behandlung. Damit die Transaktion wirkungslos bleibt, ist sicherzustellen, daß sowohl keine Änderungen in der permanenten Datenbasis übrigbleiben, als auch, daß keine Änderungen der aktuellen Datenbasis fortbestehen, die später noch eingebracht werden könnten. Daraus folgt die Regel:

1.  Findet in der Segmentverwaltung Einbringen vor EOT statt oder bleiben durch eine rückgesetzte Transaktion geänderte Seitenversionen in der aktuellen Datenbasis, ist ein Protokoll für ein explizites partielles Undo erforderlich.

    Sonst kann darauf verzichtet werden.

Für globales Undo ist ausschlaggebend, wie lange die Gefahr besteht, daß eine unbeendete Transaktion durch einen Systemfehler unterbrochen wird. Dies kann natürlich zu jedem beliebigen Zeitpunkt vor ihrem logischen Ende[1] geschehen. Im Gegensatz zum vorigen Fall ist es bei Systemfehlern jedoch unerheblich, ob sich bei dessen Eintreten noch nicht eingebrachte Änderungen aktiver Transaktionen in der aktuellen Datenbasis befinden, da diese flüchtig sind und verloren gehen. Somit gilt die Regel:

2.  Findet in der Segmentverwaltung Einbringen vor oder während EOT statt, so ist ein Protokoll für explizites globales Undo erforderlich.

    Sonst kann darauf verzichtet werden.

Die obige Aussage über die Wiederholbarkeit bezieht sich direkt auf das partielle Redo, denn ein Systemfehler kann zu beliebigem Zeitpunkt nach Transaktionsende erfolgen. Es gilt daher die Regel:

3.  Gibt es Änderungen, die erst nach Transaktionsende eingebracht werden, so ist ein Protokoll für explizites partielles Redo erforderlich.

    Sonst kann darauf verzichtet werden.

---

1  "Mit" EOT in der Terminologie von Abschnitt 5.1.

Das globale Redo stellt eine Sonderrolle in der Fehlerbehandlung dar, weil es nicht auf das Einbringen als Übergang der permanenten Datenbasis bezogen ist, auf die die aktiven Transaktionen zugreifen, sondern auf eine Archivkopie eines vergangenen Zustands. Da die Segmentverwaltung keine Veränderungen an dieser Archivkopie vornimmt, muß **jeder** Übergang der logischen Datenbasis auf dem Wege der Protokollierung nachvollziehbar gemacht werden. Dies führt auf die einfache Regel:

**4.** Ein Protokoll für explizites globales Redo ist immer notwendig.

Neben der Notwendigkeit einer Protokollart gilt es andererseits zu bedenken, ob ein prinzipiell nicht notwendiges, redundantes Protokoll in einer Konfiguration Schaden anrichtet. Das soll auch nicht weiter untersucht werden; grundsätzliche Einwände gibt es auf den ersten Blick keine, wie man sich leicht klarmacht: denn der Fall ist ja nicht ausgeschlossen, daß alle Übergänge zufällig so stattfinden, daß eine der Protokollarten überflüssig wäre. Andererseits sind die Lösungen mit redundanter Protokollierung uninteressant,[1] so daß auf sie leicht verzichtet werden kann.


## 6.1.1.2 Reihenfolge von Aktionen

Die Bedingung über die Reihenfolge der Aktionen ergeben sich aus der Forderung, daß die Fähigkeit zur Fehlerbehandlung hergestellt sein muß, bevor die Auswirkungen eines Fehlers auftreten können. Wenn man dies auf die Aktion einer bestimmten Transaktion bezieht, bedeutet das:

- Bevor eine Veränderung der Datenbasis (Ändern oder Einbringen) vorgenommen wird, muß das Rücksetzen vorbereitet werden.

- Bevor eine Änderungstransaktion beendet ist, muß das Wiederholen vorbereitet sein.

- Sobald eine Transaktion aktiv ist, muß das Undo-Protokoll eingerichtet sein, damit im Fehlerfalle erkennbar ist, daß noch keine Modifikationen vorgenommen wurden.

Der entscheidende Punkt ist jedoch, daß das Protokoll den Fehler, den es behandeln soll, selbst in seinen wesentlichen, für die Reparatur benötigten Teilen unbeschadet übersteht. Das bedeutet konkret: bei einem Systemfehler mit Verlust flüchtiger Daten muß die Fehlerbehandlung mit dem sicheren, permanenten Teil des Protokolls möglich sein. Im einzelnen ergeben sich für die verschiedenen Protokollarten die folgenden Abhängigkeiten:

Das partielle Undo setzt Änderungen in der aktuellen Datenbasis zurück. Es wird als Teil des normalen Systembetriebs ausgeführt, so daß keine Sicherung erforderlich ist. Und wenn das Rücksetzen durch einen Systemfehler abgebrochen wird, dann ist definitionsgemäß das globale Undo zuständig. Das bedeutet:

**5.** Eine Sicherung der Einträge des Protokolls für partielles Undo ist nicht notwendig.

Das globale Undo und das partielle Redo müssen als Behandlung von Systemfehlern selbst gegen solche geschützt werden. Diese Bedingung bleibt aber nicht so pauschal bestehen, sondern sie kann präzisiert werden, indem die genauen Zeitpunkte bzw. die Reihenfolge der Sicherung einzelner Seiten der Datenbasis und Protokolleinträge angegeben wird. So ergeben sich aus den

---

1 Der Fall eines duplizierten Protokolls in besonders kritischen Anwendungen hat natürlich seine Berechtigung, die von dieser Diskussion über verschiedene Protokolle nicht berührt wird: die sichere Protokollierung ist eine in den Protokollmoduln versteckte Eigenschaft. Sonst gilt hier die generelle Annahme, daß jede Protokollrealisierung sicher genug ist.

obengenannten Prinzipien die Regeln:[1]

**6.** Bevor eine Änderung in die permanente Datenbasis eingebracht wird, muß der dazugehörige Eintrag auf dem Protokoll für globales Undo gesichert sein.

**7.** Bevor eine Transaktion logisch beendet wird, müssen alle ihre Einträge auf dem Protokoll für partielles Redo gesichert sein.

Es bleibt noch zu untersuchen, welche Bedingungen für globales Redo eingehalten werden müssen. Da es auch unempfindlich gegenüber den vergleichsweise häufiger als Speicherfehler auftretenden Systemfehlern sein soll, muß die gleiche Sicherung wie für partielles Redo gefordert werden. Damit lautet die analoge Regel zu 7.:

**8.** Bevor eine Transaktion logisch beendet wird, müssen alle Einträge auf dem Protokoll für globales Redo gesichert sein.


## 6.1.1.3 Verwendbarkeit von Operationen zur Protokollierung

In Abschnitt 5.3.6.2 wurden zustandsorientierte und übergangsorientierte Operationen vorgestellt, die unterschiedliche Anforderungen an den Zustand der Datenbasis stellen, auf den sie angewendet werden. Die zustandsorientierten Operationen sind idempotent: sie können mehrmals wiederholt werden, ohne daß dadurch die vorgenommene Reparatur wieder verdorben würde. Es ist dadurch nicht erforderlich, genau zu wissen, ob ein Übergang bereits stattgefunden hat oder noch nicht, ob die Operation also noch auf den alten oder schon auf den neuen Wert angewendet wird.[2]

Dagegen muß bei übergangsorientierter, nicht idempotenter, Protokollierung zum Zeitpunkt der Fehlerbehandlung bekannt sein, inwieweit Änderungen bereits eingebracht sind. Demnach kommt sie nur für solche Segmentverwaltungsverfahren in Frage, die erkennen lassen, wann welche Übergänge stattgefunden haben, relativ zu den protokollierten Operationen.[3] Dadurch wird dann der Bereich des Protokolls exakt eingegrenzt, der abgearbeitet werden muß.[4]

Es kommen praktisch nur atomare Einbringstrategien in Betracht, weil sich die Nachprüfbarkeit von Übergängen für einzelne Seiten nicht mit vertretbarem Aufwand durchführen läßt. Es ist dabei gleichgültig, ob es transaktionsorientierte oder segmentorientierte Sicherungspunkte gibt, solange implizite, nicht nachvollziehbare Einbringvorgänge ausgeschlossen sind.

Diese Überlegungen betreffen nur das globale Undo und partielle Redo, die im Fehlerfall auf der hinterlassenen permanenten Datenbasis aufsetzen müssen. Für das partielle Undo gibt es keine Restriktion, weil auf die aktuelle Datenbasis alle Operationsarten anwendbar sind; sie hat im Normalbetrieb im relevanten Ausschnitt stets den von der rücksetzenden Transaktion selbst hergestellten Zustand.

---

1 Dies ist das wohlbekannte "Write Ahead Log"-Prinzip.

2 Die in Abschnitt 5.3.6.2 genannten Operationen INSERT, UPDATE und DELETE können leicht so verallgemeinert werden, daß INSERT auf bereits existierende und DELETE auf nicht mehr existierende Objekte wiederholt anwendbar ist.

3 Man stelle sich vor, daß mit den Übergängen ein entsprechender Eintrag auf das Systemprotokoll geschrieben wird. Es ist dabei zu gewährleisten, daß aus der Relation zwischen Sicherungseintrag und Recoveryeintrag auf die Reihenfolge zwischen Originaloperation und Sicherung geschlossen werden kann, d.h. das Sichern darf nicht zwischen Protokollieren und Ausführen stattfinden.

4 Man rufe sich in Erinnerung, daß (physische) Übergangsprotokolle idempotent gemacht werden können.

Ein ähnliches Argument gilt für das globale Redo: die Archivversion als Ausgangspunkt besitzt einen bekannten, üblicherweise transaktionskonsistenten Zustand, in den durch den normalen Systembetrieb keine Änderungen gelangen.

So bleibt als Regel:

**9.** Wird ein logisches oder physisches, nicht idempotentes Übergangsprotokoll zur Behandlung von Systemfehlern eingesetzt, ist atomares Einbringen erforderlich, das transaktionsorientiert oder segementorientiert, aber nicht implizit ausgelöst wird.


## 6.1.1.4 Verwendbarkeit von Objekten zur Protokollierung

Ob eine Ebene der Hierarchie von Zugriffsfunktionen mit ihren Objekten und Operationen zur Fehlerbehandlung herangezogen werden kann, hängt vom Zustand der zugrundezulegenden Datenbasis ab, genauer gesagt: von dessen Konsistenz.[1] Der Konsistenzbegriff wurde so definiert, daß er auf der Anwendbarkeit von Operationen fußt, so daß die Bedingungen dafür direkt abgeleitet werden können.

**10.** Um Seitenübergangsoperationen zur Fehlerbehandlung einsetzen zu können, muß die Datenbasis mindestens seitenkonsistent sein.

An die Verwendung von Seitenzustandsprotokollierung werden keine Bedingungen gestellt. Sie behandelt sogar solche Fälle korrekt, bei denen ein Seiteninhalt vollständig verlorengegangen ist.

**11.** Um Eintrags- oder Satzoperationen zur Fehlerbehandlung einsetzen zu können, muß die Datenbasis mindestens eintrags- bzw. satzkonsistent sein. Das gilt sowohl für Übergangs- als auch für Zustandsoperationen.


## 6.1.1.5 Gewährleistung von Konsistenz der Datenbasis

In Verbindung mit dem vorigen Abschnitt ergibt sich die Frage, wie sich gewährleisten läßt, daß zur Fehlerbehandlung eine bestimmte Konsistenz angetroffen wird. Einfach ist wiederum der Fall des partiellen Undo: dort ist bei Ausführung einer Operation die notwendige Konsistenz stets gegeben, abgesichert durch die Synchronisation;[2] und ebenfalls der Fall des globalen Redo: dort hat man es in der Hand, die Konsistenz der Archivkopie bei deren Abzug zu bestimmen, meistens logische Konsistenz. Im Fall eines Systemfehlers hängt die Art der Konsistenz von verschiedenen Einflüssen ab, in erster Linie vom Übergangsverhalten der Segmentverwaltung und einer eventuell vorhandenen externen Sicherungsstrategie.

Die Regeln werden so formuliert, daß sie sich auf **einen** Einbringanlaß (transaktionsorientiert, segmentorientiert, implizit) beziehen. Werden mehrere Anlässe kombiniert, ergibt sich das Minimum, d.h. die Konjunktion der Werte, die bei Trennung der Anlässe entstünden. Es gelten dabei die Implikationen, die in Abschnitt 5.1.5 hergeleitet wurden:

---

1 Zur Definition der Konsistenz siehe Abschnitt 5.1.5.
2 Später wird festgestellt werden, daß dies z.B. im Falle optimistischer Synchronisation so allgemein nicht gilt. Man beachte aber, daß bei Verwendung privater Änderungsversionen kein explizites Rücksetzen mit Protokoll auszuführen ist.

Transaktionskonsistenz → Satzkonsistenz → Seitenkonsistenz
→ Eintragskonsistenz → Speicherkonsistenz .

Die höheren Stufen der Konsistenz erfordern atomare, kontrollierte Übergänge, weil die Operationen in der Regel mehrere Seiten betreffen. Die vollkommenste Form der logischen Konsistenz ergibt sich, wenn alle Änderungen synchron mit dem Ende der Transaktionen eingebracht werden. Dazu ist notwendig, daß die Änderungsbereiche verschiedener Transaktionen, d.h. die Mengen der von ihnen jeweils geänderten Seiten, disjunkt sind. Anders ausgedrückt: keine Seite darf die Änderungen mehrerer Transaktionen enthalten, die dann nicht mehr zu verschiedenen Zeitpunkten eingebracht werden könnten.[1] Disjunkte Änderungsbereiche sind gleichbedeutend mit einer Synchronisation mit Seitengranulat.

Die Regel für Transaktionskonsistenz lautet:

**12.** Durch atomares, transaktionsorientiertes Einbringen und disjunkte Änderungsbereiche erreicht man Transaktionskonsistenz. Bei unterbrechbarem Einbringen mit atomarer Schreiboperation ergibt sich in der gleichen Situation nur Seitenkonsistenz.

Bei genauer Betrachtung muß noch eine verschärfte Bedingung hinzugefügt werden, denn die Verfahren, die für transaktionskonsistent Übergänge entwickelt wurden, verlangen, daß jede Seite von höchstens einer Transaktion geändert wird; d.h.:

**13.** Ein Verfahren mit atomarem, ausschließlich transaktionsorientiertem Einbringen erfordert disjunkte Änderungsbereiche.

Werden durch transaktionsorientierte Sicherung Änderungen anderer Transaktionen eingebracht, kann keine höhere Konsistenz als Speicherkonsistenz angenommen werden, weil Änderungsoperationen der noch aktiven Transaktion nach Definition dabei unterbrochen werden können.

Betrachtet man direkte, segmentorientierte Sicherung, die periodisch durch die Systemsteuerung ausgelöst wird, so hängt die Konsistenz der permanenten Datenbasis ab vom jeweiligen Zustand, in dem sich die Datenbasis währenddessen befindet, genauer: vom Fortschritt der aktiven Transaktionen, nämlich an welcher Stelle ihres Programms sie während der Sicherung angehalten werden. Das Kriterium wird demnach von der Sicherungsstrategie beigesteuert. Für die relevanten Objekte in der vorliegenden Zugriffshierarchie des Kerndatenbanksystems ergeben sich folgende Regeln:

**14.** Durch atomares, segmentorientiertes Einbringen (= direktes Sichern) erhält die permanente Datenbasis Satzkonsistenz, wenn keine aktive Transaktion sich während des Sicherns innerhalb einer Änderungsoperation der Satzebene befindet.

Atomares Einbringen ist erforderlich, weil eine Satzoperation mehrere Seiten verändern kann. Die folgenden Operationen beziehen sich jeweils nur auf eine Seite, so daß eine ununterbrechbare Schreiboperation ausreichend ist.

**15.** Durch segmentorientiertes Einbringen bei ununterbrechbaren Schreiboperationen erhält die permanente Datenbasis Eintragskonsistenz, wenn keine aktive Transaktion sich innerhalb einer Änderungsoperation der Eintragsebene befindet.

---

1 Ein rein transaktionsorientiertes Verfahren, bei dem die Änderungen **mehrerer** Transaktionen synchron eingebracht werden, ist im Prinzip denkbar, wird aber nicht betrachtet. Zumindest scheint es kritisch zu sein, die Transaktionsmengen durch zufällige Beziehungen wie die Änderung einer gemeinsamen Seite zusammenzustellen.

**16.** Durch segmentorientiertes Einbringen bei ununterbrechbaren Schreiboperationen erhält die permanente Datenbasis Seitenkonsistenz, wenn keine aktive Transaktion sich innerhalb einer Änderungsoperation der Seitenebene befindet.

Als letzter Anlaß ist implizites Einbringen zu betrachten. Nach Definition wird dadurch keine Seitenoperation unterbrochen, so daß sich, bei ununterbrechbarem Schreiben, Seitenkonsistenz ergibt.

**17.** Durch implizites Einbringen und ununterbrechbare Schreiboperation erhält die permanente Datenbasis Seitenkonsistenz.

Die Eigenschaft der Schreiboperation für Seiten spielt, unabhängig vom Einbringanlaß, eine besondere Rolle. Ist eine Unterbrechung ausgeschlossen, wird bei Systemfehlern wie Stromausfall etc. stets ein definierter Wert hinterlassen. Das kann durch spezielle Implementierungen durchgesetzt werden ("Stable Storage", [Lampson, Sturgis 1979]), die aber einen hohen Aufwand erfordern und daher üblicherweise nicht für normale Seiten der Datenbasis eingesetzt werden, sondern nur als Bestandteil atomarer Einbringstrategien zum sicheren Schreiben von Kontrollinformationen.

**18.** Wenn die Schreiboperation für Hintergrundspeicherzugriff atomar ist, hat die permanente Datenbasis stets Speicherkonsistenz.

Letztlich kann auch durch die Programmierung der Zugriffsfunktionen zusätzlicher Einfluß auf die Konsistenz der permanenten Datenbasis genommen werden, nämlich dann, wenn durch eine Anwendung des Prinzips des Careful Replacement größere Übergänge auf Seitenebene einschrittig vollzogen werden.[1] Dies erfordert Einflußnahme auf die Übergänge durch Festlegung der Einbringreihenfolge und ermöglicht eine Anhebung von Seitenkonsistenz auf Satzkonsistenz.

**19.** Wenden die Zugriffsfunktionen eine Strategie des Careful Replacement gemäß Abschnitt 5.1.1.2.3 an, hält die Segmentverwaltung eine feste Einbringreihenfolge ein und sind die Voraussetzungen für Seitenkonsistenz der permanenten Datenbasis gegeben, hat diese sogar Satzkonsistenz.


### 6.1.1.6 Besonderheiten logischer Übergangsprotokolle

Die Fehlerbehandlung kann generell in der tatsächlichen bzw. umgekehrten Reihenfolge der Ursprungsoperationen stattfinden. Insbesondere kann das Rücksetzen oder Wiederholen mehrerer Transaktionen gleichzeitig stattfinden, indem die Aufrufe auf die gleiche Weise verzahnt werden, wie dies die Ursprungsoperationen waren. Daß das korrekt ist, wird durch die Synchronisation während der Ausführung der Transaktionen sichergestellt. Dies gilt aber nur für die physische Protokollierung.

Anders ist die Situation bei logischer Übergangsprotokollierung, der Aufzeichnung höherer DML-Anweisungen, die komplexere Operationen ausführen, die eine Menge physischer Objekte erfassen. Werden logische Übergangsprotokolle zum Redo eingesetzt werden, muß die logische Reihenfolge der Operationen eingehalten werden, d.h. alle Transaktionen werden gemäß der Sequentialisierung nacheinander, praktisch im Einbenutzerbetrieb, wiederholt. Die Notwendigkeit dieser Maßnahme versteht man am leichtesten, wenn man sich einen typischen Fehler vor Augen führt, der sonst auftreten könnte. Ein Beispiel findet man in [Reuter 1981], Abschnitt 4.2.1.

---

1 Siehe Abschnitt 5.1.1.2.3.

**20.** Wird ein Redo-Protokoll mit logischer Übergangsprotokollierung angewendet, muß das Wiederholen in logischer Reihenfolge der Einträge stattfinden. Das Rücksetzen und das Wiederholen physischer Operationen kann in der umgekehrten/tatsächlichen Reihenfolge stattfinden wie die Originaloperationen.

## 6.1.1.7 Absicherung der Fehlerbehandlung gegen Fehler

Alle Operationen des Kerndatenbanksystems sind gegen die spezifizierten Fehlerquellen abzusichern. Das muß natürlich auch für eine Reparatur gelten, deren Dauerhaftigkeit zu gewährleisten ist. Dies ist ein besonderes Problem, weil man nicht ohne weiteres auf die gleichen Techniken zurückgreifen kann. So verbietet es sich wegen des Dominoeffekts, ein Wiederherstellen anhand eines Protokolls durch erneute Protokollierung absichern zu wollen. Es sind daher andere Verfahren notwendig, die zu eigenen Regeln über Abhängigkeiten von Verfahren führen.

Zuerst seien die prinzipiellen Probleme und Lösungen nach Fehlerarten unterschieden. Das Rücksetzen durch partielles Undo ist gegen Systemfehler zu sichern wie jede normale Transaktion auch. Ein weiteres Rück-Rücksetzen kann nicht mehr eintreten; das ist schon aus Gründen der Durchsetzbarkeit des Undo erforderlich. Eine Sicherung gegen Speicherfehler entfällt, weil noch keine Auswirkungen der Transaktion in die Archivkopie gelangt sind.

Das globale Undo und das partielle Redo als Behandlung von Systemfehlern sind gegen weitere Systemfehler und gegen Speicherfehler zu sichern. Transaktionsfehler können nicht auftreten, da bei Systemfehlerbehandlung keine Transaktionen aktiv sind. Zur Sicherung gegen weitere Systemfehler wird verlangt, daß die Reparatur wiederholbar ist. Das ergibt sich bei idempotenten Operationen direkt, sonst kann es durch eine entsprechend konzipierte Wiederanlaufroutine sichergestellt werden.[1] Auf jeden Fall ist der Erfolg der Reparatur nach Systemfehlern letztendlich auch durch das dahinter bereitstehende globale Redo gewährleistet, das von seiner Natur aus beliebig wiederholbar ist, weil sein Ausgangspunkt, Archivkopie und Archivprotokoll, beim Wiederholen nicht verändert werden.

Zur Sicherung des Rücksetzens von Transaktionen gegen Systemfehler bietet sich zunächst an, durch Maßnahmen in der Segmentverwaltung zu verhindern, daß die vorgenommenen Änderungen überhaupt in die Datenbasis gelangen. Dazu sind alle geänderten Seitenversionen zu entfernen (sie dürfen noch nicht eingebracht worden sein), ohne andere Transaktionen zu beeinträchtigen. Das bedeutet, daß im Falle der Voraussetzung von Regel 1 durch die Überflüssigkeit des expliziten partiellen Undo vom Protokoll auch die Sicherung des Rücksetzens nicht notwendig ist.

**21.** Findet in der Segmentverwaltung kein Einbringen vor EOT statt und werden die von der rücksetzenden Transaktion geänderten Seitenversionen in der aktuellen Datenbasis gelöscht, ist das Rücksetzen auch gesichert.

Weiterhin bietet sich die Möglichkeit, analog zum Sichern der Änderungen erfolgreicher Transaktionen, das Einbringen zu erzwingen, wodurch alle aufgehobenen Änderungen in ihrem Ausgangszustand gesichert werden. Das ergibt analog zu Regel 3 die Regel:

**22.** Werden alle Änderungen vor Ende des Rücksetzens einer Transaktion (EOU) eingebracht, so ist das partielle Undo gesichert.

Neben den genannten Kriterien, die ohne Protokollierung zur Sicherung auskommen, kann man die vorhandenen Protokolle einbeziehen, ohne allerdings eine Schachtelung einzuführen.

---

1 In [Gray 1978] wird darauf hingewiesen, wie nützlich in solch einem Fall die "High Water Marks" genannten Versionsnummern sind.

Die erste Variante besteht darin, das Rücksetzen durch protokollierte Operationen dadurch zu sichern, daß das Undo im Notfalle im Rahmen der Systemfehlerbehandlung wiederholt wird. Damit das korrekt ist, muß die Anwendbarkeit dieses Protokolls auf den Zustand der permanenten Datenbasis zum Fehlerzeitpunkt gegeben sein:

- Die Konsistenz ist gewährleistet, indem man unterstellt, daß es sich um das "gleiche" partielle und globale Protokoll handelt.

- Da die betroffenen Objekte inzwischen durch andere Operationen verändert sein können, kommt ein Übergangsprotokoll nicht in Frage, lediglich ein Zustandsprotokoll.

Der letztgenannte Punkt macht weiterhin deutlich, daß diese Vorgehensweise erfordert, nach dem Rücksetzen eventuelle Änderungen nachzuholen. Das bedeutet:

- Ein explizites Redo ist erforderlich.

- Das Undo muß vor den Redo stattfinden.

- Undo und Redo benutzen die gleichen Operationen.

Insgesamt kann man daraus die folgende, relativ komplexe Regel formulieren:

**23.** Das Rücksetzen einer Transaktion durch ein Zustandsprotokoll wird dadurch gesichert, daß das partielle Undo im Rahmen des globalen Undo wiederholt wird und anschließend ein explizites partielles Redo auf Basis der gleichen Operationsmenge stattfindet.

Einfacher ist es, das Redo-Protokoll heranzuziehen. Man kann sich vorstellen, daß die vollständige Transaktion inklusive der Rücksetzoperationen eine Wirkung hat, die den Ausgangszustand reproduziert. D.h. durch ein Wiederholen wird eine Wirkung erreicht, die das Rücksetzen der Transaktion einschließt.

Im Gegensatz zum vorangehenden Fall gibt es aber keine Probleme mit dem eigentlichen Redo erfolgreicher Transaktionen, weil alle Transaktionen durch die Synchronisation korrekt verzahnt sind.

**24.** Das partielle Undo wird gesichert, indem die Operationen der gesamten Transaktion, inklusive der Umkehroperationen während des Rücksetzens, auf dem Redo-Protokoll aufgezeichnet werden, um bei einem Systemfehler komplett wiederholt zu werden.


### 6.1.2 Segmentverwaltung und Synchronisation

Das Zusammenspiel zwischen Segmentverwaltung und Synchronisation ergibt sich daraus, daß die Synchronisation dafür sorgt, daß alle Zugriffe auf die Seiten der Datenbasis so koordiniert werden, daß sich die gleichzeitig aktiven Transaktionen nicht gegenseitig beeinträchtigen. Dafür wird von der Segmentverwaltung verlangt, daß sie gegebenenfalls das erforderliche Versionskonzept für Seiten realisiert.

### 6.1.2.1  Reihenfolge von Aktionen

Da durch die Synchronisation die Zugriffe zu den Seiten der Datenbasis kontrolliert werden sollen, ist es notwendig, daß die Dauer der Absicherung die Phase des Zugriffs umfaßt. Das bedeutet einerseits die bereits bekannte Forderung, daß der Synchronisationsmodul vor Ausführung der zu synchronisierenden Operation aufzurufen ist. Die Bedingung für die Freigabe von Sperren nach dem Zwei-Phasen-Protokoll besagt, daß keine andere Transaktion die Änderungen sehen darf, bevor sie abgeschlossen ist. Da der maßgebliche EOT-Zeitpunkt durch die FINISH-Operation der Segmentverwaltung definiert wird, ergibt sich die Regel:

> **25.** Die Beendigung der Synchronisation darf erst nach Ausführung der FINISH-Operation bzw. der REMOVE-Operation der Segmentverwaltung erfolgen.

Für die vorliegende Bedingung ist es irrelevant, was der Zweck der Zugriffe ist: das Rücksetzen ist ebenso durch Synchronisation gegen andere Transaktionen zu schützen wie jede andere Operation.


### 6.1.2.2  Forderungen an die Änderungsbereiche

Mit dem Änderungsbereich einer aktiven Transaktion wird die Menge aller Seiten bezeichnet, die von ihr verändert wurden. Um transaktionskonsistent einbringen zu können, sind paarweise disjunkte Änderungsbereiche aller aktiven Transaktionen notwendig, damit

- alle Änderungen einer beendeten Transaktion erfaßt werden können, und
- keine Änderung einer anderen Transaktion implizit eingebracht wird.

Diese Bedingung wurde bereits in Abschnitt 6.1.1.5 aufgestellt.

Eine analoge Situation ist anzutreffen, wenn ein implizites partielles Undo durch Entfernen geänderter Seiten[1] realisiert werden soll, wie dies in Regel 1 berücksichtigt ist. Disjunkte Änderungsbereiche sind notwendig, damit

- alle Änderungen einer rücksetzenden Transaktion entfernt werden können, und
- keine Änderung einer anderen Transaktion implizit gelöscht wird.

Das drückt die folgende Regel aus:

> **26.** Das Entfernen der von einer rücksetzenden Transaktionen geänderten Seitenversionen erfordert eine Synchronisation mit Seitengranulat.


### 6.1.2.3  Anforderungen der Synchronisation an ein Versionskonzept der Segmentverwaltung

Von einem Synchronisationsverfahren werden Annahmen über die Art der Bearbeitung von Seiten getroffen, die sich auf die Realisierung von Versionen beziehen. Dafür gibt es unter den betrachteten Verfahren zwei Beispiele: die optimistische Synchronisation mit direktem Zugriff und die RA-Sperrverfahren mit aufeinanderfolgenden Seitenversionen.

Direkter Zugriff bedeutet, daß durch die Synchronisation keine Einschränkungen bzgl. des Zugriffsverhaltens der aktiven Transaktionen vorgenommen wird. Dies ist bei Lesern auch nicht erforderlich, aber Veränderungen dürfen bei solcher Vorgehensweise offensichtlich nicht am

---

1 Nach Voraussetzung in Abschnitt 5.1.3 tun dies alle Verfahren, die nicht vor EOT einbringen.

Originalobjekt vorgenommen werden. Daraus ergibt sich die Regel:

**27.** Erlaubt das Synchronisationsverfahren direkten Zugriff, sind private Änderungsversionen erforderlich.

Strategische Entscheidungen des Synchronisationsverfahrens über die Zuordnung einer bestimmten Version werden nicht vorgenommen. Anders dagegen arbeiten die RA-Verfahren: sie setzen voraus, daß ein bestimmtes Versionskonzept realisiert wird, und darüberhinaus beinhalten sie eine dynamische Zuordnung von Transaktionen zu den existierenden Seitenversionen. Das bedeutet:

**28.** Wenn zur Synchronisation ein RA-Verfahren verwendet wird, muß die Segmentverwaltung zwei aufeinanderfolgende Seitenversionen (alte gültige Seiten) realisieren und den Transaktionen nach Maßgabe des Synchronisationsverfahrenens zuweisen.

Daher gibt es ein Kommunikationsproblem zwischen dem Synchronisationsmodul, der die Version festlegt, und der Segmentverwaltung, die die Version bereitstellt und sie gegebenenfalls neu erzeugt.

An dieser Stelle ist zu rekapitulieren, daß in Kapitel 5 festgestellt wurde, daß die Versionsbildung nur in eingeschränkten Fällen eingesetzt werden kann, wenn die Segmentverwaltung sie nämlich realisiert. Das kann man durch die folgenden Regeln ausdrücken:

**29.** Private Änderungsversionen sind auf die Datei insgesamt und Seiten als Objekte beschränkt.

**30.** Alte gültige Versionen sind auf Seiten als Objekte beschränkt.


### 6.1.3 Synchronisation und Protokollierung

Die Abhängigkeiten, die sich hier ergeben, sind indirekter Natur. Die Synchronisation koordiniert die Übergänge der Datenbasis, die Protokollierung sorgt für deren Absicherung durch vorsorgliches Speichern von Informationen für eine Fehlerbehandlung. Es gibt keine Probleme, solange die Objekte und Operationen für Synchronisation und Protokollierung identisch sind. Da sie aber grundsätzlich verschieden sein können, muß gewährleistet sein, daß die Synchronisation auch für die protokollierten Operationen ausreicht.

Aus Sicht der Fehlerbehandlung besteht die Wirkung von Transaktionen aus der Ausführung der protokollierten (Ursprungs-)Operationen, nicht aus den gar nicht mehr rekonstruierbaren höheren Operationen.

Dieses Kriterium ist auf die im Kerndatenbanksystem identifizierten Objekte anzuwenden und ergibt die Regel

**31.** Die Folge der protokollierten Operationen muß als Transaktion korrekt synchronisiert werden.


### 6.1.4 Anforderungen an die Implementierung der Zugriffsfunktionen

Die Sicht einer Transaktion ist derjenige Teil der Datenbasis, auf den sie zugreift. Konsistenz einer Sicht bedeutet zunächst einmal, daß sich dieser Ausschnitt zu einem logisch konsistenten Zustand der Datenbasis erweitern läßt.

Die Synchronisationsphilosophie beeinflußt die Konsistenz einer Sicht auf die Datenbasis. Der

Ausgangspunkt des durch ein Transaktionsprogramm spezifizierten Übergangs ist per definitionem ein logisch konsistenter Zustand. Dies ist ein fester Bestandteil des Transaktionskonzepts. In pessimistischen Verfahren mit kontrolliertem Zugriff stellt man sicher, daß jede Transaktion einen Ausschnitt eines solchen Zustands zu sehen bekommt.

Die optimistischen Verfahren mit direktem Zugriff nehmen dagegen in Kauf, daß die gelesenen Datenobjekte verschiedenen Zuständen angehören, also zusammen logisch inkonsistent sind, weil einige davon während der Lesephase durch andere Transaktionen verändert wurden. Die Programme der Zugriffsoperationen müssen dann so robust ausgelegt sein, daß sie alle angetroffenen Zustände, also auch logisch inkonsistente, verarbeiten können, ohne den ordnungsgemäßen Systembetrieb zu stören.

> **32.** Wird ein kontrolliertes Zugriffsverhalten durch das Synchronisationsverfahren garantiert, können die Zugriffsfunktionen einen logisch konsistenten Zustand der Datenbasis unterstellen. Bei direktem Zugriffsverhalten müssen die Implementierungen der Zugriffsfunktionen so ausgelegt sein, daß sie auch inkonsistente Daten verkraften.

In der Praxis ist dieses Kriterium kein Stolperstein, weil man in der Systemprogrammierung wegen der vielen Fehlerquellen eine defensive, fehlerunanfällige Vorgehensweise unterstellen kann. Dennoch ist es ein Unterschied, ob eine erkannte Unregelmäßigkeit in den Speicherungsstrukturen als Alarmsignal zu interpretieren ist oder einen Normalfall darstellt.

## 6.1.5  Weitere Abhängigkeiten

### 6.1.5.1  Mehrere Verfahren für die gleiche Aufgabe

Im Entwurf wurde vorgesehen, daß Verwaltungsfunktionen auf verschiedenen Ebenen angesiedelt sind; die Idee ist, diese Anwendungen alternativ anzubieten und die übrigen Möglichkeiten jeweils unberücksichtigt zu lassen. Wie ist es aber zu beurteilen, wenn mehrere Verfahren der gleichen Art (Synchronisation oder Protokollierung) auf verschiedenen Ebenen auf dieselben Teile der Datenbasis angewendet werden sollen, was bei unabhängiger Modulzuordnung denkbar ist?

Eine solche doppelte Anwendung ist redundant; bei Synchronisation ist sie im Prinzip unschädlich; bei Protokollierung müßten die Folgen genauer untersucht werden.[1] Es ist also vernünftig, pro Objekt der Datenbasis nur **ein** Verfahren für jede Aufgabe zuzulassen. Kooperierende Moduln, etwa zu hierarchischer Synchronisation, stellen ein einziges Verfahren in diesem Sinne dar. Es wird also verlangt:

> **33.** Die Anwendung von Synchronisation auf Schnittstellen, deren Synchronisation bereits gewährleistet ist, ist unzulässig.

> **34.** Die Anwendung von explizitem partiellem Undo (globalem Undo, partiellem Redo, globalem Redo) auf Schnittstellen, deren partielles Undo (globales Undo, partielles Redo, globales Redo) bereits gewährleistet ist, ist unzulässig.

---

1 Beispiel: Werden die geänderten Seiten im Rahmen eines impliziten partiellen Undo entfernt, dürfen Operationen zum expliziten Rücksetzen nicht mehr angewendet werden.

## 6.1.5.2  Globale Aufgaben

In Abschnitt 5.2 über Synchronisation wurde dargelegt, daß die Gefahr einer Verklemmung global ist und alle Wartebeziehungen zwischen Transaktionen, die an irgendeiner Stelle im System auftreten, zentral verwaltet werden müssen. Diese Forderung ist übertragbar auf andere Relationen zwischen Transaktionen, wie z.B. die logische Reihenfolge, die sich aus der Versionszuteilung in RA-Verfahren ergibt.

> **35.**  Jede Klasse von Abhängigkeiten zwischen Transaktionen, die an verschiedenen Stellen entstehen, ist durch einen zentralen Modul zu verwalten.

## 6.1.5.3  Verwaltung des Systemzustands

Die Zusammenarbeit der Verfahren in verschiedenen Moduln gründet sich darauf, daß der Zustand des Systems, d.h. in welchem Stadium sich die aktiven oder ausgeführten Transaktionen befinden, zu Entscheidungen herangezogen werden kann. Im laufenden Betrieb werden alle Moduln über die Kontrolloperationen benachrichtigt. Nach einer Unterbrechung muß aber zuverlässig rekonstruierbar sein, von welchem Zustand die Fehlerbehandlung auszugehen hat. Das bedeutet:

> **36.**  Für jedes relevante Ereignis im Kerndatenbanksystem ist ein Zeitpunkt festzulegen, zu dem es eintritt, und zwar so, daß diese Information gleichzeitig gesichert wird und im Falle einer Fehlerbehandlung benutzt werden kann.

## 6.2  Klassifikation

Der Herleitung der Abhängigkeiten, die bei Konstruktion eines Kerndatenbanksystems zu berücksichtigen sind, liegt eine systematische Vorgehensweise zugrunde, die vor allem die Vollständigkeit der Regelmenge zum Ziel hat und daher von den Verwaltungsaufgaben ausging. Es folgt eine genauere Betrachtung der Abhängigkeiten, die klären soll, wie sie innerhalb des Entwurfs des modularen, konfigurierbaren Systems zu berücksichtigen sind. Wie am Anfang des Kapitels bereits angedeutet wurde, sind in erster Linie zwei Klassen von Beziehungen zu unterscheiden:

- Abhängigkeiten, die innerhalb der Architektur oder den darin enthaltenen Funktionen zu berücksichtigen sind: das sind sozusagen "Programmierregeln", die den Teil des Codes betreffen, der in allen alternativen Konfigurationen desselben Zugriffsfunktionsteils gleich ist.

- Abhängigkeiten, die die Zuordnung von Verwaltungsverfahren steuern, sozusagen "Konfigurierungsregeln": nachdem ein bestimmter Rahmen unter Einbeziehung der ersteren Regelmenge hergestellt ist, wird die Menge aller Konfigurationen eingeschränkt, die dann aus fertigen Bausteinen zu einem korrekten System zusammengefügt werden kann.

Zuerst stellt sich jeweils das Problem, die Abhängigkeiten zu berücksichtigen, die sich in den Funktionen niederschlagen.

## 6.2.1  Vorgaben für Entwurf und Programmierung

Die Menge aller hierzugehörigen Abhängigkeiten läßt sich weiter unterteilen: sie bewirken eine bestimmte Ausführungsreihenfolge von Teilaufgaben, einen zusätzlichen Informationsfluß zwischen Verwaltungsmoduln oder eine globale Zusammenarbeit von Verfahren.

### 6.2.1.1  Ausführungsreihenfolge von Teilaufgaben

Die Aufrufe der verschiedenen Verwaltungsmoduln müssen zeitlich, d.h. in ihrer Reihenfolge, koordiniert werden, denn in den Verwaltungsmoduln werden Annahmen gemacht, inwieweit andere Verwaltungsaufgaben bereits ausgeführt wurden. Solche Abhängigkeiten werden in der Programmierung der Zugriffsfunktionen berücksichtigt.  Die Regeln sind naturgemäß unabhängig von den jeweiligen Verfahren, die eine Aufgabe realisieren, sondern sie repräsentieren Abhängigkeiten, die zwischen den einzelnen Aufgaben selbst bestehen.

Solche Abhängigkeiten sind:

- die Dauer der Aufrechterhaltung der Synchronisation gemäß Regel 25,
- die Reihenfolge von globalem Undo und partiellen Redo, wie er sich aus Regel 23 ergibt.

### 6.2.1.2  Zusätzlicher Informationsfluß zwischen Verwaltungsmoduln

Ist ein zusätzlicher Informationsfluß zwischen Moduln mit Verwaltungsaufgaben notwendig, wie

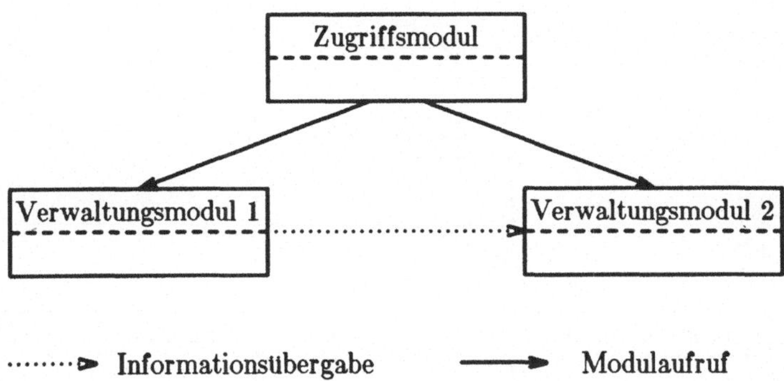


Bild  6.1: Kommunikationsproblem zwischen Verwaltungsmoduln

Bild 6.1 verdeutlichen soll, kommt es darauf an, bei der Modifikation des Entwurfs solche Lösungen zu finden, die sich gut in das Vorhandene einpassen und möglichst wenig Freiheitsgrade aufgeben, die der Entwurf erlaubt. So darf z.B die Programmierung von Dateitypen nicht durch die Einführung zu starker Restriktionen für die Verwendung von Standardverwaltungsmoduln erschwert werden.

Es gibt zwei grundsätzlich verschiedene Lösungen, wenn zwei Verwaltungsmoduln untereinander zusätzliche Informationen austauschen müssen:

- Der **direkte Weg** ist die Kommunikation über gemeinsame Daten. Dadurch wird die unabhängige Zusammenstellung von Verwaltungsmoduln zwar aufgegeben, aber es gibt dafür gewichtige Vorteile. So werden die Zugriffsfunktionen nicht berührt, weil die von ihnen benutzten Schnittstellen unverändert bleiben. Und diese Methode kann selektiv angewendet werden, d.h. je nach Verfahren wird ein zusätzlicher Modul angelegt oder nicht. Diese Situation veranschaulicht Bild 6.2.

  An einen unmittelbaren gegenseitigen Aufruf wird dagegen nicht gedacht, weil die Übersichtlichkeit beeinträchtigt wäre: die Schnittstellen von Verwaltungsmoduln, die von Zugriffsfunktionen aufgerufen werden, müßten weiter aufgeteilt werden in Operationen für verschiedene Arten von Aufrufern.

- Der **indirekte Weg** besteht aus der Einbeziehung der Zugriffsfunktionen, die den Transport zusätzlicher Informationen übernehmen müssen. Das bedeutet eine Erweiterung der Schnittstellen, die dann in der neuen Form verbindlich ist für alle Konfigurationen. D.h. die Änderung schlägt sich in allen Konfigurationen nieder und kann nicht abhängig davon, ob sie im Einzelfall erforderlich ist, ausgewählt werden. Diese Möglichkeit zeigt Bild 6.3.

  Die Zugriffsfunktionen erhalten die Verantwortung, die anvertrauten Daten korrekt weiterzuleiten, oder auch zusammenzufassen oder zu verteilen. Da das neben einer Erhöhung des Aufwands bei der Entwicklung von Dateitypen auch eine Fehlerquelle ist, sollte diese Lösung nur dann eingesetzt werden, wenn die Einbeziehung der Zugriffsfunktionen sachlich begründet oder gar unvermeidlich ist.

Für beide Lösungen gibt es im vorliegenden Entwurf eine Anwendung.

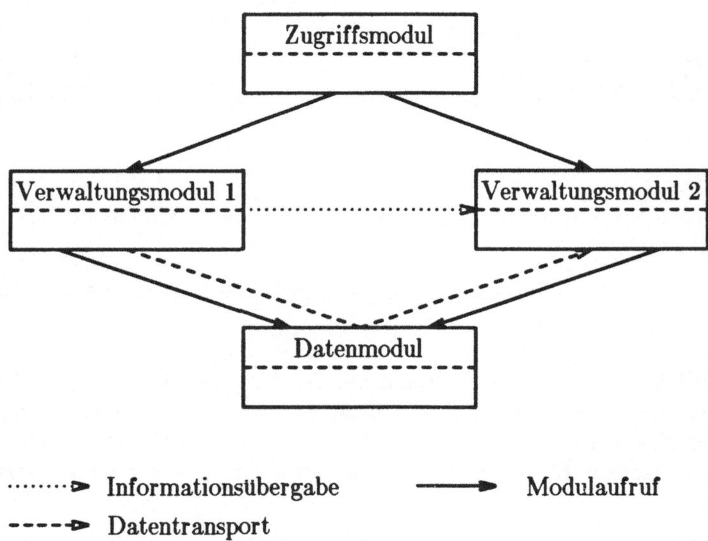


Bild 6.2: Kommunikation über gemeinsame Daten

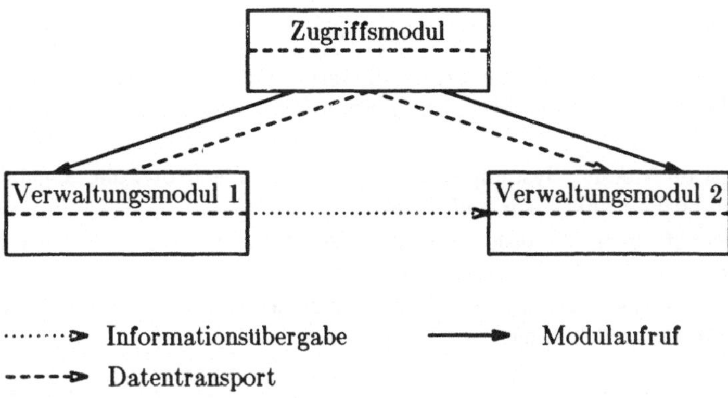



Bild 6.3: Kommunikation über Aufrufer

### 6.2.1.2.1  Kommunikation über gemeinsame Daten

Dies bietet sich beim Einsatz von RA-Synchronisation an. Dann muß, wie ausführlich dargestellt, in der Segmentverwaltung dafür gesorgt werden, daß für jede Transaktion genau diejenige Seitenversion bereitgestellt wird, die ihr das Synchronisationsverfahren zuweist, wie das Regel 28 ausdrückt. Die Information, die über die in Kapitel 5 eingeführte Schnittstelle transportiert wird, reicht nicht aus. Insbesondere der Fall, daß zwei Leseversionen gleichzeitig vergeben werden können, bedarf einer zusätzlichen Mitteilung über die gewählte Zuordnung.

Es wird vorgeschlagen, daß die Moduln intern kommunizieren, über einen gemeinsamen Modul, der eine Tabelle mit den Versionszuordnungen für jede Transaktion enthält. Dies hat in erster Linie den Vorteil, daß für diesen Spezialfall eines einzelnen Verfahrens die Schnittstellen, die von allen Verfahren benutzt werden, nicht erweitert zu werden brauchen.

In der Praxis ist diese Lösung aber komplizierter als sie zunächst aussieht, d.h. der Datentransfer unter den Bedingungen der Nebenläufigkeit von Transaktionen weist einige Fallstricke auf, die hier nicht im Detail erläutert werden können. Als Fazit ergibt sich, daß die RA-Sperrverfahren sich wegen der Verbindung zur Versionsdarstellung in der Segmentverwaltung nicht gut zur Modularisierung eignet. Die Zusammenarbeit der beiden Aufgabenbereiche ist in einer Schichtenarchitektur, wie sie in [Elhardt 1982] unterstellt wird, erheblich reibungsloser.

### 6.2.1.2.2  Kommunikation über die vorhandenen Schnittstellen

Die Realisierung des WAL-Prinzips erfordert ebenfalls zusätzlichen Informationsfluß. Die Verbindung zwischen dem Absetzen eines Protokolleintrags und dem Übergang einer Seite der Datenbasis kann nur durch die Zugriffsfunktionen hergestellt werden, weil ihnen allein der logische Zusammenhang bekannt ist zwischen einem Protokolleintrag und einem Seitenübergang, durch den ein Teil der Wirkung der protokollierten Operation eingebracht wird.

Technisch sieht das so aus: zunächst muß der Fortschritt der Sicherung des Protokolls feststellbar sein, d.h. ob ein bestimmter Eintrag bereits sicher ist oder noch nicht. Da alle Einträge auf ein gemeinsames Systemprotokoll gelangen, das sequentiell geschrieben wird, bietet sich folgendes einfache Modell an:[1]

- Alle Einträge auf dem Systemprotokoll werden fortlaufend numeriert, woraus sich logische Schreibzeitpunkte ergeben. Die Zeitmarken stammen aus einem diskreten, geordneten Bereich TS_RNG.[2]

- Der zentrale Modul "Systemprotokoll", auf den alle Protokolle abgebildet werden, erhält zusätzliche Funktionen, mit denen
  - Auskunft über die bisher geschriebenen Einträge eingeholt werden kann in Form der Zeitmarke des letzten gesicherten;
  - ein weiteres Ausschreiben bis zum Eintrag mit einer bestimmten Zeitmarke erzwungen werden kann.

Die Schnittstellen von Protokollierung und Segmentverwaltung werden wie folgt erweitert:

Protokollierung:

    **procedure** APPEND (TA : TA_RNG;  ENT : ENTRY_TP;  TS : **out** TS_RNG);

Segmentverwaltung:

    **procedure** UNFIX_WRITE (TA : TA_RNG;  PN : PG_NBR_RNG;  WA, CWA : TS_RNG);

Jeder Aufruf der Protokollfunktion APPEND liefert eine Zeitmarke, die mit dem geschriebenen Eintrag assoziiert wird. Wenn diese Zeitmarke als "Bedingung" in der UNFIX_WRITE-Operation angegeben wird, bedeutet das, daß das Einbringen in der Segmentverwaltung frühestens dann stattfinden darf, wenn der Protokolleintrag gesichert, d.h. ausgeschrieben ist.

Es gibt zwei Arten von Bedingungen, die beim UNFIX_WRITE einer geänderten Seite zu spezifizieren sind:

- WA ("Write Ahead") bezieht sich auf das Einbringen der geänderten Seite und entspricht der Bedingung für die Undo-Protokollierung gemäß Regel 6.

  Konkret: die geänderte Seite darf erst dann eingebracht werden, wenn das Protokoll mindestens bis zum bezeichneten Eintrag gesichert ist.

- CWA ("Commit Write Ahead") bezieht sich auf die Beendigung der Transaktion und entspricht der Bedingung für die Redo-Protokollierung, die durch die Regeln 7 und 8 ausgedrückt wird.

  Konkret: die Transaktion darf erst dann beendet werden, wenn das Protokoll mindestens bis zum bezeichneten Eintrag gesichert ist.

Die Angabe einer Zeitmarke impliziert nach Voraussetzung über die Arbeitsweise des Systemprotokolls alle Bedingungen, die sich auf kleinere Zeitmarken beziehen. Praktisch bedeutet diese Eigenschaft, daß sich die Konjunktion mehrerer Bedingungen durch das Maximum der Zeitmarken ausdrücken läßt.

Eine Reihe von Problemen sind hier in der Programmierung der Zugriffsfunktionen zu lösen. Wenn man einmal annimmt, daß nur eine Schnittstelle zur Protokollierung im System vorhanden ist, haben die Zugriffsfunktionen dafür zu sorgen, daß

---

1 Das sind die bereits erwähnten High Water Marks aus [Gray 1978].
2 TS steht für TIMESTAMP.

- für jeden Protokolleintrag seine Zeitmarke als Bedingung an den Übergang aller Seiten gestellt wird, die eine Änderung durch die Ursprungsoperation enthalten;
- für jede Seite die Konjunktion von Bedingungen angegeben wird, die sich aus allen Änderungsoperationen ergibt, die in der Fix-Phase ausgeführt wurden.

Darüberhinaus muß aber noch berücksichtigt werden, daß in den Zugriffsfunktionen Aufrufe für verschiedene Protokollarten stehen können: Satz-, Eintrags- und Seitenprotokolle. Je nach Konfiguration findet über eine der Schnittstellen eine echte Protokollierung statt oder der Protokollanschluß wird nicht benutzt. Im letzteren Fall ergibt sich aus einem Aufruf zur Protokollierung die leere Bedingung TRUE, ausgedrückt durch die kleinste Zeitmarke TS_RNG'FIRST, die der Dummy-Modul immer ausgibt. Auf diese Weise lassen sich die Bedingungen, die sich aus den verschiedenen potentiellen Protokollen ergeben, durch Konjunktion der Zeitmarken ihrer Moduln so zusammenfassen, daß sich in jeder Konfiguration die passenden Werte ergeben.

### 6.2.1.3 Globale Zusammenarbeit von Verfahren

Durch die Modularisierung mit Verteilung der Verwaltungsaufgaben auf Moduln läßt sich natürlich nicht verhindern, daß es nach wie vor auch zentrale Aufgaben im Kerndatenbanksystem gibt, die für die korrekte Zusammenarbeit der Verwaltungsmoduln sorgen. Sie werden durch eigene Moduln realisiert, die von den übrigen Verwaltungsmoduln benutzt werden können. Sie sind aber unsichtbar für die Zugriffsfunktionen und beeinflussen nicht deren Programmierung. Ein Beispiel, das nicht weiter detailliert zu werden braucht, ist die vorgeschlagene Abbildung aller logisch separaten Protokolle auf ein einziges Systemprotokoll. Etwas näher betrachtet werden zwei andere Fälle.

#### 6.2.1.3.1 Aufzeichnung von Ereignissen im System

Damit das Kerndatenbanksystem korrekt arbeiten kann, muß vereinbart werden, wann die entscheidenden Ereignisse darin stattfinden, und wo diese Information verfügbar ist (Regel 36). Solche Ereignisse sind

- Die Zustandsübergänge der Transaktionen:
  - □ ihr Start (BOT),
  - □ ihr erfolgreiches Ende (EOT)
  - □ und die entsprechenden Übergänge, die beim Abbruch auftreten.
- Die Informationen über die Zeitpunkte der Sicherung.[1]

Eine Anwendung dieser Zustandsdaten besteht in einer verdeckt vor den Zugriffsfunktionen ablaufenden Optimierungsoperation der Systemsteuerung: sie verwendet Informationen über Sicherungspunkte, um z.B. den Anfang des Protokolls abzuschneiden, wenn er nicht mehr relevant ist.

Es wird ein Modul benötigt, der den maßgeblichen Zustand des Systems in Form der obengenannten Ereignisse zentral notiert und sichert. In der Praxis wird oftmals das Systemprotokoll herangezogen, was hier in manchen Varianten auch ohne weiteres denkbar ist. Der Zustandsübergang von Transaktionen wird in der Segmentverwaltung festgestellt und aufgezeichnet.

---

1 Dies fällt bei transaktionsorientierter Sicherung natürlich mit den Zustandsübergängen der Transaktionen zusammen.

Diese Aufgabe fällt gerade ihr zu, weil die atomaren Übergänge in einigen Einbringstrategien[1] mit dem EOT-Zeitpunkt identifiziert werden. Betrachtet man diese Tatsache genauer, folgt daraus, daß in solchen Realisierungen die Information über Transaktionszustände in den Kontrollstrukturen der Segmentverwaltung zu finden ist. Das erzwingt die Integration des Moduls in die Segmentverwaltung, die damit auch die Aufgabe Zustandsverwaltung und Informationsausgabe erhält.

### 6.2.1.3.2  Behandlung globaler Abhängigkeiten

Wie im Abschnitt über Synchronisationsverfahren ausgeführt, entstehen dort Wartebeziehungen zwischen Transaktionen, die Verklemmungen ergeben, wenn es Zyklen gibt. Die Verklemmungsbedingung ist global: alle Wartebeziehungen im gesamten System sind einzubeziehen. Daher ist eine zentrale Überwachung oder Untersuchung notwendig (Regel 35).

Dazu wird ein Modul eingeführt, an den alle auftretenden Beziehungen weitergemeldet werden, damit er den gesamten Abhängigkeitsgraphen aufbauen und untersuchen kann. Er enthält dazu Funktionen zur strategischen Entscheidung, wie Konflikte aufgelöst werden, und er benachrichtigt die übrigen Moduln, welche Beziehungen aufzuheben sind.

Da es sich um einen Strategiemodul handelt, ist denkbar, daß es hiervon mehrere Varianten gibt, die in verschiedenen Konfigurationen eingesetzt werden.

Entsprechend werden Abhängigkeiten behandelt, die die logische Reihenfolge von Transaktionen ausdrücken.

## 6.2.2  Regeln zur Konfigurierung

Die zweite Art von Regeln legt fest, wie aus dem vorhandenen Vorrat an Verfahren korrekte Konfigurationen für ein Kerndatenbanksystem gebildet werden können. Bevor daraus in den folgenden Kapiteln ein konstruktives Verfahren abgeleitet wird, wird an dieser Stelle zunächst einmal eine feinere Klassifikation der Regeln vorgenommen, aus denen sich ein systematisches Vorgehen ergibt. Es zeigt sich, daß sich auch früher aufgestellte Anforderungen in dieses Schema einordnen lassen.

Zwei Kriterien werden herangezogen, die sozusagen den Informationsfluß in der Ableitung von Aussagen über eine Konfiguration beschreiben: die Argumente einer Regel, d.h. die Information, die sie einbezieht, und die Art der daraus abgeleiteten Aussage.

## 6.2.2.1  In Regeln benötigte Informationen

Die größte Klasse der verarbeiteten Information besteht aus den **Eigenschaften der** einbezogenen **Verfahren**. Da diese Eigenschaften mit dem Ziel ausgesucht wurden,die individuellen Verfahrensmerkmale zu beschreiben, die nicht durch die Schnittstellenspezifikation festgelegt sind, ist es klar, daß alle eingeführten Attribute auch verwendet werden; sonst wären sie ja überflüssig.

Da speziell bei Synchronisation und Protokollierung ein wesentlicher Punkt ist, wie das

---

[1] Dies sind vor allem solche, die auf transaktionskonsistente Übergänge zielen: TOSP, TWIST, DB-Cache/Safe.

Verfahren eingesetzt wird, besteht eine weitere Klasse von Informationen aus der **Art der Verwendung** von Verwaltungsverfahren. Das läßt sich für jede zugrundeliegende Realisierung ermitteln und gilt dann für alle Konfigurationen unabhängig von der Verfahrenszuordnung.

Diese Eigenschaften sind konkret:

- Bei Synchronisation:

  □ die Objekte der Datenbasis:
  Seiten, Einträge, Sätze, Dateien;

  □ das Granulat der Synchronisation.

- Bei Protokollierung:

  □ die Objekte der Datenbasis:
  Seiten, Einträge, Sätze, Dateien;

  □ die Operationsart:
  (idempotente) Zustands-, physische und logische Übergangsoperationen.

Genaueres Betrachten der Regeln offenbart, daß sie sich nicht nur direkt auf die Eigenschaften der involvierten Verfahren beziehen, sondern auch auf **abgeleitete Eigenschaften**, die sich auf verschiedenen Wegen aus den eher "elementaren" Informationen ergeben können. Typisches Beispiel sind die

- Konsistenz der permanenten Datenbasis, und die
- Sicherheit des partiellen Undo.

Zuletzt werden auch **globale Eigenschaften** der Realisierung einbezogen, in der die Verwaltungsverfahren eingesetzt werden. Man kann sie weiter nach ihrer Herkunft unterscheiden, in solche, die sich aus der **Programmierung der Zugriffsfunktionen** ergeben:

- accept_inconsistent_view,
- careful_replacement,

solche, die **globale Strategien zur Sicherung** determinieren:

- savepoint_within_trans,
- savepoint_within_record_op,
- savepoint_within_entry_op,
- savepoint_within_page_op,

und solche, die die **Systemumgebung**, Hardware und Betriebssystem, betreffen:

- atomic_write_op.

### 6.2.2.2  Durch Regeln gelieferte Informationen

Eine Klasse von Regeln spezifiziert **abgeleitete Eigenschaften** der Konfiguration in dem Sinne, wie sie im vorigen Abschnitt bereits erwähnt wurden. Dies sind

- die Bestimmung von Konsistenz (12, 14, 15, 16, 18, 17);
- die Realisierung von Fehlerbehandlung (1, 2, 3, 4);
- die Sicherung des partiellen Undo (21, 22, 23, 24).

Die übrigen Regeln treten in Form von **Bedingungen** auf, die die "brauchbaren" Konfigurationen aus der Menge aller selektieren. Diese Bedingungen können inhaltlich weiter unterschieden werden, wodurch der Begriff "brauchbar" auf verschiedene Weise interpretiert wird.

Die erste Kategorie von Bedingungen kennzeichnet die **funktional korrekten** Konfigurationen; das sind solche, die ausführbar sind, ohne daß damit irgendeine Zusicherung über ihre funktionalen Eigenschaften verbunden ist. Diese Bedingungen verhindern also interne Programmfehler:

- die Anwendbarkeit der protokollierten Operationen auf die Datenbasis
  (9, 10, 11, 19, 20);
- die Notwendigkeit der Protokollsicherung (5);
- die Voraussetzung transaktionskonsistenten Einbringens (13);
- die Voraussetzung für implizites partielles Undo durch Entfernen von Änderungen
  aus der aktuellen Datenbasis (26);
- das Zueinanderpassen der Versionsbildungen (27, 28);
- die ausreichende Synchronisation zur Protokollierung (31);
- die korrekte Verarbeitung der Sicht auf die Datenbasis (32).

Hierzu gehören auch die Bedingungen, die die Anwendbarkeit von Synchronisationsverfahren auf die Objekte des Kerndatenbanksystems einschränken: 29, 30.

Die nächste Art von Bedingungen dient der **Vermeidung von Redundanz**. Das bedeutet, daß für jedes Objekt der Datenbasis nur **ein** Fehlerbehandlungsverfahren und **ein** Synchronisationsverfahren eingesetzt wird, das die geforderten Eigenschaften der Benutzerschnittstelle gewährleistet: 33, 34.

Die letzte Kategorie von Bedingungen, die sich allerdings nicht aus der Zusammenarbeit von Verfahren ergeben, betrifft die **Anforderungen an ein Kerndatenbanksystem**, wie sie in Kapitel 3 spezifiziert wurden. Daß dies an dieser Stelle aufgeführt wird, verdeutlicht, daß das Regelsystem allgemeiner ist als zur exakten Abstimmung der Systemeigenschaften gemäß dem vorliegenden Aufgabenkatalog. Es können vielmehr auch Konfigurationen bestimmt werden, die eine bestimmte Teilmenge der Anforderungen erfüllen.

# 7. Einbindung von Verwaltungsfunktionen

Der Wunsch nach alternativen Realisierungen, die durch Konfigurierung gewählt werden können, besteht sowohl bei den Zugriffsfunktionen, um angemessene Speicherungsstrukturen zu erhalten, als auch bei den Verwaltungsfunktionen, um deren Aufgaben effizient auszuführen. Diese beiden Teilprobleme haben verschiedene Lösungen.

Alternative Realisierungen von Zugriffsfunktionen sind individuell für jeden Datentyp in einem Kerndatenbanksystem bereitzustellen. Dahingehend wird an dieser Stelle lediglich unterstellt, daß alle Realisierungen untereinander äquivalent sind und beliebig ausgewählt werden können. D.h. in diesem Bereich gibt es bei der Konfigurierung keine Restriktionen.

Für Zugriffsfunktionen werden den Benutzern des Kerndatenbanksystems alternative Implementierungen der gleichen Schnittstelle angeboten, wodurch die gleiche Anpassungsfähigkeit erreicht wird, wie sie üblicherweise durch Speicherstruktursprachen angeboten wird. Dieser Teil ist unkritisch, wenn man für jede Alternative eine eigene Implementierung vorsieht.

Als überschaubare Einheit von Zugriffsfunktionen in einem Kerndatenbanksystem wird eine "Datei"[1] gewählt, z.B. eine indexsequentielle Organisationsform, wie sie in vielen universellen Betriebssystemen verfügbar ist. Eine Verallgemeinerung auf Kerndatenbanksysteme aus mehreren solcher Dateien ist verhältnismäßig einfach, wie in Kapitel 9 dargestellt wird.

Der grundsätzliche Aufbau von Zugriffsfunktionen wurde bereits in Abschnitt 4.2.2 vorgestellt. Bezogen auf einen einzelnen Dateityp läßt er sich durch Bild 7.1 veranschaulichen. Insbesondere wird also nur ein Segment betrachtet, das alle Seiten der Datei aufnimmt. Die geforderte Einflußnahmemöglichkeit auf die Speicherungsstrukturen wird durch Varianten zur Realisierung erreicht. Alle Varianten einer Dateischnittstelle sind nach Vereinbarung funktional gleichwertig; es bestehen keine Einschränkungen bei der Auswahl.

Es muß jedoch festgestellt werden, daß verschiedene Varianten auch zu individuellen, inkongruenten Modulstrukturen führen. Das kann man sich am einfachsten an einem Beispiel klarmachen:

> In Abschnitt 4.2.2.2 wurde als Realisierung einer Direktzugriffsschnittstelle mit intern vergebenen Schlüsseln die UDS-Realisierung genannt. Sie enthält zwei Seitentypen: DBTT-Seiten mit Tabellen, die einen Schlüssel auf die Nummer der Seite abbilden, auf der sich der dazugehörige Satz befindet; und Datenseiten, die eine Menge von Sätzen enthalten ohne jegliche Referenzen auf andere Seiten.
>
> Äquivalent dazu ist die sogenannte TID-Realisierung [2] aus dem System R. Es gibt nur eine Art von Seiten; der Schlüssel (TID) bezeichnet die Seite, auf der sich der Satz mit Wahrscheinlichkeit befindet. Für ausgelagerte Sätze wird eine Referenz aufbewahrt, die auf eine weitere Seite verweist, die dann den Satz tatsächlich enthält.
>
> Diese beiden Realisierungen der gleichen Schnittstelle sind wesentlich voneinander verschieden:
>
> 1. sie verwenden eine unterschiedliche Zahl von Seitentypen, so daß die Modulstrukturen nicht deckungsgleich sind;
> 2. die Seitentypen sind funktional nicht vergleichbar.

---

1 Genau genommen handelt es sich im folgenden um Dateitypen.
2 [Härder 1978]; TID = "Tuple Identifier".

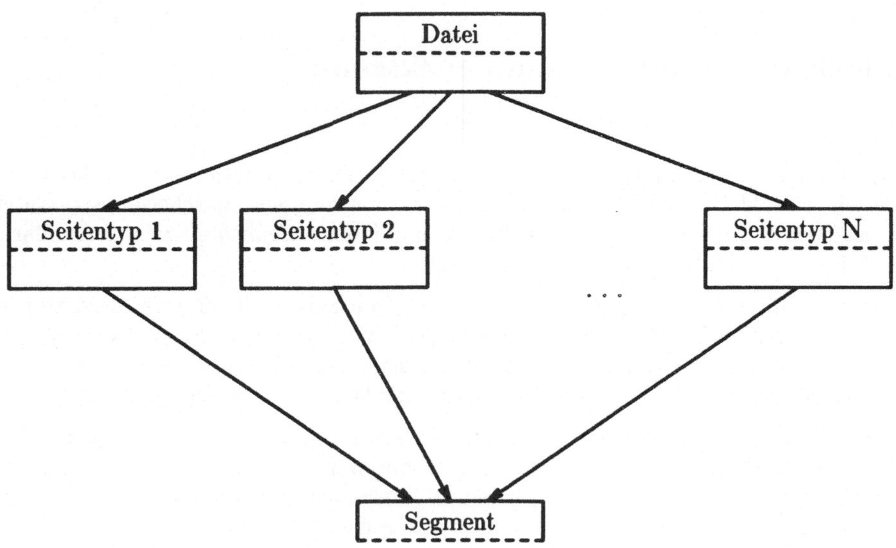



Bild 7.1: Allgemeine Zerlegung von Zugriffsfunktionen

Jede Realisierung stützt sich auf eigene interne Objekte und Operationen, deren Eigenschaften, die zur Integration von Synchronisationsmaßnahmen ausschlaggebend sind, voneinander abweichen. Das bedeutet, daß die im folgenden Kapitel betrachtete Zuordnung von Verwaltungsfunktionen i.a. nur für jede Realisierung getrennt, und nicht für alle Varianten gleichzeitig erfolgen kann.

Wie man sich diese Verknüpfung vorzustellen hat und welche Teilprobleme auftreten, ist der Gegenstand dieses Kapitels.

Zur Illustration wird der Entwurf einer $B^*$-Baum-Realisierung einer indexsequentiellen Schnittstelle vorgestellt.[1] An diesem Beispiel soll demonstriert werden, wie die in den vorangehenden Kapiteln vorgestellten Konzepte in der Praxis angewendet werden. Dazu wird eine konkrete Dateiorganisationsform herangezogen und gezeigt, wie sie mit unterschiedlichen Verwaltungsmoduln ausgestattet werden kann. Die Entscheidung für eine $B^*$-Baum-Realisierung einer indexsequentiellen Schnittstelle hat folgende Vorteile:

- das Beispiel ist bekannt und daher ohne ausführliche Erklärungen leicht verständlich;

- sowohl direkter als auch sequentieller Zugriffs mit ihren unterschiedlichen Problemen treten gemeinsam auf;

- es gibt zwei Arten von Seiten: Index- und Datenseiten;

- wegen unterschiedlicher Zugriffscharakteristiken (Referenzverhalten, Änderungshäufigkeit) können Alternativen zur Behandlung von Seiten verschiedenen Typs betrachtet werden.

---

1 Am Rande bemerkt: die folgende Realisierung unterscheidet sich wesentlich von derjenigen nach [Lehman, Yao 1981], die im Zusammenhang mit der Methode des Careful Replacement als Beispiel genannt wurde.

Die Schnittstelle der indexsequentiellen Organisation erlaubt vielfältige Realisierungen. In der vorgestellten wurde nicht auf effiziente Algorithmen abgezielt. Im Vordergrund stand vielmehr eine **einfache** Implementierung, an der man die Verknüpfung mit Verwaltungsaufgaben ohne Betrachtung zu vieler technischer Details in den Zugriffsfunktionen zeigen kann.

Zur Darstellung wird wie bisher die Programmiersprache Ada herangezogen ([Ada 1983]). Es wird, genau genommen, ein Dateityp beschrieben, dessen Parameter die Struktur der zu speichernden Sätze ist, ohne daß eine bestimmte Realisierung der Parametrisierung durch generische Pakete o.ä. damit unterstellt werden soll. Diese Frage ist für das vorliegende Beispiel unerheblich, weil die Auswahl einer Implementierung hier nicht zur Diskussion steht.

Der Parameter TA der Operationen wird der Übersichtlichkeit halber weggelassen.

## 7.1 Übersicht des Lösungsweges

Das Ziel dieses Kapitels ist es also, zu zeigen, wie man die Standardmoduln für Verwaltungsaufgaben zur Ausstattung von Zugriffsfunktionen mit Verwaltungsoperationen heranzieht. Es ist vorausgesetzt, daß es eine feste Modulmenge gibt, die die Speicherungsstrukturen realisiert, und zwar eine Datei, die auf einem Segment untergebracht ist. Die vorgestellte Lösung benutzt vorgefertigte, parametrisierbare Moduln für Verwaltungsaufgaben, wie sie in Kapitel 5 vorgestellt wurden.

Die Anbindung von Verwaltungsfunktionen erfordert die Erweiterung der Operationen in den Zugriffsmoduln. Aufrufe von Schnittstellen für Verwaltungsmoduln werden integriert, und zwar so, daß der sich ergebende Programmcode einer "Zugriffskonfiguration" für alle vollständigen Konfigurationen unverändert übernommen werden kann.

Die Grundlage der Einbettung von Verwaltungsfunktionen zur Zusammenstellung von Konfigurationen ist die in den Schnittstellen spezifizierte gemeinsame Semantik der vergleichbaren Verfahren. Unberücksichtigt bleiben die individuellen Eigenschaften von Verwaltungsverfahren, die später die zulässigen Konfigurationen bestimmen. Alle explizit auszudrückenden Abhängigkeiten sind dagegen zu berücksichtigen, so z. B. die korrekte Behandlung und Weitergabe von Zeitmarken und die Beachtung der Aufrufreihenfolge der Kontrollfunktionen.[1]

Es wird demonstriert, welche Probleme beim Zusammenfügen entstehen, die beim Entwurf jeder Zugriffsmethode individuell zu lösen sind. Praktisch bedeutet das: Objekte und Operationen sind auszuwählen, auf die die Verwaltungsverfahren anwendbar sind, und die Eigenschaften der Zugriffsfunktionen müssen zur Parametrisierung der Verwaltungsmoduln herangezogen werden. Denn es werden nur allgemeine Mechanismen angeboten, deren Verwendbarkeit überprüft und deren Benutzung individuell zugeschnitten werden muß.

Die Integration von Synchronisation und Protokollierung stellt sich als eine nichttriviale Aufgabe heraus; die Segmentschnittstellen sind dagegen als feste Vorgabe des Entwurfs für eine unterste Schicht einfacher zu behandeln, und die Integration kann im Prinzip für alle Dateitypen auf die gleiche Weise erfolgen.

---

1 Siehe Kapitel 6.

## 7.2 Beispiel B*-Baum-Realisierung: Aufbau der Zugriffsfunktionen

Der Entwurf der Zugriffsfunktionen richtet sich nach der vorgegebenen hierarchischen Struktur aus Bild 7.1: danach ist zunächst festzulegen, welche Seitentypen realisiert werden. Es ist naheliegend, die Seitenschnittstelle so zu unterteilen, daß als verschiedene Datentypen Indexseiten und Datenseiten eingeführt werden.

### 7.2.1 Zerlegung des Dateityps

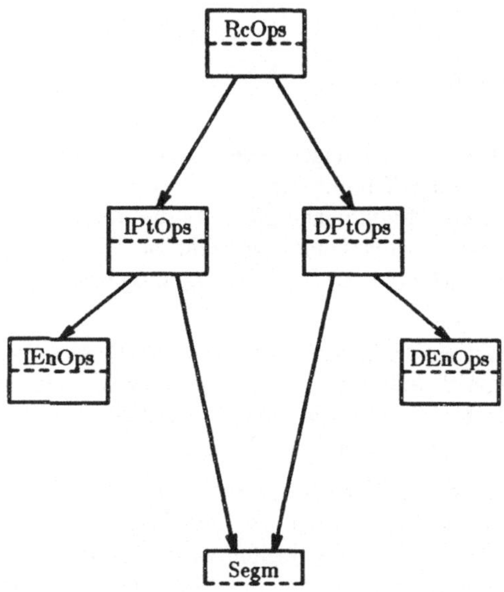


Bild 7.2: Beispiel ISAM, Zugriffsfunktionen

Die konkrete Zerlegung der Zugriffsoperationen in Moduln zeigt Bild 7.2. RcOps definiert die Dateischnittstelle und implementiert die externen Strukturen zwischen den Seiten. Das ist vornehmlich die Baumstruktur, deren innere Knoten die Indexseiten und deren Blätter die Datenseiten sind.

Die Seitenschnittstellen wurde in DPtOps und DEnOps bzw. IPtOps und IEnOps zerlegt. Inhaltlich bedeutet das am Beispiel von Datenseiten folgendes: DPtOps bietet Operationen, die einen Zugriff zu einer Datenseite und ihre Bearbeitung realisieren. Das beinhaltet die Bereitstellung der Seite durch Aufruf der Segmentschnittstelle Segm.[1] Die eigentliche Bearbeitung einer Seite, und damit die Information über ihren internen Aufbau, liegt vollständig beim Modul DEnOps und ist damit von den übrigen Moduln isoliert. In DPtOps werden auch komplexere Operationen wie die Spaltung oder Zusammenfassung von Seiten gemäß den einschlägigen Algorithmen vorgenommen. Das schließt auch die Verwaltung der leeren, unbenutzten Seiten ein, die im weiteren Verlauf nicht näher betrachtet wird.

---

[1] Dieser Teil der Architektur wird später noch verfeinert. An dieser Stelle spielt das jedoch keine Rolle.

Die Seiten werden in einem Systempuffer bereitgestellt, der außerhalb der hier betrachteten Moduln liegt. Bei Anforderung einer Seite wird eine Referenz auf die im Puffer bereitgestellte Version zurückgegeben, mit deren Hilfe aus DEnOps/IEnOps auf die Seite direkt zugegriffen werden kann.

## 7.2.2  Parameter des Dateityps

Die Parameter des Dateityps sind die Typen des Schlüssel- und Datenteils der Sätze:

```
type KEY_TP is ...;   - - Schlüsselteil
type REC_TP is ...;   - - Datenteil
```

Die Schlüssel in der Datei müssen stets eindeutig sein.  Ihr Typ KEY_TP muß (strikt) geordnet sein, d.h. es gibt einen Operator

```
function "<" (L,R : KEY_TP) return BOOLEAN,
```

der diese Ordnung ausdrückt.  Zur Darstellung des Dateiendes beim sequentiellen Lesen dient der folgende Vereinigungstyp:

```
type NEXT_REC_TP (EOF : BOOLEAN) is record
   case EOF is when FALSE => KEY : KEY_TP; REC : REC_TP;
               when TRUE => null;
   end case;
end record;
```

Damit das Verbot seitenüberspannender Sätze eingehalten wird, muß die Implementierung jedes Satztyps kleiner sein als die verwendete nutzbare Seitengröße.  Dies ist eine Restriktion für die Parametrisierung.

## 7.2.3  Die Dateischnittstelle  (RcOps)

Die Operationen des Dateityps sind:

```
procedure INSERT (KEY : KEY_TP; REC : REC_TP);
procedure UPDATE (KEY : KEY_TP; REC : REC_TP);
procedure DELETE (KEY : KEY_TP);
procedure READ (KEY : in out KEY_TP; REC : out REC_TP);
procedure FIRST (NREC : out NEXT_REC_TP);
procedure NEXT (KEY : KEY_TP; NREC : out NEXT_REC_TP);
```

INSERT, UPDATE, DELETE und READ sind die Direktzugriffsoperatoren, deren Wirkung selbsterklärend ist.  Die Operatoren zum sequentiellen Lesen sind FIRST und NEXT, wobei die Semantik von NEXT so zu verstehen ist, daß stets derjenige Satz der Datei gelesen wird, der den nächstgrößeren Schlüssel im Vergleich zu KEY besitzt.  Eine typische Leseschleife, die diese Funktionalität verdeutlicht, lautet:

```
NREC : NEXT_REC_TP;

. . .
FIRST (NREC);
while not NREC.EOF loop
   Verarbeite (NREC.REC);
   NEXT (NREC.KEY, NREC);
end loop;
```

### 7.2.4  Realisierung der externen Struktur zwischen den Seiten

Es gibt die genannten zwei Seitentypen: Indexseiten und Datenseiten. Jeder dieser beiden Seitentypen wird durch eine operationale Schnittstelle repräsentiert, deren Operationen sich jeweils auf genau eine Seite beziehen.

Die Schicht zur Realisierung der externen Struktur zwischen den Seiten umfaßt alle Aufgaben, die notwendig sind, um die Dateioperationen auf solche einfachen Seitenoperationen abzubilden. Zur besseren Strukturierung gibt es intern eine weitere Schnittstelle, die Operationen enthält, die rekursiv auf Teilbäume mit abnehmender Indextiefe anwendbar sind: eine Operation auf einem Teilbaum wird zerlegt in die Bearbeitung der Wurzelseite durch Operationen der Indexseitenverwaltung (Abschnitt 7.2.5) und die Bearbeitung eines daranhängenden kleineren Teilbaums durch rekursiven Aufruf der gleichen Prozedur oder, wenn dies nur noch eine Datenseite ist, durch eine Operation der Datenseitenverwaltung (Abschnitt 7.2.6).

Die Schnittstelle der Einfügeoperation sieht z.B. so aus:

```
type PG_NBR_RNG is ...;   - - Seitennummern (aus der Segmentschnittstelle)
type UPD_TP is ...;   - - Information über sich nach außen fortpflanzende Änderung (s.u.)
. . .
procedure INSERT_IN_B_TREE
    (PG : PG_NBR_RNG; KEY : KEY_TP; REC : REC_TP; UPD : out UPD_TP);
```

Die Prozedur trägt einen neuen Satz in denjenigen Teilbaum ein, dessen Wurzel durch PG bezeichnet wird. Das Ergebnis UPD enthält im Falle des Spaltens der Wurzel des Teilbaumes den Eintrag, der in ihren Vorgänger einzutragen ist. Darin besteht eine Hauptaufgabe dieser Zwischenschicht: die Änderung der Baumstruktur vorzunehmen.

Analoge Prozeduren gibt es für die übrigen Dateioperationen.


### 7.2.5  Indexseitenverwaltung (IPtOps)

Die Operationen dieser Ebene beziehen sich stets auf einzelne Seiten, zusätzlich realisieren sie aber die Spaltung und Zusammenfassung von Seiten, so daß als Spezialfall eines Seitenzugriffs eine komplexere Operation auf mehreren Seiten ausgeführt wird. Die Typen der Datenobjekte im Umgang mit Indexseiten sind

```
subtype TARG_TP is PG_NBR_RNG;   - - Seitenreferenzen als Zugriffspfadinformation

type ENTRY_TP is record KEY : KEY_TP;  TG : TARG_TP; end record;
    - - Einträge auf den Indexseiten
type UPD_TP is access ENTRY_TP;   - - entweder ein Eintrag oder keiner

type NEXT_ENTRY_TP (EOF : BOOLEAN) is record   - - analog zu NEXT_REC_TP
    case EOF is when FALSE ==> KEY : KEY_TP; TG : TARG_TP;
                when TRUE ==> null;
    end case;
end record;
```

Die Einträge auf Indexseiten (ENTRY_TP) bestehen aus dem Schlüssel KEY und der Referenz TG. Jede einzelne Indexseite enthält eine variabel lange Liste $E$ von solchen Einträgen, deren Elemente nach den Schlüsselwerten sortiert sind, d.h. $E(N).KEY > E(N\text{-}1).KEY$ für $N > 1$. Ein Eintrag $E(N)$ bedeutet, daß alle Sätze mit Schlüssel $K \leq E(N).KEY$ über die Seite $E(N).TG$ erreichbar sind, wenn gleichzeitig $K > E(N\text{-}1).KEY$ für $N > 1$.

Der größte Schlüssel auf einer Seite ist redundant; er ist identisch mit dem Schlüssel in demjenigen Eintrag des Vorgängers, der auf die betreffende Seite zeigt, in der Wurzel ist das KEY_TP'LAST. Durch diese Vereinbarung erreicht man, daß eine Indexseite aus lauter Einträgen des gleichen Typs besteht und die Integration von Verwaltungsfunktionen sich vereinfacht.

Die Werte von UPD_TP sind definitionsgemäß entweder

- ein Eintrag, der in der Umgebung (= Vaterknoten) zu ändern ist, und zwar einzufügen bei INSERT und zu löschen bei DELETE, oder
- **null**, was bedeutet, daß keine Änderung notwendig ist.

Die Schnittstellenoperatoren sind:

```
procedure INCLUDE (KEY : KEY_TP; TG : TARG_TP; UPD : out UPD_TP);
procedure UPDATE_KEY (KEY : KEY_TP; TG : TARG_TP);
procedure UPDATE_TG (KEY : KEY_TP; TG  : TARG_TP);
procedure EXCLUDE (KEY : KEY_TP; UPD : out UPD_TP);
procedure TRACE (KEY : KEY_TP; ENT : out ENTRY_TP);
procedure FIRST (NENT : out NEXT_ENTRY_TP);
procedure NEXT (KEY  : KEY_TP; NENT : out NEXT_ENTRY_TP);
procedure EXTEND (KEY : KEY_TP; TG  : out TARG_TP);
```

Ihre Semantik:

INCLUDE fügt einen neuen Eintrag in eine Seite ein. Bei Überlauf wird die Seite gespalten; dann enthält UPD den Eintrag, der in den Vorgänger aufzunehmen ist. Sonst ist UPD = **null**.

UPDATE_KEY ändert auf der Seite den Schlüssel desjenigen Eintrags, der durch die Referenz TG identifiziert wird. Ein Über- oder Unterlauf kann in diesem Fall nicht auftreten.

UPDATE_TG ändert analog die Referenz eines Eintrags, der durch die den Schlüssel KEY identifiziert wird.

EXCLUDE löscht den Eintrag mit dem Schlüssel KEY. Wenn dadurch ein Unterlauf stattfindet, werden Seiten zusammengefaßt und die Einträge reorganisiert; UPD gibt dann denjenigen Eintrag an, der im Vorgängerknoten zu löschen ist. Sonst ist UPD = **null**.

TRACE liest die Zugriffspfadinformation für den Schlüssel KEY und liefert die Referenz auf die Seite der nächsten Ebene, auf der die Suche nach dem Satz fortzusetzen ist.

FIRST gibt den ersten Eintrag einer Seite aus.

NEXT gibt den nächsten Eintrag auf der Seite aus. Das ist derjenige mit dem kleinstem Schlüssel größer als KEY. Wenn kein solcher Eintrag vorhanden ist, gilt NENT.EOF.

EXTEND erlaubt, den Grenzschlüssel einer Seite, d.h. den größte Schlüssel im letzten Eintrag der Liste, zu verändern. Damit kann die Bedingung über den Wert des redundanten größten Schlüssels durchgesetzt werden. Die Details davon sind hier nicht von Bedeutung. TG gibt die Referenz im letzten Eintrag aus, damit die entsprechende Änderung auch auf dem nächsten Niveau des Baumes ausgeführt werden kann.


## 7.2.6  Datenseitenverwaltung  (DPtOps)

Die Einträge auf den Datenseiten sind die Sätze der Datei, die analog zu den Indexeinträgen als Liste gespeichert werden. Die Operationen entsprechen weitgehend denjenigen der Satzschnittstelle der Datei. Man kann jede Datenseite praktisch als eine Datei im Kleinen mit begrenzter Kapazität betrachten. Die Schnittstellenoperationen von DPtOps sind:

```
procedure INSERT (KEY : KEY_TP; REC : REC_TP; UPD : out UPD_TP);
procedure UPDATE (KEY : KEY_TP; REC : REC_TP);
procedure DELETE (KEY : KEY_TP; UPD : out UPD_TP);
procedure READ (KEY : In out KEY_TP; REC : out REC_TP);
procedure FIRST (NREC : out NEXT_REC_TP);
procedure NEXT (KEY : KEY_TP; NREC : out NEXT_REC_TP);
```

Die Semantik der Operationen:

Der Unterschied zur Dateischnittstelle besteht lediglich darin, daß bei INSERT ein Überlauf der Seite mit Aufspalten und bei DELETE ein Unterlauf mit Zusammenfassen auftreten kann, was wie bei den Indexseiten durch UPD mitgeteilt wird, damit die notwendige Änderung im Indexteil vorgenommen werden kann.

### 7.2.7  Realisierung der Seitenverwaltung

Die Aufgabenbereiche, die zu erledigen sind, sind

- Bereitstellung von Seiten durch Anforderung und Freigabe über die Operationen der Seitenschnittstelle,

- Bearbeitung einzelner Seiteninhalte durch Aufruf der Operationen von IEnOps bzw. DEnOps,

- Organisation des Spaltens und Zusammenfassens als Operation, die sich auf zwei Seiten bezieht,

- Freiseitenverwaltung als Menge von Seitennummern unbenutzter Seiten.

Die Trennung von Anforderung und Zugriff auf Seiten ist deshalb sinnvoll, weil beim Spalten und  Zusammenfassen Daten zwischen zwei Seiten transportiert werden, und währenddessen beide Seiten gleichzeitig verfügbar sein müssen.

Es gibt in diesem Teil der Realisierung keine Informationen über die physischen Datenstrukturen auf den Seiten.

### 7.2.8  Seitenbearbeitung : Indexseiten  (IEnOps)

Die Operationen beziehen sich stets auf eine bestimmte Seite, die eine Liste von Einträgen gemäß der Spezifikation aus Abschnitt 7.2.4 enthält.

```
procedure INCLUDE (KEY : KEY_TP; TG : TARG_TP);
procedure REMOVE_FIRST (KEY : out KEY_TP; TG : out TARG_TP);
procedure UPDATE_KEY (KEY : KEY_TP; TG : TARG_TP);
procedure UPDATE_TG (KEY : KEY_TP; TG : TARG_TP);
procedure EXCLUDE (KEY : KEY_TP);
procedure TRACE (KEY : KEY_TP; ENT : out ENTRY_TP);
procedure FIRST (ENT : out ENTRY_TP);
procedure NEXT (KEY : KEY_TP; ENT : out ENTRY_TP);
procedure LAST (ENT : out ENTRY_TP);
function OCCUPANCY return NATURAL;
```

Die Semantik der Operationen:

Sie ist ähnlich, wie in IPtOps für die dortigen Operationen beschrieben. Es muß aber vom Aufrufer geprüft werden, daß kein Überlauf stattfindet. Die Seite kann durch Löschen aller Einträge geleert werden, bevor sie aus dem Baum entfernt wird.  Die hinzukommenden Operatoren bewirken:

REMOVE_FIRST gibt den ersten Eintrag der Seite aus und löscht ihn. Damit können Einträge sequentiell entfernt werden, um der Inhalt einer Seite aufzuteilen.[1]

---

1 Diese Schnittstelle wurde an einfacher Funktionalität orientiert, nicht an der Effizienz von Realisierungen.

LAST liefert den letzten Eintrag mit dem größten Schlüssel und erlaubt damit die Prüfung, ob bereits das Ende der Liste erreicht ist.

Mit OCCUPANCY kann die Belegung einer Seite abgefragt werden, insbesondere, ob sie leer ist, oder ob noch genügend freier Platz für weitere Einträge vorhanden ist.

FIRST und NEXT dürfen auf dieser Ebene nur aufgerufen werden, wenn sichergestellt ist, daß sie ein definiertes Ergebnis in Form eines Eintrags liefern.

## 7.2.9  Seitenbearbeitung : Datenseiten  (DEnOps)

Jede einzelne Datenseite enthält eine Liste von Sätzen des Typs REC_TP mit Schlüsseln des Typs KEY_TP, die nach den Schlüsselwerten sortiert sind. Die Schnittstelle entspricht derjenigen für Indexseiten, mit der Einschränkung, daß auf die Dateneinträge nur über den Schlüsselteil direkt zugegriffen wird.  Die Operationen der Schnittstelle sind:

```
procedure INSERT (KEY : KEY_TP; REC : REC_TP);
procedure REMOVE_FIRST (KEY : out KEY_TP; REC : out REC_TP);
procedure UPDATE (KEY : KEY_TP; REC : in REC_TP);
procedure DELETE (KEY : KEY_TP);
procedure READ (KEY : in out KEY_TP; REC : out REC_TP);
procedure FIRST (KEY : out KEY_TP; REC : out REC_TP);
procedure NEXT (KEY : in out KEY_TP; REC : out REC_TP);
procedure LAST (KEY : out KEY_TP; REC : out REC_TP);
function OCCUPANCY return NATURAL;
```

Die Semantik ergibt sich entsprechend zu den vorangehenden Abschnitten.

## 7.2.10  Realisierung der Seitenstrukturen

Die Darstellung und Bearbeitung der Daten auf den Seiten ist vollständig verdeckt durch die funktionale Schnittstelle. Sie kann beliebig gewählt und verändert werden, weil sie von den übrigen Teilen der Konfiguration vollständig isoliert ist. Auf ein konkretes Beispiel kann daher verzichtet werden.

## 7.3  Prinzipien zur Integration von Verwaltungsoperationen

## 7.3.1  Klassifikation von Verwaltungsoperationen

Die Grundidee, auf der die Zusammensetzung von Zugriffs- und Verwaltungsmoduln basiert, beruht auf der Beobachtung, daß die Aufrufe von Verwaltungsfunktionen in zwei Kategorien zerfallen:

- solche die **im Verlauf** einer Zugriffsoperation des Kerndatenbanksystems auf die Daten der Datenbasis aufgerufen werden, und

- solche die **zwischen** zwei Operationen des Kerndatenbanksystems, bzw. am **Anfang** oder **Ende** einer Transaktion aufgerufen werden und die daher Kontrolloperationen genannt werden.

Die erste Art der obengenannten Aufrufe von Verwaltungsfunktionen werden in die Rümpfe der Zugriffsfunktionen eingefügt. In der Praxis hat sich gezeigt, daß dies in der Regel am Anfang oder Ende von Teiloperationen geschehen kann, so daß der logische Aufbau der

Zugriffsoperationen weitestgehend erhalten bleibt. Dies läßt sich am besten an den folgenden Beispielen nachvollziehen.

Der andere Teil der Aufrufe von Verwaltungsmoduln betrifft deren Kontrolloperationen, die unabhängig von Aufrufen der Zugriffsfunktionen der Datei sind. Es handelt sich dabei konkret um die Operationen

<pre>
START,          UNDO,
CHECK,          REDO,
FINISH,         ARCHIVE_REDO,
UNDO(TA),       SAVE,
REMOVE,
</pre>

die in allen Schnittstellen von Verwaltungsfunktionen gleich benannt wurden, und zwar so, daß sich jeweils die Namen der Aktionen zu einem bestimmten Ereignis im Ablauf einer Transaktion oder des Gesamtsystems entsprechen.

Die grundlegende Idee, die eine Verbindung einzelner Dateitypen zu einem Kerndatenbanksystem erlaubt, ist, die Aufrufe von Kontrolloperationen zu eigenen Moduln zusammenzufassen, deren Operationen auch als Kontrolloperationen des Kerndatenbanksystems bzw. der Datei bezeichnet werden. Sie sind weitgehend unabhängig von den Zugriffsoperationen.

Die Aufrufe von Kontrolloperationen werden genauer zu einer eigenen Hierarchie zusammengestellt, die neben der Zugriffshierarchie steht. Für Dateien ist ein Modul pro Ebene vorgesehen, dessen Aufgabe die "Betreuung" aller seiner Schicht zugeordneten Verwaltungsmoduln durch Aufruf von deren Kontrolloperationen ist. Daraus ergibt sich ein prinzipieller Aufbau aus

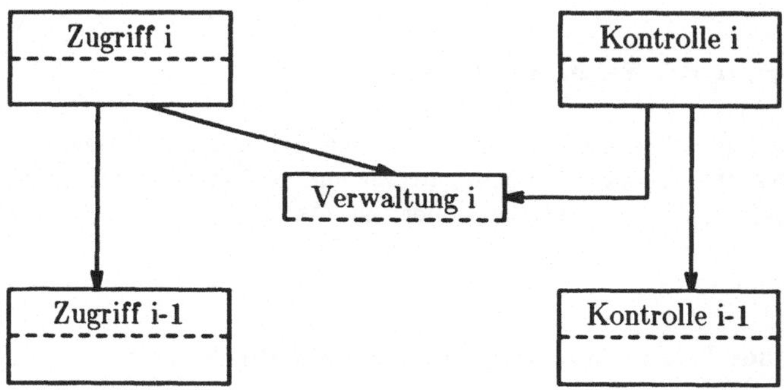


Bild 7.3: Stellung und Gliederung der Kontrolloperationen

Moduln, der in Bild 7.3 an zwei beliebigen benachbarten Ebenen gezeigt wird. Zwei Punkte sind hervorzuheben:

- Der oberste Modul der Kontrollhierarchie stellt eine Erweiterung der Dateischnittstelle um Kontrolloperationen dar, die von außen aufgerufen werden, z.B. am Anfang oder Ende einer Transaktion oder zum Rücksetzen.

- Die dargestellte strikte Trennung der Kontrollhierarchie von den Zugriffsfunktionen ohne gegenseitige Aufrufe läßt sich nicht ganz durchhalten, weil beim Rücksetzen und Wiederholen die protokollierten Operationen aufgerufen werden müssen.

## 7.3.2  Beispiel

Im Entwurf des ISAM-Dateityps gibt es drei Ebenen mit den Objekten

- Sätze der Datei,
- Einträge der Seiten,
- Seiten des Segments,

und zwei implementierende Schichten. Daraus ergibt sich die in Bild 7.4 dargestellte Zuordnung von Kontrollmoduln. Man beachte, daß die Segmentschnittstelle, die hier eine Schicht im Kerndatenbanksystem bildet, wie die Schnittstellen aller Verwaltungsaufgaben Kontrolloperationen

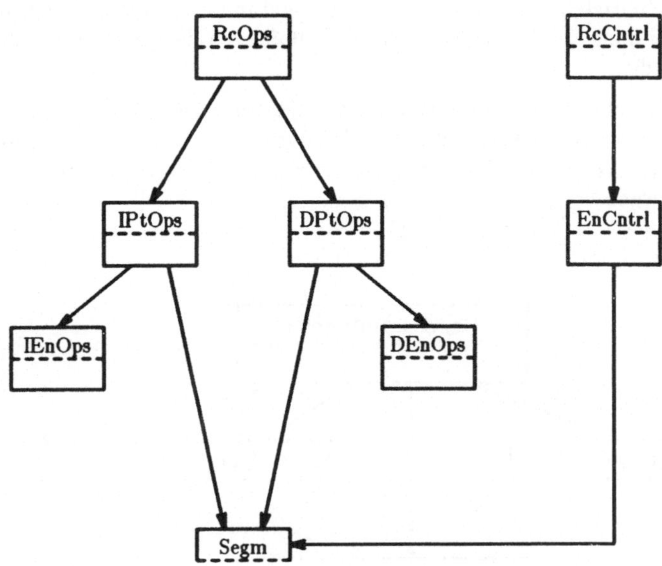


Bild 7.4:  Beispiel ISAM, Erweiterung um Kontrolloperationen

enthält. Durch RcCntrl und EnCntrl werden die später hinzugefügten Verwaltungsmoduln zur Synchronisation und Protokollierung gesteuert, die sich auf Satz- und Eintragsobjekte beziehen.

## 7.4  Verwaltungsfunktionen für Seitenobjekte

### 7.4.1  Problemstellung

Es tritt das folgende Problem auf: auf die Zugriffsoperationen zu den Seiten sollen Synchronisation und Protokollierung anwendbar sein.[1] Die Segmentverwaltung selbst, die die Seitenobjekte realisiert, ist wegen der beabsichtigten Isolation der Verwaltungsaufgaben frei von Synchronisation und Protokollierung, so daß dies außerhalb vorgenommen werden muß.

Die Lösung dieses Problems liegt in einer Verfeinerung der vorliegenden Architektur, die sich in gleicher Weise bei allen Dateitypen vornehmen läßt: die Zugriffsfunktionen greifen nicht direkt auf die Segmentschnittstelle zu; es wird eine Zwischenschicht eingeschoben, die die Funktionalität der Segmentschnittstelle nach oben weitergibt, und in deren Realisierung, im wesentlichen eine identische Abbildung der Funktionen, die Anknüpfungen die Aufrufe der Verwaltungsfunktionen integriert werden.

Die eingeschobene Schnittstelle wird **Seitenschnittstelle** genannt.[2] Sie hat aus Sicht der Zugriffsfunktionen die gleiche Schnittstelle wie die Segmentverwaltung und erfüllt deren Aufgaben. Daß in der Schicht dazwischen Verwaltungsmoduln angefügt werden können, wie in Bild 7.5 gezeigt, bleibt verborgen.

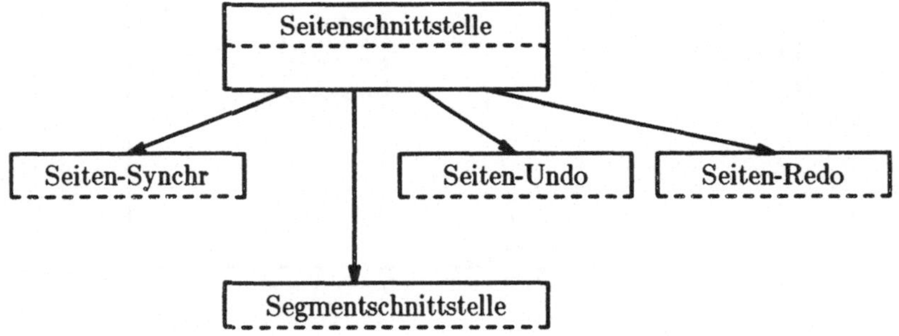

Bild 7.5:  Verwendung einer expliziten Seitenschnittstelle

Die Abbildung innerhalb der neuen Schicht ist im wesentlichen die Identität, z.B.:

```
procedure GET_FIX_READ (PN : ... ; BF : ... ) is begin
   . . .
   Segm.GET_FIX_READ(PN,BF);
   . . .
end;
```

In den folgenden Abschnitten wird gezeigt, wie sie um Aufrufe zur Seitensynchronisation und Seitenprotokollierung erweitert werden kann.

Durch die vorgestellte Vorgehensweise erhält man gleichzeitig einen zusätzlichen Freiheitsgrad:

---

1  Daß sich diese Operationen zu dem Zweck eignen, ist offensichtlich. Es ergibt sich nicht zuletzt aus denjenigen Verfahren, die hauptsächlich für Seitenobjekte entworfen wurden.
2  Weil Seiten die Objekte sind, auf die sich ihre Operationen beziehen.

es können ohne weiteres mehrere solcher Schnittstellen nebeneinandergestellt werden, z.B. eine eigene für jeden Seitentyp bzw. jede Eintragsschnittstelle.[1] Dann lassen sich verschiedene Verfahren zuordnen, so daß sich eine reichhaltigere Auswahl von Konfigurationen ergibt.

## 7.4.2  Beispiel

Für Index- und Datenseiten werden getrennte Seitenschnittstellen eingeführt. Daraus ergibt sich die in Bild 7.6 gezeigte verfeinerte Architektur mit einem zusätzlichen Modul PgCntrl in der

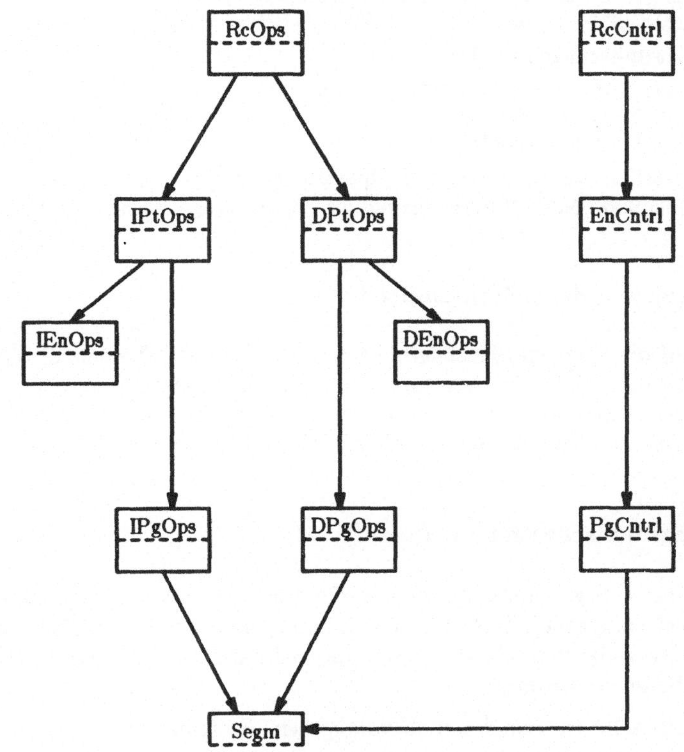


Bild 7.6:  Beispiel ISAM, Einführung einer expliziten Seitenschnittstelle

Kontrollhierarchie, der die Verwaltungsverfahren für Seitenobjekte steuert.

---

1 Eine noch feinere Unterteilung ist sicher nicht sinnvoll.

### 7.4.2.1  Die Seitenschnittstellen  (IPgOps und DPgOps)

Die zwei Seitenschnittstellen sind völlig gleichartig aufgebaut und können daher gemeinsam beschrieben werden.

Es wird unterstellt, daß es für jeden Seitentyp eine feste Anzahl von Exemplaren gibt, und zwar I Indexseiten und D Datenseiten. Dadurch entfallen die Operationen zum Ein- und Ausgliedern von Seiten, die insbesondere bei der Sicherung und Wiederherstellung eine besondere Behandlung erforderten.[1]

Zur Implementierung von Indexseiten sei vereinbart:

```
subtype IND_PG_NBR_RNG is INTEGER range 1 .. I;   - - Seitennummern
type IND_PAGE_TP is private;   - - verborgene Seitenstruktur
type IND_PG_ACC_TP is access IND_PAGE_TP;   - - Referenzen auf Seiten(versionen)
```

Entsprechende Vereinbarungen für Datenseiten:

```
subtype DAT_PG_NBR_RNG is INTEGER range 1 .. D;
type DAT_PAGE_TP is private;
type DAT_PG_ACC_TP is access DAT_PAGE_TP;
```

Die Seitenschnittstellen bestehen aus den Operationen GET_FIX_READ, GET_FIX_WRITE, CONVERT, UNFIX_READ und UNFIX_WRITE analog zur Segmentverwaltungsschnittstelle.[2]


### 7.4.2.2  Realisierung der Seitenschnittstellen

Die Abbildung auf die Segmentschnittstelle ist einfach. Praktisch besteht die einzige Aufgabe in der Konvertierung der Seitennummern und Seitenstrukturtypen zu Elementen der Vereinigungstypen (s.u.). In der Praxis wird dies bereits beim Entwurf der höheren Schichten berücksichtigt sein, indem z.B. für Seitennummern benachbarte Intervalle vereinbart werden.


### 7.4.2.3  Die Segmentschnittstelle  (Segm)

Die Einbindung einer Segmentschnittstelle in die Hierarchie von Zugriffsfunktionen ist schon durch den Entwurf vorgegeben. Sie schließt sich immer an die unterste Ebene an und kennzeichnet den Übergang von der individuellen, dateitypspezifischen Datenorganisation zur allgemeinen, standardisierten Seitenverwaltung.

Die Segmentschnittstelle ist grundsätzlich vorgegeben. Es fehlt lediglich die Parametrisierung, die aus den Vereinbarungen der Seitenschnittstellen hervorgeht:

---

1 Streng genommen sind I und D Parameter der Dateityprealisierung.
2 Siehe Abschnitt 5.1

```
subtype PG_NBR_RNG is INTEGER range 1 .. I + D;
   - - Indexseiten: 1 .. I,  Datenseiten: I+1 .. I+D

type PAGE_KIND_TP is (INDEX, DATA);
type PAGE_TP (KIND : PAGE_KIND_TP) is record
   case KIND is  when INDEX => IPG : IND_PAGE_TP;
                 when DATA  => DPG : DAT_PAGE_TP;
   end case;
end record;
type PG_ACC_TP is access PAGE_TP;
```

## 7.5  Ansatzpunkte für Synchronisation und Protokollierung

Zur Anwendung von Synchronisation und Protokollierung sind Objekte und Operationen des Kerndatenbanksystems auszuwählen. Dazu wird die folgende Vorgehensweise vorgeschlagen:

1.  die infragekommenden Objektmengen werden anhand der Architektur der Zugriffsfunktionen als Kandidaten ausgewählt;

2.  die Operationen werden daraufhin untersucht, ob sie sich zur Anwendung von Verwaltungsverfahren eignen, bzw. unter welchen Umständen sie das tun.

Der erste Schritt kann unabhängig vom Zweck der Verwaltungsfunktionen erfolgen; beim zweiten werden die spezifischen Probleme von Synchronisation und Protokollierung berücksichtigt.

### 7.5.1  Auswahl von Objekten

Die Frage, welche Objekte innerhalb einer Datei zur Synchronisation verwendbar sein sollen, betrifft vorwiegend die Auswahl einer Schicht, also einer Ebene der vorliegenden Abstraktionshierarchie. Zusätzlich besteht dann die Möglichkeit, die auf dieser Ebene repräsentierten Objekte der Datenbasis in unabhängige Teile zu partitionieren, die separat verwaltet werden. Ob man dies tut, hängt auch davon ab, ob man ihnen eventuell verschiedene Verfahren zuteilen möchte.

Als Operationen, die zu Protokollierung, Rücksetzen und Wiederholen herangezogen werden, kommen wie bei der Synchronisation im Prinzip Operationen auf allen Ebenen der Zugriffsfunktionshierarchie in Frage: man kann sich vorstellen, daß die komplexe Änderung, die eine Transaktion an der Datenbasis vornimmt, durch eine Sequenz von Operationen auf einer beliebigen Ebene ausgedrückt wird. Jede Aktion wird aber nur auf **einer** Ebene protokolliert. Eine Zerlegung der Daten in disjunkte Teile ist möglich, wonach dann die Protokollierung der einzelnen Teile auch auf verschiedenen Ebenen erfolgen kann.

### 7.5.2  Beispiel

Zur Integration von Synchronisation und Protokollierung werden erst einmal geeignete Datenobjekte und Operationen als Kandidaten ausgewählt. Genau genommen ist der Entwurf der Hierarchie bereits an einer solchen Zielsetzung orientiert, so daß deren Bestimmung leichtfällt. Ob sie für die verschiedenen Aufgaben tatsächlich geeignet sind, muß getrennt untersucht werden und führt auch zu verschiedenen Ergebnissen.

Als Kandidaten bieten sich auf den folgenden drei Ebenen an:

- Die **Datei** als ganzes Objekt, wobei sie von vornherein nur zur Synchronisation infragekommt, weil eine Protokollierung solch großer Objekte nicht gebräuchlich ist.

- Die **Satzschnittstelle** der gesamten Datei mit den Sätzen als Objekten, bestehend aus dem eindeutigen Bezeichner vom Typ KEY_TP und einem Wert vom Typ REC_TP.

- Die **Eintragsschnittstellen** der Seitentypen für Index- und Datenseiten; und zwar getrennt voneinander als disjunkte Teile des Inhalts einer Datei:
  - □ die Objekte auf den **Indexseiten** sind die genannten (Index-)Einträge von Typ ENTRY_TP, d.h. Paare aus Schlüssel und Seitenreferenz (KEY_TP, PG_NBR_RNG). Von diesen Paaren kann eine Komponente als Identifikator im Prinzip frei gewählt werden. Die Seitenreferenz ist eindeutig für alle Einträge im gesamten Indexteil, weil jede Seite der Datei maximal einen Vorgänger besitzt, der eine Referenz auf sie enthält. Die Schlüsselkomponenten sind eindeutig auf jeder Indexseite, aber i.a. nicht eindeutig in der Gesamtheit der Seiten.
  - □ Die Objekte auf **Datenseiten** sind die Sätze der Datei (KEY_TP, REC_TP). Die Schlüssel sind nach Voraussetzung eindeutig, und zwar sowohl lokal auf jeder Seite, als auch in der gesamten Datei.

- Die **Seitenschnittstellen** mit den Seiten des Index- bzw. Datenteils als Objekten. Der Bezeichner der Objekte ist vom Typ IND_PG_NBR_RNG bzw. DAT_PG_NBR_RNG, der Wertebereich aus IND_PAGE_TP bzw. DAT_PAGE_TP.

## 7.6 Synchronisation

Es gilt nun, die Kandidaten für Synchronisation auf ihre Tauglichkeit zu untersuchen.

Die Synchronisationsverfahren, die in Abschnitt 5.2 untersucht und für den vorliegenden Entwurf ausgewählt wurden, kennzeichnet: die Kontrolle findet stets zwischen Aufrufen von Operationen einundderselben Schicht der Zugriffshierarchie statt. Die Bedingungen, welche Operatoraufrufe gleichzeitig von verschiedenen Transaktionen ausgeführt werden dürfen, ist daran auszurichten, daß die Serialisierbarkeit der Transaktionen gewährleistet werden kann. Die Kriterien der Synchronisation müssen vom Entwerfer der Zugriffsfunktionen festgelegt werden. Dazu ist genaue Kenntnis ihrer Wirkungsweise notwendig, die sich auch auf die aufgerufenen Funktionen niedrigerer Schichten erstrecken muß. In der Praxis kann man sich jedoch auf die genannte Objekthierarchie[1] beziehen, deren Operationen bekannte und auf ähnliche Organisationsformen übertragbare Eigenschaften aufweisen.

### 7.6.1 Die Verträglichkeit der Zugriffe

Für jede Operation einer ausgewählten Schnittstelle muß zunächst festgestellt werden, welche Objekte sie berührt, und weiterhin, wie diese Objekte von dem Zugriff betroffen werden. Das allein ist jedoch noch nicht ausreichend, denn es muß sichergestellt sein, daß bereits beim Aufruf diese Information bekannt ist, damit der beabsichtigte Zugriff durch Benachrichtigung des Synchronisationsmoduls angemeldet werden kann. Man beachte, daß bei Suchoperationen oftmals a

---

1 Siehe Abschnitt 5.2.5.

priori nicht erkennbar ist, welche einzelnen Objekte betroffen sind.[1] Eine Lösung besteht nur darin, ein größeres Granulat zu wählen.

Damit die wiederverwendbaren Verwaltungsmoduln mit den Standardverfahren eingesetzt werden können, ist es erforderlich, die Parametrisierung vorzunehmen, d.h. den Operationen eine Wirkung im Sinne von "lesend", "ändernd" oder "Teile ändernd", etc. zuzuordnen, die den angebotenen Synchronisationskonzepten (z.B. Sperrmodus) entspricht.

Für RAC-Verfahren und optimistische Synchronisation gibt es die Zugriffsarten:

**type** ACCESS_MODE **is** (SHARE, EXCL);

Für die SIX-Sperrmethode gibt es die Sperrarten:

**type** SIX_LOCK_MODE **is** (NO_LOCK, IS_MODE, IX_MODE, S_MODE, SIX_MODE, X_MODE);

In der SIX-Terminologie bedeutet gemeinsamer Zugriff S_MODE und exklusiver Zugriff X_MODE. Damit kann man die Einteilung für das SIX-Sperrverfahren als feiner einstufen, so daß im Grunde nur **eine** Abbildung von Operatoren auf Zugriffsmodi zu spezifizieren ist, aus denen weitere durch Vergröberung (weniger Modi) gemäß der zugrundeliegenden Hierarchie der Zugriffsrechte gemäß Bild 7.7 ableitbar sind.

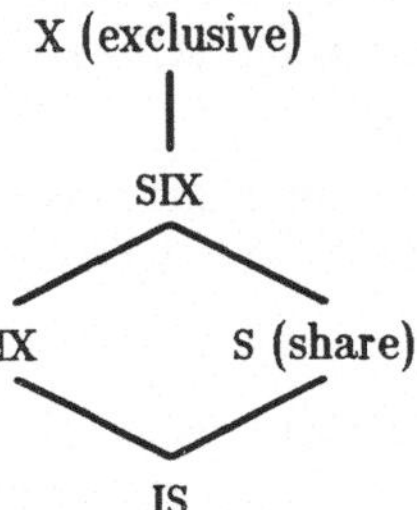


Bild 7.7: Hierarchie von Zugriffsmodi

### 7.6.2 Die Integration der Aufrufe

Wenn eine Menge von Zugriffsoperationen zur Synchronisation ausgesucht wurde, ist damit die Schnittstelle eines Synchronisationsmoduls Sync eingerichtet, die nach den Regeln des vorigen Absatzes parametrisiert ist; d.h. die Abbildung der Operatorart auf den Zugriffsmodus ist festgelegt.

Die Integration der Aufrufe von Sync ist einfach. Als erste Anweisungen wird in die Prozedurrümpfe eingefügt:

Sync.ACCESS_OBJECT (OBJECT_ID, OPERATOR_ID, OK);

Bei Verweigerung des Fortsetzens wird die (Datei-)Operation abgebrochen, damit das Rücksetzen eingeleitet werden kann. Ein Konzept zur Ausnahmebehandlung kann vorteilhaft eingesetzt

---

1 Man vergleiche damit die Probleme mit den sequentiellen Leseoperatoren im Beispiel ISAM in Abschnitt 7.6.3.2.

werden:

if not OK then raise BACKUP_EXCEPTION end if;

## 7.6.3  Beispiel

Für die im vorigen Abschnitt ausgewählten Objekte und Operationen sind die Bedingungen für die Synchronisation im Hinblick auf die strenge Forderung nach Sequentialisierbarkeit parallel ablaufender Transaktionen aufzustellen. Dazu muß als erstes für jede Operation festgestellt werden, welche Objekte sie berührt, und weiterhin, wie die Objekte von dem Zugriff betroffen werden, d.h. welcher Zugriffsmodus vorliegt. Insbesondere muß geprüft werden, ob die zur Synchronisation notwendige Information beim Start der Operation verfügbar ist. Aus den Ergebnissen ist eine Bewertung abzuleiten, für welche Fälle es sinnvoll ist, ein Synchronisationsverfahren vorzusehen. Zu guter letzt muß dann für alle ausgewählten Kandidaten der Aufruf mit Benachrichtigung des Synchronisationsmoduls integriert werden.

### 7.6.3.1  Die Datei als Objekt

Synchronisation auf Dateiobjekten ist unproblematisch. Sie entspricht der gängigen Vorgehensweise der Datenverwaltung in Mehrbenutzerbetriebssystemen. Der Inhalt verschiedener Dateien ist per definitionem disjunkt.

Eine Möglichkeit besteht darin, bei jedem Zugriff durch eine Satzoperation zu synchronisieren. Das führt auf die Parametrisierung der Schnittstelle durch

```
type OBJ_RNG is ( FILE );
type OP_RNG is
    ( INSERT_OP, UPDATE_OP, DELETE_OP, READ_OP, FIRST_OP, NEXT_OP );

function OP_MODE (OP : in OP_RNG) return SIX_LOCK_MODE is begin
    case OP is when INSERT_OP | UPDATE_OP | DELETE_OP => return X_MODE;
               when READ_OP | FIRST_OP | NEXT_OP => return S_MODE;
    end case;
end OP_MODE;
```

Effizienter sind solche Realisierungen, die die Synchronisation auf übergeordneten Operationen vornehmen, die aus mehreren Satzoperationen bestehen. Da aber hier keine Annahmen über solche Operationen gemacht wurden, kann eine solche Anwendung nicht demonstriert werden.

### 7.6.3.2  Die Satzschnittstelle

Die Operationen INSERT, UPDATE, DELETE und READ beziehen sich auf genau ein Objekt, das durch den Parameter KEY determiniert ist. Der Zugriffsmodus von INSERT, DELETE und UPDATE ist EXCL, von READ dagegen SHARE.

Problematisch sind die sequentiellen Operationen FIRST und NEXT. Denn

- der Schlüssel des Satzes, auf den zugegriffen wird, ist beim Aufruf nicht bekannt; der Zugriff darauf kann demnach nicht angemeldet werden;

- Beim Aufruf von FIRST oder NEXT sind die sogenannten Phantome ( [Eswaran et al. 1976] ) zu beachten: das Ergebnis ist abhängig davon, ob Sätze mit Schlüsseln $K \geq$ KEY (bei NEXT) und $K \leq$ NREC.KEY, dem Schlüssel des nächstfolgenden Satzes, zwischenzeitlich eingefügt oder gelöscht werden. Also muß vorsorglich eine **Menge** von Objekten gesperrt werden, die aber gleichfalls beim Aufruf nicht bekannt ist.

Die Satzschnittstelle ist also wegen der sequentiellen Operatoren grundsätzlich nicht zur Synchronisation mit den angebotenen Verfahren geeignet. Als Ausweg bietet sich aber an, man unterscheidet feiner und benutzt hierarchische Sperren auf Datei- und Satzebene. Dann gilt auf Dateiebene:

```
subtype OBJ_RNG is KEY_TP;
type OP_RNG is
    ( INSERT_OP, UPDATE_OP, DELETE_OP, READ_OP, FIRST_OP, NEXT_OP );

function OP_MODE (OP : in OP_RNG) return SIX_LOCK_MODE is begin
    case OP is when INSERT_OP | UPDATE_OP | DELETE_OP => return IX_MODE;
               when READ_OP => return IS_MODE;
               when FIRST_OP | NEXT_OP => return S_MODE;
    end case;
end OP_MODE;
```

Dazu kommt auf Satzebene die Synchronisation mit:

```
type OBJ_RNG is ( FILE );
type OP_RNG is
    ( INSERT_OP, UPDATE_OP, DELETE_OP, READ_OP, FIRST_OP, NEXT_OP );

function OP_MODE (OP : in OP_RNG) return SIX_LOCK_MODE is begin
    case OP is when INSERT_OP | UPDATE_OP | DELETE_OP => return X_MODE;
               when READ_OP => return S_MODE;
               when FIRST_OP | NEXT_OP => return NO_LOCK;
    end case;
end OP_MODE;
```

Wie im vorigen Abschnitt gibt es verschiedene Möglichkeiten, wie die Synchronisation auf Dateiebene (mit der gesamten Datei als ein Objekt) behandelt wird.


### 7.6.3.3  Eintragschnittstellen (Seitentypen)

Die Situation ist hier ähnlich wie auf der Satzebene. Das erkennt man schon daran, daß die Operationen für eine Datenseite denen der Datei selbst weitgehend entsprechen. Folglich ist es nicht sinnvoll, die Synchronisation an die Einträge zu knüpfen.

Im Gegensatz zu den Sätzen der Datei hilft hier auch die Einbeziehung der in der Objekthierarchie nächstgrößeren Objekte nicht weiter, denn die nächstgrößere Einheit, auf die sich die Operationen mit Einträgen beziehen, ist die Seite, und Seiten sind als Objekte der nächstniedrigeren Schicht in der Funktionshierarchie bereits als Kandidaten berücksichtigt.


### 7.6.3.4  Seitenschnittstellen

Die Synchronisation für Seitenoperationen ist in allen Dateitypen praktisch gleich, weil alle Dateien auf die gleiche Schnittstelle zugreifen. An der Seitenschnittstelle gibt es Lese- und Schreiboperationen. Die Bearbeitung erfolgt im Direktzugriff auf der im Puffer befindlichen Seitenversion, also nicht über Operationen der Segmentverwaltung. Der Zugriff wird durch Aufrufe von GET_FIX_READ und UNFIX_READ zum Lesen und GET_FIX_WRITE oder CONVERT und UNFIX_WRITE zum Schreiben geklammert, d.h. schon bei Seitenanforderung wird die beabsichtigte Art des Zugriffs angemeldet.

Es ergibt sich folgende Parametrisierung:

```
subtype OBJ_RNG is DAT_PG_NBR_RNG;
type OP_RNG is (READ_OP, WRITE_OP);

function OP_MODE (OP : in OP_RNG) return SIX_LOCK_MODE is begin
   case OP is when READ_OP  => return S_MODE;
              when WRITE_OP => return X_MODE;
   end case;
end OP_MODE;
```

Anstelle von SIX_LOCK_MODE kann hier auch ACCESS_MODE stehen.


### 7.6.3.5  Das Problem untergeordneter Synchronisation

Nachdem Synchronisation auf drei Ebenen eingeführt wurde (Datei, Sätze, Seiten) und in all
diesen Fällen betrachtet wurde, wie man eine Serialisierbarkeit auf jeder der Ebenen sicherstellen kann, wird nun die Frage untersucht, ob zusätzlich eine untergeordnete Synchronisation notwendig ist, wie sie in Abschnitt 5.2.6 beschrieben wurde.

Bei **satzweiser** Synchronisation (die sequentiellen Leseoperatoren einmal ausgeklammert) muß
auf tieferliegenden Ebenen zusätzlich synchronisiert werden, denn Operationen, die verschiedene
Sätze betreffen, können sich auf die gleiche Seite beziehen und müssen dort **nacheinander** ausgeführt werden. Man stelle sich etwa vor, daß bei zwei Änderungen auf einer Seite jeweils eine
Reorganisation der internen Datenstruktur vorgenommen wird.

Wenn auf Dateiebene synchronisiert wird, bezieht sich das auf alle Seiten, denn die Datei ist als
die Menge ihrer Seiten das umfassende Objekt, so daß eine tieferliegende Synchronisation (im
Falle von S- oder X-Sperren auf Dateiebene) nicht notwendig ist.


### 7.6.3.6  Definition von Verwaltungsmoduln

Um die ausgewählten Verfahren realisieren zu können, werden die folgenden Verwaltungsmoduln
definiert, d.h. ihren Schnittstellen ist bei Konfigurierung ein Verfahren zuzuordnen:

- ein Modul zur Synchronisation auf Dateiebene:
  FlSync ("File Synchronization")

- ein Modul zur Synchronisation auf Satzebene:
  RcSync ("Record Synchronization")

  Das Verfahren zur Satzsynchronisation benutzt ebenfalls FlSync (zur hierarchischen
  Synchronisation) und erfordert zusätzlich (zur untergeordneten Synchronisation)
  - je einen Modul auf Satzebene:
    IPgAdSy ("Index Page Additional Synchronization")
    DPgAdSy ("Data Page Additional Synchronization")

- je ein Modul zur Synchronisation auf Seitenebene:
  IPgSync ("Index Page Synchronization")
  DPgSync ("Data Page Synchronization")

Die Integration in die Architektur der Zugriffsfunktionen zeigt Bild 7.8.

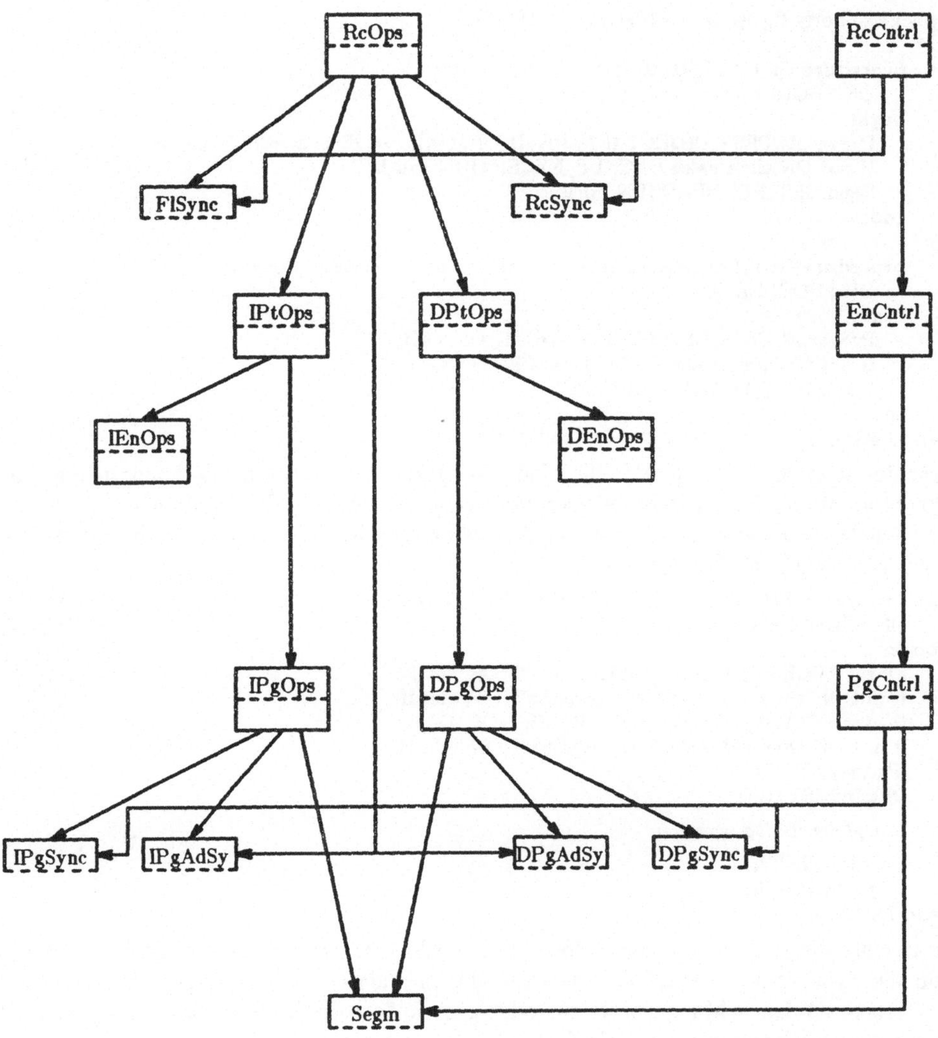


Bild 7.8: Beispiel ISAM, Integration von Synchronisationsmoduln

## 7.6.3.7  Integration der Aufrufe

Die Aufrufe der Synchronisationsmoduln stehen immer am Anfang des Rumpfes der zu synchronisierenden Operation.

Ein einfaches Beispiel ist die Seitensynchronisation, die in allen Dateitypen praktisch gleich ist. Aufrufe der Synchronisation gibt es nur am Anfang eines Seitenzugriffs, d.h. bei Anforderung der Seite durch GET_FIX_READ, etc. Dann wird die folgende Sequenz von Operationen ausgeführt:

```
package body PgOps is  - - IPgOps oder DPgOps
   . . .
   procedure GET_FIX_READ (PN : ... ; BF : ... ) is
      OK : BOOLEAN;
   begin
      PgSync.ACCESS_OBJECT (PN, READ_OP, OK);   - - IPgSync oder DPgSync
      if not OK then raise BACKUP_EXCEPTION end if;
      Segm.GET_FIX_READ (PN, BF);
   end;
   . . .
   procedure GET_FIX_WRITE (PN : ..;.  BF : ... ) is   - - analog: CONVERT
      OK : BOOLEAN;
   begin
      PgSync.ACCESS_OBJECT (PN, WRITE_OP, OK);
      if not OK then raise BACKUP_EXCEPTION end if;
      Segm.GET_FIX_WRITE (PN, BF);
   end; . . .
end PgOps;
```

Betrachtet man die Satzschnittstelle, sind zwei Dinge zu beachten: die Einbeziehung der Dateisynchronisation, die im Beispiel operationsweise erfolgt, und die zusätzliche Synchronisation auf Seitenebene, die gesteuert werden muß. Als Beispiel für die Aufrufe zur Synchronisation auf Satzebene diene die Einfügeoperation:

```
procedure INSERT (KEY : KEY_TP; REC : REC_TP) is
   OK : BOOLEAN;
begin
   FlSync.ACCESS_OBJECT (FILE, INSERT_OP, OK);
   if not OK then raise BACKUP_EXCEPTION; end if;
   RcSync.ACCESS_OBJECT (KEY, INSERT_OP, OK);
   if not OK then raise BACKUP_EXCEPTION; end if;
   IPgAdSy.START;
   DPgAdSy.START;

   Rumpf der Einfügeoperation

   IPgAdSy.FINISH;
   DPgAdSy.FINISH;
end INSERT;
```

Man beachte die Reihenfolge der Anforderung der hierarchischen Sperren: sie ist nicht beliebig. Wenn die Synchronisation auf dem Dateiobjekt an anderer Stelle erfolgt, z.B. in zusätzlichen Operationen zur Einrichtung von Scans oder ganz außerhalb des Kerndatenbanksystems, bleibt in den Satzoperationen nur der Aufruf von RcSync   stehen.

In IPgOps und DPgOps ist die Synchronisation um Aufrufe von IPgAdSy bzw. DPgAdSy zu erweitern. Sie stehen gleichberechtigt neben den anderen Aufrufen zur Synchronisation.


## 7.7  Protokollierung


Der Zweck der Protokollierung, die Änderungen an der Datenbasis redundant aufzuzeichnen, damit im Falle von Fehlersituationen ein korrekter Zustand der Datenbasis oder ein Teil davon wiederhergestellt werden kann, wurde im Entwurf des modularen Kerndatenbanksystems in Rücksetzen vorzeitig wirksam gewordener ungültiger Änderungen (Undo) und Wiederholen gültiger, aber verloren gegangener Änderungen (Redo) aufgeteilt. Sie werden getrennt voneinander, d.h. von verschiedenen Moduln, behandelt. Damit könnte prinzipiell auch der Entwurf separat erfolgen. In beiden Fällen treten jedoch ähnliche Fragen auf, so daß eine gemeinsame Behandlung naheliegt. Die Trennung der Aufgaben dient im wesentlichen zur Schaffung von mehr Freiheitsgraden bei der Konfigurierung.

Es sei noch einmal betont, daß auf dem Protokoll aufgezeichnet wird, welche Operationen während einer Reparatur auszuführen sind. Die Einträge des Protokolls enthalten dazu die Operatoraufrufe der Zugriffsfunktionen mit ihren Parametern.

Wie im Falle der Synchronisation ist hier die Eignung der Objekte zur Protokollierung zu untersuchen, wobei eventuell verschiedene Operationsmengen infragekommen.

### 7.7.1 Probleme bei der Integration

### 7.7.1.1 Auswahl geeigneter Operationen

Als Operationen, die zu Protokollierung, Rücksetzen und Wiederholen herangezogen werden, kommen wie bei der Synchronisation im Prinzip Operationen auf allen Ebene der Zugriffsfunktionshierarchie in Frage: man kann sich vorstellen, daß die komplexe Änderung, die eine Transaktion an der Datenbasis vornimmt, durch eine Sequenz von Operationen auf einer beliebigen Ebene ausgedrückt wird. Jede Aktion wird aber nur auf **einer** Ebene protokolliert. Liegt eine Zerlegung der Daten in disjunkte Teile vor, z.B. bei Aufteilung der Daten auf verschiedene Seitentypen, kann die Protokollierung der einzelnen Teile auch auf verschiedenen Ebenen erfolgen.

Als wichtige Klassen von Operationen für die Protokollierung wurden in Abschnitt 5.3.6 die physische Zustands- und Übergangsprotokollierung ausgewählt, auf die die folgenden Betrachtungen beschränkt werden. Zwischen diesen beiden Arten besteht noch ein Unterschied hinsichtlich ihrer Eignung für eine modulare Architektur: eine Zustandsprotokollierung läßt sich leichter integrieren als eine Übergangsprotokollierung.

Der Grund ist, daß im ersten Fall mit dem alten bzw. neuen Wert des Objekts stets die komplette Information für den Eintrag beim Aufruf der Protokollfunktion vorliegt. Im anderen Fall benötigt man dagegen beide Werte, die aber zu unterschiedlichen Zeitpunkten, nämlich vor bzw. nach Ausführung der Do-Operation, vorliegen. Das erfordert in manchen Fällen Zusatzaufwand an Speicherplatz und Rechenzeit, wenn nämlich die Übergangsfunktion erst aus diesen beiden Werten berechnet werden muß, wie dies beim Beispiel der Seitenübergangsprotokollierung nach der Methode des bitweisen XOR gegeben ist. Die folgende Darstellung ist daher an der Zustandsprotokollierung ausgerichtet. Man beachte, daß durch die Eintragszustandsprotokollierung dennoch eine Art der Seitenübergangsprotokollierung erfaßt wird.[1]

Jede komplexere Änderungsoperation an der ausgewählten Schnittstelle wird zur Protokollierung aufgelöst in eine äquivalente Sequenz der Elementaroperationen Einfügen, Ändern und Löschen. Da die im Fehlerfall auszuführende Operation direkt protokolliert wird, d.h. für das Redo die Operation selbst und für das Undo die Umkehroperation, kann für die Aufgaben Rücksetzen oder Wiederholen die gleiche Prozedur in der Fehlerbehandlung benutzt werden, die in einer Schleife Einträge vom Protokoll liest und die aufgezeichneten Operationen ausführt.

### 7.7.1.2 Das Problem der Aufrufstelle

Ein spezielles Problem der Undo-Protokollierung besteht in der Ermittlung der Umkehrfunktion und der Frage nach dem Ort, wo dies geschehen kann. Denn die Parameter der zu protokollierenden Umkehroperation sind an der Aufrufstelle in einigen Fällen gar nicht sichtbar,

---

1 Siehe Abschnitt 5.3.6.2.

beispielsweise wenn ein Objekt gelöscht wird, dessen Wert, der beim Undo wieder eingefügt werden müßte, beim Aufruf nicht genannt wird. In diesem Fall kann die Protokollierung, unabhängig von der Art des Objekts, nur innerhalb der Zugriffsoperation auf den Seiteninhalt erfolgen, denn nur dort ist dieser Wert zugänglich. Dieses Phänomen ist lästig, weil es die Gefahr beinhaltet, die eindeutige Zuordnung von Verwaltungsmoduln zu den Schichten der Zugriffshierarchie zu erschweren und damit die Architektur des Kerndatenbanksystems zu beeinträchtigen.[1]

### 7.7.1.3  Integration der Aufrufe

Der ideale Platz für den Aufruf der Protokollmoduln ist der Anfang bzw. das Ende des Rumpfes der protokollierten Operation.  Die Redo-Protokollierung kann im allgemeinen so erfolgen, zumindest für die direkt aufs Protokoll geschriebenen Elementaroperationen.  Die Undo-Protokollierung ist in der Regel komplizierter.  Sie muß aus den obengenannten Gründen z.T. auf tieferem Niveau stattfinden.  Ausnahme ist die Operation INSERT(ID,VAL), die durch DELETE(ID) umgekehrt wird.

Das praktische Problem besteht darin, daß auf der niedrigeren Schicht unterscheidbar sein muß, welche höhere Operation der Aufrufer ist und ob von daher eine Protokollierung für deren Rücksetzen notwendig ist oder nicht. Bei hierarchischer Zerlegung geht man im allgemeinen davon aus, daß der Aufrufer einer Funktion anonym ist und daß mehrere dafür in Frage kommen. Eine saubere Lösung zur Integration der Aufrufe höherer Protokolleinträge in tieferen Schichten ist die Steuerung über Parameter, durch die diese Information explizit von oben nach unten mitgeteilt wird. Die Struktur der Zugriffsfunktionen bleibt so im wesentlichen erhalten, obwohl die Information u.U. über mehrere Schnittstellen transportiert wird. Das wird am folgenden Beispiel deutlich.[2]

### 7.7.1.4  Realisierung des Rücksetzens und Wiederholens

Für jeden vom Protokoll gelesenen Eintrag erfolgt ein Aufruf der bezeichneten Operation mit den entsprechenden Parametern.  Da die Menge der aufgezeichneten Operationen für Undo und Redo gleich ist, kann die gleiche Prozedur genommen werden. Sie ist Teil der Undo- bzw. Redo-Operationen der Kontrollmoduln und  muß vom Implementierer des Dateityps bereitgestellt werden, und zwar je ein Exemplar für jede potentielle Protokollschnittstelle.

```
procedure EXECUTE (ENT : in ENTRY_TP) is begin
    case ENT.OP_KND is
        when INSERT_OP => Einfügen (ENT.ID, ENT.VAL);
        when DELETE_OP => Löschen (ENT.ID);
        when UPDATE_OP => Ändern (ENT.ID, ENT.VAL);
    end case;
end EXECUTE;
```

Für *Einfügen*, *Löschen* und *Ändern* ist die jeweilige Elementaroperation einzusetzen.  Nur über diese Operation EXECUTE werden aus der Hierarchie der Kontrolloperationen indirekt Zugriffsfunktionen aufgerufen.

---

1  Die Redo-Protokollierung der Elementaroperationen kann dagegen immer an der Schnittstelle der protokollierten Operationen stattfinden.  Das ist der günstigere Fall, weil er übersichtlicher ist.
2  Siehe Abschnitt 7.7.2.4.

### 7.7.1.5 Behandlung der Zeitmarken

Die Zugriffsfunktionen sind so zu erweitern, daß die Zeitmarken zur Steuerung der Sicherungs-
reihenfolge von Protokoll und Datenbasis korrekt weitergegeben werden. Die Regeln dafür wurden in Abschnitt 6.6.1 aufgestellt. In der Praxis treten folgende Einzelprobleme auf:

- Die Zeitmarken sind von der Protokollaufrufstelle zur Aufrufstelle der Segmentverwaltung zu transportieren.

- Beziehen sich Änderungen auf mehrere Seiten, sind die zugehörigen Zeitmarken zu
  duplizieren und zu verteilen.

- Sind mehrere Protokolle der gleichen Art vorgesehen (Undo oder Redo), müssen die
  Zeitmarken so zusammengefaßt werden, daß für alle ausgewählten Realisierungen
  korrekte Werte weitergegeben werden.

Wie man erkennt, ist hier eine größere Modifikation der Zugriffsfunktionen erforderlich, deren
Komplexität mit der Zahl der angebotenen Protokollschnittstellen steigt. Es ist daher wichtig,
zu zeigen, daß zu diesem Problem auf systematische Weise eine übersichtliche Lösung gefunden
werden kann.


### 7.7.2 Beispiel

Die Auswahl der Schnittstellen, an denen Protokollierung prinzipiell angebunden werden kann,
stützt sich, wie bei der Synchronisation, auf die Kandidaten aus Abschnitt 7.5. Es sind also zu
betrachten:

- die **Satzschnittstelle** mit **Sätzen** der Datei als Objekten;

- die **Eintragsschnittstellen** mit **Einträgen** der zwei Seitentypen als Objekten,
  unterteilt in

  □ die **Indexseiten** mit Verbunden (**Schlüssel,Seitenreferenz**) als Einträgen,

  □ die **Datenseiten** mit Verbunden (**Schlüssel,Datensatz**) als Einträgen.

- die **Seitenschnittstellen** mit Index- bzw. Daten-**Seiten** als Objekten.

Gesucht ist jeweils eine Zustandsprotokollierung, d.h. die Protokollierung von Operationen der
Art INSERT(ID,VAL), DELETE(ID) und UPDATE(ID,VAL) mit Objektbezeichnern ID und Werten
VAL. Das entspricht der Vereinbarung

```
type ENTRY_TP (OP_KND : OP_RNG) is record
   ID : OBJ_RNG;
   case OP_KND is when INSERT_OP | UPDATE_OP  =>  VAL : OBJ_TP;
                  when DELETE_OP  =>  null;
   end case;
end record;
```

für die Parametrisierung der Protokollschnittstellen, jeweils mit verschiedenen Komponenten
vom Typ OBJ_RNG und OBJ_TP. Das Hauptproblem, das für die verschiedenen Kandidaten untersucht werden muß, ist, ob sich die Wirkung der zu protokollierenden Operationen aus den genannten Operationen mit vertretbarem Aufwand darstellen läßt, und ob auf jeder Ebene der
Hierarchie passende Operationen zum Rücksetzen bzw. Wiederholen zur Verfügung stehen.

Es wird sich zeigen, daß sich, im Gegensatz zur Synchronisation, alle betrachteten Schnittstellen
eignen.

### 7.7.2.1  Auswahl der Operationen

#### 7.7.2.1.1  Satzschnittstelle (Datei)

An der Satzschnittstelle gibt es die Änderungsoperationen[1] INSERT, DELETE und UPDATE. Sie decken sich mit den Zustandsoperationen. Die Vereinbarungen für die zu protokollierenden Daten lauten:

>     **subtype** OBJ_RNG **is** KEY_TP;
>     **subtype** OBJ_TP  **is** REC_TP;
>     **type** OP_RNG **is** (INSERT_OP, DELETE_OP, UPDATE_OP);

Folgende Protokolleinträge sind vorzunehmen:

| Do | Undo | Redo |
|---|---|---|
| INSERT(K,R) | ENTRY_TP'(DELETE_OP, K) | ENTRY_TP'(INSERT_OP, K, R) |
| DELETE(K)<br>entfernt (K,Q) | ENTRY_TP'(INSERT_OP, K, Q) | ENTRY_TP'(DELETE_OP, K) |
| UPDATE(K,R)<br>ändert (K,Q) | ENTRY_TP'(UPDATE_OP, K, Q) | ENTRY_TP'(UPDATE_OP, K, R) |

Sorgfältig ausgewählt werden muß die Aufrufstelle, denn im Falle des Undo für DELETE und UP-DATE ist der Wert von Q beim Aufruf der Do-Operationen der Satzschnittstelle gar nicht verfügbar. In diesem Fall kann der Aufruf nur innerhalb der tieferliegenden Zugriffsoperation auf den Seiteninhalt (in DEnOps) stehen, denn nur dort ist Q zugänglich. Die Redo-Protokollierung kann dagegen stets an der Schnittstelle der Do-Operationen, nämlich an ihrem erfolgreichen Ende, stattfinden.

#### 7.7.2.1.2  Eintragsschnittstellen (Seitentypen)

Man kann sich im Prinzip ein Protokoll für jede einzelne Seite vorstellen, wird das aber nicht so realisieren. Die Protokolle zu den Seiten eines Typs werden zusammengefaßt zu einem einzigen, so wie die Zugriffsoperationen auch. Es muß dann dafür gesorgt werden, daß die protokollierten Operationen den Seiten richtig zugeordnet werden.

Angenommen, jede Seite enthalte Einträge der Art (ENTRY_RNG,ENTRY_TP) mit eindeutigem Wert der ersten Komponente auf jeder Seite. Dann werden für das Protokoll vereinbart:

>     **type** OBJ_RNG **is record** PGNO : PG_NBR_RNG; ID : ENTRY_RNG; **end record**;
>     **subtype** OBJ_TP **is** ENTRY_TP;

und zwar auch dann, wenn die Bezeichner global eindeutig sind, weil zur Fehlerbehandlung bekannt sein muß, auf welche Seite sich die Operation bezieht.

Die relevanten Operationen, die sich auf die Modifikation einer bestimmten Seite beziehen, sind die Operationen von IEnOps/DEnOps. Daher wird ihnen der Aufruf zur Protokollierung zugeordnet.

Als eindeutiger Bezeichner von Einträgen auf Indexseiten wurde, willkürlich, die Schlüsselkomponente gewählt. Der Datenteil beteht dann aus der Seitenreferenz, d.h. ENTRY_RNG ist KEY_TP und ENTRY_TP ist TARG_TP. Leseoperationen ohne Protokollierung sind TRACE, FIRST, LAST,

---

1 Nur diese erfordern eine Protokollierung.

NEXT und OCCUPANCY. Als Änderungsoperationen bleiben INCLUDE, REMOVE_FIRST, UPDA-
TE_KEY, UPDATE_TG und EXCLUDE. Elementare Zustandsoperationen sind:

- die Einfügeoperation: INCLUDE,
- die Löschoperation: EXCLUDE,
- die Änderungsoperation: UPDATE_TG[1].

Die Wirkung von REMOVE_FIRST und UPDATE_KEY muß aus der Wirkung der Elementaroperationen abgeleitet, d.h. als eine Sequenz davon dargestellt werden. Es wird protokolliert (ohne
Nennung der Seitennummern als Parameter):

| Do | Undo | Redo |
| --- | --- | --- |
| INCLUDE(K,T) | ENTRY_TP'(DELETE_OP, K) | ENTRY_TP'(INSERT_OP, K, T) |
| REMOVE_FIRST(K,T), entfernt (K,T) | ENTRY_TP'(INSERT_OP, K, T) | ENTRY_TP'(DELETE_OP, K) |
| UPDATE_KEY(K,T) ändert (L,T) | ENTRY_TP'(DELETE_OP, K) ENTRY_TP'(INSERT_OP, L, T) | ENTRY_TP'(DELETE_OP, L) ENTRY_TP'(INSERT_OP, K, T) |
| UPDATE_TG(K,T) ändert (K,U) | ENTRY_TP'(UPDATE_OP, K, U) | ENTRY_TP'(UPDATE_OP, K, T) |
| EXCLUDE(K) entfernt (K,T) | ENTRY_TP'(INSERT_OP, K, T) | ENTRY_TP'(DELETE_OP ,K) |

Die Protokollierung von Operationen auf Datenseiten erfolgt vollkommen analog zu den Operationen auf Indexseiten. Die Einfügeoperation ist INSERT, die Löschoperation DELETE und die Änderungsoperation UPDATE. Es entfällt die zweite Änderungsoperation.

### 7.7.2.1.3 *Spezialproblem: Fehlerbehandlung mit Eintragsoperationen*

Es erhebt sich die Frage, welche Zugriffsoperationen im Verlaufe des Undo oder Redo ausgeführt werden. Bei dieser Entscheidung ist zu beachten, daß zur Modifikation einer Seite diese
erst einmal bereitgestellt werden muß, ehe sie bearbeitet werden kann.

Im vorliegenden Fall gibt es bereits geeignete Operationen, nämlich INSERT, DELETE und UPDA-
TE aus DPtOps und INCLUDE, EXCLUDE und UPDATE_TG aus IPtOps.[2] Sie können deshalb herangezogen werden, weil

- innerhalb der Operationen für die Bereitstellung der benötigten Seiten gesorgt wird;
- durch Anwendung einer protokollierten Operation kein Überlauf stattfinden kann,
  wenn die Fehlerbehandlung in der tatsächlichen bzw. umgekehrten Reihenfolge
  stattfindet;[3]

---

1 Der Schlüssel wurde als Bezeichner gewählt!
2 Dies ist ein weiterer wichtiger Grund für die Einführung dieser Schnittstelle.
3 Dies ist eine Bedingung zur Konfigurierung, die dadurch sichergestellt ist, daß für die Eintragsoperationen eine korrekte Synchronisation gefordert ist.

- die Operationen, wenn kein Überlauf stattfindet, direkt auf die entsprechende Modifikation der einzelnen Seite abgebildet werden.

### 7.7.2.1.4  Seitenschnittstellen

Die Protokollierung der Operationen der Seitenschnittstelle ist für alle Dateitypen prinzipiell gleich.

An der Seitenschnittstelle gibt es, wenn von einer fest eingerichteten Segmentgröße ausgegangen wird, keine Einfüge- und Löschoperationen für Seiten. Bei der Protokollierung brauchen deshalb auch nur Änderungsoperationen betrachtet zu werden.

Die Änderungen erfolgen im Direktzugriff auf der im Puffer befindlichen Seitenversion; der Zugriff wird durch Aufrufe von GET_FIX_WRITE oder CONVERT am Anfang und UNFIX_WRITE am Ende begrenzt. Zu diesen Zeitpunkten hat die Seitenversion die für die Protokollierung ausschlaggebenden Werte: anfangs den alten und später den geänderten neuen Wert.

Für die Protokolleinträge werden die folgenden Typen definiert:

```
subtype OBJ_RNG is PG_NBR_RNG;
subtype OBJ_TP is PAGE_TP;
```

Da es keine direkte Änderungsoperation für Seiten gibt, muß in der Fehlerbehandlung sowohl für die Bereitstellung der Seiten, als auch für die Zuweisung von Inhalten gesorgt werden. Das Wiederherstellprogramm für die Änderungsoperation sieht dann so aus:

```
procedure Ändere ( ENTRY : PROT_ENTRY_TP ) is begin
   PgOps.GET_FIX_WRITE(ENTRY.ID,BF);
   BF.all := ENTRY.VAL;
   PgOps.UNFIX_WRITE(ENTRY.ID);
end;
```

### 7.7.2.2  Definition von Protokollmoduln

Wenn man die vorgestellten Protokollarten und Operationsmengen zusammenfaßt, sind die folgenden Protokollschnittstellen vorzusehen, wenn man davon ausgeht, daß Undo und Redo sowohl für partielle als auch für globale Fehlerbehandlung jeweils gemeinsam behandelt werden:

- Moduln zur Protokollierung auf Satzebene:
  RcUndo, RcRedo ("Record Operation Undo/Redo")

- Moduln zur Protokollierung auf Eintragsebene:
  IEnUndo, IEnRedo ("Index Entry Undo/Redo")
  DEnUndo, DEnRedo ("Data Entry Undo/Redo")

- Moduln zur Protokollierung auf Seitenebene:
  IPgUndo, IPgRedo ("Index Page Undo/Redo")
  DPgUndo, DPgRedo ("Data Page Undo/Redo")

Die Integration der Protokollmoduln in die Architektur der Zugriffsfunktionen zeigt Bild 7.9.

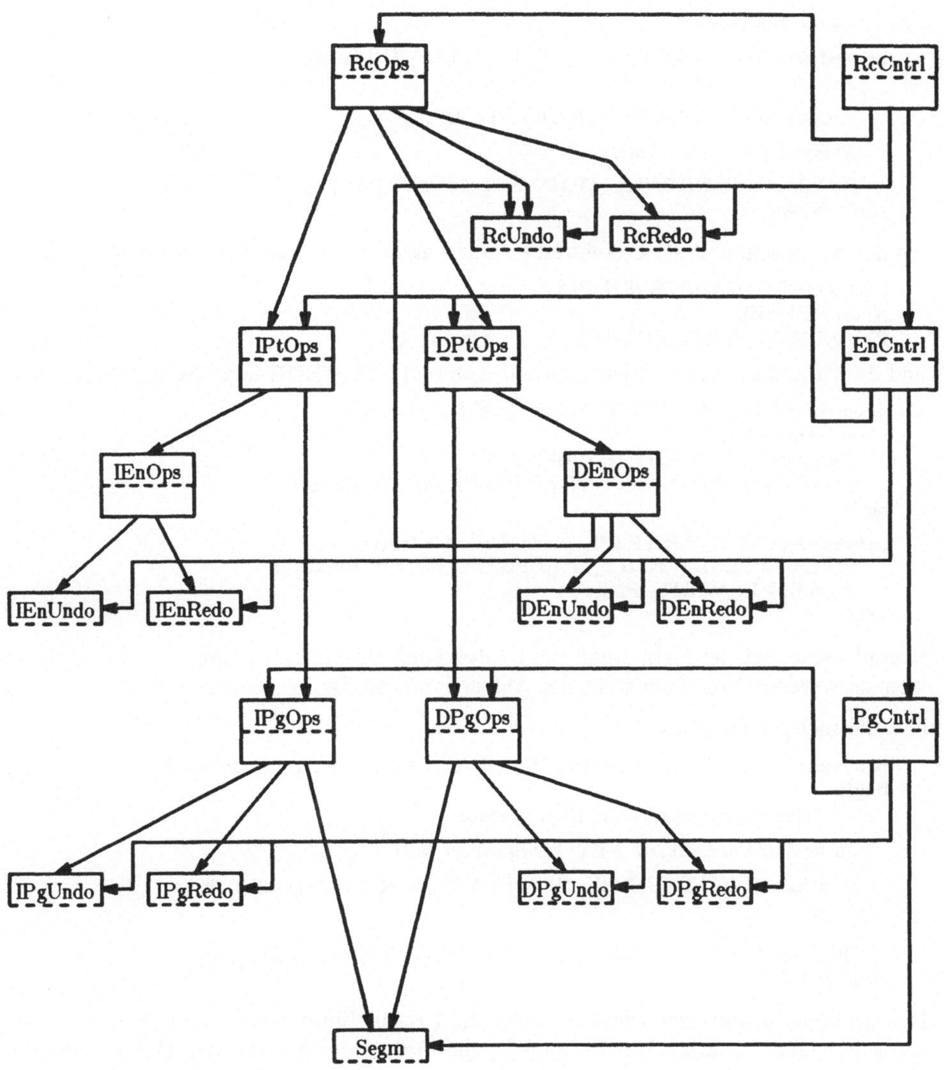

Bild 7.9: Beispiel ISAM, Integration von Protokollmoduln

## 7.7.2.3 Integration der Aufrufe

Es gilt, mehrere Fälle zu unterscheiden:

- Im einfachen Fall ist der Aufruf der Protokollmoduln an der Schnittstelle der protokollierten Operation zu erledigen und wird zur Undo-Protokollierung an den Anfang ihres Prozedurrumpfes gestellt, d.h. hinter den Aufruf eines Synchronisationsmoduls, und zur Redo-Protokollierung an deren Ende.

Ein Beispiel aus RcOps:

```
procedure INSERT (KEY : KEY_TP; REC : REC_TP) is begin
    Aufrufe zur Synchronisation

    RcUndo.APPEND(ENTRY_TP'(DELETE_OP,KEY),..);

    Rumpf der Einfügeoperation

    RcRedo.APPEND(ENTRY_TP'(INSERT_OP,KEY,REC),..);
end INSERT;
```

- An der Seitenschnittstelle besteht eine Änderungsoperation aus der Aufruffolge

```
PgOps.GET_FIX_WRITE (PN, BF);
Ändere (BF.all);
PgOps.UNFIX_WRITE (PN, BF);
```

und die Protokollierung findet innerhalb von GET_FIX_WRITE und UNFIX_WRITE statt:

```
procedure GET_FIX_WRITE (PN : ... ; BF : ... ) is begin
    synchronisiere;
    Segm.GET_FIX_WRITE (PN, BF);
    PgUndo.APPEND (ENTRY_TP'((UPDATE_OP, PN, BF.all)));
end;
procedure UNFIX_WRITE (PN : ... ; BF : ... ) is begin
    PgRedo.APPEND (ENTRY_TP'((UPDATE_OP, PN, BF.all)));
    Segm.UNFIX_WRITE (PN);
end;
```

- Komplizierter ist der Fall, wenn die Protokollinformation im Rumpf der Prozedur erst gewonnen werden muß; dann steht der Aufruf inmitten des Prozedurrumpfes.

Ein Beispiel aus DEnOps:

```
procedure UPDATE (PN : in PG_NBR_RNG; KEY : in KEY_TP; REC : in REC_TP; ... ) is
begin
    - - keine Synchronisation auf Eintragsebene

    Suche Satz mit Schlüssel KEY, der Inhalt sei OLD

    DEnUndo.APPEND (ENTRY_TP'((UPDATE_OP,(PN,KEY),OLD)),..);

    Ersetze Satz

    DEnRedo.APPEND (ENTRY_TP'((UPDATE_OP,(PN,KEY),REC)),..);
end UPDATE;
```

- Den größten Auwand erfordert es, wenn die Protokollinformation erst in einer untergeordneten Prozedur anfällt. Ein Beispiel ist die Operation UPDATE der Dateischnittstelle: die Undo-Protokollierung findet analog zum oben angeführten Beispiel in DELETE aus DEnOps statt. Die Steuerung, ob darin ein Satzprotokolleintrag geschrieben werden soll, übernimmt ein zusätzlicher Boolescher Parameter UPR_RCL ("Undo PRotocol ReCord Level"):

```
procedure UPDATE ( ... ; UPR_RCL : BOOLEAN; ... ) is begin
   Suche Satz mit Schlüssel KEY, der Inhalt sei OLD

   DEnUndo.APPEND (ENTRY_TP'((UPDATE_OP,(PN,KEY),OLD)),..);

   if UPR_RCL then
      RcUndo.APPEND (ENTRY_TP'((UPDATE_OP,KEY,OLD)),..);
   end if;

   Ersetze Satz

   DEnRedo.APPEND (ENTRY_TP'((UPDATE_OP,(PN,KEY),REC)),..);

   -- Redo-Protokollierung an der Schnittstelle von RcOps.UPDATE
end UPDATE;
```

Der Parameter UPR_RCL ist in alle Prozeduren zu integrieren, die aufgerufen werden, bis die Protokollstelle erreicht ist:

| | | |
|---|---|---|
| DELETE_IN_B_TREE | in | RcOps (interne Operation) |
| DELETE | in | DPtOps |
| DELETE | in | DEnOps |

Der Aufwand ist in diesem Fall deutlich höher als in den vorangegangenen. Es stört grundsätzlich, daß die Information, ob protokolliert werden soll, relativ weit durch die Zugriffshierarchie getragen werden muß. Dennoch gewährleistet diese Lösung, daß die Struktur der Zugriffsalgorithmen erkennbar bleibt und nicht durch die Erweiterung aufgelöst wird.

### 7.7.2.4  Behandlung der Zeitmarken

In den Zugriffsfunktionen muß dafür gesorgt werden, daß, bevor aus einer Änderung eine logische Inkonsistenz des permanenten oder archivierten Datenbasiszustands wird, die Protokollierung zur Fehlerbehandlung **gesichert** ist. Dazu ist eine Steuerung des Einbringens durch Zeitmarken vorgesehen, wie in Kapitel 6 beschrieben wurde. Die Zugriffsfunktionen müssen die Zeitmarken von den Protokollmoduln entgegennehmen, speichern, eventuell zusammenfassen und zuletzt korrekt an die Segmentverwaltung weitergeben.

Dieses Problem hat zwei unabhängige Aspekte:

- die Undo-Zeitmarke, d.h. Zeitmarke vom Aufruf einer Undo-Protokolloperation über die Position des Eintrags auf dem Protokoll, gewährleistet: vor Einbringen einer Änderung ist die Rücksetzbarkeit zu sichern.

- die Redo-Zeitmarke, d.h. Zeitmarke vom Aufruf einer Redo-Protokolloperation über die Position des Eintrags auf dem Protokoll, gewährleistet: die Wiederholbarkeit von Änderungen, deren Einbringen nicht bis EOT erzwungen wird, wird spätestens am Transaktionsende sichergestellt.

Diese beiden Zeitmarken werden für jede von einer Änderung betroffenen Seite in der Operation UNFIX_WRITE an die Segmentverwaltung übergeben. Das Problem innerhalb der Zugriffsfunktionen ist, die verschiedenen Zeitmarken zu verwalten, weil viele Protokollmoduln (im vorliegenden Beispiel: 10) aufgerufen werden, von denen nicht bekannt ist, welche in einer Konfiguration die Protokollierung tatsächlich ausführen.

Die folgende Realisierung beruht auf folgenden Prinzipen:

- Die Zeitmarken für Undo und Redo sind zu trennen.

- Die Zeitmarken, die verschiedene Seiten betreffen, sind zu trennen.

- Jede einzelne Protokollschnittstelle liefert aufsteigende Zeitmarken, so daß der letzte Wert die vorherigen als Bedingung über die Sicherung von Seiten impliziert.

- Die Zeitmarken aus verschiedenen Protokollschnittstellen werden durch Bildung des Maximums zur logischen Konjuktion der dadurch ausgedrückten Bedingungen zusammengefaßt. Die leere Bedingung, die sich z.B. dann ergibt, wenn ein Modul gewählt wurde, der nicht protokolliert, wird durch die kleinstmögliche Zeitmarke TS_RNG'FIRST ausgedrückt, was der Bedingung TRUE entspricht.

- Die Zeitmarken für Satzprotokollierung und anderer Operationen mit Wirkung auf mehrere Seiten werden auf alle veränderten Seiten angewendet.

Wenn man sich an diese Prinzipien hält, braucht man nur eine kleinen Zahl von Zeitmarken zu verwalten, und zwar höchstens eine für jede Protokollschnittstelle und zwei pro fixierte Seite. Ein ausführliches Beispiel soll dies verdeutlichen, doch zuerst wird der einfache Fall betrachtet, daß nur Seitenprotokollierung zu beachten ist:

**Beispiel**: Behandlung von Zeitmarken bei Seitenprotokollierung

Die Schnittstellen der Operationen GET_FIX_WRITE, CONVERT und UNFIX_WRITE werden um einen Parameter UNDO_TS erweitert, durch den die Zeitmarke für die Undo-Bedingung weitergegeben wird:

```
procedure GET_FIX_WRITE (PN : ..; BF : ..; UNDO_TS : out TS_RNG) is begin
    synchronisiere;
    Segm.GET_FIX_WRITE (PN, BF);
    PgUndo.APPEND (ENTRY_TP'((UPDATE_OP, PN, BF.all)),UNDO_TS);
end;

procedure UNFIX_WRITE (PN : ..; BF : ..; UNDO_TS : TS_RNG) is begin
    PgRedo.APPEND (ENTRY_TP'((UPDATE_OP, PN, BF.all)),REDO_TS);
    Segm.UNFIX_WRITE (PN, UNDO_TS, REDO_TS);
end;
```

Die Aufrufsequenz der Zugriffsoperation sorgt für die Weitergabe der Zeitmarken:

```
TS : TIMESTAMP_RNG;

. . .
PgOps.GET_FIX_WRITE (PN, BF, TS);
Ändere (BF.all);
PgOps.UNFIX_WRITE (PN, BF, TS);
```

**Beispiel**: die Einfügeoperation INSERT.[1]

Zur Bezeichnung:
Die Variablen für Zeitmarken werden mit UTS bzw. RTS bezeichnet, je nachdem, ob sie eine Bedingung für das Undo oder Redo darstellen.
Bedingungen aus der Satzprotokollierung erhalten den Präfix RC_, aus der Seitenprotokollierung den Präfix PG_; sonst beziehen sie sich auf die Eintragsprotokollierung.
Variablen mit dem Postfix 1 beziehen sich auf die erste Seite; falls bei einer Spaltung auf eine weitere Seite zugegriffen wird, werden dafür neue Variablen mit der Endung 2 eingeführt.

---

1 Zur Demonstration dienen die unteren Schichten der Hierarchie, beginnend mit DPtOps.

```
package body DPtOps is

    type PAGE_TP is ... ;
    type PG_ACC_TP is access PAGE_TP;   - - Referenz auf Seitenversion
    type PG_REF_TP is record PN : DAT_PG_NBR_RNG; RF : PG_ACC_TP; end record;
    . . .
    procedure INSERT
        (PG1 : DAT_PG_NBR_RNG; KEY : KEY_TP; REC : REC_TP; UPD : out UPD_TP;
        RC_UTS : TS_RNG; RC_RTS : TS_RNG) is
```

RC_UTS und RC_RTS sind vom Aufrufer vorzugeben und müssen bei jeder durch diese Operation veränderte Seite berücksichtigt werden.

```
        PR1 : PG_REF_TP;
        UTS1, RTS1, PG_UTS1 : TS_RNG;

    begin
        DPgOps.GET_FIX_WRITE (PG1,PR1,PG_UTS1);

        if der Satz hat noch Platz auf Seite PG1  then
            DEnOps.INSERT (PR1,KEY,REC,UTS1,RTS1);  UPD := null;

        else declare
            PG2 : DAT_PG_NBR_RNG;
            MAXKEY : KEY_TP;
            PR2 : PG_REF_TP;
            UTS2, RTS2, PG_UTS2 : TS_RNG;

        begin
            PG2 := Nummer einer leeren Seite;
            DPgOps.GET_FIX_WRITE (PG2,PR2,PG_UTS2);

            while Seitenbelegungen noch nicht ausgeglichen  loop
                DEnOps.REMOVE_FIRST (PR1,...,UTS1,RTS1);
                DEnOps.INSERT (PR2,...,UTS2,RTS2);  - - Konjunktion implizit

            end loop;
            Definiere MAXKEY als größten Schlüssel der neuen Seite ;
            if KEY < MAXKEY then  DEnOps.INSERT (PR2,KEY,REC,UTS2,RTS2);
            else  DEnOps.INSERT (PR1,KEY,REC,UTS1,RTS1);  end if;
            UPD := new ENTRY_TP'(MAXKY,PG2);
            DPgOps.UNFIX_WRITE
                (PR2,Maximum(RC_UTS,UTS2,PG_UTS2),Maximum(RC_RTS,RTS2));
```

Hier findet die Zusammenfassung der Zeitmarken statt. Man beachte, daß die Redo-Bedingung der Seitenprotokollierung erst innerhalb von UNFIX_WRITE anfällt und im Rumpf davon hinzugefügt wird (s.u.).

```
        end;  end if;
        DPgOps.UNFIX_WRITE
            (PR1, Maximum(RC_UTS,UTS1,PG_UTS1), Maximum(RC_RTS,RTS1));

    end INSERT;
    . . .
end DPtOps;
```

In DEnOps sind die Operationen enthalten, die die Seiteninhalte verarbeiten und die Eintragsprotokollierung aufrufen. Die damit verbundenen Bedingungen werden durch die Ausgabeparameter UTS und RTS dem Aufrufer mitgeteilt.

```
package body DEnOps is

    ...

    procedure INSERT
        (PN : DAT_PG_NBR_RNG; KEY : KEY_TP;
        REC : REC_TP; UTS, RTS : out TS_RNG) is
    begin
        DEnUndo.APPEND (ENTRY_TP'((DELETE_OP,(PN,KEY))), UTS);
        Satz einfügen und Seite reorganisieren ;
        DEnRedo.APPEND (ENTRY_TP'((INSERT_OP,(PN,KEY),REC)), RTS);
    end INSERT;

    procedure REMOVE_FIRST
        (PN : DAT_PG_NBR_RNG; KEY : out KEY_TP;
        REC : out REC_TP; UTS, RTS : out TS_RNG) is
    begin
        Berechne KEY und REC als Komponenten des ersten Satzes ;
        DEnUndo.APPEND (ENTRY_TP'((INSERT_OP,(PN,KEY),REC)), UTS);
        Lösche ersten Satz ;
        DEnRedo.APPEND (ENTRY_TP'((DELETE_OP,(PN,KEY))), RTS);
    end REMOVE_FIRST;
end DEnOps;
```

In DPgOps findet die Seitenprotokollierung statt. Bei Anforderung einer Seite zum Ändern durch GET_FIX_WRITE oder CONVERT wird der Undo-Eintrag geschrieben und die Zeitmarke dem Aufrufer mitgeteilt. Die Redo-Protokollierung erfolgt im Verlaufe von UNFIX_WRITE. Die von außen vorgegebene Redo-Bedingung (CWA) aus der Satz- und Eintragsprotokollierung wird mit der neuen zusammengefaßt.

```
package body DPgOps is

    ...

    procedure GET_FIX_WRITE
        (PN : DAT_PG_NBR_RNG; BF : out PG_REF_TP; UTS : out TS_RNG) is
    begin
        Synchronisation;
        Segm.GET_FIX_WRITE (TA,PN,RF);
        DPgUndo (ENTRY_TP'((UPDATE_OP,PN,BF.all)), UTS);
    end GET_FIX_WRITE;

    procedure UNFIX_WRITE
        (PN : DAT_PG_NBR_RNG; BF : PG_REF_TP; WA, CWA : TS_RNG) is

        TS : TS_RNG;
    begin
        DPgRedo.APPEND (ENTRY_TP'((UPDATE_OP,PN,BF.all)), TS);
        Segm.UNFIX (PN, WA, Maximum(CWA,TS));
    end UNFIX_WRITE;
end DPgOps;
```

## 7.8  Kontrolloperationen

### 7.8.1  Allgemeine Regeln

Kontrolloperationen führen solche Verwaltungsaufgaben aus, die nicht im Verlaufe einer Zugriffsoperation des Kerndatenbanksystems anfallen. Sie gliedern sich inhaltlich in

- Initialisierungsoperationen, die startende Transaktionen einführen (START),

- Prüfoperationen am Ende der Arbeitsphase (CHECK),
- Abschlußoperationen verschiedener Art für Erfolg (FINISH) und Abbruch (UNDO(TA) und REMOVE) und
- Wiederanlaufoperationen nach Fehlern (UNDO, REDO und ARCHIVE_REDO).
- Sicherungsoperationen für die Systemverwaltung (SAVE),

Zur Strukturierung der Hierarchie von Kontrolloperationen des Kerndatenbanksystems gibt es prinzipiell zwei Möglichkeiten: ein Satz von Operationen **pro Schicht**; oder ein Satz von Operationen **pro Modul** in der Schicht. Am Beispiel einer Datei: Zugriffsmoduln für ihre Seitentypen erhalten entweder **gemeinsame** oder **getrennte** Kontrolloperationen. Die Entscheidung kann vom Entwerfer nach pragmatischen Gesichtspunkten getroffen werden. Bei einzelnen Dateien wird ein Modul pro Schicht ausreichend sein, während bei Integration mehrerer Dateien zu einem Kerndatenbanksystem eine Zerlegung vorteilhafter sein kann.

Der Inhalt der Kontrolloperationen besteht zu einem großen Teil daraus, die mit dem zugrundeliegenden Ereignis im Systemfortschritt verbundenen Verwaltungsoperationen aufzurufen, und damit auch die Arbeit der Verwaltungsmoduln zu koordinieren. Das bedeutet in erster Linie, daß die zahlreichen Aufrufe in einer zulässigen Reihenfolge stattfinden. Bedingungen wurden in Kapitel 6 als Abhängigkeiten zwischen den Verwaltungsaufgaben formuliert.

In vielen Fällen ist die Reihenfolge beliebig. Dann scheint es am übersichtlichsten zu sein, sich an der Schichtung des Systems aus virtuellen Maschinen zu orientieren. D.h. eine Schicht wird erst dann initialisiert, wenn die darunterliegenden virtuellen Maschinen gestartet wurden, und umgekehrt bei Beendigung.

Die Kontrolloperationen werden kurz zusammengefaßt und die sie betreffenden Einschränkungen genannt.

### 7.8.1.1  START

Diese Funktion muß alle Verwaltungsmoduln initialisieren, die die Transaktion später benutzt. Die Reihenfolge der Aufrufe ist beliebig.

### 7.8.1.2  CHECK

Diese Operation prüft die Beendigungsvoraussetzungen in allen Synchronisationsmoduln. Die Reihenfolge ist beliebig, weil unabhängige Objektmengen bzw. Synchronisationsbedingungen verwaltet werden. Alle Moduln müssen der Fortsetzung zustimmen, sonst ist abzubrechen.

### 7.8.1.3  FINISH

Dies ist die Endebehandlung für erfolgreichen Abschluß. Die Reihenfolge der Aufrufe muß beachtet werden.

Die Synchronisation muß am Ende der Operation (auf dem prozeduralen "Rückweg") beendet werden, weil nach dem striktem Zwei-Phasen-Sperrprotokoll erst nach Transaktionsende entsperrt werden darf.[1]

---

1 Dies ist die Regel aus Kapitel 6.

### 7.8.1.4  UNDO(TA)

Dies ist in Verbindung mit REMOVE die Endebehandlung für abgebrochene, zurückzusetzende Transaktionen. Sie bewirkt das Zurücksetzen durch die Ausführung der protokollierten Undo-Operationen. Die Reihenfolge ist von unten nach oben: erst wird die Segmentverwaltung restauriert, d.h. die veränderten Seiten werden in Verfahren mit Nosteal-Eigenschaft entfernt, dann schrittweise die höheren Ebenen.

### 7.8.1.5  REMOVE

Nachdem das Rücksetzen erledigt ist, wird die Transaktion entfernt. Dies geschieht analog zu FINISH.

### 7.8.1.6  UNDO

Dies ist die erste Maßnahme zum Aufsetzen im Falle eines Systemfehlers. Sie wird gefolgt von REDO und SAVE. Die drei Operationen laufen im Einbenutzerbetrieb ab; es ist daher keine Synchronisation erforderlich. Auf eine Protokollierung wird ebenfalls verzichtet, denn es droht andernfalls eine Verkettung von Fehlern und Reparaturen. Stattdessen wird das Wiederaufsetzen nötigenfalls wiederholt.

UNDO beinhaltet alle Rücksetzoperationen, die von unten nach oben ausgeführt werden. Der Aufruf der Segmentverwaltung sorgt erst einmal dafür, daß dort ein konsistenter Zustand hergestellt wird. Das ist bei den atomaren Einbringstrategien eine nichttriviale Operation, für die ausgeklügelte Algorithmen verwendet werden.

### 7.8.1.7  REDO

Dies ist der zweite Teil des Wiederaufsetzens, der im Wiederholen besteht. Die Reihenfolge ist ebenfalls von unten nach oben. Die Segmentverwaltung besitzt natürlich keine REDO-Operation.

Die Fehlerbehandlung läuft so ab, daß erst alle Rücksetzoperationen, dann alle Wiederholoperationen ausgeführt werden.

### 7.8.1.8  ARCHIVE_REDO

Grundsätzlich analog zu REDO. Zusätzlich ist aber der Zustand der Datenbasis, d.h. des Segments, gemäß der Archivkopie als Ausgangspunkt der Wiederholung mit Hilfe des Archivprotokolls herzustellen. Dazu müssen alle Seiten kopiert werden.

### 7.8.1.9  SAVE

Zum Abschluß des Wiederaufsetzens, bevor der Systembetrieb wieder beginnt, wird der rekonstruierte Zustand gesichert. Bevor das erfolgreich abgeschlossen ist, kann durch einen Fehler noch eine Wiederholung der Fehlerbehandlung erzwungen werden. Das Sichern ist eine Aufgabe, die nur in der Segmentverwaltung stattfindet.

Daneben kann durch diese Operation auch zu anderen Zeitpunkten ein Sicherungspunkt veranlaßt werden, um den zu erwartenden Aufwand bei künftigen Fehlern zu reduzieren. Dann sorgt die Systemsteuerung für die notwendige Synchronisation.

### 7.8.2  Beispiel

Als Beispiel für eine Kontrolloperation wird das partielle Undo auf Eintragsebene anhand der Operation UNDO(TA) aus EnCntrl gezeigt.[1] Sie wird aufgerufen von RcCntrl.UNDO(TA) und bewirkt ihrerseits

- das Rücksetzen auf Seitenebene durch Aufruf von PgCntrl.UNDO(TA),
- das Rücksetzen auf Eintragsebene durch Lesen der Protokolle und Ausführung der aufgezeichneten Operationen.

Zur Ausführung protokollierter Operationen wurde in Abschnitt 7.7.1.4 eine Prozedur EXECUTE vorgestellt. Dies ist, genau genommen, ein Prozedurschema, das noch für den betrachteten Anwendungsfall der Eintragsschnittstelle konkretisiert werden muß. Index- und Datenteil werden getrennt behandelt. Sie erhalten je eine eigene Prozedur IP_EXECUTE und DP_EXECUTE, die lokal im Modul EnCtrl vereinbart sind und auch von anderen Fehlerbehandlungsoperationen benutzt werden:

```
procedure IP_EXECUTE ( ENT : IEnUndo.ENTRY_TP ) is
   UPD : IPtOps.UPD_TP;
begin
   case ENT.OP_KND is
      when INSERT_OP => IPtOps.INCLUDE (ENT.ID, ENT.VAL, UPD);
      when DELETE_OP => IPtOps.EXCLUDE (ENT.ID, UPD);
      when UPDATE_OP => IPtOps.UPDATE_TG (ENT.ID, ENT.VAL);
      - - assert UPD = null
   end case;
end IP_EXECUTE;

procedure DP_EXECUTE ( ENT : DEnUndo.ENTRY_TP ) is
   UPD : DPtOps.UPD_TP;
begin
   case ENT.OP_KND is
      when INSERT_OP => DPtOps.INSERT (ENT.ID, ENT.VAL, UPD);
      when DELETE_OP => DPtOps.DELETE (ENT.ID, UPD);
      when UPDATE_OP => DPtOps.UPDATE (ENT.ID, ENT.VAL);
      - - assert UPD = null
   end case;
end DP_EXECUTE;
```

Durch die Fehlerbehandlung werden zunächst die unteren Ebenen wiederhergestellt. Das ist eine Voraussetzung, um höhere Operationen anwenden zu können.[2] Da Index- und Datenteil disjunkt sind, können die lokal wirksamen Rücksetzoperationen darauf parallel stattfinden, d.h. die Reihenfolge in einem sequentiellen Programm ist beliebig.

---

1 Das partielle Undo wird ausgelöst, indem intern eine Abbruchbedingung festgestellt und dem Aufrufer der Dateischnittstelle mitgeteilt wird, beispielweise im Rahmen der Prüfoperation CHECK, oder indem das Transaktionsprogramm einen freiwilligen Abbruch vornimmt. Das Rücksetzen besteht insgesamt aus der Aufruffolge

   RcCntrl.UNDO(TA);  RcCntrl.REMOVE(TA);

2 Wenn man, wie im vorliegenden Fall, unterstellt, daß nur auf einer Ebene Fehlerbehandlung stattfindet, ist diese "natürliche" Reihenfolge nicht zwingend erforderlich.

Eine Realisierung von UNDO(TA) in EnCntrl ist:

```
procedure UNDO ( TA : TA_RNG ) is
   IE : IEnUndo.ENTRY_TP;
   DE : DEnUndo.ENTRY_TP;
begin
   PgCntrl.UNDO(TA);

   IEnUndo.UNDO(TA);
   while not IEnUndo.EOP(TA) loop
      IEnUndo.NEXT(IE);
      IP_EXECUTE(IE);
   end loop;

   DEnUndo.UNDO(TA);
   while not DEnUndo.EOP(TA) loop
      DEnUndo.NEXT(DE);
      DP_EXECUTE(DE);
   end loop;
end UNDO;
```

# 8. Auswahl zulässiger Konfigurationen

Das Problem der Konfigurierung hat verschiedene Aspekte. Im Zentrum steht die Frage, wie aus einem System, daß aus einer Menge von Moduln besteht, überhaupt **zulässige Konfigurationen** gebildet werden. Dies ist der Gegenstand dieses Kapitels. Die sich daran anschließenden Fragen werden im Rest dieser Arbeit angesprochen: wie man aus einer Vielzahl von Möglichkeiten, die nicht ohne weiteres überschaubar ist, eine **geeignete** Konfiguration auswählt, die eine vorliegende Anwendung nach den Kriterien des Betreibers optimal unterstützt, und welche **programmtechnische** Realisierungen es für die Konfigurierung und Rekonfigurierung modularer Systeme gibt.

Unter allen konstruierbaren Konfigurationen gilt es, die Teilmenge der zulässigen zu identifizieren. Kriterium dafür, wann eine Konfiguration zulässig ist, bilden ihre Eigenschaften, die den in Kapitel 3 aufgestellten Anforderungen an ein Kerndatenbanksystem entsprechen sollen. Dazu muß gezeigt werden, wie aus den Eigenschaften der Verfahren und der Art ihrer Zusammensetzung auf die Eigenschaften des gesamten Systems geschlossen werden kann.

Das Problem der Konfigurierung zerfällt bekanntlich in zwei Teile: die Auswahl der Speicherungsstrukturen und die Zuordnung von Verwaltungsverfahren. Unter den ersten Punkt fallen alle Freiheitsgrade, die die Auswahl der physischen Darstellung des Inhalts einer Datei betreffen. Die Möglichkeiten sind alle gleichwertig in dem Sinne, daß sie zu korrekten Teilkonfigurationen führen. In diesem Bereich sind also keine Bedingungen zu prüfen, denn es wird davon ausgegangen, daß alle die Programmierung der Speicherungsstrukturen betreffenden Anforderungen bei der Herstellung beachtet werden.

Die Alternativen, die sich aus der Wahl verschiedener Speicherungsstrukturen ergeben, können auch zu strukturellen Unterschieden führen: die resultierenden Teilkonfigurationen sind nicht kongruent, und sie beziehen Verwaltungsaufgaben ein, die untereinander nicht vergleichbar sind. Allen Varianten ist aber gemein, daß sie zu einer Modulmenge führen, die eine feste Zuordnung von Verwaltungsschnittstellen impliziert, d.h. ihre Zahl, ihre Art und ihre Aufrufe sind festgelegt, ebenso wie die Instantiierungen, soweit sie nicht die Aufgabe einer Variantenbildung erfüllen.[1]

Die Verwaltungsverfahren können anschließend im Rahmen der vorgegebenen Instantiierungen im Prinzip völlig frei zugeordnet werden. An dieser Stelle ergibt sich das eigentliche Problem: die Auswahl der zulässigen Konfigurationen mit den geforderten Eigenschaften eines Kerndatenbanksystems.

Das wird nun noch etwas präzisiert. Es wird unterstellt, daß nur diejenigen Modulzuordnungen zu betrachten sind, deren Schnittstellen aus den Zugriffsfunktionen direkt aufgerufen werden, und daß abhängige, tieferliegende Verwaltungsmoduln nicht betrachtet zu werden brauchen.[2] Das hat seinen Grund darin, daß diese Beziehungen keine Auswirkungen auf die Zusammenarbeit der Verfahren haben, wie die folgenden zwei Beispiele demonstrieren:

---

1 Einige Instantiierungen sind aus den Zugriffsfunktionen heraus bereits festgelegt, so z.B. die Operatormenge, auf die sich ein Synchronisationsverfahren bezieht. Dagegen sind andere in Grenzen noch wählbar, wie die Abbildung von Operatoren auf die erforderlichen Sperrarten, für die es mehrere zulässige Möglichkeiten geben kann. Entscheidend ist, daß sie aber keinen Einfluß auf die Zulässigkeit der Verwendung des parametrisierbaren Verfahrens und seine Eigenschaften haben.

2 Diese Eigenschaft des Entwurfs ist eine Anwendung des Prinzips der Trennung von Strategie und Mechanismus: die Moduln, die nicht direkt aufgerufen werden, stellen allgemeinverwendbare, verfahrensneutrale Dienste dar.

- Es gibt Standardmoduln wie das globale Systemprotokoll und die Abhängigkeits- und Verklemmungsbehandlung, die zu jeder "Grundausstattung" eines Kerndatenbanksystems gehören. Aufrufe aus den übrigen Verwaltungsmoduln richten sich in allen Konfigurationen an das eindeutige Exemplar.

- Es gibt Dienstleistungmoduln, die nach Bedarf integriert werden, weil sie standardisierte Teilaufgaben übernehmen, z.B. zur Unterstützung der Leistungsmessung.

- Die in Abschnitt 6.6.1 eingeführten Kommunikationsmoduln erfordern zwar eine korrekte Zuordnung der Aufrufe; aber diese ist stets aus der Systemstruktur direkt abzuleiten. Daß die Verfahren zusammenpassen, indem sie die Kommunikationsmoduln auf die vereinbarte Weise betreiben, wird durch die Regeln zur Konfigurierung sichergestellt.

Die Schnittstellen, die aus den Zugriffsfunktionen aufgerufen werden, haben eine unterschiedliche Relevanz: sie stehen für selbständige oder abhängige Verfahren.  Beispiele sind:

- die Synchronisation von Operatoren unter Zuhilfenahme untergeordneter Transaktionen,

- die hierarchische Synchronisation, bei der die höheren Moduln Mengen von Objekten handhaben, während der niedrigste von ihnen das Granulat festlegt.

Offensichtlich sind die zusammengesetzten Verfahren nur insgesamt ausschlaggebend für die Zulässigkeit einer Konfiguration, also in ihrer festen Zusammensetzung aus kooperierenden Moduln. Sie korrekt zusammenzusetzen wird hier nicht als Teil der Konfigurierung betrachtet. Das Verfahren insgesamt wird durch eine der Schnittstellen repräsentiert; die anderen brauchen dann nicht mehr berücksichtigt zu werden.  Man kann sich das so vorstellen, daß durch die Auswahl und Parametrisierung des Repräsentanten eine passende Zuordnung der übrigen Moduln impliziert wird.

Somit ergibt sich als

### Hauptproblem der Konfigurierung:

**Jeder eigenständigen Schnittstelle für ein Verwaltungsverfahren in einer gewählten Realisierung einer Speicherungsstruktur ist je ein Verwaltungsverfahren so zuzuordnen, daß sich aus ihrem Zusammenwirken die geforderten Eigenschaften eines Kerndatenbanksystems ergeben.**

Gesucht sind in der Praxis entweder alle solche Konfigurationen oder eine Teilmenge mit bestimmten Vorgaben, z.B. der Festlegung einzelner Verfahren.

Es muß die Frage gestellt werden, ob es überhaupt zulässige Konfigurationen gibt. Aus Sicht der angebotenen Menge von Verwaltungsverfahren ist diese Frage zu bejahen, wurden sie doch so ausgewählt, daß sie die Verfahren existierender Systeme enthalten. Ausschlaggebend ist jedoch, daß beim Entwurf der Zugriffsfunktionen eine sinnvolle Menge von Verwaltungsmoduln eingeplant ist.

Besonderes Interesse besteht, "ähnliche" Konfigurationen mit geringen Abweichungen in einem oder wenigen Verfahren zu erkennen, die sich zu einer schrittweisen Rekonfiguration, z.B. zur Leistungsverbesserung, eignen. Dies ist eine Frage der Aufbereitung der Ergebnisse, die nicht weiter verfolgt wird.

In den folgenden Abschnitten wird ein Bewertungsverfahren für die Zulässigkeit von Konfigurationen entwickelt, das auf beliebige Konfigurationen als Kandidaten dafür angewendet werden kann. Am Ausgangspunkt steht die Feststellung, welche der insgesamt geforderten Eigenschaften durch die Konfigurierung als letzten Schritt der Systemkonstruktion sicherzustellen sind; dazu müssen alle Anforderungen daraufhin untersucht werden, wie sie im vorgestellten Entwurf berücksichtigt sind.

Es wird gezeigt, wie das Verfahren auf das in Kapitel 7 eingeführte Beispiel angewandt werden kann und welche gezielten Fragestellungen bearbeitet werden können.

## 8.1  Kriterien für die Zulässigkeit einer Konfiguration

Eine Konfiguration ist dann zulässig, wenn die darin enthaltenen Moduln so zusammenwirken, daß sich die in Kapitel 3 spezifizierten Eigenschaften ergeben. Diese sind also der Maßstab für die Beurteilung der Konfigurationen. Allerdings werden die einzelnen Anforderungen auf unterschiedliche Weise im Kerndatenbanksystementwurf berücksichtigt; sie sind nur zum Teil abhängig von der Konfigurierung. Daher folgt an dieser Stelle eine Analyse, wie jede einzelne Anforderung im Entwurf berücksichtigt ist.

Dies ist gleichzeitig ein Resumee, in dem gezeigt wird, daß alle Anforderungen erfüllt werden und wie sie sich im Entwurf niederschlagen. Dazu werden die Punkte des Anforderungskatalogs aus Kapitel 3 einzeln betrachtet:

1.  Speicherungsstrukturen:

    Die Anforderungen an die Funktionalität der Zugriffsoperationen sind bereits beim Entwurf der Dateitypen zu berücksichtigen, d.h. dort sind Operationen zum Laden, Entladen, Prüfen, Reorganisieren etc. vorzusehen. Alle Realisierungen sind nach Voraussetzung gleichwertig; sie bilden den Ausgangspunkt für die Konfigurierung und sind fester Bestandteil aller Konfigurationen.

    Die Bereitstellung von Schnittstellen zur Synchronisation und Protokollierung von Operationen höherer Ebenen außerhalb des Kerndatenbanksystems wird durch ein Angebot zusätzlicher Verwaltungsmoduln an der Kerndatenbanksystemschnittstelle erreicht. Sie sind unabhängig von den Dateien des Kerndatenbanksystems; durch sie können keine Unzulässigkeiten im Bereich des Kerndatenbanksystems entstehen.

2.  Transaktionskonzept:

    Die geforderten Eigenschaften von Transaktionen, die Möglichkeit der Behandlung von Transaktions-, System- und Speicherfehlern, ergibt sich aus einer passenden Zusammenstellung von Segmentverwaltungs-, Systemsicherungs- und Protokollierungsverfahren. Das ist Aufgabe und Ziel der Konfigurierung.

3.  Mehrbenutzerbetrieb:

    Ein zu den übrigen Komponenten passendes Synchronisationsverfahren wird durch Eingliederung von Synchronisationsmoduln in die Konfigurationen ausgewählt. Die Korrektheit des Mehrbenutzerbetriebs ist also ebenfalls Aufgabe und Ziel der Konfigurierung.

4.  Leistungsüberwachung:

    Die Leistungsüberwachung ist eine implizite, den normalen Ablauf funktional nicht beeinträchtigende Funktion. Das bedeutet, daß die Eignung eines Moduls für eine Konfiguration prinzipiell unabhängig davon ist, ob darin Meßfunktionen realisiert sind. In der Praxis kann wahlweise ein Modul mit bzw. ohne integrierte Meßfunktionen hinzugefügt werden, bzw. solche Funktionen können gegeneinander ausgetauscht werden.

5. Hintergrundspeicherverwaltung:

Die Berücksichtigung der Eigenschaften der zugrundeliegenden Speichermedien hat eine Reihe von Aspekten mit unterschiedlichen Auswirkungen:

Zunächst wird ein Teil der Speicher- und Kanaleigenschaften durch die Realisierungen der Segmentverwaltung und des Systemprotokolls verdeckt, indem sie feste Zusagen über den Zustand der permanenten Datenbasis machen. So ist z.B. die Realisierung atomarer Übergänge abhängig von den technischen Eigenschaften der Geräte, wie sie vom Betriebssystem angeboten werden.[1]

Am Beispiel unterbrechbarer Einbringstrategien wird deutlich, daß die Hardwareeigenschaften dennoch zum Teil sichtbar sind und beim Zusammenstellen von Konfigurationen berücksichtigt werden müssen, denn je nachdem, ob die Schreiboperation für einzelne Behälter der Hintergrundspeichermedien unterbrechbar ist oder nicht, muß mit inkonsistenten Behälterinhalten gerechnet werden, die nicht als Parameter einer Übergangsfunktion herangezogen werden dürfen.

Explizit berücksichtigte Eigenschaften verschiedener Hintergrundspeichergeräte (sofern sie in der Umgebung des Kerndatenbanksystems vorhanden sind) sind ihre Zugriffseigenschaften, insbesondere die Positionier- und Übertragungszeiten für einen Zugriff. Durch eine vorteilhafte Zuordnung der Daten (abhängig von ihrer Benutzung) zu den verschiedenen Speicherbereichen läßt sich der Zugriffsaufwand reduzieren. Diese Zuordnung gehört zur Konfigurierung. Da aber vorausgesetzt wird, daß das Verhalten der unterschiedlichen Geräte, wie es sich durch die Funktionen des Betriebssystems darstellt, gleichwertig ist, ist dieser Teil der Konfigurierung unkritisch: er produziert keine unzulässigen Konfigurationen. Daher braucht die Hintergrundspeicherzuordnung im folgenden nicht weiter berücksichtigt zu werden.

Durch Konfiguration ist also zu gewährleisten, daß im Kerndatenbanksystem eine korrekte Fehlerbehandlung und Synchronisation realisiert wird. Die übrigen Anforderungen sind entweder auf andere Weise zu erfüllen oder ihre Behandlung durch Konfigurierung hat nach Voraussetzung keinen Einfluß auf die Zulässigkeit der Konfigurationen.


## 8.2  Systematische Synthese von Dateitypeigenschaften.


Die Eigenschaften einer Datei ergeben sich aus denen aller ihrer Moduln. Die komplexe Funktion, die gefunden und ausgewertet werden muß, erfordert ein systematisches Vorgehen, denn jede Realisierung einer Speicherungsstruktur hat ihre eigene Funktion, die sich aus der ihr eigenen Art der Benutzung von Verwaltungsfunktionen ableitet. Wenn die in Kapitel 5 eingeführten Standardanwendungen von Synchronisation und Protokollierung benutzt werden, kann man ein Verfahren angeben, wie sich daraus die Eigenschaften der Konfiguration berechnen lassen.

Voraussetzung zum Entwurf eines Verfahrens ist, den Informationsfluß bezüglich der strukturierten Menge von Moduln zu erkennen. In hierarchischen Systemen bietet sich dazu an, von unten nach oben vorzugehen und die Information auf diesem Wege zu synthetisieren.

---

1  Grundsätzlich könnte man vermuten, daß die Verwaltungsmoduln für jede Systemumgebung neu geschrieben werden müßten. In der Praxis hat sich jedoch ergeben, daß die Betriebssystemschnittstellen vergleichbar sind, so daß Moduln, die auf allgemeinen Annahmen beruhen, auf viele Umgebungen übertragbar sind. Durch Hinzunahme von Speziallösungen ist eine Steigerung der Effizienz im Einzelfall möglich.

Die Eigenschaften einer internen Schnittstelle, die sich aus der Teilkonfiguration aus Moduln der darunterliegenden Schichten ergeben, dienen als Zwischenergebnisse; sie sind die Grundlage zur Berechnung der Eigenschaften höherer Schnittstellen, die von umfassenden Teilkonfigurationen realisiert werden.

Die Eigenschaften der Dateischnittstelle, die sich aus der Gesamtkonfiguration ergeben, sind das Ziel der Berechnung. Sie drücken aus, ob die Anforderungen an ein Kerndatenbanksystem erfüllt werden, und zwar noch allgemeiner: **welche** Anforderungen erfüllt werden und welche anderen dagegen nicht.

Es müssen also zunächst Eigenschaften definiert werden, die diesen beiden Zwecken gerecht werden. Es muß eine präzise Darstellung gefunden werden, nicht nur einer einzelnen Funktion, sondern der Methode, nach der solche Funktionen für verschiedene Dateitypen systematisch aufgestellt werden können.


### 8.2.1  Modulstruktur und Berechnungsstrategie

Die maßgeblichen Eigenschaften des Kerndatenbanksystems beziehen sich auf die Folgen von Operationen, aus denen die Transaktionen zusammengesetzt sind. Diese Strukturierung der Menge alle Aufrufe des Kerndatenbanksystems läßt sich in gleicher Weise auf alle Ebenen anwenden. In einer Hierarchie liegt nahe, die Eigenschaften jeder Schnittstelle ausgehend von der darunterliegenden unter Berücksichtigung der Implementierung der dazwischenliegenden Schicht, insbesondere der inkorporierten Verwaltungsmoduln, abzuleiten. So wird festgelegt, daß die Gesamtfunktion entlang der hierarchischen Systemarchitektur schrittweise zusammengesetzt wird.

Die Ebenen innerhalb des Kerndatenbanksystems, die sich als einzelne Zwischenziele anbieten, sind von unten nach oben:

- die Segmentverwaltungsschnittstelle,
- die Seitenschnittstelle(n),
- die Eintragsschnittstelle(n),
- die Satzschnittstelle.

Die Eigenschaften der jeweiligen Segmentverwaltung als unterste Ebene der Hierarchie von Zugriffsfunktionen bilden den Ausgangspunkt, von dem die höheren Schnittstellen unter Einbeziehung der in den dazwischenliegenden Schichten angesiedelten übrigen Verwaltungsverfahren berechnet werden. Ihr werden dazu die gleichen Eigenschaften zugeordnet wie jeder anderen Schnittstelle innerhalb der Hierarchie.

Das Grundmuster einer Schicht im vorliegenden Entwurf zeigt Bild 8.1. An dieser Konstellation sind die Berechnungsregeln auszurichten. Es gibt allgemeine, in allen Ebenen gleichlautende, und spezielle, schichtspezifische Regeln, die sich aus der Art der Objekte und Operationen der Schnittstelle ergeben. Durch die Anwendung von Synchronisation und Protokollierung auf eine Schnittstelle im Kerndatenbanksystem, wie sie in Bild 8.1 ausgedrückt ist, wird unterstellt, daß sich die Verwaltungsfunktionen auf die in der Schnittstelle definierte Objektmenge beziehen.

Die übrigen vorkommenden Modulkonstellationen, die eine Schicht in der Zugriffshierarchie repräsentieren, sind auf diesen Fall zurückzuführen. Sie entstehen dadurch, daß Schnittstellen für Verwaltungsmoduln wegfallen oder hinzukommen, d.h. mehrfach für die gleiche Aufgabe vorhanden sind, und durch horizontale Zerlegung der Schnittstellen der Zugriffsfunktionen.

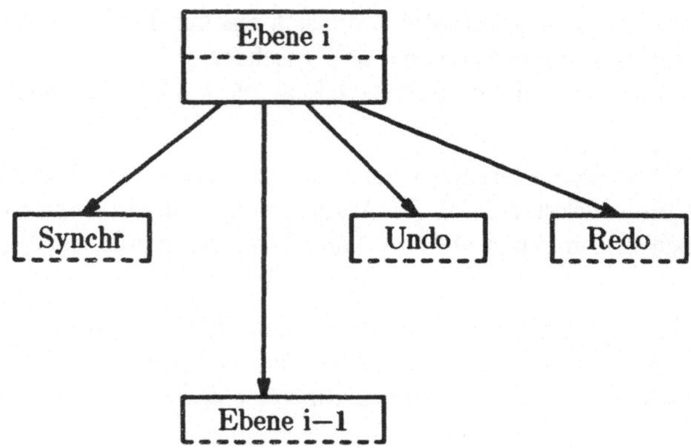


Bild 8.1: Typischer Aufbau einer Schicht

## 8.2.2 Attribute der Schnittstellen in einem Kerndatenbanksystem

Das Kernstück des Bewertungsverfahrens für Konfigurationen besteht aus Regeln zur Berechnung der Eigenschaften von Realisierungen der obengenannten Schnittstellen im Kerndatenbanksystem: jede Schnittstelle erhält Attribute, die ihre Realisierung kennzeichnen, wie dies entsprechend bei den Alternativen von Verwaltungsverfahren geschieht. Dazu werden alle Attribute der in der vollständigen Teilkonfiguration unterhalb der betrachteten Schnittstelle enthaltenen Verwaltungsverfahren als Argumente herangezogen.

Die "Parameter" einer Realisierung bestehen konkreter aus

- konfigurationsspezifisch: den enthaltenen Verwaltungsverfahren mit ihren Eigenschaften, und
- konfigurationsunabhängig: den globalen Informationen über Eigenschaften der Realisierung der Speicherungsstrukturen und der Systemumgebung.

Die relevanten Attribute einer Schnittstelle ergeben sich aus der Analyse der Abhängigkeiten in Kapitel 6 und den Vorgaben für die Eigenschaften der exportierten "Benutzerschnittstelle" des Kerndatenbanksystems in Abschnitt 8.1.

- Die **Legalität** einer Konfiguration oder Teilkonfiguration drückt aus, ob diese Kombination gebildet werden darf, d.h. daß sie funktional korrekt und redundanzfrei ist. Praktisch bedeutet es, daß nur legale Teilkonfigurationen Bestandteil eines zulässigen Kerndatenbanksystems sein können.

  Die Legalität definiert das Prädikat:

  legal_configuration:    die Teilkonfiguration ist legal

- Die Informationen über die enthaltenen Maßnahmen zur **Fehlerbehandlung** dienen intern zur Prüfung der Redundanzfreiheit und auf oberster Ebene als Kriterium für die Erfüllung der Anforderungen einer Kerndatenbanksystemschnittstelle. Die vier Behandlungsarten werden getrennt betrachtet. Beim partiellen Undo besteht neben der Ausführung das Problem der Sicherung, das als separate Eigenschaft aufgefaßt wird.

Daraus ergeben sich die Attribute

| | |
|---|---|
| at_perform_part_undo: | das partielle Undo wird realisiert |
| at_perform_glob_undo: | das globale Undo wird realisiert |
| at_perform_part_redo: | das partielle Redo wird realisiert |
| at_perform_glob_redo: | das globale Redo wird realisiert |
| at_permanent_undo: | das partielle Undo ist gesichert |

● Analog dazu werden die enthaltenen Maßnahmen zur **Synchronisation** herangezogen.

  Sie werden beschrieben durch die Attribute

| | |
|---|---|
| at_perform_synchr: | die Synchronisation ist gewährleistet (gemäß der Sequentialisierungsbedingung) |
| at_page_granule: | die Synchronisation erfolgt mit Seitengranulat |

● Die **Konsistenz** der Datenbasis wird vor allem zur Prüfung von Bedingungen über die korrekte Verwendung von Verfahren herangezogen.

  Das Prinzip lautet hier, daß jeder Ebene eine Konsistenz zugeordnet wird, die an ihren Operationen orientiert ist:

| | |
|---|---|
| at_consistency (record_level): | Satzkonsistenz liegt vor |
| at_consistency (entry_level): | Eintragskonsistenz liegt vor |
| at_consistency (page_level): | Seitenkonsistenz liegt vor |

  und für Seiten an der Schnittstelle der Segmentverwaltung:

| | |
|---|---|
| at_consistency: | Speicherkonsistenz liegt vor |

● Die **Transaktionskonsistenz** spielt eine Sonderrolle; sie ist an keine der Schnittstellen geknüpft. Sie wird nur einmal berechnet und dann als globale Eigenschaft betrachtet, denn sie impliziert alle übrigen Konsistenzen.[1]

| | |
|---|---|
| at_trans_consistency: | Transaktionskonsistenz liegt vor |

Alle Attribute sind nur partiell definiert, und zwar auf der Menge der legalen Teilkonfigurationen, die legal_configuration spezifiziert.


### 8.2.3 Berechnungsreihenfolge und Sichtbarkeit von Attributen

Die Attributberechnung erfolgt schrittweise zwischen benachbarten Schichten. Die Werte werden von unten nach oben synthetisiert. Dieses Prinzip wird etwas verallgemeinert: die Attribute der Segmentverwaltung, insbesondere das Einbringverhalten, werden auch auf höheren Ebenen benötigt. Deshalb werden sie als global innerhalb jeder Teilkonfiguration betrachtet; sie brauchen auf diese Weise nicht explizit durchgereicht zu werden.

Die Eigenschaft der Transaktionskonsistenz wird im wesentlichen durch die Segmentverwaltung bestimmt. Das betreffende Attribut wird daher der Segmentschnittstelle zugeordnet und ist dann, wie beabsichtigt, überall in der Konfiguration verfügbar.

---

1 Eine Zuordnung des Attributs zu einer Schnittstelle folgt noch.

Es taucht ein Problem auf, denn die schrittweise Zusammensetzung der Eigenschaften von unten nach oben ist ungünstig, wenn es um die Synchronisation mit Seitengranulat geht. Es gibt die Möglichkeit, eine Datei als ganzes Objekt zu synchronisieren; das impliziert ein Seitengranulat. Die Synchronisation findet auf der obersten Ebene statt, d.h. die damit verbundene Information fällt erst zuletzt an. Andererseits wird aber zur Bewertung des Übergangsverhaltens der Segmentverwaltung diese Eigenschaft benötigt: die transaktionskonsistenten Einbringstrategien erfordern Synchronisation mit Seitengranulat.

Dieses Problem wird dadurch gelöst, daß für jede Teilkonfiguration die zwei Fälle unterschieden werden:

- Eine externe Synchronisation mit Seitengranulat wird unterstellt.
- Annahmen über externe Synchronisation werden nicht getroffen.

Die Attribute jeder Schnittstelle werden getrennt nach diesen beiden Fällen berechnet, quasi unter der Hypothese, daß eine externe Synchronisation mit Seitengranulat stattfindet oder nicht.


### 8.2.4 Formalisierung

Die Attributberechnung wird in PROLOG beschrieben; die Definitionen aus Abschnitt 5.4 werden einbezogen. Zur Umsetzung der umrissenen Vorgehensweise werden die folgenden Vereinbarungen getroffen.

- Es gibt einen Satz von Attributen pro Schnittstelle; sie werden mit

  $$at\_Schnittstelle\_Attributname$$

  bezeichnet. Hinzu kommt die Legalitätsbedingung

  $$legal\_Schnittstelle\_\text{configuration},$$

  die analog zu den Attributen behandelt wird.
- Die Parameter in den Regeln zur Attributberechnung bezeichnen die Verfahren der Teilkonfiguration; es gibt je eine Variable als Parameter für jedes darin enthaltene Verfahren.
- Es gibt einen zusätzlichen Parameter für die Seitengranulathypothese mit dem Wertebereich boolean = (true, fail), wie weiter unten definiert.
- Alle Variablen sind als typgebunden zu betrachten. Dafür sorgen spezielle Fakten, die eine Menge von Objekten, etwa die Segmentverwaltungsverfahren von Abschnitt 5.4.1.2, spezifizieren.
- Es gibt einen Satz von Regeln, der die Attribute der Segmentschnittstelle als unterste Ebene der Zugriffsfunktionen berechnet.
- Es gibt einen Satz von Regeln zur Berechnung der Attribute einer Schnittstelle unter Einbeziehung der nächstniedrigeren Ebene.
- Die speziellen Eigenschaften einer Schnittstelle werden durch Fakten ausgedrückt, die zu den allgemeinen Regeln der Schnittstelle hinzuzufügen sind. Ansonsten bleibt die Regelmenge gleich, wenn man von geringen Abweichungen absieht, die in dem verschiedenartigen Aufbau der Schichten begründet sind.
- Zum besseren Verständnis wird wird ein Cut-freies PROLOG benutzt, sieht man einmal von den folgenden Definitionen der logischen Junktoren ab.

- Zur besseren Lesbarkeit werden die folgenden logischen Junktoren als Operatoren im Sinne von PROLOG eingeführt:[1]

  □  ¬ (L) :- call(L), !, fail.
     ¬ (L).

  □  ∧ (L,R) :- call(L), call(R).

  □  ∨ (L) :- call(L).
     ∨ (L,R) :- call(R).

  □  → (L,R) :- call(L), !, call(R).
     → (L,R).

  □  ≡ (L,R) :- call(L), call(R).
     ≡ (L,R) :- ¬ (L), ¬ (R).

  Die Operatoren werden in Infix- bzw. Präfix-Notation verwendet. Die Präzedenz ist

$$\neg \quad \wedge \quad \vee \quad \rightarrow \quad \equiv$$

  in absteigender Reihenfolge der Bindungsstärke.

  Damit die Verwendung der genannten Operatoren sinnvoll ist und mit ihrer logischen Bedeutung übereinstimmt, werden sie nur auf seiteneffektfreie Operanden angewendet, die insbesondere keine Variablen enthalten, die durch einen Aufruf gebunden werden.

- Es werden logische Werte eingeführt:

      boolean(true).
      boolean(fail).


## 8.3  Attributberechnungsregeln

Als erstes wird die Segmentschnittstelle betrachtet und abgeleitet, welche Attribute die vorgestellten Segmentverwaltungsverfahren in ihrer Rolle als unterste Schicht der Zugriffshierarchie besitzen. Anschließend wird gezeigt, wie man aus den Attributen einer Ebene die der nächsthöheren gewinnen kann. Dazu wird zunächst eine feste Modulstruktur unterstellt, nämlich daß in der betrachteten Schicht jeweils genau ein Synchronisations-, Undo- und Redo-Protokollierungsverfahren angesiedelt sind (siehe Bild 8.1); zuletzt wird dieser Fall auf andere Konstellationen ausgedehnt.

Die unterste Ebene besteht aus genau einer Segmentverwaltung.

Die Reihenfolge der Definition der Attribute wurde so gewählt, daß nur auf vorher definierte Attribute der gleichen Schnittstelle zurückgegriffen wird, d.h. es ist erkennbar, daß die Definition keine Zyklen enthält. Die Berechnungsregeln beziehen sich auf die Attribute von Verwaltungsverfahren, die in Kapitel 5 definiert wurden. Sie berücksichtigen die Abhängigkeiten, die in Kapitel 6 aufgestellt wurden, genauer: denjenigen Teil der Regeln, die die Konfigurierung beeinflussen. Zum leichteren Verständnis der folgenden Abschnitte werden die benötigten

---

1 Anmerkungen zu PROLOG:
  "fail" steht hier für den Wahrheitswert "falsch"; d.h. nicht aus der Fakten- und Regelbasis ableitbar.
  "call" drückt aus, daß ein Term, der als Argument in einem strukturierten Ausdruck, d.h. als Datum, auftritt, vom Interpreter ausgewertet werden soll, dadurch also zum Programmstück wird.
  Die recht komplizierte Semantik des Cut-Operators ( ! ) entnehme man z.B. [Clocksin, Mellish 1981].

Informationen an dieser Stelle kurz zusammengefaßt.


## 8.3.1 Rekapitulation

Attribute von Segmentverwaltungsverfahren:

| | |
|---|---|
| at_prop_before_EOT : | Einbringen vor EOT |
| at_prop_during_EOT : | Einbringen während EOT |
| at_prop_with_EOT : | Einbringen mit EOT |
| at_prop_after_EOT : | Einbringen nach EOT |
| at_prop_after_EOU : | Einbringen nach EOU |
| at_atomic_prop : | atomares Einbringen |
| at_fixed_order_prop : | feste Einbringreihenfolge |
| at_segm_or_prop : | segmentorientiertes Einbringen |
| at_trans_or_prop : | transaktionsorientiertes Einbringen |
| at_implicit_prop : | implizites Einbringen |
| at_private_update_vs : | private Änderungsversionen |
| at_old_valid_vs : | alte gültige Seitenversionen |

Attribute von Synchronisationsverfahren:

| | |
|---|---|
| at_effective_synchr : | Synchronisation wird durchgeführt |
| at_access_control : | kontrollierter Zugriff |
| at_old_valid_vs : | alte gültige Versionen |

Attribute von Undo-Protokollierungsverfahren:

| | |
|---|---|
| at_effective_part_undo : | Protokollierung für partielles Undo realisiert |
| at_effective_glob_undo : | Protokollierung für globales Undo realisiert |
| at_repeated_undo : | Wiederholung des partiellen Undo beim globalen Undo |

Attribute von Redo-Protokollierungsverfahren:

| | |
|---|---|
| at_effective_part_redo : | Protokollierung für partielles Redo realisiert |
| at_effective_glob_redo : | Protokollierung für globales Redo realisiert |
| at_redo_during_undo : | Redoprotokollierung während des Rücksetzens |
| at_logical_sequence : | logische Reihenfolge beim Lesen |

Regeln aus Kapitel 6, die bei der Konfigurierung zu berücksichtigen sind, mit der dort eingeführten Numerierung, die auch in den folgenden Abschnitten verwendet wird:

1. Findet in der Segmentverwaltung Einbringen vor EOT statt oder bleiben durch eine rückgesetzte Transaktion geänderte Seitenversionen in der aktuellen Datenbasis, ist ein Protokoll für ein explizites partielles Undo erforderlich.

   Sonst kann darauf verzichtet werden.

2. Findet in der Segmentverwaltung Einbringen vor oder während EOT statt, so ist ein Protokoll für explizites globales Undo erforderlich. Sonst kann darauf verzichtet werden.

3. Gibt es Änderungen, die erst nach Transaktionsende eingebracht werden, so ist ein Protokoll für explizites partielles Redo erforderlich. Sonst kann darauf verzichtet werden.

**4.** Ein Protokoll für explizites globales Redo ist immer notwendig.

**9.** Wird ein logisches oder physisches, nicht idempotentes Übergangsprotokoll zur Behandlung von Systemfehlern eingesetzt, ist atomares Einbringen erforderlich, das transaktionsorientiert oder segementorientiert, aber nicht implizit ausgelöst wird.

**10.** Um Seitenübergangsoperationen zur Fehlerbehandlung einsetzen zu können, muß die Datenbasis mindestens seitenkonsistent sein.

**11.** Um Eintrags- oder Satzoperationen zur Fehlerbehandlung einsetzen zu können, muß die Datenbasis mindestens eintrags- bzw. satzkonsistent sein. Das gilt sowohl für Übergangs- als auch für Zustandsoperationen.

**12.** Durch atomares, transaktionsorientiertes Einbringen und disjunkte Änderungsbereiche erreicht man Transaktionskonsistenz. Bein unterbrechbarem Einbringen mit atomarer Schreiboperation ergibt sich in der gleichen Situation nur Seitenkonsistenz.

**13.** Ein Verfahren mit atomarem, ausschließlich transaktionsorientiertem Einbringen erfordert disjunkte Änderungsbereiche.

**14.** Durch atomares, segmentorientiertes Einbringen (=direktes Sichern) erhält die permanente Datenbasis Satzkonsistenz, wenn keine aktive Transaktion sich während des Sicherns innerhalb einer Änderungsoperation der Satzebene befindet.

**15.** Durch segmentorientiertes Einbringen bei ununterbrechbaren Schreiboperationen erhält die permanente Datenbasis Eintragskonsistenz, wenn keine aktive Transaktion sich innerhalb einer Änderungsoperation der Eintragsebene befindet.

**16.** Durch segmentorientiertes Einbringen bei ununterbrechbaren Schreiboperationen erhält die permanente Datenbasis Seitenkonsistenz, wenn keine aktive Transaktion sich innerhalb einer Änderungsoperation der Seitenebene befindet.

**17.** Durch implizites Einbringen und ununterbrechbare Schreiboperation erhält die permanente Datenbasis Seitenkonsistenz.

**18.** Wenn die Schreiboperation für Hintergrundspeicherzugriff atomar ist, hat die permanente Datenbasis stets Speicherkonsistenz.

**19.** Wenden die Zugriffsfunktionen eine Strategie des Careful Replacement gemäß Abschnitt 5.1.1.2.3 an, hält die Segmentverwaltung eine feste Einbringreihenfolge ein und sind die Voraussetzungen für Seitenkonsistenz der permanenten Datenbasis gegeben, hat diese sogar Satzkonsistenz.

**20.** Wird ein Redo-Protokoll mit logischer Übergangsprotokollierung angewendet, muß das Wiederholen in logischer Reihenfolge der Einträge stattfinden. Das Rücksetzen und das Wiederholen physischer Operationen kann in der umgekehrten/tatsächlichen Reihenfolge stattfinden wie die Originaloperationen.

**21.** Findet in der Segmentverwaltung kein Einbringen vor EOT statt und werden die von der rücksetzenden Transaktion geänderten Seitenversionen in der aktuellen Datenbasis gelöscht, ist das Rücksetzen auch gesichert.

**22.** Werden alle Änderungen vor Ende des Rücksetzens einer Transaktion (EOU) eingebracht, so ist das partielle Undo gesichert.

**23.** Das Rücksetzen einer Transaktion durch ein Zustandsprotokoll wird dadurch gesichert, daß das partielle Undo im Rahmen des globalen Undo wiederholt wird und anschließend ein explizites partielles Redo auf Basis der gleichen Operationsmenge stattfindet.

**24.** Das partielle Undo wird gesichert, indem die Operationen der gesamten Transaktion, inklusive der Umkehroperationen während des Rücksetzens, auf dem Redo-Protokoll aufgezeichnet werden, um bei einem Systemfehler komplett wiederholt zu werden.

**26.** Das Entfernen der von einer rücksetzenden Transaktionen geänderten Seitenversionen erfordert eine Synchronisation mit Seitengranulat.

27. Erlaubt das Synchronisationsverfahren direkten Zugriff, sind private Änderungsversionen erforderlich.

28. Wenn zur Synchronisation ein RA-Verfahren verwendet wird, muß die Segmentverwaltung zwei aufeinanderfolgende Seitenversionen (alte gültige Seiten) realisieren und den Transaktionen nach Maßgabe des Synchronisationsverfahrenens zuweisen.

29. Private Änderungsversionen sind auf die Datei insgesamt und Seiten als Objekte beschränkt.

30. Alte gültige Versionen sind auf Seiten als Objekte beschränkt.

31. Die Folge der protokollierten Operationen muß als Transaktion korrekt synchronisiert werden.

32. Wird ein kontrolliertes Zugriffsverhalten durch das Synchronisationsverfahren garantiert, können die Zugriffsfunktionen einen logisch konsistenten Zustand der Datenbasis unterstellen. Bei direktem Zugriffsverhalten müssen die Implementierungen der Zugriffsfunktionen so ausgelegt sein, daß sie auch inkonsistente Daten verkraften.

33. Die Anwendung von Synchronisation auf Schnittstellen, deren Synchronisation bereits gewährleistet ist, ist unzulässig.

34. Die Anwendung von explizitem partiellem Undo (globalem Undo, partiellem Redo, globalem Redo) auf Schnittstellen, deren partielles Undo (globales Undo, partielles Redo, globales Redo) bereits gewährleistet ist, ist unzulässig.


## 8.3.2  Attribute einer Segmentverwaltung in der Zugriffshierarchie

Die Schnittstelle, die das Segmentverwaltungsverfahren repräsentiert, wird mit der Metavariablen *segm* bezeichnet, die in den Attributbezeichnern vorkommt und je nach Verwendung des Regelsatzes durch einen aktuellen Wert zu ersetzen ist. *Segm* ist eine Variable, die für das zugeordnete Segmentverwaltungsverfahren steht. *PgGr* drückt aus, ob eine externe Synchronisation mit Seitengranulat angenommen wird.

Die Bedingung über legale Konfigurationen hat, wie die Regeln zur Attributberechnung, nur einen Parameter für enthaltene Verfahren, nämlich den der Segmentverwaltung. Sie enthält zuerst die Typbedingungen der Parameter, so daß die Variablen nur mit Werten aus den angegebenen Bereichen belegt werden können. Die Bedingung zwischen Segmentverwaltung und Seitengranulatsynchronisation drücken und Regeln 13 und 26 aus:

```
legal_segm_configuration(Segm,PgGr) :-
   segment_management(Segm),
   boolean(PgGr),
   trans_consistent_prop(Segm) → call(PgGr),
   ¬ at_prop_before_EOT(Segm) → call(PgGr).

trans_consistent_prop(Segm) :-
   at_atomic_prop(Segm),
   at_trans_or_prop(Segm),
   ¬ at_segm_or_prop(Segm),
   ¬ at_implicit_prop(Segm).
```

Das Prädikat trans_consistent_prop kennzeichnet diejenigen Verfahren, die für ein transaktionskonsistentes Einbringen konstruiert wurden.

Die Segmentverwaltung enthält nach Voraussetzung keine Synchronisation, so daß diese nur von oben kommen kann.

```
at_segm_perform_synchr(Segm,PgGr) :-
   call(PgGr).

at_segm_page_granule(Segm,PgGr) :-
   call(PgGr).
```

Die Transaktionskonsistenz ergibt sich nach Regel 12:

```
at_segm_trans_consistency(Segm,PgGr) :-
   trans_consistent_prop(Segm),
   call(PgGr).
```

Die Konsistenz der vorliegenden Segmentverwaltungsebene ist die Speicherkonsistenz. Sie ergibt sich nach Regel 18 aus ununterbrechbarem Einbringen, wofür zwei Möglichkeiten in Betracht kommen:

```
at_segm_consistency(Segm,PgGr) :-
   global_pred(atomic_write_op).

at_segm_consistency(Segm,PgGr) :-
   at_atomic_prop(Segm).
```

Implizites partielles Undo wird nach Regel 1 durch Entfernen der Änderungen einer abgebrochenen Transaktion erreicht. Dazu ist Seitengranulat erforderlich.

```
at_segm_perform_part_undo(Segm,PgGr) :-
   ¬ at_prop_before_EOT(Segm),
   call(PgGr).
```

Die Bedingung für ein implizites globales Undo ist in Regel 2 enthalten:

```
at_segm_perform_glob_undo(Segm,PgGr) :-
   ¬ at_prop_before_EOT(Segm),
   ¬ at_prop_during_EOT(Segm).
```

Eine Force-Strategie gewährleistet den Übergang der Datenbasis und erübrigt eine Wiederholung bei Systemfehlern durch implizites partielles Redo (Regel 3).

```
at_segm_perform_part_redo(Segm,PgGr) :-
   ¬ at_prop_after_EOT(Segm).
```

Das globale Redo ist nach Regel 4 stets explizit erforderlich.

```
at_segm_perform_glob_redo(Segm,PgGr) :-
   fail.
```

Von den vier genannten Möglichkeiten zur Sicherung des partiellen Undo kommen hier nur die zwei in Betracht, die nicht die Protokollierung einsetzen. Aus den Regeln 21 und 22 folgt:

```
at_segm_permanent_undo(Segm,PgGr) :-
   ¬ at_prop_before_EOT(Segm),
   call(PgGr).

at_segm_permanent_undo(Segm,PgGr) :-
   ¬ at_prop_after_EOU(Segm).
```

### 8.3.3 Berechnung der Attribute höherer Ebenen

Es wird eine Modulstruktur der Schicht unterstellt, wie sie durch Bild 8.1 ausgedrückt wird. Für

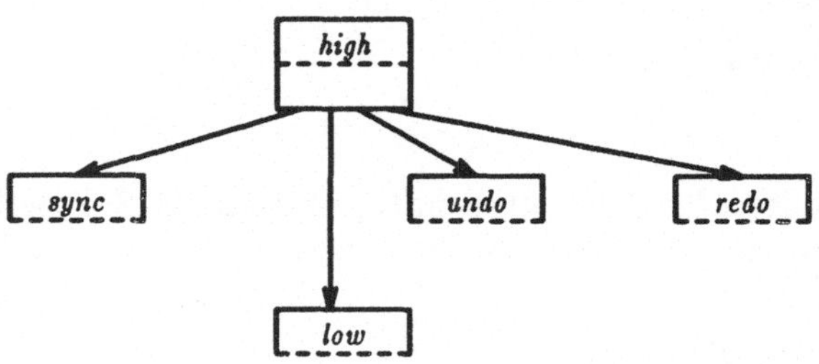


Bild 8.2: Modulbezeichnungen bzgl. einer bestimmten Schicht

die Moduln werden die Bezeichnungen eingeführt, die Bild 8.2 wiedergibt. Als Bezeichner für die Argumente des Legalitätsprädikats und der Attribute werden verwendet

| | |
|---|---|
| *Sync* | Synchronisationsverfahren, das *sync* zugeordnet ist |
| *Undo* | Protokollverfahren, das *undo* zugeordnet ist |
| *Redo* | Protokollverfahren, das *redo* zugeordnet ist |
| *Segm* | Verfahren der global sichtbaren Segmentverwaltung |
| *HPgGr* | Hypothese über externe Synchronisation von *high* |
| *LPgGr* | Hypothese über externe Synchronisation von *low* |
| *Param* | **Liste** der Parameter, die erst auf tieferen Ebenen betrachtet werden |

Folgende Fakten drücken die Eigenschaften einer speziellen Schicht aus; sie sind individuell festzulegen:

| | |
|---|---|
| page_level(*high*) | die obere Ebene realisiert Seitenobjekte |
| entry_level(*high*) | die obere Ebene realisiert Eintragsobjekte |
| record_level(*high*) | die obere Ebene realisiert Satzobjekte |
| file_level(*high*) | die obere Ebene realisiert ein Dateiobjekt |
| page_granule(*sync*) | die Synchronisation realisiert ein Seitengranulat |
| idempotent_op(*undo*) | idempotente Zustandsoperationen |
| idempotent_op(*redo*) | auf dem Protokoll |
| phys_transition_op(*undo*) | nicht idempotente physische |
| phys_transition_op(*redo*) | Übergangsoperationen auf dem Protokoll |
| log_transition_op(*undo*) | nicht objektbezogene logische |
| log_transition_op(*redo*) | Übergangsoperationen auf dem Undo-/Redo-Protokoll |

Die Legalitätsbedingung enthält die Typbedingungen für die Verfahren innerhalb der Schicht und die Prüfung, daß die niedrigere Ebene durch eine legale Teilkonfiguration gebildet wird. Die einzelnen Zusicherungen werden an dieser Stelle nur durchnumeriert und im folgenden Text nach und nach eingeführt.

legal_*high*_configuration($Sync, Undo, Redo, Param, Segm, HPgGr$) :-
   legal_*low*_configuration($Param, Segm, LPgGr$),
   synchronization($Sync$),
   undo_protocol($Undo$),
   redo_protocol($Redo$),
   boolean($HPgGr$),
   assertion_*high*_1($Sync, Undo, Redo, Param, Segm, HPgGr$),
   . . .
   assertion_*high*_7($Sync, Undo, Redo, Param, Segm, HPgGr$).

Eine Synchronisation kann auf mehrere Weisen erfolgen; durch Anwendung auf niedrigere Operationen, die dann auch auf höhere Operationen als Zusammensetzung daraus wirkt; durch ein Verfahren innerhalb der vorliegenden Schicht;[1] oder durch darüberliegende Maßnahmen als Synchronisation von außen.

at_*high*_perform_synchr($Sync, Undo, Redo, Param, Segm, HPgGr$) :-
   at_*low*_perform_synchr($Param, Segm, LPgGr$).

at_*high*_perform_synchr($Sync, Undo, Redo, Param, Segm, HPgGr$) :-
   at_effective_synchronization($Sync$).

at_*high*_perform_synchr($Sync, Undo, Redo, Param, Segm, HPgGr$) :-
   call($HPgGr$).

Ob ein Seitengranulat vorliegt, muß aus der Quelle der Synchronisation abgelesen werden.

at_*high*_page_granule($Sync, Undo, Redo, Param, Segm, HPgGr$) :-
   at_*low*_perform_synchr($Param, Segm, LPgGr$),
   at_*low*_page_granule($Param, Segm, LPgGr$).

at_*high*_page_granule($Sync, Undo, Redo, Param, Segm, HPgGr$) :-
   at_effective_synchronization($Sync$),
   page_granule($sync$).

at_*high*_page_granule($Sync, Undo, Redo, Param, Segm, HPgGr$) :-
   call($HPgGr$).

Die Bedingungen über Synchronisation fordern, daß auf jedes Objekt nur ein Verfahren, eventuell ein zusammengesetztes, angewendet wird. Das führt zu den folgenden Zusicherungen nach Regel 33:

assertion_*high*_1($Sync, Undo, Redo, Param, Segm, HPgGr$) :-
   $\neg$ (at_effective_synchr($Sync$) $\wedge$ at_*low*_perform_synchr($Param, Segm, HPgGr$)),
   $\neg$ (call($HPgGr$) $\wedge$ at_*low*_perform_synchr($Param, Segm, HPgGr$)),
   $\neg$ (call($HPgGr$) $\wedge$ at_effective_synchr($Sync$)).

Die zulässigen Werte von $LPgGr$ lassen sich durch die folgenden Überlegungen einschränken: in der unteren Teilkonfiguration wird Seitengranulatsynchronisation von außen gewährleistet genau dann, wenn es in dieser Schicht oder oberhalb davon realisiert wird.

assertion_*high*_2($Sync, Undo, Redo, Param, Segm, HPgGr$) :-
   $LPgGr \equiv (HPgGr \vee$ at_effective_synchr($Sync$) $\wedge$ page_granule($sync$)).

Regel 27 nennt Bedingungen über die Anwendbarkeit von Synchronisationsverfahren auf die verschiedenen Objekte im Kerndatenbanksystem und die Versionsbildung in der

---

1 Man beachte, daß im Falle ''verteilter'' Verfahren vereinbart ist, daß es dort berücksichtigt wird, wo es sich auf die Objekte der Schnittstelle bezieht.

Segmentverwaltung. Für direkten Zugriff mit erforderlichen privaten Änderungsversionen stehen nur Seitenobjekte zur Verfügung (Regel 29).

```
assertion_high_3(Sync,Undo,Redo,Param,Segm,HPgGr) :-
    page_level(high) ∧ ¬ at_access_control(Sync) → at_private_update_vs(Segm),
    entry_level(high) → at_access_control(Sync),
    record_level(high) → at_access_control(Sync),
    file_level(high) ∧ ¬ at_access_control(Sync) → at_private_update_vs(Segm).
```

Regel 28 sorgt dafür, daß Synchronisation und Segmentverwaltung in der Behandlung alter gültiger Versionen zusammen passen. Ein solches Versionskonzept ist nach Regel 30 auf die Seitenebene beschränkt.

```
assertion_high_4(Sync,Undo,Redo,Param,Segm,HPgGr) :-
    page_level(high) → (at_old_valid_vs(Sync) ≡ at_old_valid_vs(Segm)),
    entry_level(high) → ¬ at_old_valid_vs(Sync),
    record_level(high) → ¬ at_old_valid_vs(Sync),
    file_level(high) → ¬ at_old_valid_vs(Sync).
```

Die Regel 32 berücksichtigt die Konsequenzen aus direktem Zugriff auf die Sicht der Datenbasis.

```
assertion_high_5(Sync,Undo,Redo,Param,Segm,HPgGr) :-
    at_effective_synchr(Sync) ∧ ¬ at_access_control(Sync)
        → global_pred(accept_inconsistent_view).
```

Transaktionskonsistenz impliziert jede andere Art von Konsistenz:

```
at_high_consistency(Sync,Undo,Redo,Param,Segm,HPgGr) :-
    at_segm_trans_consistency(Segm,LPgGr).
```

Die Berechnung des Attributs über die Konsistenz ist ansonsten schichtspezifisch. Die Regeln 12, 16 und 17 betreffen die Seitenebene.

```
at_high_consistency(Sync,Undo,Redo,Param,Segm,HPgGr) :-
    page_level(high),
    page_consistency_cond(Segm,LPgGr).

page_consistency_cond(Segm,PgGr) :-
    at_atomic_prop(Segm) ∨ global_pred(atomic_write_op),
    at_segm_or_prop(Segm) → ¬ global_pred(savepoint_within_page_op),
    at_trans_or_prop(Segm) → at_segm_page_granule(Segm,LPgGr).
```

Auf Eintragsebene gibt es noch zwei Möglichkeiten wie sich dort Konsistenz einstellt: abgeleitet aus der Seitenkonsistenz und aus Regel 15 in Verbindung mit den Regeln 12 und 17.

```
at_high_consistency(Sync,Undo,Redo,Param,Segm,HPgGr) :-
    entry_level(high),
    at_low_consistency(Segm,LPgGr).

at_high_consistency(Sync,Undo,Redo,Param,Segm,HPgGr) :-
    entry_level(high),
    at_atomic_prop(Segm) ∨ global_pred(atomic_write_op),
    at_segm_or_prop(Segm) -> ¬ global_pred(savepoint_within_entry_op),
    at_trans_or_prop(Segm) -> at_segm_page_granule(Segm,LPgGr).
```

Auf Satzebene entsteht Konsistenz durch eine entsprechende Sicherungsstrategie nach Regel 14 oder durch Careful Replacement nach Regel 19.

```
at_high_consistency(Sync,Undo,Redo,Param,Segm,HPgGr) :-
  record_level(high),
  at_segm_or_prop(Segm),
  at_atomic_prop(Segm),
  ¬ at_implicit_prop(Segm),
  ¬ at_trans_or_prop(Segm),
  ¬ global_pred(savepoint_within_record_op).

at_high_consistency(Sync,Undo,Redo,Param,Segm,HPgGr) :-
  record_level(high),
  global_pred(careful_replacement),
  page_consistency_cond(Segm,LPgGr),
  at_fixed_order_prop(Segm).
```

Die übrigen Attribute betreffen die Fehlerbehandlung. Zunächst die Spezifikation der Zusicherungen nach Regel 34, daß keine doppelte Fehlerbehandlung stattfindet, aufgeteilt auf die vier Arten partielles/gobales Undo/Redo.

```
assertion_high_6(Sync,Undo,Redo,Param,Segm,HPgGr) :-
  ¬ (at_low_perform_part_undo(Param,Segm,LPgGr) ∧
      at_effective_part_undo(Undo)),
  ¬ (at_low_perform_glob_undo(Param,Segm,LPgGr) ∧
      at_effective_glob_undo(Undo)),
  ¬ (at_low_perform_part_redo(Param,Segm,LPgGr) ∧
      at_effective_part_redo(Redo)),
  ¬ (at_low_perform_glob_redo(Param,Segm,LPgGr) ∧
      at_effective_glob_redo(Redo)).
```

Die Durchführung der vier Fehlerbehandlungsarten kann grundsätzlich in der vorliegenden Schicht stattfinden oder darunter, d.h. in allen Fällen gibt es eine Regel, daß diese Aufgabe in der darunterliegenden Ebene bereits realisiert ist. Und entsprechend eine weitere Regel, daß die Protokollierung in dieser Schicht für die Fehlerbehandlung sorgt. In solch einem Fall ist Regel 31 zu beachten, was zur folgenden Zusicherung führt:

```
assertion_high_7(Sync,Undo,Redo,Param,Segm,HPgGr) :-
  (at_effective_part_undo(Undo) ∨ at_effective_glob_undo(Undo))
      → at_high_perform_synchr(Sync,Undo,Redo,Param,Segm,HPgGr),
  (at_effective_part_redo(Redo) ∨ at_effective_glob_redo(Redo))
      → at_high_perform_synchr(Sync,Undo,Redo,Param,Segm,HPgGr).
```

Die Bedingungen über die Anwendbarkeit von Protokollierung sind abhängig von der Art der Operationen. Sie werden durch die folgenden Prädikate ausgedrückt, die sich für Undo-Protokolle aus den Regeln 9, 10 und 11 ergeben:

```
legal_high_undo_op(Sync,Undo,Redo,Param,Segm,HPgGr) :-
  transition_prot(undo) → at_atomic_prop(Segm) ∧ ¬ at_implicit_prop(Segm),
  ¬ page_level(high) ∨ transition_prot(undo)
      → at_high_consistency(Sync,Undo,Redo,Param,Segm,HPgGr).

transition_prot(P) :-
  phys_transition_prot(P).

transition_prot(P) :-
  log_transition_prot(P).
```

Bei der Redo-Protokollierung kommt noch die Regel 20 hinzu:

legal_*high*_redo_op(*Sync,Undo,Redo,Param,Segm,HPgGr*) :-
    transition_prot(*redo*) → at_atomic_prop(*Segm*) ∧ ¬ at_implicit_prop(*Segm*),
    ¬ page_level(*high*) ∨ transition_prot(*redo*)
       → at_*high*_consistency(*Sync,Undo,Redo,Param,Segm,HPgGr*),
    log_transition_prot(*redo*) → at_logical_sequence(*Redo*).

Die Regeln zur Erfüllung der vier Fehlerbehandlungsarten werden getrennt angegeben.

at_*high*_perform_part_undo(*Sync,Undo,Redo,Param,Segm,HPgGr*) :-
    at_*low*_perform_part_undo(*Param,Segm,LPgGr*).

at_*high*_perform_part_undo(*Sync,Undo,Redo,Param,Segm,HPgGr*) :-
    at_effective_part_undo(*Undo*),
    legal_*high*_undo_op(*Sync,Undo,Redo,Param,Segm,HPgGr*).

at_*high*_perform_glob_undo(*Sync,Undo,Redo,Param,Segm,HPgGr*) :-
    at_*low*_perform_glob_undo(*Param,Segm,LPgGr*).

at_*high*_perform_glob_undo(*Sync,Undo,Redo,Param,Segm,HPgGr*) :-
    at_effective_glob_undo(*Undo*),
    legal_*high*_undo_op(*Sync,Undo,Redo,Param,Segm,HPgGr*).

at_*high*_perform_part_redo(*Sync,Undo,Redo,Param,Segm,HPgGr*) :-
    at_*low*_perform_part_redo(*Param,Segm,LPgGr*).

at_*high*_perform_part_redo(*Sync,Undo,Redo,Param,Segm,HPgGr*) :-
    at_effective_part_redo(*Redo*),
    legal_*high*_redo_op(*Sync,Undo,Redo,Param,Segm,HPgGr*).

at_*high*_perform_glob_redo(*Sync,Undo,Redo,Param,Segm,HPgGr*) :-
    at_*low*_perform_glob_redo(*Param,Segm,LPgGr*).

at_*high*_perform_glob_redo(*Sync,Undo,Redo,Param,Segm,HPgGr*) :-
    at_effective_glob_redo(*Redo*),
    legal_*high*_redo_op(*Sync,Undo,Redo,Param,Segm,HPgGr*).

Die Sicherung des partiellen Undo kann entweder auf niedrigeren Ebenen erfolgen oder durch Vorsorge in dieser Schicht. Von den vier Alternativen sind nur noch die beiden zu betrachten, die auf Protokollierung basieren, nämlich die Regeln 23 und 24.

at_*high*_permanent_undo(*Sync,Undo,Redo,Param,Segm,HPgGr*) :-
    at_*low*_permanent_undo(*Param,Segm,LPgGr*).

at_*high*_permanent_undo(*Sync,Undo,Redo,Param,Segm,HPgGr*) :-
    at_effective_part_undo(*Undo*),
    at_effective_glob_undo(*Undo*),
    at_effective_part_redo(*Redo*),
    idempotent_op(*undo*),
    idempotent_op(*redo*),

at_*high*_permanent_undo(*Sync,Undo,Redo,Param,Segm,HPgGr*) :-
    at_effective_part_redo(*Redo*),
    at_redo_during_undo(*Redo*).

## 8.3.4 Verallgemeinerung auf andere Modulverknüpfungen

Abweichend vom betrachteten Fall, der von je einer Schnittstelle für Zugriffsfunktionen auf den benachbarten Ebenen und je einem Modul für Synchronisation, Undo- und Redo-Protokollierung in der Schicht dazwischen ausgeht, gilt es zu untersuchen, was sich ändert, wenn

- in einer Schicht mehrere Verwaltungsmoduln für die gleiche Aufgabe (Synchronisation, Undo-Protokollierung, Redo-Protokollierung) enthalten sind,
- in einer Schicht Verwaltungsmoduln einer Sorte überhaupt nicht vorgesehen sind, oder
- mehr als eine Schnittstelle für die Zugriffsfunktionen zu betrachten sind.

Die genannten Fälle verursachen relativ wenig Aufwand im Vergleich zum betrachteten "Normal"-Fall, oder sie lassen sich leicht darauf zurückführen. Das wird nun im einzelnen gezeigt.

### 8.3.4.1 Ein Verwaltungsmodul entfällt

Dieser Fall kann ganz einfach behandelt werden: er ist logisch äquivalent zu einer Konfiguration, die an der betreffenden Stelle ein Verfahren vorsieht, das stets durch einen leeren Modul, z.B. "no_synchr", realisiert wird. D.h. die Berechnungsregeln ergeben sich durch Einsetzen der Konstanten für das wirkungslose Verfahren anstelle der Variablen für das fehlende Verfahren.

### 8.3.4.2 Mehrere Verwaltungsmoduln der gleichen Sorte

Sind mehrere Schnittstellen für die gleiche Aufgabe vorgesehen, bedeutet das, daß Alternativen angeboten werden, die sich nicht nur in der Auswahl und Zuordnung von Verfahren niederschlagen, sondern auch auf verschiedenen Schnittstellen basieren. Ein Beispiel für diese Situation ist, daß zur Protokollierung verschiedene Mengen von Operationen angeboten werden. Die Objektmenge, auf die sich alle Verfahren beziehen ist jedoch gleich, festgelegt durch die Schnittstelle.

In der Praxis kann immer nur ein Verfahren ausgewählt werden, das mit einer der beiden Schnittstellen arbeitet; die andere Schnittstelle muß unbenutzt bleiben. Dies ist vergleichbar zu der Möglichkeit, einer Schnittstelle eines von verschiedenen Verfahren durch Parametrisierung zuzuordnen.[1]

Die Lösung des Berechnungsproblems besteht darin, daß man so tut, als ob nur ein Verwaltungsmodul vorhanden wäre. Haben die verschiedenen Schnittstellen gleiche Eigenschaften bezüglich der Anwendung der Verwaltungsverfahren (Seitengranulat, Zustands- bzw. Übergangsoperationen, usw.), kann man zur Berechnung der Kerndatenbanksystemeigenschaften ignorieren, daß es zwei Schnittstellen gibt, und das Problem bei der Zusammensetzung der Konfiguration aus Moduln behandeln. Im anderen Fall müssen die Regeln so erweitert werden, daß

- sichergestellt wird, daß nur einer der Schnittstellen ein effektives Verfahren zugeordnet ist,
- und alle Regeln, die auf die Eigenschaften zurückgreifen, dupliziert werden, damit sie die beiden alternativen Fälle berücksichtigen.

Die notwendigen Modifikationen lassen sich aus den vorhandenen Regeln leicht ableiten.

---

1 Beispiel: pessimistische Synchronisation auf der Basis verschieden grober Sperren.

### 8.3.4.3  Zerlegung der oberen Ebene in mehrere Schnittstellen

Die Abbildungen können getrennt betrachtet werden. Der Grund dafür besteht in der Eigenschaft hierarchischer Systeme, daß in den unteren Schichten keine Annahme über eine Strukturierung der höherliegenden Funktionen gemacht wird. Das untere Teilsystem bietet jedem Aufrufer die gleichen Dienste an.

In der Praxis kommt es darüberhinaus häufig vor, daß die Benutzung der gleichen Schnittstelle unecht ist in dem Sinne, daß verschiedene Aufrufer disjunkte Mengen von Objekten bearbeiten, die die gemeinsam benutzte Schnittstelle anbietet. Ein typisches Beispiel ist die Aufbewahrung von Seiten verschiedenen Typs, die durch getrennte Moduln verwaltet werden, in einem Segment mit einer einzigen Schnittstelle.

### 8.3.4.4  Zerlegung der unteren Ebene in mehrere Schnittstellen

Dies ist der komplizierteste Fall, weil er neue Regeln erfordert.

Hinter der Aufteilung auf verschiedene Schnittstellen der unteren Ebene steckt eine Zerlegung der Objekte der Datenbasis, z.B. wenn die Sätze einer Datei durch Einträge auf verschiedenen Seitentypen dargestellt werden. Das bedeutet, grob gesagt, daß die Eigenschaften der Objekte der Teilmengen zusammengesetzt werden müssen zu denen der vereinigten Menge.

Im Regelsystem zur Berechnung wird dazu ein Zwischenschritt eingeschoben, durch den eine gedachte Schnittstelle mit den gemeinsamen Eigenschaften der Moduln der unteren Schicht gebildet wird. Die dadurch entstehende eingeschobene Schicht enthält keine eingebetteten Verwaltungsmoduln.

Im Rest dieses Abschnitts werden die Regeln abgeleitet, und zwar unter der Annahme, das eine Schnittstelle *high* auf zwei darunterliegende Schnittstellen *left* und *right* abzubilden sind. Die Verallgemeinerung auf mehr als zwei Schnittstellen ist einfach; die Regeln sind kommutativ und assoziativ. Nach Vereinbarung enthält jedes Attribut einer Schnittstelle Variablen für alle in der darunterliegenden Teilkonfiguration enthaltenen Verwaltungsmoduln. In den folgenden Regeln sind die Parameter deshalb aufgespalten in

- *Lparam*: diejenigen Argumente, die nur die "linke" Teilkonfiguration betreffen,
- *Rparam*: entsprechend diejenigen der "rechten" Teilkonfiguration,
- *Par*: die gemeinsamen Parameter, etwa das Verfahren der gemeinsam zugrundeliegenden Segmentverwaltung.

Der Aufbau der Legalitätsbedingung entspricht der bekannten Vorgehensweise. Darin ist die Legalität beider Teilkonfigurationen zu prüfen

    legal_*high*_configuration(*Lparam*,*Rparam*,*Par*) :-
        legal_*left*_configuration(*Lparam*,*Par*),
        legal_*right*_configuration(*Rparam*,*Par*),
        assertion_*high*_1(*Lparam*,*Rparam*,*Par*),
        assertion_*high*_2(*Lparam*,*Rparam*,*Par*).

Die Synchronisation ist gewährleistet, wenn sie auf beiden Teilmengen gewährleistet ist. Die Werte müssen übereinstimmen, d.h. auf der gesamten Menge muß einheitlich Synchronisation stattfinden oder keine.

    assertion_*high*_1(*Lparam*,*Rparam*,*Par*) :-
        at_*left*_perform_synchr(*Lparam*,*Par*) $\equiv$ at_*right*_perform_synchr(*Rparam*,*Par*).

at_*high*_trans_synchr(*Lparam,Rparam,Par*) :-
  at_*left*_trans_synchr(*Lparam,Par*).

Verschiedene Verfahren mit bzw. ohne Seitengranulat können beliebig zusammengesetzt werden; sie realisieren zusammen dann allerdings kein Seitengranulat mehr.

at_*high*_page_granule(*Lparam,Rparam,Par*) :-
  at_*left*_page_granule(*Lparam,Par*),
  at_*right*_page_granule(*Rparam,Par*).

Für die Konsistenz gilt, daß eine bestimmte Eigenschaft nur dann erfüllt ist, wenn sie auf allen Teilen gilt, d.h.:

at_*high*_consistency(*Lparam,Rparam,Par*) :-
  at_*left*_consistency(*Lparam,Par*),
  at_*right*_consistency(*Rparam,Par*).

Die durch Aufspaltung entstehenden disjunkten Teile müssen die gleichen Eigenschaften bzgl. der Protokollierung aufweisen, damit diese für die zusammengesetzte Objekt- und Operatormenge gelten. Wenn auf einem Teil die Fehlerbehandlung sichergestellt ist, auf dem anderen aber nicht, ließe sich das auf höheren Ebenen nicht mehr ausgleichen. Die Attribute gleichen Wertes werden übernommen:

assertion_*high*_2(*Lparam,Rparam,Par*) :-
  at_*left*_perform_part_undo(*Lparam,Par*) $\equiv$ at_*right*_perform_part_undo(*Rparam,Par*),
  at_*left*_perform_glob_undo(*Lparam,Par*) $\equiv$ at_*right*_perform_glob_undo(*Rparam,Par*),
  at_*left*_perform_part_redo(*Lparam,Par*) $\equiv$ at_*right*_perform_part_redo(*Rparam,Par*),
  at_*left*_perform_glob_redo(*Lparam,Par*) $\equiv$ at_*right*_perform_glob_redo(*Rparam,Par*),
  at_*left*_permanent_undo(*Lparam,Par*) $\equiv$ at_*right*_permanent_undo(*Rparam,Par*).

at_*high*_perform_part_undo(*Lparam,Rparam,Par*) :-
  at_*left*_perform_part_undo(*Lparam,Par*).

at_*high*_perform_glob_undo(*Lparam,Rparam,Par*) :-
  at_*left*_perform_glob_undo(*Lparam,Par*).

at_*high*_perform_part_redo(*Lparam,Rparam,Par*) :-
  at_*left*_perform_part_redo(*Lparam,Par*).

at_*high*_perform_glob_redo(*Lparam,Rparam,Par*) :-
  at_*left*_perform_glob_redo(*Lparam,Par*).

at_*high*_permanent_undo(*Lparam,Rparam,Par*) :-
  at_*left*_permanent_undo(*Lparam,Par*).

Die Seitengranulathypothese wird auf jede der beiden Teilkonfigurationen angewendet.


## 8.4 Zulässigkeit von Konfigurationen


Die Ableitungsregeln, die im vorangehenden Abschnitt spezifiziert wurden, dienen zur Entscheidung, ob eine bestimmte Konfiguration als Realisierung eines Dateityps zulässig ist. Dazu folgt zunächst die formale Definition der Zulässigkeit gemäß den genannten Kriterien. Anschließend wird betrachtet, wie man sich eine Berechnung in der Praxis vorstellen kann.

### 8.4.1  Definition

Die Zulässigkeit der gesamten Konfiguration, die einen Dateityp realisiert, ergibt sich aus den Attributen der höchsten Schnittstelle. Dort muß gelten:

- die Konfiguration ist legal im Sinne des Prädikats legal_*high*_configuration(...),
- die durch Attribute ausgedrückten Eigenschaften genügen den Anforderungen an die Fehlerbehandlung und Synchronisation, die in Abschnitt 8.1 als Kriterium allgemein formuliert und anschließend bei der Einführung von Attributen noch weiter zerlegt wurden.

Formal (ohne explizite Nennung der bekannten Parameter):

    legal_configuration(...) :-
        legal_*high*_configuration(...),
        at_*high*_perform_synchr(...),
        ¬ call(*HPgGr*),
        at_*high*_perform_part_undo(...),
        at_*high*_perform_glob_undo(...),
        at_*high*_perform_part_redo(...),
        at_*high*_perform_glob_redo(...),
        at_*high*_permanent_undo(...).

Von den Eigenschaften einer Schnittstelle werden also fast alle auf der höchsten Ebene zur Prüfung der Zulässigkeit der gesamten Konfiguration herangezogen. Lediglich die Konsistenz wird dort nicht mehr benötigt; sie dient nur zu internen Prüfungen bei der Berechnung der Attribute und der Legalität. Die Teilbedingung ¬ call(*HPgGr*) drückt aus, daß hier eine interne Synchronisation gefordert wird.

Man erkennt, daß sich mit der gleichen Vorgehensweise auch solche funktional korrekten Konfigurationen ermitteln lassen, die nur eine Teilmenge der Eigenschaften besitzen, beispielweise solche, für deren Synchronisation extern gesorgt wird, oder solche, für deren globales Redo sehr hohe Operationen platzsparend aufgezeichnet werden.

### 8.4.2  Berechnungsverfahren

Bis jetzt wurde noch kein konkretes Berechnungsverfahren vorgestellt, sondern nur ein System von Beziehungen zwischen Schnittstelleneigenschaften und globalen Attributen in abstrakten Teilkonfigurationen. Es fehlen demnach noch

- die Zusammenstellung und Konkretisierung der Berechnungsregeln für einen bestimmten Dateityp, und
- eine Berechnungsstrategie, wie in einer Menge von Konfigurationen nach zulässigen gesucht wird.

Eine Aufstellung der Bewertungsfunktion ist für jede Realisierung von Zugriffsfunktionen vorzunehmen. Je nach Modulstruktur und Randbedingungen werden Regelmengen im lokalen Kontext ausgewählt, konkretisiert und ergänzt. Alle solchen Regelmengen werden zur Darstellung der Gesamtfunktion vereinigt. In Abschnitt 8.5 wird das beispielhaft an der ISAM-Realisierung aus Kapitel 7 demonstriert.

Die Regelmenge legt den Wert der Attribute einer Konfiguration fest, beinhaltet aber noch keine Berechnungsstrategie. Dies ist grundsätzlich erwünscht, weil die dargestellten Beziehungen keine Vorgehensweise für eine Auswertung präjudizieren. Es kann also offen bleiben, ob die Funktion "analysierend" gebraucht wird, um eine Menge gegebener Konfigurationen zu bewerten, oder "synthetisierend", um zielstrebig einzelne Konfigurationen mit vorgegebenen Eigenschaften zu bestimmen. Effiziente Verfahren zu finden, ist sicher ein nichttriviales Problem, das hier nicht weiter untersucht werden soll.

Daß die Berechnungsstrategie wählbar bleibt, eröffnet eine wichtige Perspektive. Dazu sei daran erinnert, daß es hier nur um die Zulässigkeit von Konfigurationen geht, die Bewertung ihrer Leistungsfähigkeit in einer Anwendung aber außer acht gelassen wurde. Wenn es einmal gelingt, Wissen über die Leistung von Datenbanksystemen in verschiedenen Anwendungssituationen präzise zu erfassen, könnte das vorhandene Regelsystem so erweitert werden, daß es nicht nur die zulässigen kennzeichnet, sondern auch, welches gute sind und wie man sie findet.

Die Verwendung von PROLOG als Beschreibungssprache verdeutlicht, daß es dennoch ein einfaches Berechnungsverfahren gibt, nämlich die Ausführung durch einen PROLOG-Interpreter. Diese Lösung wird im Rest dieses Abschnitts betrachtet.

Ein vollständiges Regelsystem kann auf verschiedene Mengen von Kandidaten für zulässige Konfigurationen angewendet werden, indem für jedes Verfahren als Parameter entweder eine Konstante für ein festes Verfahren angegeben wird, oder eine Variable, die intern mit allen wählbaren Verfahren der betreffenden Klasse belegt wird. Dadurch lassen sich unterschiedliche Fragestellungen beantworten, z.B.

- ob eine bestimmte Konfiguration zulässig ist,
- was die Menge aller zulässigen Konfigurationen ist,
- welche Änderungen in der Auswahl bestimmter Verfahren möglich sind, wenn die übrigen fest bleiben.

Die Berechnung mit dem vorgestellten Regelsystem ist sehr aufwendig, weil alle Attribute höherer Schnittstellen durch Regeln aus den elementaren Fakten jeweils neu berechnet werden. Zur Effizienzsteigerung wäre ein Verfahren wünschenswert, das Zwischenergebnisse speichert und wiederverwendet.

Ein praktisches Problem betrifft die vom PROLOG-Interpreter ausgegebene Ergebnismenge: es entstehen Duplikate, wenn sich mehrere verschiedene Ableitungen einer (Teil-)Klausel finden lassen. Um das zu vermeiden, müßte für jede Regel, die Alternativen (Disjunktion) besitzt, erzwungen werden, daß sie höchstens einmal erfüllt wird.[1]


## 8.5  Beispiel

Das Beispiel der Realisierung einer ISAM-Schnittstelle durch einen $B^*$-Baum wurde im letzten Kapitel ausführlich vorgestellt. Bild 8.3 zeigt die gesamte Modulstruktur. Die Anwendung der Berechnungsregeln für die Eigenschaften einer (Gesamt-)Konfiguration, insbesondere deren Zulässigkeit im Sinne der Erfüllung aller Anforderungen, wird nun demonstriert.

Die Bezeichner der Zugriffsschnittstellen werden aus Kleinbuchstaben gebildet, weil PROLOG praktisch vorschreibt, daß Konstanten mit solchen beginnen. Als Variablenbezeichner für die Verwaltungsverfahren denke man sich die Namen der Schnittstellen aus Bild 8.3 mit Großbuchstaben.

---

1 Eine Möglichkeit ist das Anfügen von Cut-Operatoren an jede Alternative, wodurch im vorliegenden Fall die Semantik erhalten bleibt.

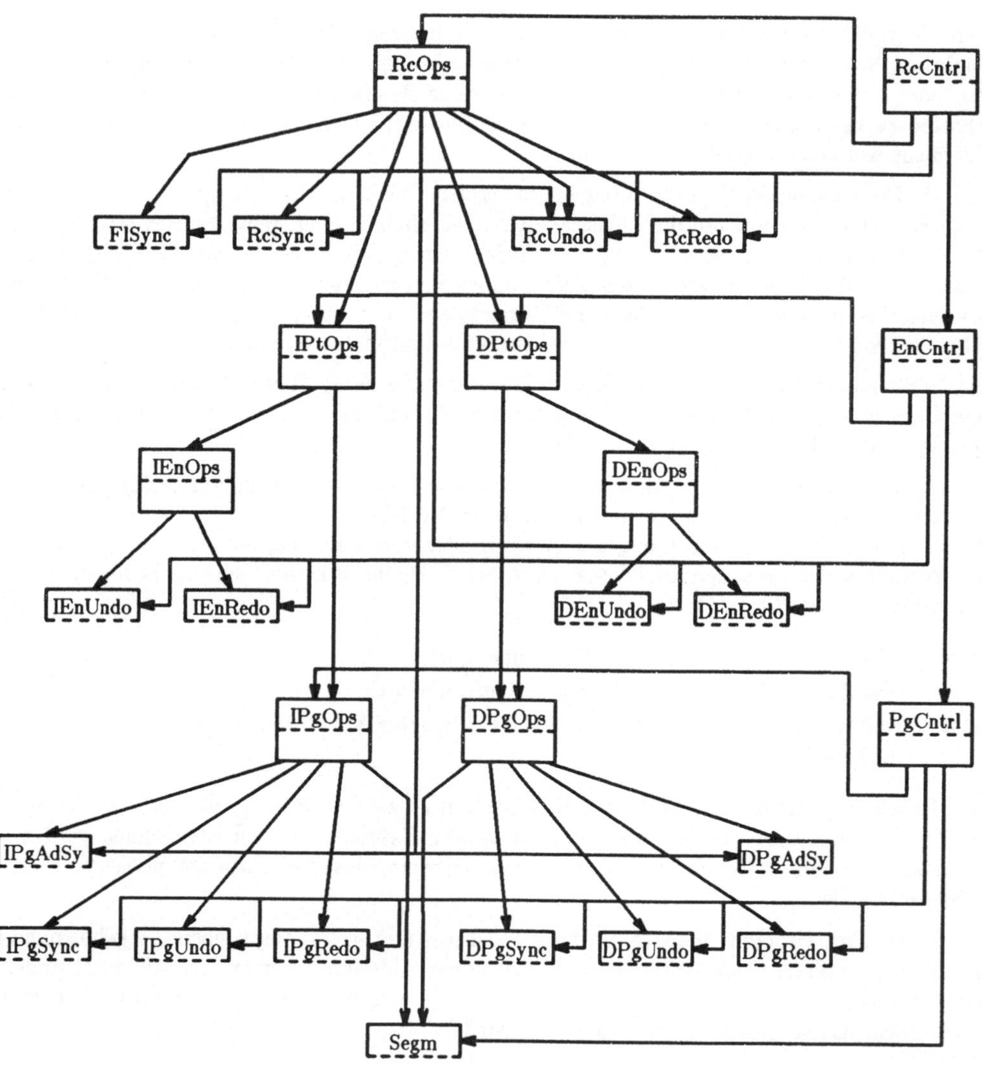

Bild 8.3: Beispiel ISAM, vollständige Modularchitektur

Die Berechnung zerfällt in eine Reihe von Schritten, aus denen jeweils eine Regelmenge entsteht. Die Vereinigung dieser Regelmengen definiert die Eigenschaften einer Konfiguration.

1. An erster Stelle steht die Definition der globalen Bedingungen, d.h. auf welche Wertemenge "global_pred" zutrifft. Sie lassen sich im allgemeinen nicht aus dem Beispiel herleiten, sondern sind aus einer Analyse der Rahmenbedingungen vorzugeben. Die einzige Aussage, die sich treffen läßt, ist, daß "global_pred(careful_replacement)" **nicht** gilt. Die Eigenschaft "accept_inconsistency" wird zwar auch durch die Implementierung der Zugriffsfunktionen festgelegt; dazu war das Beispiel jedoch nicht detailliert genug.

2. Die Berechnung der Attribute von Segm.

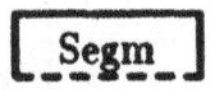

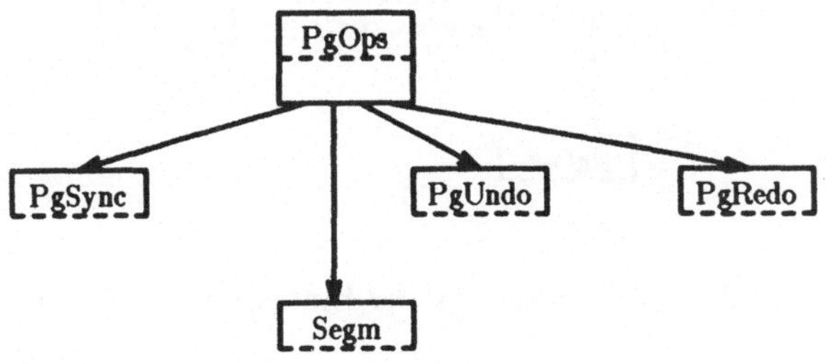



Bild 8.4: Unterste Ebene, Segmentschnittstelle

Die betrachtete Teilkonfiguration, siehe Bild 8.4, besteht nur aus der Segmentverwaltung. Als Grundlage dienen die Regeln aus Abschnitt 8.3.1, die auf alle Segmente gleichermaßen anwendbar sind. In der Regelmenge ist *segm* durch segm zu ersetzen.

3. Berechnung der Attribute von IPgOps und DPgOps.

Wegen der Symmetrie im Aufbau der Konfiguration des Beispiels können diese beiden

Bild 8.5: Realisierung der Seitenschnittstellen

Schritte auf die gleiche Weise behandelt werden. Die betrachtete Schicht zeigt Bild 8.5. Zunächst ist festzustellen, daß die Moduln IPgAdSy und DPgAdSy untergeordnete Verfahren von RcSync realisieren und daher bei der Aufstellung von Regeln nicht berücksichtigt werden.

Die Bezeichnersubstitution lautet:

|       | IPgOps  | DPgOps  |
|-------|---------|---------|
| *high* | ipgops | dpgops |
| *low*  | segm   | segm   |
| *sync* | ipgsync | dpgsync |
| *undo* | ipgundo | dpgundo |
| *redo* | ipgredo | dpgredo |

Hinzu kommen die folgenden Fakten, die die Objekte und Operationen von IPgOps und DPgOps spezifizieren.

| IPgOps | DPgOps |
| --- | --- |
| page_level(ipgops) | page_level(dpgops) |
| page_granule(ipgsync) | page_granule(dpgsync) |
| idempotent_op(ipgundo) | idempotent_op(dpgundo) |
| idempotent_op(ipgredo) | idempotent_op(dpgredo) |

4. Berechnung der Attribute von IPtOps und DPtOps.

Die beiden genannten Fälle sind wiederum symmetrisch und können gemeinsam dargestellt werden. Die Aufteilung in PtOps und EnOps ist zur Bewertung von Konfigurationen irrele-

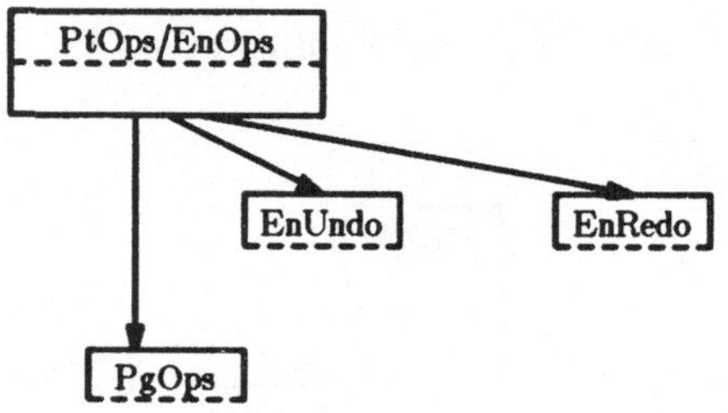


Bild 8.6: Realisierung der Eintragsschnittstellen

vant. Die Struktur der betrachteten Schichten zeigt Bild 8.6. In der Schicht fehlt ein Synchronisationsmodul, d.h. in den Regeln ist der Parameter *Sync* durch die Konstante no_synchr zu ersetzen. Ansonsten sind die folgenden Substitutionen vorzunehmen:

| | IPtOps | DPtOps |
| --- | --- | --- |
| *high* | iptops | dptops |
| *low* | ipgops | dpgops |
| *undo* | iptundo | dptundo |
| *redo* | iptredo | dptredo |

Hinzu kommen die folgenden Fakten, die die Objekte und Operationen von IPtOps und DPtOps spezifizieren.

| IPtOps | DPtOps |
| --- | --- |
| entry_level(iptops) | entry_level(dptops) |
| idempotent_op(iptundo) | idempotent_op(dptundo) |
| idempotent_op(iptredo) | idempotent_op(dptredo) |

5. Integration von IPgOps und DPgOps zur gemeinsamen Schnittstelle IDPtOps.

IDPtOps sei die Vereinigung von IPtOps und DPtOps nach den Regeln aus Abschnitt 8.3.4.

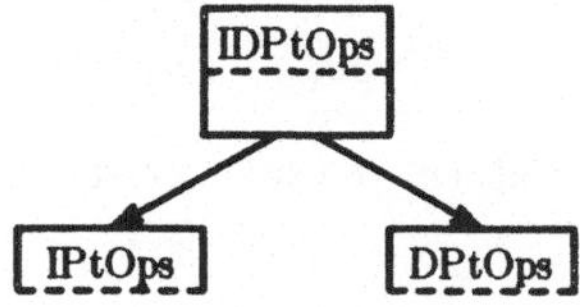


Bild 8.7: Zusammenfassung der Eintragsschnittstellen

Bild 8.7 verdeutlicht dies. Es ist zu substituieren:

| | |
|---|---|
| *high* | idptops |
| *left* | iptops |
| *right* | dptops |

6. Berechnung der Attribute von RcOps.

Die Abbildung der Satzebene auf die Schnittstelle(n) der Seitentypen enthält zwei Moduln zur Synchronisation, FlSync und RcSync. Sie stehen beide für ein eigenes Verfahren: Rc-Sync repräsentiert die Satzsynchronisation, auch wenn dazu in diesem Beispiel eine Unterstützung durch hierarchische Sperren für die gesamte Datei notwendig ist; FlSync steht für Synchronisation, die die gesamte Datei betrifft.

Bei der Berechnung der Eigenschaften einer Konfiguration muß die Unterscheidung der Satzebene von der Dateiebene getroffen werden, auch wenn sie in der vorgestellten Implementierung aus Gründen der Vereinfachung umgangen wurde. Die Anwendung von Synchronisation auf die Datei als Ganzes findet auf der nächsthöheren Schicht statt, die hinzugefügt werden muß. Hier ist zunächst nur RcSync zu berücksichtigen. Damit sieht die vor-

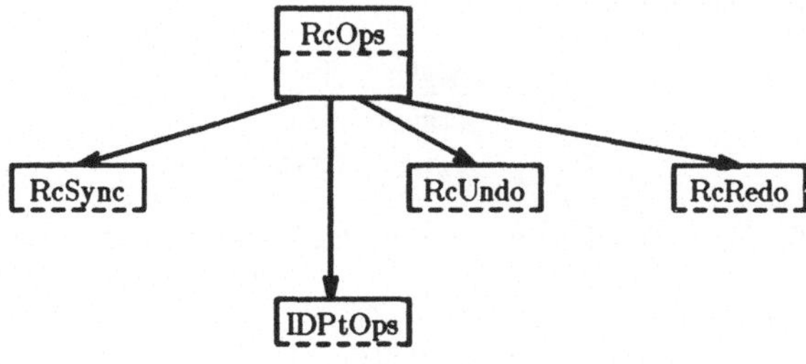


Bild 8.8: Realisierung der Satzschnittstelle

liegende Schicht wie in Bild 8.8 aus.

Die Bezeichnersubstitution lautet:

| | |
|---|---|
| *high* | rcops |
| *low* | idptops |
| *sync* | rcsync |
| *undo* | rcundo |
| *redo* | rcredo |

Hinzu kommen die folgenden Fakten, die die Objekte und Operationen von RcOps spezifizieren.

record_level(rcops)
idempotent_op(rcundo)
idempotent_op(rcredo)

7. Die Berechnung der Attribute der darübergelegten Dateischnittstelle FlOps.

Innerhalb der vorliegenden Schicht, die Bild 8.9 zeigt, findet nur Synchronisation, keine

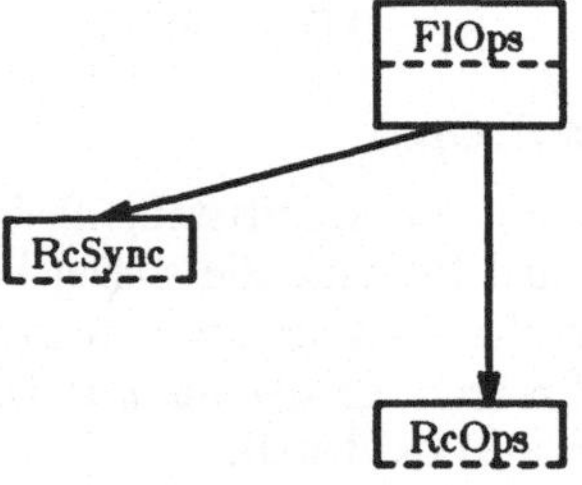


Bild 8.9: Prinzip der dateispezifischen Synchronisation

Protokollierung statt. D.h. die Parameter *Undo* und *Redo* sind durch die Konstanten "no_undo_protocol" bzw. "no_redo_protocol" zu ersetzen.

Die Bezeichnersubstitution lautet:

| | |
|---|---|
| *high* | flops |
| *low* | rcops |
| *sync* | flsync |

Hinzu kommen die folgenden Fakten, die die Objekte und Operationen von FlOps spezifizieren.

file_level(flops)
page_granule(flsync)

8. Prüfung der Schnittstelleneigenschaften.

Als letzter Schritt ist die Bedingung über die Zulässigkeit der Gesamtkonfiguration gemäß Abschnitt 8.4 hinzuzufügen. Sie ist auf die Schnittstelle FlSync anzuwenden.

# 9. Zusammenfassung, Ergänzungen und Bewertung

In den vorangehenden Kapiteln wurde eine Methode vorgestellt, wie die Aufgabe der Datenverwaltung in einem Rechensystem durch Modularisierung und Konfigurierung so gelöst werden kann, daß eine Anpassung an die Anforderungen jeder einzelnen Anwendung möglich wird.

Es wurde eine strikte Trennung der Aufgabenbereiche Datenorganisation, Segmentverwaltung, Synchronisation und Protokollierung eingeführt, um die Verfahren für verschiedene Aufgaben voneinander zu entflechten. Zur Realisierung der Aufgaben wurden jeweils mehrere Verfahren ausgewählt, für die sich eine gemeinsame Schnittstelle angeben ließ.

Da die Verfahren nicht so weit vergleichbar sind, daß ihre Eigenschaften durch die gemeinsame Schnittstelle vollständig beschrieben werden können, wurde eine Trennung der Semantik vorgenommen: ein zentraler Teil ist für alle Verfahren gleich, er wird der Schnittstelle zugeordnet und ist die Grundlage für die Integration eines Moduls; ein zusätzlicher Teil beschreibt die darüberhinausgehenden Eigenschaften, die dann berücksichtigt werden, wenn ein System aus Moduln mit verschiedenartigen Verfahren zusammengesetzt wird. Es wurde gezeigt, wie man aus den individuellen Eigenschaften von Verfahren durch eine Bewertungsfunktion auf formale Art auf die Eigenschaften der gesamten Konfiguration schließen kann.

Die vorgestellte Methode ist so allgemein einsetzbar, daß sie sich auf beliebige Datenorganisationsformen anwenden läßt. Sie beruht auf einem Angebot von parametrisierbaren Standardmoduln, die zur Implementierung verschiedener Dateitypen herangezogen werden können. Für die Strukturierung der Zugriffsfunktionen wurde ein fester Rahmen vorgegeben, so daß für die Datenobjekte in einem Kerndatenbanksystem, auf die Verwaltungsverfahren anwendbar sind, explizit Schnittstellen eingeführt werden.

Eine Besonderheit bei der Schaffung von Wahlmöglichkeiten für Synchronisations- und Protokollierungsverfahren ist, daß verschiedene Schnittstellen dafür vorzusehen sind. In jeder Konfiguration sind einige von ihnen überflüssig, d.h. die Aufrufe ihrer Funktionen sind wirkungslos, und verursachen eventuell einen unerwünschten Mehraufwand.

Die Bewertungsfunktion für Konfigurationen kennzeichnet deren Eigenschaften und erlaubt es insbesondere, zu prüfen, ob die Anforderungen an ein Kerndatenbanksystem eingehalten werden. Sie ist dargestellt als eine Menge von PROLOG-Regeln. Dadurch erhält man gleichzeitig eines der möglichen Berechnungsverfahren; auf die Festlegung auf eine bestimmte Strategie der Auswertung wurde allerdings verzichtet. Verschiedene Vorgehensweisen sind denkbar, insbesondere kann man die vorgelegte Regelmenge als Grundlage einer größeren Wissensbasis betrachten, die auch Aussagen über die Qualität von Konfigurationen in einer Betriebsumgebung erlaubt.

Es wird nun versucht, diese Methode unter verschiedenen Aspekten zu bewerten. Dabei sind noch einige zusätzliche Fragen anzusprechen, wenn es um die Umsetzung in ein Programmsystem und dessen praktischen Einsatz geht.

Zur Bewertung wird die folgende Liste von Kriterien zugrundegelegt, deren Punkte anschließend einzeln diskutiert werden:

- Entscheidend für die praktische Bedeutung der vorgestellten Ergebnisse wird sein, wie man sich eine **Implementierung** denken kann. Dazu gehört die Frage nach geeigneten Programmiersprachen und -systemen, die insbesondere die Modularisierung und die Verwaltung und Zusammenstellung von Konfigurationen unterstützen. Und nicht zuletzt ist die Effizienz der Implementierung eines konfigurierbaren Systems zu betrachten, d.h. welcher Preis strukturbedingt zu zahlen ist, um die Vorteile der Konfigurierbarkeit bzw.

Rekonfigurierbarkeit zu erhalten.

- Entscheidend für den Nutzen einer Methode ist ihre **Anwendbarkeit**, d.h. hier konkret: welche Unterstützung sie bietet, bei gegebenem Datenverwaltungsproblem zu einer zugeschnittenen Systemlösung zu gelangen, und wie sie sich handhaben läßt, so daß die beabsichtigte Flexibilität in der Praxis auch ausgenutzt werden kann. Es ist also die Frage, wie die Erfahrungen im Umgang mit konfigurierbaren Systemen sind und wie man bei einem reichhaltigen Angebot von Alternativen zielstrebig zu einer guten Konfiguration gelangt.

- In Verbindung mit dem vorgenannten Punkt steht, daß die **Homogenität** des Ansatzes, seine Eignung gleichermaßen für verschieden komplexe Datenverwaltungsaufgaben, zu beurteilen ist. Dies ist eine notwendige Voraussetzung für eine bestmögliche Anpassung an einen konkreten Anforderungskatalog und war deshalb eines der hervorgehobenen Ziele des Entwurfs: durch Auswahl der einzusetzenden Verfahren soll ein nahtloser Übergang zwischen Anwendungen mit unterschiedlicher Komplexität möglich werden und die historisch bedingte, aber keinesfalls naturgegebene Trennung zwischen Dateiverwaltung und -bearbeitung einerseits und dem Einsatz von Datenbanksystemen andererseits aufgehoben werden.

- Es stellt sich die Frage, was die **Erfahrungen mit der Modularisierungsstrategie** sind, die, über das bekannte Geheimnisprinzip hinausgehend, eine Trennung der Moduleigenschaften in allgemeine, schnittstellenspezifische und individuelle, realisierungsabhängige vornimmt. Als Prüfstein ist anzusehen, welche Vielfalt an Verfahren ausgewählt und in einem gemeinsamen Rahmen integriert werden konnte, und wie das Verhältnis zu den unberücksichtigten Verfahren ist.

- Zu guter letzt ist eine neue Methode auch daran zu messen, welche **Perspektiven zur Weiterentwicklung** erkennbar sind, die sich auf verschiedenen Teilgebieten abzeichnen können: die Berücksichtigung spezieller Verfahren, die Verallgemeinerung zugrundeliegender Konzepte oder eine Verbesserung der Unterstützung bei der Konstruktion und Anwendung konfigurierbarer Systeme.

## 9.1 Implementierungsapkekte

Um zu diskutieren, wie sich ein modulares, konfigurierbares System implementieren läßt, werden zunächst einige Kandidaten vorgestellt und danach beurteilt, für welche Teilprobleme sie eine Lösung anbieten und welche Anforderungen sie dagegen nicht abdecken. Dazu ist im Vorfeld zu klären, welche Aufgaben erkennbar sind, die von einem benutzten Programmiersystem bewältigt werden sollen.

Eine wichtige Eigenschaft des ablauffähigen Systems, die an dieser Stelle herausgehoben werden soll, ist die verwendete Bindetechnik. Grundsätzlich kommen in Betracht: ein statisches Binden der Moduln zu einem festen, zur Ausführungszeit unveränderbaren Programm, und ein dynamisches Binden zur Ausführung, d.h. eine lose Kopplung der Komponenten als eine technische Voraussetzung für eine (Re-)Konfigurierung während des Betriebs. Wofür man sich entscheidet, hat gravierende Auswirkungen auf die Eigenschaften des Softwareprodukts.

## 9.1.1 Anfallende Aufgaben

Betrachtet man den vorliegenden Entwurf, so lassen sich daran die folgenden Aufgaben erkennen, die bei einer Implementierung anfallen:

- der Aufbau des Systems aus gleichartigen Moduln mit Trennung von Schnittstelle und Implementierung;
- die Darstellung von Realisierungsvarianten zur gleichen Schnittstelle;
- ein Typkonzept mit Parametrisierung für die wiederverwendbaren Standardmoduln;
- ein Prozeßkonzept zur expliziten Programmierung der Nebenläufigkeit mit den dazu verwendbaren Synchronisationsprimitiven;
- eine Bindetechnik zur Konfigurierung;
- die Reduzierung strukturellen Overheads, der sich aus der Modularisierung ergibt, insbesondere verursacht durch die "überflüssigen" Aufrufe der Moduln, die kein effektives Verfahren realisieren;
- eine Unterstützung vom Betriebssystem bei der Verwaltung solcher Betriebsmittel, die von ihm importiert werden.

## 9.1.2 Programmiersprachen und -umgebungen

Um den ganzen Problemkreis der Systemimplementierung zu beleuchten, wurden drei Kandidaten gewählt, die recht unterschiedliche Ansätze vertreten.

An erster Stelle steht die Programmiersprache Ada ( [Ada 1983] ) die bereits zur Formulierung der Beispiele verwendet wurde. Sie bietet sich vor allem deshalb an, weil sie eine reichhaltige Menge von Konzepten umfaßt, größere Programme aus kleinen, eigenständigen Einheiten zu bilden. Betrachtet man die Geschichte der Entwicklung von Ada, ist zu erwarten, daß die Sprache eine weite Verbreitung erfährt, die die Übertragbarkeit von Programmen begünstigt, und daß in nächster Zeit eine gezielte Unterstützung der Softwarekonstruktion durch Programmierumgebungen mit integrierten Werkzeugen verfügbar sein wird.

Ein ganz anders geartetes Beispiel sind die Konzepte des Betriebssystems OSKAR ( [OSKAR 1985]), die eine streng modulare Strukturierung von Programmsystemen mit den dazu notwendigen Mechanismen zur dynamischen Konfigurierung vorsehen. Es handelt sich dabei allerdings um keine sprachspezifische Lösung; Bausteine, die in verschiedenen Sprachen implementiert wurden, können zusammengestellt werden. Die Kommunikation erfolgt über einen niedrigen, maschinennahen Aufrufmechanismus. Hier interessiert in erster Linie die Konzeption, weil eine allgemeine Verfügbarkeit zur kommerziellen Softwareproduktion nicht gegeben ist.

Eine neuere Entwicklung ist die Sprache NIL ( [Strom et al. 1985] ), die für verteilte Systeme entworfen wurde. Sie ist, im Gegensatz zu den vorgenannten Beispielen, prozeß- oder botschaftenorientiert. Sie wird dadurch interessant, daß sie eine dynamische Systemstruktur mit Prüfung der Modulzusammenstellung durch einen Übersetzer verbindet. In manchen Aspekten lassen sich hier Konzepte aus OSKAR wiedererkennen, auch wenn dies wegen dessen Prozedurorientierung nicht nahezuliegen scheint. Leider läßt sich im Augenblick nicht abschätzen, welche Bedeutung und Verfügbarkeit die Sprache erhalten wird: immerhin wurde sie in den Laboratorien eines bedeutenden Computerherstellers entwickelt.

## 9.1.2.1 Ada

Zur Darstellung von Moduln ist das Paketkonzept sehr gut geeignet. Verschiedene Realisierungen lassen sich durch mehrere Rümpfe zur selben Paketspezifikation angeben. Allerdings wird die Verwaltung und Zuordnung der verschiedenen Rümpfe durch die Sprache selbst nicht unterstützt. Dazu sind weitergehende Hilfsmittel notwendig. Eine vielversprechende Idee scheint die Einführung mehrerer Modulbibliotheken zu sein, aus denen die Komponenten zugeordnet werden ( [Dausmann, Persch 1986] ).

Ein Typkonzept mit Parametrisierung wird durch generische Pakete angeboten. Sie erlauben eine Anpassung vordefinierter Verwaltungsmoduln, aber die Übertragung der Parametrisierung auf mehrere, kooperierende Moduln ist eingeschränkt auf solche, die ineinander geschachtelt sind. Dies ist eine zu starke Restriktion, weil man von allgemeineren Aufrufbeziehungen ausgehen muß, wie das Beispiel der $B^*$-Baum-Realisierung zeigt.

Mit dem Task-Konzept ist die Darstellung von prozedurorientierter, transaktionsbezogener Nebenläufigkeit möglich. Die Flexibilität der Synchronisationsmechanismen ist hoch; sie erlaubt z.B. die Implementierung von Monitoren ( [Dausmann et al. 1981] ).

Die Ada-Programme werden statisch gebunden, d.h. eine Rekonfiguration ist während der Ausführungszeit nicht vorgesehen. Der strukturelle Overhead ist dadurch gering, weil Aufrufe anderer Moduln als interne Prozeduraufrufe realisiert werden.[1] Das Problem der überflüssigen Aufrufe läßt sich bei statischer Programmstruktur durch die Anwendung von einfachen Regeln der Programmtransformation lösen, wie sie beispielsweise durch das Pragma INLINE zu bewirken sind. Durch Einsetzen leerer Prozedurrümpfe oder durch Zuweisung konstanter Funktionsergebnisse an der Aufrufstelle lassen sich die Aufrufe einsparen und die dann nicht mehr benötigten Moduln ganz entfernen.[2]

Die Frage nach der Unterstützung vom Betriebssystem läßt sich nicht allgemein beantworten. Sie richtet sich nach dem tatsächlichen Angebot in der jeweiligen Umgebung; das ist durchaus charakteristisch für portable höhere Programmiersprachen.

## 9.1.2.2 OSKAR-Konzeption

Die Modularisierung ist das Fundament der Programmstruktur von OSKAR; sie wird vom Betriebssystem kontrolliert im Sinne des Schutzes vor unberechtigten Zugriffen an der Schnittstelle vorbei. Die Verwaltung der Bausteine ("Subsysteme") beschränkt sich jedoch auf ihre äußerlichen Beziehungen zu anderen Subsystemen. Interne Details und Zusammenhänge zwischen verschiedenen Komponenten werden nicht registriert. So gibt es keine Systemunterstützung bei der Realisierung von Varianten zur gleichen Schnittstelle und zur Parametrisierung der Subsysteme.

Ein Prozeßkonzept, das zur Realisierung von Transaktionen in einem Datenbanksystem gut geeignet ist, wird vom Betriebssystem angeboten, ebenso flexible Synchronisationsprimitive, von denen gezeigt wurde, daß sie das Monitorkonzept wirkungsvoll unterstützen.

---

1 Dabei wird unterstellt, daß man den Aufwand für den Aufrufmechanismus in einer höheren Programmiersprache nicht an sich schon als intolerabel einstuft.

2 Dies scheint eine sinnvolle Anwendung von Transformationstechniken zu sein, wenn man sich fragt, welche Programme sich durch solche einfachen Modifikationen verbessern lassen.
Ein etwas anspruchsvolleres Anwendungsgebiet für Programmtransformationen sind die leeren Protokollmoduln, die minimale Zeitmarken ausgeben, die von den Zugriffsfunktionen weiterverarbeitet werden.

Interessant ist der Bindemechanismus: Programmsysteme aus Komponenten werden zur Laufzeit zusammengestellt. Sie sind im Prinzip, d.h. wenn ihr logischer Zusammenhang das erlaubt, jederzeit rekonfigurierbar durch den Austausch einzelner Subsysteme. Allerdings wird die Strukturinformation über die aktuelle Konfiguration nicht vom Betriebssystem oder einer anderen übergeordneten Instanz verwaltet; das ist vom Anwendungssystem selbst zu übernehmen.

Der strukturbedingte Overhead als Aufruf zwischen Subsystemen fällt ins Gewicht, auch wenn er zum Teil darauf zurückzuführen ist, daß Schutzaspekte im Vordergrund stehen, die innerhalb eines Kerndatenbanksystems keine Rolle spielen. Dadurch wird das Problem der unnötigen Aufrufe verschärft, die sich in einer dynamischen Konfiguration kaum vermeiden lassen, weil der Adressat ja auswechselbar sein soll. Die einzige Möglichkeit zur Vermeidung des Aufwands besteht darin, redundante Information über den Kommunikationspartner beim Aufrufer zu halten, wodurch die Programmierung der Subsysteme und die Verwaltung ihrer Konfiguration allerdings komplexer wird.

Die Unterstützung durch das Betriebssystem ist hoch, weil dies ein Entwurfsziel von OSKAR war: eine Vielfalt von Synchronisationstechniken ist möglich, die Pufferbehandlung wurde dem Datenbanksystem zugänglich gemacht und die Hintergrundspeicherzuordnung ist kontrollierbar.


### 9.1.2.3   NIL

Eine Modularisierung beruht hier auf der Kopplung von Prozeß und Programm; sie gewährleistet das Geheimnisprinzip. Anstelle eines Aufrufs steht in prozeßorientierten Systemen ein Botschaftenaustausch. Die Schnittstellen sind auf den Typ der übermittelten Botschaften bezogen. Realisierungsvarianten sind Bestandteil der Sprachkonzeption: das sind Programme, die den gleichen Typ von Botschaften verarbeiten. Eine Parametrisierung von Schnittstellen ist nicht vorgesehen. Sie müßte durch zusätzliche Maßnahmen realisiert werden.

Das Prozeßkonzept ist an die Moduln gebunden; die Synchronisation ergibt sich daraus zwangsläufig durch die Kommunikation, d.h. die Reihenfolge, in der ein Prozeß die einlaufenden Aufträge verarbeitet. Die Bindung der Moduln, d.h. ihre Zuordnung zu den Kommunikationskanälen, wird zur Laufzeit festgelegt; das System ist rekonfigurierbar. Die Einhaltung der Schnittstellenspezifikationen wird vom Übersetzer überwacht.

Der strukturelle Overhead ist groß, wie bei jedem dynamisch strukturierten System. Allerdings ergeben sich aus der Kontrolle der Verbindungen durch einen Übersetzer Optimierungsmöglichkeiten. Inwieweit das zu praktischem Effizienzgewinn führt, ist schwer abzuschätzen. Grundsätzlich ist aber zu erwarten, daß durch die Übersetzerkontrolle weitergehende Schutzmaßnahmen entfallen können und so ein geringerer Kommunikationsaufwand als bei OSKAR anfällt.


### 9.1.3   Fazit

Zur Realisierung eines modularen, konfigurierbaren Programmsystems gibt es gute Ansätze, die jedoch nicht alle Aspekte zufriedenstellend lösen. Es ist erkennbar, daß statisches und dynamisches Binden zu grundsätzlich verschiedenen Lösungen mit unvereinbaren Vorteilen führen: die erreichbare Effizienz eines Systems steht im Konflikt mit der Flexibilität in Bezug auf Rekonfiguration zur Betriebszeit.

Dies legt eine Strategie nahe, die für stabile, wenig veränderliche Anwendungssituationen statische Bindung vorsieht, und unberechenbareren Anwendungen, die hohes Reaktions- und Rekonfigurationsvermögen verlangen, durch dynamische Bindung gerecht wird. Z.B. könnte in einer Entwicklungs- oder Testphase ein leicht rekonfigurierbares System betrieben werden, das ab einer gewissen Stabilität der sich abzeichnenden Lösung durch ein statisch gebundenes Programm mit zusätzlichem Effizienzgewinn ersetzt wird. Oder man wählt eine gemischte Strategie, bei der kleine Mengen von Moduln statisch zu Bausteinen verbunden werden, die dann als Ganzes im Sinne der OSKAR-Subsysteme auswechselbar sind.

Ein Teil der Entwurfskonzepte muß in allen Fällen durch Zusatzmaßnahmen gelöst werden. Das betrifft insbesondere die Verwaltung der Gesamtmenge von Moduln und die Auswahl und Parametrisierung zur Zusammenstellung von Konfigurationen. Hier wäre wünschenswert, wenn die Forschung auf dem Gebiet der Verwaltung von Systemversionen und -konfigurationen zu einer Unterstützung durch ein Modulverwaltungssystem führte.[1]

## 9.2 Praktische Bedeutung konfigurierbarer Systeme

Wie läßt sich die Handhabung eines konfigurierbaren Systems zur Konstruktion von maßgeschneiderten Anwendungen beurteilen? Da eine Realisierung des Konzepts für den praktischen Einsatz aus naheliegenden Gründen nicht vorzuweisen ist (der Aufwand wäre viel größer als bei der Herstellung eines einzigen Kerndatenbanksystems mit festen Strategien für Verwaltungsaufgaben), müssen Erfahrungen aus vergleichbaren Anwendungen herangezogen werden. Dafür bietet sich das bereits angesprochene OSKAR-Projekt an, in dem mit einem Aufwand von ca. 30 Mannjahren eine modulares und rekonfigurierbares Betriebssystem konzipiert und als Prototyp realisiert wurde.

Die Erfahrungen mit einem rekonfigurierbaren System wurden, bezogen auf OSKAR, insgesamt positiv beurteilt, wobei man diese Aussage so präzisieren kann:

- Große Vorteile ergeben sich schon bei der Systementwicklung, weil das System schrittweise erweitert und getestet werden kann. Davon profitiert in erster Linie der Softwarehersteller und nicht direkt der Anwender. Da aber der Entwurf einer Datenbank und die Realisierung durch angemessenen Einsatz der Software auch ein Konstruktionsvorgang ist, kann man erwarten, daß auch beim Installieren eines Datenbanksystems sich Vorteile aus der (Re-)Konfigurierbarkeit ergeben.

- Die dynamische Rekonfiguration von Teilen des Betriebssystems ist unproblematisch, so z.B. die Ein- und Ausgliederung von Peripheriegeräten zur Verwaltung der jeweils bereitgestellten Hardwarekonfiguration. Allerdings wurde auch erkennbar, daß sich in erster Linie "gedächtnislose" Komponenten eignen, weil im anderen Fall eine Übertragung des internen Zustands notwendig wird. Die zentralen Teile können nur in einer "betriebsberuhigten" Phase ausgetauscht werden; ohne Probleme ist dies z.B. in einer Betriebspause.

- An einem Beispiel wurde gezeigt, wie bei gleichbleibenden Konzepten und mit nur geringfügigen Ergänzungen aus einem allgemeinen Teilnehmer-Betriebssystem ein stark spezialisiertes Dateirechner-Betriebssystem abgeleitet werden konnte ( [Rudolf 1984] ), so daß aus einem Ansatz die Lösungen verschiedener Probleme hervorgingen.

- Die Unterstützung der Subsystemimplementierung durch wiederverwendbare Programmoduln wurde anhand der Implementierung von Dateitypen erprobt. Ein Angebot von Bausteinen zur Pufferorganisation, Synchronisation und Freispeicherverwaltung bewährte sich, indem darauf aufbauend neue Speicherungsstrukturen leicht

---

1 Ansätze sind z.B. in [Tichy 1979] zu erkennen.

implementierbar wurden, weil die vorbereiteten Verfahren wiederverwendet werden konnten.

Diese Erfahrungen berechtigen zu der Annahme, daß ein konfigurierbares System zur Datenverwaltung ähnliche Vorteile besitzt. Insbesondere der letzte Punkt kennzeichnet eine Stärke des vorgestellten Entwurfs. Ausgehend von einem festen Vorrat von Verwaltungsfunktionen können verschiedene Datenorganisationsformen mit geringem Aufwand integriert werden. Das fördert die Anpaßbarkeit durch ein Angebot zum Übergang auf eine im Einzelfall effizientere Datenrepräsentation und die Einbeziehung neuartiger Anwendungsgebiete, für die die herkömmlichen Datenstrukturen in Datenbanksystemen wenig geeignet sind.

Ein offenes Problem ist noch anzusprechen, das praktisch von großer Bedeutung ist: wie wählt man aus einer unübersichtlichen Vielfalt von Möglichkeiten eine gute aus, oder gar die "beste", falls sich diese Eigenschaft präzise fassen läßt?

Eine wirkungsvolle Unterstützung für eine schrittweise Verbesserung bietet die Möglichkeit der Rekonfigurierung, wenn es gelingt, das Verhalten einer geprüften Konfiguration zu analysieren. Dazu sind integrierte Meßfunktionen unerläßlich. Damit aber eine Installation effizient erfolgen kann, wird man einen möglichst guten Ausgangspunkt wählen wollen. Da die Erfahrungen im Datenbankbereich gezeigt haben, daß die Leistung eines Systems sich im allgemeinen nicht präzise vorherbestimmen läßt, kommt dazu in erster Linie eine gute Schätzfunktion in Frage.

Einen pragmatischen Ansatz, der in der Praxis gute Ergebnisse geliefert hat, zeigen [Reuter, Kinzinger 1984] für das Netzwerk-Datenbanksystem UDS im Einbenutzerbetrieb. Das Verfahren verknüpft, grob gesagt, eine Vielzahl analytischer Modelle für einzelne Elemente interner Schemata; das sind etwa die Realisierungen von Set-Beziehungen. Einen anderen Vorschlag, der speziell für das vorliegende Problem entwickelt wurde, enthält [Schall 1985]; er konzentriert sich auf die Struktur eines Systems, seine Zusammensetzung aus Alternativen, und ermöglicht die Einbeziehung von Werten verschiedener Herkunft: Schätzungen, Ergebnisse analytischer Modellierung, Meßdaten. Die Prinzipien der Lösung werden hier kurz wiedergegeben:

- Die Grundlage ist ein Zustands-/Übergangsmodell zur Beschreibung von Funktionen. Zustände repräsentieren die Ablaufposition, Übergänge modellieren Aktionen. Jeder Übergang wird mit einem Maß für den dafür angesetzten Aufwand markiert. Verzweigungen finden mit einer vorzugebenden Wahrscheinlichkeit statt. Das ist insgesamt eine sehr stark abstrahierende Modellierung der Funktionen.

- Aus der Darstellung einer Funktion kann durch sukzessives Zusammenfassen der Übergänge der statistische Gesamtaufwand berechnet werden (Mittelwert, Standardabweichung).

- Die Funktionen der Moduln werden separat beschrieben. Zu größeren Einheiten werden sie durch Einfügen von Übergängen für Aufruf und Rückkehr zusammengesetzt. Es ergeben sich so größere Funktionen, die nach den gleichen Regeln aufgebaut sind.

- Eine Menge von Konfigurationen wird vorgegeben, deren Elemente als Alternativen getrennt berechnet und miteinander verglichen werden.

- Kritische Größen, denen man einen entscheidenden Einfluß zumißt und die schwer im Voraus abzuschätzen sind, z.B. eine Konflikthäufigkeit in einem Mehrbenutzerdatenbanksystem, können durch ein Intervall beschrieben werden, dessen gesamter Wertebereich bei der Analyse berücksichtigt wird, d.h. das Ergebnis ist wiederum ein Intervall. Dies erlaubt auch die Modellierung solcher Größen, von denen man weiß, daß sie im Betriebsablauf schwanken.

- Eine "Reihenuntersuchung" für variierende Werte eines Parameters dient dazu, seinen Einfluß auf die Systemleistung verschiedener Konfigurationen zu erfahren.

- Durch Intervallbildung kann die Stabilität einer Lösung ermittelt werden, d.h. ob eine Konfiguration auch bei kleinen Veränderungen der wichtigen Einflußgrößen noch die günstigste bleibt, oder ob dann noch andere Lösungen ins Spiel kommen, die als praktisch gleich gut angesehen werden müssen.

Es ist zu erwarten, daß durch ein solches rechnergestütztes Schätzverfahren eine Vorauswahl der infragekommenden Konfigurationen möglich ist, so daß es ein nützliches Hilfsmittel zur Datenbankadministration ist. Eine Präzisierung der Modellbildung kann durch Verfeinerung der Funktionsmodellierung und die Aufnahme gemessener Werte anstelle von Schätzwerten erreicht werden. Dennoch kann man wegen der großen Abstraktion bei den einzelnen Funktionen, die notwendig ist, um zusätzlich die Konfigurationsbildung modellieren zu können, keine exakten Ergebnisse erwarten.

Als Fazit läßt sich feststellen, daß zu erwarten ist, daß sich durch die Technik der Konfigurierung praktische Vorteile bei der Installation von Datenbankanwendungen ergeben, und daß sich zielstrebig gute Konfigurationen in der Menge aller zulässigen finden lassen.

## 9.3  Homogene Lösung des Datenverwaltungsproblems

Bisher wurde nur der Kern des Konfigurierungsproblems anhand einer einzelnen Datei mit übersichtlichen Speicherungsstrukturen betrachtet. Es ist noch nachzutragen, wie es bei einem allgemeinen Kerndatenbanksystem aussieht, das sich üblicherweise als eine Menge von Dateien verschiedener Typen darstellen läßt. Von der Ausweitung der Methode hängt ab, ob man eine homogene Lösung hat, die es erlaubt, Datenverwaltungsaufgaben verschiedener Komplexität auf die gleiche Weise zu bewältigen.

Dazu kann man im voraus schon feststellen, daß ein Aspekt homogener Datenverwaltung bereits durch das Angebot von Verwaltungsfunktionen berücksichtigt wird, denn einige Verfahren sind nur auf Großrechnern realisierbar,[1] während andere so einfach sind, daß sie auch für kleine Rechner in Betracht kommen. Damit ist also der Übergang mit einer Anwendung zwischen Rechnern verschiedener Leistungsklassen vollziehbar, wobei in jeden Fall die angemessenen Verfahren eingesetzt werden.

Der Übergang von einer einzelnen Datei zu einem Kerndatenbanksystem aus mehreren Dateien ist verhältnismäßig einfach, weil die dazu erforderliche Strukturierung beim Entwurf bereits eingeplant wurde: die Zugriffsfunktionen und die Kontrollfunktionen einer Datei sind voneinander getrennt und weisen nur wenige Querverbindungen auf.

Bei Integration mehrerer Dateien werden die jeweiligen Zugriffsfunktionen übernommen und nebeneinandergestellt.[2] Die Kontrolloperationen sind zusammenzufassen, so daß bei jedem Ereignis alle betroffenen Teile des Kerndatenbanksystems benachrichtigt werden. Wegen der einfachen Struktur der Kontrolloperationen ist zu vermuten, daß ihre Zusammenfassung im Prinzip auch automatisch vorgenommen werden kann. Im Gegensatz zu einer einzelnen Datei kann hier eine weitere Zerlegung der Moduln vorteilhaft sein, je nachdem, wie stark der Zusammenhang von Teilen der Datenbasis ist.

---

1 Ein DB-Cache erfordert einen Systempuffer im Megabyte-Bereich.

2 Für Dateien des gleichen Typs wird es in der Regel nur ein Exemplar von Zugriffsfunktionen geben, das alle Objekte bearbeitet.

Es bietet sich an, den von einer Transaktion bearbeiteten Teil der Datenbasis im Voraus zu bestimmen und die Aufrufe der Verwaltungsmoduln auf die für diesen Teil zuständigen zu beschränken, um eine allzu große Zahl eigentlich überflüssiger Kontrollaufrufe zu vermeiden. Die Kontrolloperationen können dahingehend leicht angepaßt werden.

Die Eigenschaften des Kerndatenbanksystems aus Dateien werden analog zu denen der einzelnen Datei berechnet, wobei diese Punkte zu beachten sind:

- Mehrere Dateien können auf verschiedene Segmente verteilt werden; aber jede liegt ganz in einem Segment. Dies ist eine echte Verallgemeinerung gegenüber dem bisher betrachteten Fall. Da die maßgeblichen Zustandsübergänge der Transaktion durch die Segmentverwaltung bestimmt werden, kann nur eine von mehreren diese Aufgabe haben. Als Konsequenz ändern sich die Übergangszeitpunkte der übrigen Segmentverwaltungen: aus Einbringen mit EOT wird Einbringen während oder nach EOT, je nachdem in welcher Reihenfolge die FINISH-Operationen der Segmentverwaltungen aufgerufen werden.
- Die Abhängigkeiten zwischen Transaktionen, die zu Verklemmungen führen können, sind global, d.h. von einem Modul **für alle Dateien** gemeinsam zu verwalten, ebenso wie die Bedingungen über die logische Reihenfolge von Transaktionen, die sich aus den RA-Verfahren ergeben.
- Die Eigenschaften der Dateien im Kerndatenbanksystem können sukzessive zu denen des Kerndatenbanksystems zusammengefaßt werden, indem die Regeln zur Vereinigung von Schnittstellen angewendet werden.

Man erkennt, daß ein Kerndatenbanksystem aus mehreren Dateien keine wesentlich größeren Probleme aufwirft, als die, die schon bei einzelnen Dateien behandelt wurden, so daß die vorgestellte Methode zur Konfigurierung sich auf größere, zusammengesetzte Datenorganisationsformen übertragen läßt und eine gleichmäßige Lösung verschiedenartiger Datenverwaltungsaufgaben zuläßt.

## 9.4  Erfahrungen aus dem Entwurf

Im vorliegenden Entwurf wurde Neuland betreten, indem das sichtbare Verhalten von Moduln aufgeteilt wurde in einen allgemeinen Teil, der zur Spezifikation einer gemeinsamen Schnittstelle führte, und eine individuellen Teil, der zu den zusätzlichen Eigenschaften einer Konfiguration beitrug, wenn bestimmte Verfahren ausgewählt wurden. Um eine solche Vorgehensweise bewerten zu können, muß die Frage gestellt werden, wie die Menge der berücksichtigten Verfahren zu beurteilen ist im Hinblick auf die Strategien, die unberücksichtigt blieben: hat man auf diese Weise eine interessante und relevante Verfahrensauswahl erhalten?

Folgende Eigenschaften von Verwaltungsaufgaben wurden berücksichtigt:

- atomares und unterbrechbares Einbringen
- verschiedene Einbringanlässe: transaktions- und segmentorientiert, implizit
- DB-Cache/Safe
- Versionsbildungen: private Änderungsversionen, alte gültige Seitenversionen
- direkte Sicherung durch Einbringen
- optimistische Synchronisation und Sperrverfahren (mit kleinen Einschränkungen)

- Dateien, Sätze, Einträge und Seiten als Datenobjekte für Verwaltungsverfahren
- Zustands- und Übergangsoperationen für Protokollierung (mit kleinen Einschränkungen)

Für Speicherungsstrukturen gibt es keine Einschränkungen; vielmehr können die vorbereiteten Standardlösungen für Verwaltungsaufgaben auf ein breites Spektrum von Datenstrukturen angewendet werden; eine offensichtliche Ausnahme gibt es nicht.

Die sich insgesamt ergebende Vielfalt an Realisierungen, die sich in den Entwurf einordnen und durch ein daran orientiertes System herstellen läßt, erscheint die gewählte Vorgehensweise zu rechtfertigen. Es ist aber zu vermuten, daß eine unabdingbare Voraussetzung für diesen Erfolg ist, daß das Aufgabengebiet stark eingeschränkt ist auf die Datenorganisation und -speicherung mit präzisen Forderungen an die Nebenbedingungen, unter denen dies stattfindet. Eine Übertragbarkeit der Methode auf andere Aufgabenstellungen kann daher nicht ohne weiteres unterstellt werden.

Eine Erfahrung, die sich im Verlaufe eines solchen Entwurfs einstellte, ist, daß eine ausgewogene Verfahrenswahl schwieriger ist, als es im Nachhinein aussieht, und einen kritischen Punkt darstellt. Es gibt eine Reihe von Kandidaten, die sich mit leichten Anpassungen des Entwurfs integrieren ließen, nicht jedoch so ohne weiteres mehrere von ihnen zur gleichen Zeit. Das heißt: man ist gezwungen, eine ausgewogene Allgemeinheit zugunsten einer Spezialisierung in Details aufzugeben. Eine Konsequenz dieser Beobachtung ist, daß es leicht möglich wäre, den Entwurf auf bestimmte Verfahren zuzuschneiden, wenn man bereit ist, auf weitere Ergänzungen weitgehend zu verzichten.[1]

Die Verfahrensauswahl ist also ein zentrales Problem dieser Arbeit mit weitreichenden Konsequenzen. Wenn man die vorliegende Lösung kritisch betrachtet, stellt man fest, daß sie von der Zielsetzung geprägt ist, möglichst vielfältige Verfahren einzugliedern, z.B. alle Objekte der verschiedenen Ebenen für Verwaltungsaufgaben heranzuziehen. Dies erfordert eine möglichst große Aufteilung der Aufgaben und führt zwangsläufig zu Problemen bei der Integration solcher Verfahren, die mehrere Aufgabenbereiche einbeziehen.

Im vorliegenden Fall drückt sich das beispielsweise in der außergewöhnlichen Behandlung der Zuordnung von Seitenversionen in den Moduln für RA-Synchronisation und Segmentverwaltung mit alten Seitenversionen aus. Und es führt dazu, daß Verfahren mit weitergehenden Versionskonzepten wie [Chan et al. 1982] praktisch auszuklammern sind: neben der Zuordnung von Versionen tritt das Problem ihrer Verwaltung und Bereitstellung auf, wobei zur effizienten Realisierung dieses sogenannten Multiversionskonzepts die Einbeziehung des Protokolls vorgeschlagen wird, das ältere Versionen als Before Images enthält.

Es ist zu erwarten, daß durch Modifikation der Vorgaben, etwa eine Beschränkung auf bestimmte Klassen von Verwaltungsverfahren, abweichende Architekturen mit einem anderen Verfahrensangebot möglich sind. Ein Indiz für diese Vermutung ergibt sich aus der konsequenten Fortführung der Arbeit von [Peinl 1986]: durch Beschränkung auf Synchronisation auf Seitenobjekten läßt sich eine größere Menge von Versionskonzepten berücksichtigen.

Welcher Ansatz in der Praxis die größten Freiheitsgrade zuläßt, kann an dieser Stelle nicht entschieden werden, hängt das doch auch davon ab, wie sich die berücksichtigten Verfahren, die teilweise noch recht neu sind, langfristig etablieren können.

---

[1] Dies betrifft in erster Linie Verwaltungsverfahren und nicht so sehr die Speicherungsstrukturen.

## 9.5  Ausblick

Nachdem in dieser Arbeit der Nachweis erbracht wurde, daß es möglich ist, modulare Datenbanksysteme zu konstruieren, die durch Konfigurierung an unterschiedliche Anforderungen anpaßbar sind, bleiben noch Wünsche offen, wie ein solcher Ansatz in der Praxis besser unterstützt werden kann, und es stellen sich zwangsläufig weiterführende Fragen. Abschließend werden einige dieser Punkte angesprochen.

Zur Unterstützung hätte man gerne ein komfortables Programmiersystem, das auch die Beschreibung von Konfigurationen, insbesondere die Zusammenhänge bei Parametrisierung von verschiedenen Standardmoduln, und die Zusammenstellung nach beliebiger Auswahl unterstützt. Außerdem gibt es gute Gründe, die eine flexible Wahl der Bindung von Moduln attraktiv erscheinen lassen: statische und dynamische Systeme haben unterschiedliche Vor- und Nachteile, die in jeder Anwendung verschieden zu bewerten sind und idealerweise frei gewählt bzw. geändert werden können; eine Mischung der Techniken kann die Vorteile im Einzelfall noch erhöhen.

Das praktische Problem, eine gute Konfiguration zu finden, sollte durch effiziente Werkzeuge unterstützt werden. Hier gilt es, geeignete Algorithmen auf der Basis der aufgestellten Regelmengen zu entwickeln. Eng damit verwandt ist die Frage, ob eine Weiterentwicklung zu einer Expertensystemlösung sinnvoll ist: gelingt es, zusätzliche Informationen über Konfigurationen formal zu erfassen und der Regelmenge hinzuzufügen, daß dadurch z.B. Auswahlkriterien oder Bewertungsmaßstäbe gegeben werden?

Für eine Weiterentwicklung des vorgestellten Entwurfs eines konfigurierbaren Kerndatenbanksystems bieten sich folgende Punkte an:

- Die Modulstruktur im Bereich der Zugriffsfunktionen läßt sich noch allgemeiner fassen: die Seiten einer Datei könnten auf verschiedene Segmente verteilt werden, z.B. weil ausgenutzt werden soll, daß die Index- und Datenseiten im vorgestellten Beispiel eine unterschiedliche Änderungshäufigkeit haben; und derselbe Seitentyp kann zur Implementierung verschiedener Dateitypen wiederverwendet werden, vorausgesetzt, daß der Anschluß von Verwaltungsmoduln für alle diese Fälle paßt.

- Die betrachteten Verwaltungsverfahren sind objektspezifisch, unabhängig von der ausführenden Transaktion. Vielleicht kann man auch solche Verfahren integrieren, die transaktionsspezifische Strategien enthalten, z.B. die Wahl eines groben bzw. feinen Synchronisationsgranulats je nach dem Typus der Transaktion.

- Weiterhin fällt auf, daß eine Beschränkung des Entwurfs auf das Kerndatenbanksystem mit Dateischnittstellen nicht zwingend ist. Deshalb kann man über eine Erweiterung der vorgestellten Lösung auf höhere Ebenen nachdenken. Und betrachtet man so einen größeren Bereich im Datenbanksystem mit weiteren Schichten, stellt sich die Frage, ob auch ein Konzept wie das der geschachtelten Transaktionen mit entsprechender Fehlerbehandlung gewinnbringend integriert werden kann.

# Literatur

[Ada 1983]

*The Programming Language Ada Reference Manual, ANSI/MIL-STD-1815A-1983.* Lecture Notes in Computer Science 155, Springer-Verlag, Berlin, 1983.

[Agrawal, DeWitt 1985]

Agrawal, R.; DeWitt, D.J.: *Integrated Concurrency Control and Recovery Mechanisms: Design and Performance Evaluation.* ACM Trans. on Database Syst., Vol. 10, No. 4, 1985.

[Astrahan et al. 1976]

Astrahan, M.M.; Blasgen, M.W.; Chamberlin, D.D.; Eswaran, K.P.; Gray, J.N.; Griffiths, P.P.; King, W.F.; Lorie, R.A.; McJones, P.R.; Mehl, J.W.; Putzolu, G.R.; Traiger, I.L.; Wade, B.W.; Watson, V.: *System R: A Relational Approach to Database Management.* ACM Trans. on Database Syst., Vol. 1, No. 2, 1976.

[Bayer et al. 1980]

Bayer, R.; Heller, H.; Reiser, A.: *Parallelism and Recovery in Database Systems.* ACM Trans. on Database Syst., Vol. 5, No. 2, 1980.

[Bayer, McCreight 1972]

Bayer, R.; McCreight, E.: *Organization and Maintenance of Large Ordered Indexes.* Acta Inform., Vol. 1, 1972.

[Bayer, Schlichtiger 1984]

Bayer, R.; Schlichtiger, P.: *Data Management Support for Database Management.* Acta Inform., Vol. 21, 1984.

[Bentley 1979]

Bentley, J.L.: *Multidimensional Binary Search Trees in Database Applications.* IEEE Trans. on Software Eng., Vol. 5, No. 4, 1979.

[Blasgen et al. 1979]

Blasgen, M.; Gray, J.; Mitoma, M.; Price, T.: *The Convoy Phenomenon.* ACM Operating Syst. Rev., Vol. 13, No. 2, 1979.

[Blasgen et al. 1981]

Blasgen, M.W.; Astrahan, M.M.; Chamberlin, D.D.; Gray, J.N.; King, W.F.; Lindsay, B.G.; Lorie, R.A.; Mehl, J.W.; Price, T.G.; Putzolu, G.R.; Schkolnick, M.; Selinger, P.G.; Slutz, D.R.; Strong, H.R.; Traiger, I.L.; Wade, B.W.; Yost, R.A.: *System R: An Architectural Overview.* IBM Syst. J., Vol. 20, No. 1, 1981.

[Chamberlin et al. 1981]

Chamberlin, D.D.; Astrahan, M.M.; Blasgen, M.W.; Gray, J.N.; King, W.F.; Lindsay, B.G.; Lorie, R.A.; Mehl, J.W.; Price, T.G.; Putzolu, G.R.; Schkolnick, M.; Selinger, P.G.; Slutz, D.R.; Traiger, I.L.; Wade, B.W.; Yost, R.A.: *A History and Evaluation of System R.* Comm. ACM, Vol. 24, No. 10, 1981.

[Chan et al. 1982]

Chan, A.; Fox, S.; Lin, W.-T.K.; Nori, A.; Ries, D.R.: *The Implementation of an Integrated Concurrency Control and Recovery Scheme.* Proc. ACM SIGMOD Conf., Orlando, Florida, 1982.

[Christian 1982]

Christian, F.: *Robust Data Types.* Acta Inform., Vol. 17, 1982.

[Clocksin, Mellish 1981]

Clocksin, W.F.; Mellish, C.S.: *Programming in PROLOG.* Springer-Verlag, Berlin, 1981.

[Comer 1979]

Comer, D.: *The Ubiquitous B-Tree.* ACM Comp. Surv., Vol. 11, No. 2, 1979.

[CCA 1982]

Computer Corporation of America: *An Architecture for Database Management Standards.* NBS Special Publication No. 500-86, 1982.

[COM 1985]

Ohne Autor: *11 Neue auf einen Streich / PC mit Mainframe-Betriebssystem.* COM — Siemens-Magazin für Computer und Communications, Jhrg. 20, Nr. 5, 1985.

[Dausmann et al. 1981]

Dausmann, M.; Drossopoulou, S.; Persch, G.; Winterstein, G.: *The Tasking Facility of Ada.* in: Nehmer, J. (Hrsg.): Implementierungssprachen für nichtsequentielle Programmsysteme. Tagung I/1981 German Chapter of the ACM, Teubner-Verlag, Stuttgart, 1981.

[Dausmann, Persch 1986]

Dausmann, M.; Persch, G.: *Benutzung mehrerer Bibliotheken in Ada.* in: Wippermann, H.W. (Hrsg.): Software-Architektur und modulare Programmierung. Tagung I/1986 German Chapter of the ACM, Teubner-Verlag, Stuttgart, 1986.

[Effelsberg 1981]

Effelsberg, W.: *Pufferverwaltung in Datenbanksystemen.* Dissertation, TH Darmstadt, Fachbereich Informatik, 1981.

[Elhardt 1982]

Elhardt, K.: *Das Datenbank-Cache: Entwurfsprinzipien, Algorithmen, Eigenschaften.* Int. Ber., Techn. Univ. München, TUM-I8208, 1982.

[Elhardt, Bayer 1984]

Elhardt, K.; Bayer, R.: *A Database Cache for High Performance and Fast Restart in Database Systems.* ACM Trans. on Database Syst., Vol. 9, No. 4, 1984.

[Eswaran et al. 1976]

Eswaran, K.P.; Gray, J.N.; Lorie, R.A.; Traiger, I.L.: *The Notions of Consistency and Predicate Locks in a Data Base System.* Comm. ACM, Vol. 19, No. 11, 1976.

[Gawlick, Kinkade 1985]

Gawlick, D.; Kinkade, D.: *Varieties of Concurrency Control in IMS/VS Fast Path.* IEEE Database Eng., Vol. 8, No. 2, 1985.

[Gray 1978]

Gray, J.N.: *Notes on Data Base Operating Systems.* in: Bayer, R.; Graham, R.M.; Seegmüller, G.: Operating Systems - An Advanced Course; Lecture Notes in Computer Science 60, Springer-Verlag, Berlin, 1978.

[Gray et al. 1981]

Gray, J.; McJones, P.; Blasgen, M.; Lindsay, B.; Lorie, R.; Price, T.; Putzolu, G.; Traiger, I.: *The Recovery Manager of the System R Database Manager.* ACM Comp. Surv., Vol. 13, No. 2, 1981.

[Härder 1978]

Härder, Th.: *Implementierung von Datenbanksystemen*. Carl Hanser Verlag, München, 1978.

[Härder 1979]

Härder, Th.: *Die Einbettung eines Datenbanksystems in eine Betriebssystem-Umgebung*. in: Niedereichholz, J. (Hrsg.): Datenbanktechnologie. Teubner-Verlag, Stuttgart, 1979.

[Härder 1984]

Härder, Th.: *Observations on Optimistic Concurrency Control Schemes*. Inform. Syst., Vol. 9, No. 2, 1984.

[Härder 1986]

Härder, Th.: *Realisierung von operationalen Schnittstellen*. in: Schmidt, J.; Lockemann, P. (Hrsg.): Datenbank-Handbuch, Springer-Verlag, Berlin, 1986.

[Härder, Reuter 1979]

Härder, Th.; Reuter, A.: *Optimization of Logging and Recovery in a Database System*. in: Bracchi, G.; Nijssen, G.M.: Data Base Architecture, Proc. IFIP TC2 Working Conf., Venice, North-Holland Publ. Comp., 1979.

[Härder, Reuter 1980]

Härder, Th.; Reuter, A.: *Abhängigkeiten von Systemkomponenten in Datenbanksystemen*. in: Wilhelm, R. (Hrsg.): GI - 10. Jahrestagung, Inform.-Fachber. 33, Springer-Verlag, Berlin, 1980.

[Härder, Reuter 1983]

Härder, Th.; Reuter, A.: *Principles of Transaction-Oriented Database Recovery*. ACM Comp. Surv., Vol. 15, No. 4, 1983.

[Held, Wolters 1979]

Held, G.; Wolters, M.: *Von Insellösungen zur kohärenten Software-Technologie*. in: SIE-MENS data report, Sonderheft "Forschung und Entwicklung — Grundlage moderner Daten-und Informationssysteme", Jahrg. 14, 1979.

[Hoare 1972]

Hoare, C.A.R.: *Proof of Correctness of Data Representation*. Acta Inform., Vol. 1, 1972.

[Jardine 1977]

Jardine, D.A. (ed.): *The ANSI/SPARC DBMS Model*. Proc. of the Second SHARE Working Conf. on Data Base Management Systems, Montreal, North-Holland Publ. Comp., 1977.

[Jensen, Wirth 1978]

Jensen, K.; Wirth, N.E.: *Pascal User Manual and Report*. Springer-Verlag, Berlin, 1978.

[Kastens et al. 1982]

Kastens, U.; Hutt, B.; Zimmermann, E.: *GAG: A Practical Compiler Generator*. Lecture Notes in Computer Science 141, Springer-Verlag, Berlin, 1982.

[Kießling 1983]

Kießling, W.: *Datenbanksysteme für Rechenanlagen mit intelligenten Subsystemen: Architektur, Algorithmen, Optimierung*. Int. Ber., Techn. Univ. München, TUM-I8307, 1983.

[Korth 1983]

Korth, H.F.: *Locking Primitives in a Database System.* J. ACM, Vol. 30, No. 1, 1983.

[Kotz 1983]

Kotz, A.: *Die Realisierung von Datenbankschemata in einer objektorientierten Architektur.* Diplomarbeit, Univ. Karlsruhe, Fak. f. Informatik, 1983.

[Kriegel, Güting 1980]

Kriegel, H.P.; Güting, H.: *Multidimensional B-Tree: An Efficient Dynamic File Structure for Exact Match Queries.* in: Wilhelm, R. (Hrsg.): GI - 10. Jahrestagung, Inform.-Fachber. 33, Springer-Verlag, Berlin, 1980.

[Kung, Robinson 1981]

Kung, H.T.; Robinson, J.T.: *On Optimistic Methods for Concurrency Control.* ACM Trans. on Database Syst., Vol. 6, No. 2, 1981.

[Lampson, Sturgis 1979]

Lampson, B.W.; Sturgis, H.E.: *Crash Recovery in a Distributed Data Storage System.* Computer Science Lab., Xerox PARC, 1979.

[Larson 1983]

Larson, P.A.: *Dynamische Hashverfahren.* Inform.-Spek., Bd. 6, Nr. 1, 1983.

[Lausen 1982]

Lausen, G.: *Concurrency Control in Database Systems: A Step Towards the Integration of Optimistic Methods and Locking.* Interner Bericht, Institut für Angewandte Informatik und Formale Beschreibungsverfahren, Universität Karlsruhe, Nr. 111, 1982.

[Lehman, Yao 1981]

Lehman, P.L.; Yao, S.B.: *Efficient Locking for Concurrent Operations on B-Trees.* ACM Trans. on Database Syst., Vol. 6, No. 4, 1981.

[Lehmann et al. 1985]

Lehmann, E.; Enders, R.; Haugeneder, H.; Hunze, R.; Johnson, C.; Schmid, L.; Struß, P.: *SICONFEX — ein Expertensystem für die Konfigurierung eines Betriebssystems.* GI/OCG/ÖGI—Jahrestagung, Inform.-Fachber. 108, Springer-Verlag, Berlin, 1985.

[Lindsay et al. 1981]

Lindsay, B.G.; Selinger, P.G.; Galtieri, G.; Gray, J.N.; Lorie, R.A.; Price, T.G.; Putzolu, G.R.; Traiger, I.L.; Wade, B.W.: *Notes on Distributed Databases.* IBM Research Report RJ 2571, San Jose, 1981.

[Lockemann et al. 1985]

Lockemann, P.C.; Dittrich, K.R.; Adams, M.; Bever, M.; Ferkinghoff, B.; Gotthard, W.; Kotz, A.M.; Liedtke, P.; Lüke, B.; Mülle, J.A.: *Database Requirements of Engineering Applications — An Analysis.* Int. Ber., Univ. Karlsruhe, Fak. f. Informatik, Nr. 12, 1985.

[Lockemann, Dittrich 1986]

Lockemann, P.; Dittrich, K.: *Architektur von Datenbanksystemen.* in: Schmidt, J.; Lockemann, P. (Hrsg.): Datenbank-Handbuch, Springer-Verlag, Berlin, 1986.

[Lorie 1977]

Lorie, R.A.: *Physical Integrity in a Large Segmented Database.* ACM Trans. on Database Syst., Vol. 2, No. 1, 1977.

[Lorie, Nilsson 1979]

Lorie, R.A.; Nilsson, J.F.: *An Access Specification Language for a Relational Data Base System*. IBM J. Res. Dev., Vol. 23, No. 3, 1979.

[OSKAR 1985]

Lienert, D.; Wachsmuth, K.; Hug, K.; Kammerer, P.; Mau, H.; Dittrich, K.; Goos, G.; Lockemann, P.: *OSKAR Abschlußbericht*. Int. Ber., Univ. Karlsruhe, Fak. f. Informatik, Nr. 6/1985.

[McDermott 1982]

McDermott, J.: *R1: A Rule Based Configurer of Computer Systems*. Artif. Intell., Vol. 19, No. 1, 1982.

[Moss 1982]

Moss, J.E.B.: *Nested Transactions and Reliable Distributed Computing*. Proc. 2$^{nd}$ IEEE Symposium on Reliability of Distributed Software and Database Systems, 1982.

[Nievergelt et al. 1982]

Nievergelt, J.; Hinterberger, H.; Sevcik, K.C.: *The Grid File: An Adaptable, Symmetric Multikey File Structure*. ACM Trans. on Database Syst., Vol. 9, No. 1, 1982.

[Parnas 1972]

Parnas, D.L.: *On the Criteria to be Used in Decomposing Systems into Modules*. Comm. ACM, Vol. 15, No. 12, 1972.

[Parnas 1976]

Parnas, D.L.: *On the Design and Development of Program Families*. IEEE Trans. on Software Eng., Vol. 2, No. 1, 1976.

[Peinl 1986]

Peinl, P.: *Synchronisation in zentralisierten Datenbanksystemen — Algorithmen, Realisierungsmöglichkeiten und quantitative Bewertung*. Dissertation, Universität Kaiserslautern, Fachbereich Informatik, 1986.

[Peinl, Reuter 1983]

Peinl, P.; Reuter, A.: *Empirical Comparison of Database Concurrency Control Schemes*. Proc. 9th Int. Conf. on Very Large Data Bases, Florence, Italy, 1983.

[Polster 1983]

Polster, F.J.: *Generierbare Datenbanksysteme*. Ber. des Kernforschungszentrums Karlsruhe, Nr. KfK 3478, 1983.

[Reuter 1979]

Reuter, A.: *Minimizing the I/O-Operations for UNDO-Logging in Database Systems*. Proc. 5th Int. Conf. on Very Large Data Bases, Rio de Janeiro, 1979.

[Reuter 1981]

Reuter, A.: *Fehlerbehandlung in Datenbanksystemen*. Carl Hanser Verlag, München, 1981.

[Reuter, Kinzinger 1984]

Reuter, A.; Kinzinger, H.: *Automatic Design of the Internal Schema for a CODASYL Database System*. IEEE Trans. on Software Eng., Vol. 10, No. 4, 1984.

[Robinson 1979]

Robinson, L.: *The HDM Handbook - Vol. I: The Foundations of HDM*. Report of the SRI Project 4828, SRI Computer Science Laboratory, 1979.

[Rudolf 1984]

Rudolf, P.: *OSKAR-D: Ein Dateirechner-Betriebssystem auf der Basis des Betriebssystems OSKAR*. Diplomarbeit, Univ. Karlsruhe, Fak. f. Informatik, 1984.

[Schall 1985]

Schall, E.: *Modellierung hierarchischer und modularer Systeme mit Realisierungsvarianten*. Diplomarbeit, Univ. Karlsruhe, Fak. f. Informatik, 1985.

[Scheuermann, Ouksel 1982]

Scheuermann, P.; Ouksel, M.: *Multidimensional B-Trees for Associative Searching in Data Base Systems*. Inform. Syst., Vol. 7, No. 2, 1982.

[Schwarz, Spector 1984]

Schwarz, P.M.; Spector, A.Z.: *Synchronizing Shared Abstract Types*. ACM Trans. on Comp. Syst., Vol. 2, No. 3, 1984.

[Severance, Lohmann 1976]

Severance, D.G.; Lohmann, G.M.: *Differential Files: Their Application to the Maintenance of Large Database Systems*. ACM Trans. on Database Syst., Vol. 1, No. 3, 1976.

[Sherman, Brice 1976]

Sherman, S.W.; Brice, R.S.: *Performance of a Database Manager in a Virtual Memory System*. ACM Trans. on Database Syst., Vol. 1, No. 4, 1976.

[Silverberg et al. 1979]

Silverberg, B.A.; Robinson, L.; Levitt, K.: *The HDM Handbook - Vol. II: The Languages and Tools of HDM*. Report of the SRI Project 4828, SRI Computer Science Laboratory, 1979.

[Spector et al. 1985]

Spector, A.Z.; Butcher, J.; Daniels, D.S., Duchamp, D.J.; Eppinger, J.L.; Fineman, C.E.; Heddaya, A.; Schwarz, P.M.: *Support for Distributed Transactions in the TABS Prototype*. IEEE Trans. on Software Eng., Vol. 11, No. 6, 1985.

[Stonebraker et al. 1985]

Stonebraker, M.; DuBourdieux, D.; Edwards, W.: *Problems in Supporting Data Base Transactions in an Operating System Transaction Manager*. ACM Operating Syst. Rev., Vol. 19, No. 1, 1985.

[Strom et al. 1985]

Strom, E.S.; Yemini, S.; Wegner, P.: *Ada and NIL: A Comparison of two Models of Structuring Software Systems*. Proc. 18th Annual Hawaii Int. Conf. on Syst. Sciences, 1985.

[Svobodova 1979]

Svobodova, L: *Performance Monitoring in Computer Systems: a Structured Approach*. ACM Operating Syst. Rev., Vol. 15, No. 3, 1979.

[Tichy 1979]

Tichy, W.F.: *Software Development Control Based on System Structure Description*. Carnegie-Mellon University, Ph.D. Thesis, 1979.

[Verhofstad 1979]

Verhofstad, J.S.M.: *Recovery Based on Types*. in: Bracchi, G.; Nijssen, G.M.: Data Base Architecture, Proc. IFIP TC2 Working Conf., Venice, Noth-Holland Publ. Comp., 1979.

[Weber 1983]

Weber, M.: *Entwurf und Implementierung eines Leistungsmonitorkonzepts für das Betriebssystem OSKAR*. Diplomarbeit, Univ. Karlsruhe, Fak. f. Informatik, 1983.

[Weihl 1985]

Weihl, W.E.: *Atomic Data Types*. IEEE Database Eng., Vol. 8, No. 2, 1985.

[Weikum 1986]

Weikum, G.: *A Theoretical Foundation of Multi-Level Concurrency Control*. Proc. ACM SIGACT/SIGMOD Symp. on Principles of Database Systems, Cambridge, Mass., 1986.

[Weikum, Schek 1984]

Weikum, G.; Schek, H.-J.: *Architectural Issues of Transaction Management in Multi-Layered Systems*. Proc. 10th Int. Conf. on Very Large Data Bases, Singapore, 1984.

[Wiederhold 1983]

Wiederhold, G.: *Database Design*. McGraw-Hill Book Company, New York, 2nd ed., 1983.

[Wirsing et al. 1983]

Wirsing, M.; Pepper, P.; Partsch,W.; Dosch, W.; Broy, M.: *On Hierarchies of Abstrct Data Types*. Acta Inform., Vol. 20, 1983.

[Wirth 1985]

Wirth, N.: *Programming in Modula-2*. Springer-Verlag, Berlin, 2nd ed., 1985.

[Zima 1980]

Zima, H.: *Betriebssysteme. Parallele Prozesse*. B.I. Wissenschaftsverlag, Reihe Informatik, Bd. 20, Mannheim, 2. Aufl., 1980.